한국지역
난방공사

NCS + 최종점검 모의고사 5회 + 무료NCS특강

SD에듀
(주)시대고시기획

PREFACE

머리말 | 따뜻하고 깨끗한 에너지 파트너로 자리 잡은 한국지역난방공사는 2023년 하반기에 신입직원을 채용할 예정이다. 한국지역난방공사의 채용절차는 「입사지원서 접수 ➡ 서류전형 ➡ 필기전형 ➡ 면접전형 ➡ 최종 합격자 발표」 순서로 이루어진다. 필기전형은 직업기초능력과 직무수행능력평가로 진행한다. 그중 직업기초능력평가는 사무직의 경우 의사소통능력, 직업윤리, 수리능력, 문제해결능력, 정보능력, 조직이해능력 총 6개의 영역을 평가하며, 기술직의 경우 기술능력을 추가로 포함하여 총 7개의 영역을 평가한다. 2021년에는 피듈형으로 진행되었다. 또한, 직무수행능력평가는 직렬별로 상이하므로 반드시 확정된 채용공고를 확인해야 한다. 따라서 필기전형에서 고득점을 받기 위해 다양한 유형에 대한 폭넓은 학습과 문제풀이능력을 높이는 등 철저한 준비가 필요하다.

한국지역난방공사 합격을 위해 SD에듀에서는 한국지역난방공사 판매량 1위의 출간 경험을 토대로 다음과 같은 특징을 가진 도서를 출간하였다.

도서의 특징

❶ 기출복원문제를 통한 출제 유형 확인!
- 2023년 상반기 주요 공기업 NCS 기출문제를 복원하여 공기업별 NCS 필기 유형을 파악할 수 있도록 하였다.

❷ 한국지역난방공사 필기전형 출제 영역 맞춤 문제를 통한 실력 상승!
- 직업기초능력 출제유형분석&실전예제를 수록하여 유형별로 대비할 수 있도록 하였다.

❸ 최종점검 모의고사로 완벽한 시험 대비!
- 철저한 분석을 통해 실제 유형과 유사한 최종점검 모의고사를 수록하여 자신의 실력을 최종 점검할 수 있도록 하였다.

❹ 다양한 콘텐츠로 최종합격까지!
- 한국지역난방공사 채용 가이드와 면접 기출질문을 수록하여 채용을 준비하는 데 부족함이 없도록 하였다.
- 온라인 모의고사를 무료로 제공하여 채용 전반을 준비할 수 있도록 하였다.

끝으로 본 도서를 통해 한국지역난방공사 채용을 준비하는 모든 수험생 여러분이 합격의 기쁨을 누리기를 진심으로 기원한다.

SDC(Sidae Data Center) 씀

한국지역난방공사 이야기

⬡ 미션

> 깨끗하고 효율적인 집단에너지 사업을 통해
> 국가발전과 국민행복에 기여한다.

⬡ 비전

> 다시 도약하는 한난, **따뜻하고 깨끗한 에너지 파트너**

⬡ 핵심가치

| 혁신 | 도전 | 상생 | 소통 |

⬡ 경영방침

혁신경영	효율경영
미래를 대비하는 "혁신경영"	성과를 창출하는 "효율경영"

안전경영	투명경영
국민이 신뢰하는 "안전경영"	공정하고 청렴한 "투명경영"

◯ 전략방향 & 전략과제

전략 방향	재무 건전성 확보	사업 경쟁력 강화	대국민 가치 창출	조직역량 제고
전략 과제	**1. 재정 건전화** 재정 건전화 추진체계 구축	**1. 핵심 사업** 집단에너지 전략적 확대	**1. ESG 경영** ESG 경영체계 고도화	**1. 업무 혁신** 업무 환경 및 시스템 혁신
	2. 재무 · 경영 재무구조 개선 및 경영 효율화	**2. 미래 사업** 핵심사업 연계 신(新)시장 창출	**2. 친환경** 청정미래(탄소 중립) 환경 조성	**2. 보수 · 인사** 직무 · 성과 중심의 보수 · 인사체계 구축
	3. 리스크 관리 사업 리스크 관리 및 내부통제 강화	**3. 운영 관리** Value Chain별 경쟁력 확보	**3. 안전 · 상생** 안전 · 포용 사회 구현	**3. 청렴 · 공정** 청렴 · 공정 가치 확산
	4. 비용 최적화 수익 확대 및 비용 최적화	**4. 정책 대응** 집단에너지 제도 개선 및 정책 대응	**4. 국민소통** 대국민 소통 · 서비스 강화	**4. 조직 · 인재육성** 성과 창출 역량 확보

◯ 인재상

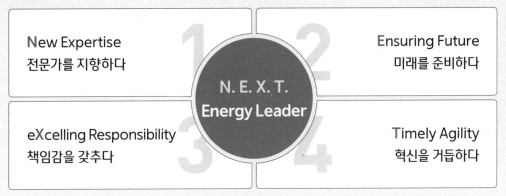

New Expertise
전문가를 지향하다

Ensuring Future
미래를 준비하다

N. E. X. T.
Energy Leader

eXcelling Responsibility
책임감을 갖추다

Timely Agility
혁신을 거듭하다

신입 채용 안내

⬡ 지원자격(공통)

❶ 학력 · 전공 · 연령 · 성별 : 제한 없음

　※ 단, 임용예정일 기준 공사 정년인 만 60세 미만인 자

❷ 병역필 또는 면제자

　※ 단, 고졸인재분야는 병역 미필자 응시 가능

❸ 공사 인사규정 제11조에 따른 결격사유가 없는 자

❹ 임용 즉시 근무가 가능한 자

⬡ 필기전형

구분	구성	세부내용	
직업기초능력	50문항	사무직군	6개 : 의사소통, 직업윤리, 수리, 문제해결, 정보, 조직이해
		기술직군	7개 : 의사소통, 직업윤리, 수리, 문제해결, 정보, 기술, 조직이해
직무수행능력평가	50문항	• 공사 주요내용 10문항, 전공지식 40문항	
인성검사	–	• 적격 / 부적격 판정 　※ 최저등급 불합격 처리 • 심층면접 참고자료 활용	

⬡ 면접전형

구분	세부내용
집단행동관찰 면접	조별과제 수행과정 및 절차 평가
직무역량 면접	인바스켓 방식
심층면접	자기소개 PT + 인성면접

❖ 위 채용 안내는 2023년 신입직원 채용 사전예고를 기준으로 작성하였으므로 세부내용은 반드시 채용공고를 확인하기 바랍니다.

최신 기출분석

총평

전공 시험의 난이도는 그리 높지 않았으나, NCS가 매우 어렵게 느껴졌다는 의견이 많았다. 의사소통능력에선 긴 길이의 지문을 가진 문제가, 자원관리능력 및 수리능력에선 까다로운 계산을 요구하는 문제가 출제되어 풀 시간이 촉박했다는 평이 지배적이었다. 한편, 2023년의 채용 사전예고에 따라 기존 NCS 시험의 범위에 포함되어 있던 자원관리능력은 직업윤리로 대체되었다.

의사소통능력

출제 특징	• 물리학, 에너지 관련 지문이 출제됨 • 문장배열, 빈칸추론, 내용일치 등의 유형이 출제됨
출제 키워드	• 에너지, 물리 등

수리능력

출제 특징	• 응용수리, 자료해석 등의 유형이 출제됨 • 거리 · 속력 · 시간과 함께 확률을 구하는 문제가 출제됨
출제 키워드	• 구슬, 암호 해독기 등

문제해결능력

출제 특징	• 명제, SWOT 분석 등의 유형이 출제됨
출제 키워드	—

정보능력

출제 특징	• 피벗 테이블, 알고리즘에 대한 문제가 출제됨
출제 키워드	• ICT 등

조직이해능력

출제 특징	• 모듈형 문제가 다수 출제됨
출제 키워드	—

NCS 문제 유형 소개

PSAT형

※ 다음은 K공단의 국내 출장비 지급 기준에 대한 자료이다. 이어지는 질문에 답하시오. **[15~16]**

〈국내 출장비 지급 기준〉

① 근무지로부터 편도 100km 미만의 출장은 공단 차량 이용을 원칙으로 하며, 다음 각호에 따라 "별표 1"에 해당하는 여비를 지급한다.
   ㉠ 일비
      ⓐ 근무시간 4시간 이상 : 전액
      ⓑ 근무시간 4시간 미만 : 1일분의 2분의 1
   ㉡ 식비 : 명령권자가 근무시간이 모두 소요되는 1일 출장으로 인정한 경우에는 1일분의 3분의 1 범위 내에서 지급
   ㉢ 숙박비 : 편도 50km 이상의 출장 중 출장일수가 2일 이상으로 숙박이 필요할 경우, 증빙자료 제출 시 숙박비 지급
② 제1항에도 불구하고 공단 차량을 이용할 수 없어 개인 소유 차량으로 업무를 수행한 경우에는 일비를 지급하지 않고 이사장이 따로 정하는 바에 따라 교통비를 지급한다.
③ 근무지로부터 100km 이상의 출장은 "별표 1"에 따라 교통비 및 일비는 전액을, 식비는 1일분의 3분의 2 해당액을 지급한다. 다만, 업무 형편상 숙박이 필요하다고 인정할 경우에는 출장기간에 대하여 숙박비, 일비, 식비 전액을 지급할 수 있다.

〈별표 1〉

구분	교통비				일비 (1일)	숙박비 (1박)	식비 (1일)
	철도임	선임	항공임	자동차임			
임원 및 본부장	1등급	1등급	실비	실비	30,000원	실비	45,000원
1, 2급 부서장	1등급	2등급	실비	실비	25,000원	실비	35,000원
2, 3, 4급 부장	1등급	2등급	실비	실비	20,000원	실비	30,000원
4급 이하 팀원	2등급	2등급	실비	실비	20,000원	실비	30,000원

1. 교통비는 실비를 기준으로 하되, 실비 정산은 국토해양부장관 또는 특별시장·광역시장·도지사·특별자치도지사 등이 인허한 요금을 기준으로 한다.
2. 선임 구분표 중 1등급 해당자는 특등, 2등급 해당자는 1등을 적용한다.
3. 철도임 구분표 중 1등급은 고속철도 특실, 2등급은 고속철도 일반실을 적용한다.
4. 임원 및 본부장의 식비가 위 정액을 초과하였을 경우 실비를 지급할 수 있다.
5. 운임 및 숙박비의 할인이 가능한 경우에는 할인 요금으로 지급한다.
6. 자동차임 실비 지급은 연료비와 실제 통행료를 지급한다.
   (연료비)=[여행거리(km)]×(유가)÷(연비)
7. 임원 및 본부장을 제외한 직원의 숙박비는 70,000원을 한도로 실비를 정산할 수 있다.

특징 ▶ 대부분 의사소통능력, 수리능력, 문제해결능력을 중심으로 출제(일부 기업의 경우 자원관리능력, 조직이해능력을 출제)
   ▶ 자료에 대한 추론 및 해석 능력을 요구

대행사 ▶ 엑스퍼트컨설팅, 커리어넷, 태드솔루션, 한국행동과학연구소(행과연), 휴노 등

모듈형

| 대인관계능력

60 다음 자료는 갈등해결을 위한 6단계 프로세스이다. 3단계에 해당하는 대화의 예로 가장 적절한 것은?

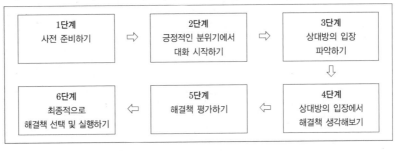

1단계 사전 준비하기	⇨	2단계 긍정적인 분위기에서 대화 시작하기	⇨	3단계 상대방의 입장 파악하기
6단계 최종적으로 해결책 선택 및 실행하기	⇦	5단계 해결책 평가하기	⇦	4단계 상대방의 입장에서 해결책 생각해보기

① 그럼 A씨의 생각대로 진행해 보시죠.

특징
▶ 이론 및 개념을 활용하여 푸는 유형
▶ 채용 기업 및 직무에 따라 NCS 직업기초능력평가 10개 영역 중 선발하여 출제
▶ 기업의 특성을 고려한 직무 관련 문제를 출제
▶ 주어진 상황에 대한 판단 및 이론 적용을 요구

대행사
▶ 인트로맨, 휴스테이션, ORP연구소 등

피듈형(PSAT형 + 모듈형)

| 문제해결능력

60 P회사는 직원 20명에게 나눠 줄 추석 선물 품목을 조사하였다. 다음은 유통업체별 품목 가격과 직원들의 품목 선호도를 나타낸 자료이다. 이를 참고하여 P회사에서 구매하는 물품과 업체를 바르게 연결한 것은?

〈업체별 품목 금액〉

구분		1세트당 가격	혜택
A업체	돼지고기	37,000원	10세트 이상 주문 시 배송 무료
	건어물	25,000원	
B업체	소고기	62,000원	20세트 주문 시 10% 할인
	참치	31,000원	
C업체	스팸	47,000원	50만 원 이상 주문 시 배송 무료
	김	15,000원	

〈구성원 품목 선호도〉

특징
▶ 기초 및 응용 모듈을 구분하여 푸는 유형
▶ 기초인지모듈과 응용업무모듈로 구분하여 출제
▶ PSAT형보다 난도가 낮은 편
▶ 유형이 정형화되어 있고, 유사한 유형의 문제를 세트로 출제

대행사
▶ 사람인, 스카우트, 인크루트, 커리어케어, 트리피, 한국사회능력개발원 등

주요 공기업 적중 문제

한국지역난방공사

에너지 ▶ 키워드

39 다음 중 온실가스 에너지 목표관리제에 관한 내용으로 옳지 않은 것을 〈보기〉에서 모두 고른 것은?

> 한국지역난방공사는 지구온난화에 대비하는 전 세계의 흐름에 발맞춰 2010년부터 '온실가스·에너지 목표관리제'를 운영하고 있다. 2020년까지 국가온실가스 배출전망치(BAU) 대비 37%를 줄이는 것이 목표다. 한국지역난방공사는 온실가스를 많이 배출하고 에너지 소비가 큰 업체를 매년 관리대상 업체로 지정한다. 또한, 온실가스 감축, 에너지 절약 및 이용 효율과 같은 목표를 설정하고 목표 범위 이내로 온실가스 배출량과 에너지 소비량을 줄이도록 지속해서 관리한다.
>
> 관리대상으로 지정된 업체는 온실가스·에너지에 대한 명세서, 목표이행 계획서 및 이행실적보고서를 매년 제출해야 한다. 별도의 검증기관은 명세서가 정확히 작성됐는지 확인하며 관리업체가 목표를 달성하지 못했을 경우 정부는 과태료를 부과한다. 또한, 중앙행정기관, 지자체, 공공기관 등 공공부문에서 소유하거나 임차해 사용하는 건물 및 차량에도 온실가스·에너지 목표관리제가 적용된다.
>
> 공공부문 역시 2020년까지 온실가스를 30% 이상 줄여야 하는 것이 목표이며, 더욱 효과적으로 감축 계획을 이행할 수 있도록 온실가스 감축 기술 진단 및 전문컨설팅, 담당자 역량강화 교육 서비스를 지원해 온실가스를 줄이도록 독려하고 있다.
>
> 2019년 현재 온실가스·에너지 목표관리대상은 총 358개, 공공부문 대상기관은 824개 등으로 해마다 느는 추세다. 민·관이 한마음 한뜻이 되어 지구온난화에 대비한 힘찬 발걸음을 시작한 것, 지구의 온도가 1도 내려가는 그날이 머잖아 찾아올 것이라 기대되는 이유다.

보기

ⓐ 기업체뿐만 아니라 공공부문에서도 온실가스·에너지 목표관리제를 적용한다.
ⓑ 온실가스 감축 계획을 효과적으로 진행할 수 있도록 전문적인 교육을 했다.
ⓒ 온실가스를 많이 배출하고 에너지 소비가 가장 많이 줄어든 업체를 매년 관리대상 업체로 지정한다.
ⓓ 공공부문은 2020년까지 온실가스를 37% 이상 줄이는 것을 목표로 하고 있다.
ⓔ 관리대상으로 지정된 업체는 목표이행 계획서를 제출해야 하며, 미달성한 경우 상부 업체는 과태료를 부과한다.

① ㉠, ㉡, ㉢
② ㉡, ㉢, ㉣
③ ㉡, ㉢, ㉤
④ ㉡, ㉣, ㉤
⑤ ㉢, ㉣, ㉤

비밀번호 ▶ 키워드

09 A는 잊어버린 네 자리 숫자의 비밀번호를 기억해 내려고 한다. 비밀번호에 대해서 가지고 있는 단서가 다음의 〈조건〉과 같을 때 사실이 아닌 것은?

조건

• 비밀번호를 구성하고 있는 어떤 숫자도 소수가 아니다.
• 6과 8 중에 단 하나만 비밀번호에 들어가는 숫자다.
• 비밀번호는 짝수로 시작한다.
• 골라 낸 네 개의 숫자를 큰 수부터 차례로 나열해서 비밀번호를 만들었다.
• 같은 숫자는 두 번 이상 들어가지 않는다.

① 비밀번호는 짝수이다.
② 비밀번호의 앞에서 두 번째 숫자는 4이다.
③ 위의 〈조건〉을 모두 만족시키는 번호는 모두 세 개가 있다.
④ 비밀번호는 1을 포함하지만 9는 포함하지 않는다.

한국전력공사

증감률 ▶ 유형

2022년 적중

19 다음은 양파와 마늘의 재배에 관한 자료의 일부이다. 이에 대한 설명으로 적절하지 않은 것은?

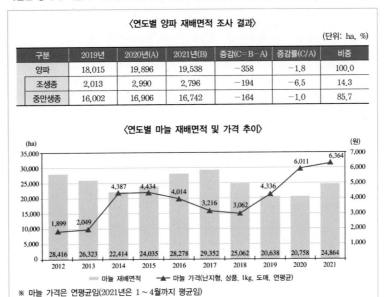

〈연도별 양파 재배면적 조사 결과〉

(단위: ha, %)

구분	2019년	2020년(A)	2021년(B)	증감(C=B−A)	증감률(C/A)	비중
양파	18,015	19,896	19,538	−358	−1.8	100.0
조생종	2,013	2,990	2,796	−194	−6.5	14.3
중만생종	16,002	16,906	16,742	−164	−1.0	85.7

〈연도별 마늘 재배면적 및 가격 추이〉

※ 마늘 가격은 연평균임(2021년은 1~4월까지 평균임)

① 2021년 양파 재배면적의 증감률은 조생종이 중만생종보다 크다.
② 마늘 가격은 마늘 재배면적에 반비례한다.
③ 마늘의 재배면적은 2017년이 가장 넓다.
④ 2021년 재배면적은 작년보다 양파는 감소하였고, 마늘은 증가하였다.
⑤ 마늘 가격은 2018년 이래로 계속 증가하였다.

할인 금액 계산 ▶ 유형

2022년 적중

13 S회사는 18주년을 맞이해 기념행사를 하려고 한다. 이에 걸맞은 단체 티셔츠를 구매하려고 하는데, A회사는 60장 이상 구매 시 20% 할인이 되고 B회사는 할인이 안 된다고 한다. A회사에서 50장을 구매하고 B회사에서 90장을 구매했을 때 가격은 약 399,500원이고, A회사에서 100장을 구매하고 B회사에서 40장을 구매했을 때 가격은 약 400,000원이다. A회사와 B회사의 할인 전 티셔츠 가격은?

	A회사	B회사
①	3,950원	2,100원
②	3,900원	2,200원
③	3,850원	2,300원
④	3,800원	2,400원
⑤	3,750원	2,500원

한국가스기술공사

10 발산적 사고를 개발하기 위한 방법으로는 자유연상법, 강제연상법, 비교발상법이 있다. 다음 제시문의 보고회에서 사용된 사고 개발 방법으로 가장 적절한 것은?

> 충남 보령시는 2022년에 열리는 보령해양머드박람회와 연계할 사업을 발굴하기 위한 보고회를 개최하였다. 경제적·사회적 파급 효과의 극대화를 통한 성공적인 박람회 개최를 도모하기 위해 마련된 보고회는 각 부서의 업무에 국한하지 않은 채 가능한 많은 양의 아이디어를 자유롭게 제출하는 방식으로 진행됐다.
>
> 홍보미디어실에서는 박람회 기간 가상현실(VR)·증강현실(AR) 체험을 통해 사계절 머드 체험을 할 수 있도록 사계절 머드체험센터 조성을, 자치행정과에서는 박람회 임시주차장 조성 및 박람회장 전선 지중화 사업을, 교육체육과에서는 세계 태권도 대회 유치를 제안했다. 또 문화새마을과에서는 KBS 열린음악회 및 전국노래자랑 유치를, 세무과에서는 e-스포츠 전용경기장 조성을, 회계과에서는 해상케이블카 조성 및 폐광지구 자립형 농어촌 숙박단지 조성 등을 제안했다. 사회복지과에서는 여성 친화 플리마켓을, 교통과에서는 장항선 복선전철 조기 준공 및 열차 증편을, 관광과는 체험·놀이·전시 등 보령머드 테마파크 조성 등의 다양한 아이디어를 내놓았다.
>
> 보령시는 이번에 제안된 아이디어를 토대로 실현 가능성 등을 검토하고, 박람회 추진에 참고자료로 적극 활용할 계획이다.

① 브레인스토밍
② SCAMPER 기법
③ NM법
④ Synectics법
⑤ 육색사고모자 기법

12 매일의 날씨 자료를 수집 및 분석한 결과, 전날의 날씨를 기준으로 그 다음 날의 날씨가 변할 확률은 다음과 같았다. 만약 내일 날씨가 화창하다면, 사흘 뒤에 비가 올 확률은?

전날 날씨	다음 날 날씨	확률
화창	화창	25%
화창	비	30%
비	화창	40%
비	비	15%

※ 날씨는 '화창'과 '비'로만 구분하여 분석함

① 12%
② 13%
③ 14%
④ 15%
⑤ 16%

한국동서발전

신재생 ▶ 키워드

17 다음 중 스마트미터에 대한 내용으로 올바르지 않은 것은?

스마트미터는 소비자가 사용한 전력량을 일방적으로 보고하는 것이 아니라, 발전사로부터 전력 공급 현황을 받을 수 있는 양방향 통신, AMI(AMbient Intelligence)로 나아간다. 때문에 부가적인 설비를 더하지 않고 소프트웨어 설치만으로 집안의 통신이 가능한 각종 전자기기를 제어하는 기능까지 더할 수 있어 에너지를 더욱 효율적으로 관리하게 해주는 전력 시스템이다.

스마트미터는 신재생에너지가 보급되기 위해 필요한 스마트그리드의 기초가 되는 부분으로 그 시작은 자원 고갈에 대한 걱정과 환경 보호 협약 때문이었다. 하지만 스마트미터가 촉구되었던 더 큰 이유는 안정적으로 전기를 이용할 수 있느냐 하는 두려움 때문이었다. 사회는 끊임없는 발전을 이뤄왔지만 천재지변으로 인한 시설 훼손이나 전력 과부하로 인한 블랙아웃 앞에서는 어쩔 도리가 없었다. 태풍과 홍수, 산사태 등으로 막대한 피해를 보았던 2000년 대 초반 미국을 기점으로, 전력 정보의 신뢰도를 위해 스마트미터 산업은 크게 주목받기 시작했다. 대중은 비상시 전력 보급 현황을 알기 원했고, 미 정부는 전력 사용 현황을 파악함은 물론, 소비자가 전력 사용량을 확인할 수 있도록 제공하여 소비자 스스로 전력 사용을 줄이길 바랐다.

한편, 스마트미터는 기존의 전력 계량기를 교체해야 하는 수고와 비용이 들지만, 실시간으로 에너지 사용량을 알 수 있기 때문에 이용하는 순간부터 공급자인 발전사와 소비자 모두가 전력 정보를 편이하게 접할 수 있을 뿐만 아니라 효율적으로 관리가 가능해진다. 앞으로는 소비처로부터 멀리 떨어진 대규모 발전 시설에서 생산하는 전기뿐만 아니라, 스마트 그린시티에 설치된 발전설비를 통한 소량의 전기들까지 전기 가격을 하나의 정보로 규합하여 소비자가 필요에 맞게 전기를 소비할 수 있게 하였다. 또한, 소형 설비로 생산하거나 에너지 저장 시스템에 사용하다 남은 소량의 전기는 전력 시장에 역으로 제공해 보상을 받을 수도 있게 된다.

미래 에너지는 신재생에너지로의 완전한 전환이 중요하지만, 산업체는 물론 개개인이 에너지를 절약하는 것 역시 중요하다. 앞서 미국이 의도했던 것처럼 스마트미터를 보급하면 일상에서 쉽게 에너지 운용을 파악할 수 있게 되고, 에너지 절약을 습관화하는 데 도움이 될 것이다.

한국중부발전

글의 수정 ▶ 유형

11 다음 ㉠ ~ ㉣의 수정사항으로 적절하지 않은 것은?

오늘날 인류가 왼손보다 오른손을 ㉠ 더 선호하는 경향은 어디서 비롯되었을까? 오른손을 귀하게 여기고 왼손을 천대하는 현상은 어쩌면 산업화 이전 사회에서 배변 후 사용할 휴지가 없었다는 사실과 관련이 있을 법하다. 맨손으로 배변 뒤처리를 하는 것은 ㉡ 불쾌할 뿐더러 병균을 옮길 위험을 수반하는 일이었다. 이런 위험의 가능성을 낮추는 간단한 방법은 음식을 먹거나 인사할 때 다른 손을 사용하는 것이었다. 기술 발달 이전의 사회는 대개 왼손을 배변 뒤처리에, 오른손을 먹고 인사하는 일에 사용했다.

나는 이런 배경이 인간 사회에 널리 나타나는 '오른쪽'에 대한 긍정과 '왼쪽'에 대한 ㉢ 반감을 어느 정도 설명해 줄 수 있으리라고 생각한다. 그러나 이 설명은 왜 애초에 오른손이 먹는 일에, 그리고 왼손이 배변 처리에 사용되었는지 설명해주지 못한다. 동서양을 막론하고, 왼손잡이 사회는 확인된 바가 없기 때문이다. ㉣ 하지만 왼손잡이 사회가 존재할 가능성도 있으므로 만약 왼손잡이를 선호하는 사회가 발견된다면 이러한 논란은 종결되고 왼손잡이와 오른손잡이에 대한 새로운 이론이 등장할 것이다. 그러므로 근본적인 설명은 다른 곳에서 찾아야 할 것 같다.

한쪽 손을 주로 쓰는 경향은 뇌의 좌우반구의 기능 분화와 관련되어 있는 것으로 보인다. 보고된 증거에 따르면, 왼손잡이는 읽기와 쓰기, 개념적·논리적 사고 같은 좌반구 기능에서 오른손잡이보다 상대적으로 미약한 대신 상상력, 패턴 인식, 창의력 등 전형적인 우반구 기능에서는 상대적으로 기민한 경우가 많다.

나는 이성 대 직관의 힘겨루기, 뇌의 두 반구 사이의 힘겨루기가 오른손과 왼손의 힘겨루기로 표면화된 것이 아닐까 생각한다. 즉, 오른손이 원래 왼손보다 더 능숙했기 때문이 아니라 뇌의 좌반구가 인간의 행동을 지배하는 권력을 갖게 되었기 때문에 오른손 선호에 이르렀다는 생각이다.

도서 200% 활용하기

기출복원문제로 출제 경향 파악

YEAR 2023 상반기 주요 공기업
NCS 기출복원문제

| 코레일 한국철도공사 / 의사소통능력

01 다음 글을 읽고 보인 반응으로 적절하지 않은 것은?

열차 내에서의 범죄가 급격하게 증가함에 따라 한국철도공사는 열차 내에서의 범죄 예방과 안전 확보를 위해 2023년까지 현재 운행되고 있는 열차의 모든 객실에 CCTV를 설치하고, 모든 열차 승무원에게 바디 캠을 지급하겠다고 밝혔다.

CCTV는 열차 종류에 따라 운전실에서 비상시 실시간으로 상황을 파악할 수 있는 '네트워크 방식'과 각 객실에서의 영상을 저장하는 '개별 독립 방식'이라는 2가지 방식으로 사용 및 설치가 진행될 예정이며, 객실에는 사각지대를 없애기 위해 4대 가량의 CCTV가 설치된다. 이 중 2대는 휴대 물품 도난 방지 등을 위해 휴대 물품 보관대 주변에 위치하게 된다.

이에 따라 한국철도공사는 CCTV 제품 품평회를 가져 제품의 형태와 색상, 재질 등에 대한 의견을 나누고 각 제품이 실제로 열차 운행 시 진동과 충격 등에 적합한지 시험을 거친 후 도입할 예정이다.

① 현재는 모든 열차에 CCTV가 설치되어 있진 않을 것이다.
② 과거에 비해 승무원에 대한 승객의 범죄행위 증거 쉽게 유리해질 것이다.
③ CCTV의 설치를 통해 인적 피해와 물적 피해 모두 예방할 수 있을 것이다.
④ CCTV의 설치를 통해 실시간으로 모든 객실을 모니터링할 수 있을 것이다.
⑤ CCTV의 내구성뿐만 아니라 외적인 디자인도 제품 선택에 영향을 줄 수 있을 것이다.

| 코레일 한국철도공사 / 의사소통능력

02 다음 중 빈칸 (가)~(다)에 들어갈 접속사를 순서대로 바르게 나열한 것은?

무더운 여름 기차나 지하철을 타면 "실내가 춥다는 민원이 있어 냉방을 줄인다."라는 안내방송을 손쉽게 들을 수 있을 정도로 우리는 폭포한 가치와 지하철을 이용할 수 있는 시대에 살고 있다. __(가)__ 이러한 쾌적한 환경을 누리기 시작한 것은 그리 오래되지 않은 일이다. 1825년에 세계 최초로 영국의 증기기관차가 시속 16km로 첫 주행을 시작하였고, 이 당시까지만 해도 열차 내의 유일한 냉방 수단은 창문뿐이었다. 열차에 에어컨이 설치되기 시작한 것은 100년이 더 지난 1930년대 초반 미국에서였고, 우리나라에서는 이보다 훨씬 후인 1969년에 지금의 세마을호라 불리는 '관광호'에서였다. 이는 국내 최초 철도가 개통된 1899년 이후 70년 만으로, '관광호' 이후 국내에 도입된 특급열차들은 대부분 전기 냉난방시설을 갖추게 되었다. __(나)__ 지하철의 에어컨 도입은 열차보다 훨씬 늦었는데, 이는 우리나라뿐만 아니라 해외도 마찬가지였으며, 실제로 영국의 경우에는 아직도 지하철에 에어컨이 없다. 우리나라는 1974년에 서울 지하철이 개통되었는데, 이 당시 객실에는 천장에 달린 선풍기가 전부였기 때문에 한여름에는 땀 냄새가 가득한 찜통 지하철이었다. __(다)__ 1983년이 되어서야 에어컨이 설치된 지하철이 등장하기 시작하였고, 기존에 에어컨이 설치되지 않았던 지하철은 1989년이 되어서야 선풍기를 떼어 내고 에어컨으로 교체하기 시작하였다.

	(가)	(나)	(다)
①	따라서	그래서	마찬내
②	하지만	반면	마찬내
③	하지만	왜냐하면	그래서
④	왜냐하면	반면	마침내
⑤	반면	왜냐하면	그래서

▶ 2023년 상반기 주요 공기업 NCS 기출문제를 복원하여 공기업별 NCS 필기 유형을 파악할 수 있도록 하였다.

출제유형분석 + 유형별 실전예제로 필기전형 완벽 대비

출제유형분석
01
문서이해능력 ①
문서 내용 이해

|유형분석|
- 주어진 지문을 읽고 선택지를 고르는 전형적인 독해 문제이다.
- 지문은 주로 신문기사(보도자료 등)나 업무 보고서, 시사 등이 제시된다.
- 공사공단에 따라 자사와 관련된 내용의 기사나 법조문, 보고서 등이 출제되기도 한다.

G씨는 성장기인 아들의 수면습관을 바로잡기 위해 수면습관에 관련된 글을 찾아보았다. 다음 글을 읽고 이해한 내용으로 적절하지 않은 것은?

수면은 비렘(Non−REM)수면과 렘수면으로 이뤄진 사이클이 반복되면서 이뤄지는 복잡한 신경계의 상호작용이며, 좋은 수면이란 이 사이클이 짜여지지 않고 충분한 시간 동안 유지되도록 하는 것이다. 수면 패턴은 일정한 것이 좋으며, 패는 시간을 지키는 것이 중요하다. 그리고 수면 패턴은 휴일과 평일 모두 일정하게 지키는 것이 성장하는 아이들의 수면 리듬을 유지하는 데 좋다. 수면 상태에서 깨어날 때 영향을 주는 자극들은 '빛, 식사, 운동, 사회 활동' 등이 있으며, 이 중 가장 강한 자극은 '빛'이다. 침실을 밝게 하는 것은 적절한 수면 자극을 방해하는 것이다. 반대로 깨어날 때 강한 빛 자극을 주면 수면 상태에서 빠르게 벗어날 수 있다. 이는 뇌의 신경 전달 물질인 멜라토닌의 농도와 연관되어 나타나는 현상으로, 수면 중 최대치로 올라간 멜라토닌은 사신경이 강한 빛에 노출되면 빠르게 줄어들게 되는데, 이때 수면 상태에서 벗어나게 된다. 아침 일찍 일어나 커튼을 걷어고 밝은 빛이 침실 안으로 들어오게 하는 것은 매우 효과적인 각성 방법인 것이다.

① 잠에서 깨는 데 가장 강력한 자극을 주는 것은 빛이겠구나.

출제유형분석 01 **실전예제**

01 다음 글에 대한 설명으로 가장 적절한 것은?

보름달 중에 가장 크게 보이는 보름달을 슈퍼문이라고 한다. 이때 보름달이 크게 보이는 이유는 달이 평소보다 지구에 가까이 접근하기 때문이다. 슈퍼문이 되려면 보름달이 되는 시점과 달이 지구에 가장 가까워지는 시점이 일치하여야 한다. 달의 공전 궤도가 완벽한 원이라면 지구에서 달까지의 거리가 항상 똑같을 것이나, 하지만 실제로는 타원 궤도여서 달이 지구에 가까워지거나 멀어지는 현상이 생긴다. 유독 달이 그믐 궤도 아니고 태양계의 모든 행성이 태양을 중심으로 타원 궤도로 돈다. 이것이 바로 그 유명한 케플러의 행성운동 제1법칙이다.

지구와 달의 평균 거리는 약 38만km인 반면 슈퍼문일 때는 그 거리가 35만 7,000km로 가까워진다. 달의 반지름은 약 1,737km이므로, 지구와 달의 거리가 평균 정도일 때 보름달을 바라보는 시각도는 0.52도 정도인 반면, 슈퍼문일 때는 시각도가 0.56도로 커진다. 반대로 보름달이 가장 작게 보일 때, 다시 말해 보름달이 지구에서 제일 멀 때는 그 거리가 약 40만km여서 보름달을 보는 시각도가 0.49도로 작아진다.

일몰과 월출이 생기는 원인은 지구에 작용하는 달과 태양의 중력 때문인데, 달이 태양보다는 지구에 훨씬 더 가깝기 때문에 달의 중력이 더 크게 미친다. 달이 지구에 가까워지면 평소 달이 지구를 당기는 힘보다 더 강하게 지구를 당긴다. 그리고 달의 중력이 더 강하게 작용하면, 달을 향한 쪽의 해수면은 평상시보다 더 높아진다. 실제 우리나라에서도 슈퍼문일 때 제주도 등 해안가에 바닷물이 평소보다 더 높게 밀려 들어와서 일부 지역이 침수 피해를 겪기도 했다.

한편 달의 중력 때문에 높아진 해수면이 지구와 함께 자전을 하다 보면 지구의 자전을 방해하게 된다. 일종의 브레이크가 걸리는 셈이다. 이 때문에 지구의 자전 속도가 느려지게 되고 그 결과 하루의 길이에 미세하게 차이가 생긴다. 실제 연구 결과에 따르면 100만 년에 17초 정도씩 길어지는 효과가 생긴다고 한다.

*시각도 : 물체의 양끝에서 눈의 결합점을 향하여 그은 두 선이 이루는 각을 의미한다.

① 지구에서 태양까지의 거리는 1년 동안 항상 일정하다.
② 해수면의 높이는 지구와 달의 거리와 관계가 있다.
③ 달이 지구에서 멀어지면 궤도에서 벗어나지 않기 위해 평소보다 더 강하게 지구를 잡아당긴다.
④ 지구와 달의 거리가 36만km 정도인 경우, 지구에서 보름달을 바라보는 시각도는 0.49도보다

▶ NCS 출제 영역에 대한 출제유형분석과 실전예제를 수록하여 NCS 문제에 대한 접근 전략을 익히고 점검할 수 있도록 하였다.

최종점검 모의고사 + OMR을 활용한 실전 연습

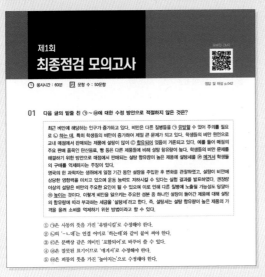

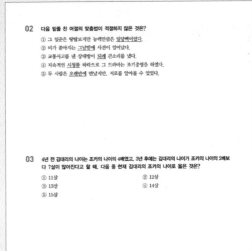

▶ 최종점검 모의고사와 OMR 답안카드를 수록하여 실제로 시험을 보는 것처럼 최종 마무리 연습을 할 수 있도록 하였다.

▶ 모바일 OMR 답안채점/성적분석 서비스를 통해 필기전형에 대비할 수 있도록 하였다.

인성검사부터 면접까지 한 권으로 최종 마무리

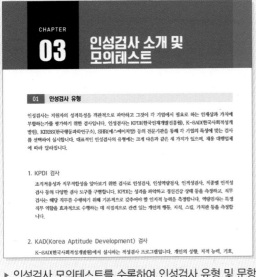

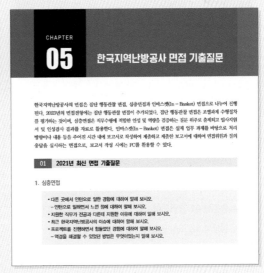

▶ 인성검사 모의테스트를 수록하여 인성검사 유형 및 문항을 확인할 수 있도록 하였다.

▶ 한국지역난방공사 면접 기출질문을 수록하여 면접에서 나오는 질문을 미리 파악하고 면접에 대비할 수 있도록 하였다.

이 책의 차례

Add+

2023년 상반기 주요 공기업
NCS 기출복원문제

※ 정답 및 해설 p.002

| 코레일 한국철도공사 / 의사소통능력

01 다음 글을 읽고 보인 반응으로 적절하지 않은 것은?

> 열차 내에서의 범죄가 급격하게 증가함에 따라 한국철도공사는 열차 내에서의 범죄 예방과 안전 확보를 위해 2023년까지 현재 운행하고 있는 열차의 모든 객실에 CCTV를 설치하고, 모든 열차 승무원에게 바디 캠을 지급하겠다고 밝혔다.
>
> CCTV는 열차 종류에 따라 운전실에서 비상시 실시간으로 상황을 파악할 수 있는 '네트워크 방식'과 각 객실에서의 영상을 저장하는 '개별 독립 방식'이라는 2가지 방식으로 사용 및 설치가 진행될 예정이며, 객실에는 사각지대를 없애기 위해 4대 가량의 CCTV가 설치된다. 이 중 2대는 휴대 물품 도난 방지 등을 위해 휴대 물품 보관대 주변에 위치하게 된다.
>
> 이에 따라 한국철도공사는 CCTV 제품 품평회를 가져 제품의 형태와 색상, 재질 등에 대한 의견을 나누고 각 제품이 실제로 열차 운행 시 진동과 충격 등에 적합한지 시험을 거친 후 도입할 예정이다.

① 현재는 모든 열차에 CCTV가 설치되어 있진 않을 것이다.

② 과거에 비해 승무원에 대한 승객의 범죄행위 증거 취득이 유리해질 것이다.

③ CCTV의 설치를 통해 인적 피해와 물적 피해 모두 예방할 수 있을 것이다.

④ CCTV의 설치를 통해 실시간으로 모든 객실을 모니터링할 수 있을 것이다.

⑤ CCTV의 내구성뿐만 아니라 외적인 디자인도 제품 선택에 영향을 줄 수 있을 것이다.

02 다음 중 빈칸 (가) ~ (다)에 들어갈 접속사를 순서대로 바르게 나열한 것은?

무더운 여름 기차나 지하철을 타면 "실내가 춥다는 민원이 있어 냉방을 줄인다."라는 안내방송을 손쉽게 들을 수 있을 정도로 우리는 쾌적한 기차와 지하철을 이용할 수 있는 시대에 살고 있다. ___(가)___ 이러한 쾌적한 환경을 누리기 시작한 것은 그리 오래되지 않은 일이다. 1825년에 세계 최초로 영국의 증기기관차가 시속 16km로 첫 주행을 시작하였을 때, 이 당시까지만 해도 열차 내의 유일한 냉방 수단은 창문뿐이었다. 열차에 에어컨이 설치되기 시작된 것은 100년이 더 지난 1930년대 초반 미국에서였고, 우리나라는 이보다 훨씬 후인 1969년에 지금의 새마을호라 불리는 '관광호'에서였다. 이는 국내에 최초로 철도가 개통된 1899년 이후 70년 만으로, '관광호' 이후 국내에 도입된 특급열차들은 대부분 전기 냉난방시설을 갖추게 되었다. ___(나)___ 지하철의 에어컨 도입은 열차보다 훨씬 늦었는데, 이는 우리나라뿐만 아니라 해외도 마찬가지였으며, 실제로 영국의 경우에는 아직도 지하철에 에어컨이 없다.

우리나라는 1974년에 서울에서 지하철이 개통되었는데, 이 당시 객실에는 천장에 달린 선풍기가 전부였기 때문에 한여름에는 땀 냄새가 가득한 찜통 지하철이 되었다. ___(다)___ 1983년이 되어서야 에어컨이 설치된 지하철이 등장하기 시작하였고, 기존에 에어컨이 설치되지 않았던 지하철들은 1989년이 되어서야 선풍기를 떼어 내고 에어컨으로 교체하기 시작하였다.

	(가)	(나)	(다)
①	따라서	그래서	마침내
②	하지만	반면	마침내
③	하지만	왜냐하면	그래서
④	왜냐하면	반면	마침내
⑤	반면	왜냐하면	그래서

03 다음 글의 내용으로 가장 적절한 것은?

한국철도공사는 철도시설물 점검 자동화에 '스마트글라스'를 활용하겠다고 밝혔다. 스마트글라스란 안경처럼 착용하는 스마트 기기로 검사와 판독, 데이터 송수신과 보고서 작성까지 모든 동작이 음성인식을 바탕으로 작동한다. 이를 활용하여 작업자는 스마트글라스 액정에 표시된 내용에 따라 철도시설물을 점검하고, 음성 명령을 통해 시설물의 사진을 촬영한 후 해당 정보와 검사 결과를 전송해 보고서로 작성한다.

작업자들은 스마트글라스의 사용으로 직접 자료를 조사하고 측정한 내용을 바탕으로 시스템 속에서 여러 단계를 거쳐 수기 입력하던 기존 방식으로부터 벗어날 수 있게 되었고, 이 일련의 과정들을 중앙 서버를 통해 한 번에 처리할 수 있게 되었다.

이와 같은 스마트 기기의 도입은 중앙 서버의 효율적 종합 관리를 가능하게 할 뿐만 아니라 작업자의 안전도 향상에도 크게 기여하였다. 이는 작업자들이 음성인식이 가능한 스마트글라스를 사용함으로써 두 손이 자유로워져 추락 사고를 방지할 수 있게 되었기 때문이며, 또 스마트글라스 내부 센서가 충격과 기울기를 감지할 수 있어 작업자에게 위험한 상황이 발생하면 지정된 컴퓨터로 바로 통보되는 시스템을 갖추었기 때문이다.

한국철도공사는 주요 거점 현장을 시작으로 스마트글라스를 보급하여 성과 분석을 거치고 내년부터는 보급 현장을 확대하겠다고 밝혔으며, 국내 철도 환경에 맞춰 스마트글라스 시스템을 개선하기 위해 현장 검증을 진행하고 스마트글라스를 통해 측정된 데이터를 총괄 제어할 수 있도록 안전점검 플랫폼 망도 마련할 예정이다.

더불어 스마트글라스를 통해 기존의 인력 중심 시설점검을 간소화하여 효율성과 안전성을 향상시키고 나아가 철도에 맞춤형 스마트 기술을 도입하여 시설물 점검뿐만 아니라 유지보수 작업도 가능하도록 철도기술 고도화에 힘쓰겠다고 전했다.

① 작업자의 음성인식을 통해 철도시설물의 점검 및 보수 작업이 가능해졌다.
② 스마트글라스의 도입으로 철도시설물 점검의 무인작업이 가능해졌다.
③ 스마트글라스의 도입으로 철도시설물 점검 작업 시 안전사고 발생 횟수가 감소하였다.
④ 스마트글라스의 도입으로 철도시설물 작업 시간 및 인력이 감소하고 있다.
⑤ 스마트글라스의 도입으로 작업자의 안전사고 발생을 바로 파악할 수 있게 되었다.

04 다음 글에 대한 설명으로 적절하지 않은 것은?

2016년 4월 27일 오전 7시 20분경 임실역에서 익산으로 향하던 열차가 전기 공급 중단으로 멈추는 사고가 발생해 약 50여 분간 열차 운행이 중단되었다. 바로 전차선에 지은 까치집 때문이었는데, 까치가 집을 지을 때 사용하는 젖은 나뭇가지나 철사 등이 전선과 닿거나 차로에 떨어져 합선과 단전을 일으킨 것이다.

비록 이번 사고는 단전에서 끝났지만, 고압 전류가 흐르는 전차선인 만큼 철사와 젖은 나뭇가지만으로도 자칫하면 폭발사고로 이어질 우려가 있다. 지난 5년간 까치집으로 인한 단전사고는 한 해 평균 3 ~ 4건이 발생하고 있으며, 한국철도공사는 사고방지를 위해 까치집 방지 설비를 설치하고 설비가 없는 구간은 작업자가 육안으로 까치집 생성 여부를 확인해 제거하고 있는데, 이렇게 제거해 온 까치집 수가 연평균 8,000개에 달하고 있다. 하지만 까치집은 빠르면 불과 4시간 만에 완성되어 작업자들에게 큰 곤욕을 주고 있다.

이에 한국철도공사는 전차선로 주변 까치집 제거의 효율성과 신속성을 높이기 위해 인공지능(AI)과 사물인터넷(IoT) 등 첨단 기술을 활용하기에 이르렀다. 열차 운전실에 영상 장비를 설치해 달리는 열차에서 전차선을 촬영한 화상 정보를 인공지능으로 분석해 까치집 등의 위험 요인을 찾아 해당 위치와 현장 이미지를 작업자에게 실시간으로 전송하는 '실시간 까치집 자동 검출 시스템'을 개발한 것이다. 하지만 시속 150km로 빠르게 달리는 열차에서 까치집 등의 위험 요인을 실시간으로 판단해 전송하는 것이다 보니 그 정확도는 65%에 불과했다.

이에 한국철도공사는 전차선과 까치집을 정확하게 식별하기 위해 인공지능이 스스로 학습하는 '딥러닝' 방식을 도입했고, 전차선을 구성하는 복잡한 구조 및 까치집과 유사한 형태를 빅데이터로 분석해 이미지를 구분하는 학습을 실시한 결과 까치집 검출 정확도는 95%까지 상승했다. 또한 해당 이미지를 실시간 문자메시지로 작업자에게 전송해 위험 요소와 위치를 인지시켜 현장에 적용할 수 있다는 사실도 확인했다. 현재는 이와 더불어 정기열차가 운행하지 않거나 작업자가 접근하기 쉽지 않은 차량 정비 시설 등에 드론을 띄워 전차선의 까치집을 발견 및 제거하는 기술도 시범 운영하고 있다.

① 인공지능도 학습을 통해 그 정확도를 향상시킬 수 있다.
② 빠른 속도에서 인공지능의 사물 식별 정확도는 낮아진다.
③ 사람의 접근이 불가능한 곳에 위치한 까치집의 제거도 가능해졌다.
④ 까치집 자동 검출 시스템을 통해 실시간으로 까치집 제거가 가능해졌다.
⑤ 인공지능 등의 스마트 기술 도입으로 까치집 생성의 감소를 기대할 수 있다.

05 K인터넷카페의 4월 회원 수는 260명 미만이었고, 남녀의 비는 2 : 3이었다. 5월에는 남자 회원보다 여자 회원이 2배 더 가입하여 남녀의 비는 5 : 8이 되었고, 전체 회원 수는 320명을 넘었다. 다음 중 5월 전체 회원 수는?

① 322명

② 323명

③ 324명

④ 325명

⑤ 326명

06 다음은 철도운임의 공공할인 제도에 대한 내용이다. 심하지 않은 장애를 가진 A씨가 보호자 1명과 함께 열차를 이용하여 주말여행을 다녀왔다. 두 사람은 왕복 운임의 몇 %를 할인받았는가?(단, 열차의 종류와 노선 길이가 동일한 경우 요일에 따른 요금 차이는 없다고 가정한다)

- A씨와 보호자의 여행 일정
  - 2023년 3월 11일(토) 서울 → 부산 : KTX
  - 2023년 3월 13일(월) 부산 → 서울 : KTX
- 장애인 공공할인 제도(장애의 정도가 심한 장애인은 보호자 포함)

구분	KTX	새마을호	무궁화호 이하
장애의 정도가 심한 장애인	50%	50%	50%
장애의 정도가 심하지 않은 장애인	30% (토·일·공휴일 제외)	30% (토·일·공휴일 제외)	

① 7.5%

② 12.5%

③ 15%

④ 25%

⑤ 30%

07 다음 자료에 대한 설명으로 가장 적절한 것은?

- **KTX 마일리지 적립**
  - KTX 이용 시 결제금액의 5%가 기본 마일리지로 적립됩니다.
  - 더블적립(×2) 열차로 지정된 열차는 추가로 5%가 적립(결제금액의 총 10%)됩니다.
    ※ 더블적립 열차는 홈페이지 및 코레일톡 애플리케이션에서만 승차권 구매 가능
  - 선불형 교통카드 Rail+(레일플러스)로 승차권을 결제하는 경우 1% 보너스 적립도 제공되어 최대 11% 적립이 가능합니다.
  - 마일리지를 적립받고자 하는 회원은 승차권을 발급받기 전에 코레일 멤버십카드 제시 또는 회원번호 및 비밀번호 등을 입력해야 합니다.
  - 해당 열차 출발 후에는 마일리지를 적립받을 수 없습니다.
- **회원 등급 구분**

구분	등급 조건	제공 혜택
VVIP	• 반기별 승차권 구입 시 적립하는 마일리지가 8만 점 이상인 고객 또는 기준일부터 1년간 16만 점 이상 고객 중 매년 반기 익월 선정	• 비즈니스 회원 혜택 기본 제공 • KTX 특실 무료 업그레이드 쿠폰 6매 제공 • 승차권 나중에 결제하기 서비스 (열차 출발 3시간 전까지)
VIP	• 반기별 승차권 구입 시 적립하는 마일리지가 4만 점 이상인 고객 또는 기준일부터 1년간 8만 점 이상 고객 중 매년 반기 익월 선정	• 비즈니스 회원 혜택 기본 제공 • KTX 특실 무료 업그레이드 쿠폰 2매 제공
비즈니스	• 철도 회원으로 가입한 고객 중 최근 1년간 온라인에서 로그인한 기록이 있거나, 회원으로 구매실적이 있는 고객	• 마일리지 적립 및 사용 가능 • 회원 전용 프로모션 참가 가능 • 열차 할인상품 이용 등 기본서비스와 멤버십 제휴서비스 등 부가서비스 이용
패밀리	• 철도 회원으로 가입한 고객 중 최근 1년간 온라인에서 로그인한 기록이 없거나, 회원으로 구매실적이 없는 고객	• 멤버십 제휴서비스 및 코레일 멤버십 라운지 이용 등의 부가서비스 이용 제한 • 휴면 회원으로 분류 시 별도 관리하며, 본인 인증 절차로 비즈니스 회원으로 전환 가능

- 마일리지는 열차 승차 다음날 적립되며, 지연료를 마일리지로 적립하신 실적은 등급 산정에 포함되지 않습니다.
- KTX 특실 무료 업그레이드 쿠폰 유효기간은 6개월이며, 반기별 익월 10일 이내에 지급됩니다.
- 실적의 연간 적립 기준일은 7월 지급의 경우 전년도 7월 1일부터 당해 연도 6월 30일까지 실적이며, 1월 지급은 전년도 1월 1일부터 전년도 12월 31일까지의 실적입니다.
- 코레일에서 지정한 추석 및 설 명절 특별수송기간의 승차권은 실적 적립 대상에서 제외됩니다.
- 회원 등급 기준 및 혜택은 사전 공지 없이 변경될 수 있습니다.
- 승차권 나중에 결제하기 서비스는 총 편도 2건 이내에서 제공되며, 3회 자동 취소 발생(열차 출발 전 3시간 내 미결제) 시 서비스가 중지됩니다. 리무진+승차권 결합 발권은 2건으로 간주되며, 정기권, 특가상품 등은 나중에 결제하기 서비스 대상에서 제외됩니다.

① 코레일에서 운행하는 모든 열차는 이용 때마다 결제금액의 최소 5%가 KTX 마일리지로 적립된다.
② 회원 등급이 높아져도 열차 탑승 시 적립되는 마일리지는 동일하다.
③ 비즈니스 등급은 기업회원을 구분하는 명칭이다.
④ 6개월간 마일리지 4만 점을 적립하더라도 VIP 등급을 부여받지 못할 수 있다.
⑤ 회원 등급이 높아도 승차권을 정가보다 저렴하게 구매할 수 있는 방법은 없다.

※ 다음 자료를 읽고 이어지는 질문에 답하시오. [8~10]

<2023 한국의 국립공원 기념주화 예약 접수>

- 우리나라 자연환경의 아름다움과 생태 보전의 중요성을 널리 알리기 위해 K은행은 한국의 국립공원 기념주화 3종(설악산, 치악산, 월출산)을 발행할 예정임
- 예약 접수일 : 3월 2일(목)~3월 17일(금)
- 배부 시기 : 2023년 4월 28일(금)부터 예약자가 신청한 방법으로 배부
- 기념주화 상세

화종	앞면	뒷면
은화Ⅰ - 설악산		
은화Ⅱ - 치악산		
은화Ⅲ - 월출산		

- 발행량 : 화종별 10,000장씩 총 30,000장
- 신청 수량 : 단품 및 3종 세트로 구분되며 단품과 세트에 중복신청 가능
  - 단품 : 1인당 화종별 최대 3장
  - 3종 세트 : 1인당 최대 3세트
- 판매 가격 : 액면금액에 판매 부대비용(케이스, 포장비, 위탁판매수수료 등)을 부가한 가격
  - 단품 : 각 63,000원(액면가 50,000원+케이스 등 부대비용 13,000원)
  - 3종 세트 : 186,000원(액면가 150,000원+케이스 등 부대비용 36,000원)
- 접수 기관 : 우리은행, 농협은행, 한국조폐공사
- 예약 방법 : 창구 및 인터넷 접수
  - 창구 접수
    신분증[주민등록증, 운전면허증, 여권(내국인), 외국인등록증(외국인)]을 지참하고 우리·농협은행 영업점을 방문하여 신청
  - 인터넷 접수
    ① 우리·농협은행의 계좌를 보유한 고객은 개시일 9시부터 마감일 23시까지 홈페이지에서 신청
    ② 한국조폐공사 온라인 쇼핑몰에서는 가상계좌 방식으로 개시일 9시부터 마감일 23시까지 신청
- 구입 시 유의사항
  - 수령자 및 수령지 등 접수 정보가 중복될 경우 단품별 10장, 3종 세트 10세트만 추첨 명단에 등록
  - 비정상적인 경로나 방법으로 접수할 경우 당첨을 취소하거나 배송을 제한

08 다음 중 한국의 국립공원 기념주화 발행 사업의 내용으로 옳은 것은?

① 국민들을 대상으로 예약 판매를 실시하며, 외국인에게는 판매하지 않는다.

② 1인당 구매 가능한 최대 주화 수는 10장이다.

③ 기념주화를 구입하기 위해서는 우리·농협은행 계좌를 사전에 개설해 두어야 한다.

④ 사전예약을 받은 뒤, 예약 주문량에 맞추어 제한된 수량만 생산한다.

⑤ 한국조폐공사를 통한 예약 접수는 온라인에서만 가능하다.

09 외국인 A씨는 이번에 발행되는 기념주화를 예약 주문하려고 한다. 다음 상황을 참고하여 A씨가 기념주화 구매 예약을 할 수 있는 방법으로 옳은 것은?

〈외국인 A씨의 상황〉

• A씨는 국내 거주 외국인으로 등록된 사람이다.
• A씨의 명의로 국내은행에 개설된 계좌는 총 2개로, 신한은행, 한국씨티은행에 1개씩이다.
• A씨는 우리은행이나 농협은행과는 거래이력이 없다.

① 여권을 지참하고 우리은행이나 농협은행 지점을 방문한다.

② 한국조폐공사 온라인 쇼핑몰에서 신용카드를 사용한다.

③ 계좌를 보유한 신한은행이나 한국씨티은행의 홈페이지를 통해 신청한다.

④ 외국인등록증을 지참하고 우리은행이나 농협은행 지점을 방문한다.

⑤ 우리은행이나 농협은행의 홈페이지에서 신청한다.

10 다음은 기념주화를 예약한 5명의 신청내역이다. 이 중 가장 많은 금액을 지불한 사람의 구매 금액은?

(단위 : 세트, 장)

구매자	3종 세트	단품		
		은화I - 설악산	은화II - 치악산	은화III - 월출산
A	2	1	-	-
B	-	2	3	3
C	2	1	1	-
D	3	-	-	-
E	1	-	2	2

① 558,000원
② 561,000원
③ 563,000원
④ 564,000원
⑤ 567,000원

11 다음 중 $1^2 - 2^2 + 3^2 - 4^2 + \cdots + 199^2$의 값은?

① 17,500

② 19,900

③ 21,300

④ 23,400

⑤ 25,700

12 어떤 학급에서 이어달리기 대회 대표로 A ~ E학생 5명 중 3명을 순서와 상관없이 뽑을 수 있는 경우의 수는?

① 5가지

② 10가지

③ 20가지

④ 60가지

⑤ 120가지

13 X커피 300g은 A원두와 B원두의 양을 1 : 2 비율로 배합하여 만들고, Y커피 300g은 A원두와 B원두의 양을 2 : 1 비율로 배합하여 만든다. X커피와 Y커피 300g의 판매 가격이 각각 3,000원, 2,850원일 때, B원두의 100g당 원가는?(단, 판매가격은 원가의 합의 1.5배이다)

① 500원

② 600원

③ 700원

④ 800원

⑤ 1,000원

※ 다음 글을 읽고 이어지는 질문에 답하시오. [14~15]

코로나19는 2019년 중국 우한에서 처음 발생한 감염병으로 전 세계적으로 확산되어 대규모의 유행을 일으켰다. 코로나19는 주로 호흡기를 통해 전파되며 기침, 인후통, 발열 등의 경미한 증상에서 심각한 호흡곤란 같이 치명적인 증상을 일으키기도 한다.

코로나19의 유행은 공공의료체계에 큰 영향을 주었다. 대부분의 국가는 코로나19 감염환자의 대량 입원으로 병상부족 문제를 겪었으며 의료진의 업무부담 또한 매우 증가되었다. 또한 예방을 위한 검사 및 검체 체취, 밀접 접촉자 추적, 격리 및 치료 등의 과정에서 많은 인력과 시간이 _____㉠_____ 되었다.

국가 및 지역 사회에서 모든 사람들에게 평등하고 접근 가능한 의료 서비스를 제공하기 위한 공공의료는 전염병의 대유행 상황에서 매우 중요한 역할을 담당한다. 공공의료는 환자의 치료와 예방, 감염병 관리에서 필수적인 역할을 수행하며 코로나19 대유행 당시 검사, 진단, 치료, 백신 접종 등 다양한 서비스를 국민에게 제공하여 사회 전체의 건강보호를 담당하였다.

공공의료는 국가와 지역 단위에서의 재난 대응 체계와 밀접하게 연계되어 있다. 정부는 공공의료 시스템을 효과적으로 운영하여 감염병의 확산을 억제하고, 병원 부족 문제를 해결하며, 의료진의 안전과 보호를 보장해야 한다. 이를 위해 예방 접종 캠페인, 감염병 관리 및 예방 교육, 의료 인력과 시설의 지원 등 다양한 조치를 취하고 있다.

코로나19 대유행은 공공의료의 중요성과 필요성을 다시 한 번 강조하였다. 강력한 공공의료 체계는 전염병과의 싸움에서 핵심적인 역할을 수행하며, 국가와 지역 사회의 건강을 보호하는 데 필수적이다. 이를 위해서는 지속적인 투자와 개선이 이루어져야 하며, 협력과 혁신을 통해 미래의 감염병에 대비할 수 있는 강력한 공공의료 시스템을 구축해야 한다.

| 건강보험심사평가원 / 의사소통능력

14 다음 중 윗글에 대한 주제로 가장 적절한 것은?

① 코로나19 유행과 지역사회 전파 방지를 위한 노력
② 감염병과 백신의 중요성
③ 코로나19 격리 과정
④ 코로나19 유행과 공공의료의 중요성
⑤ 코로나19의 대표적 증상

| 건강보험심사평가원 / 의사소통능력

15 다음 중 밑줄 친 ㉠에 들어갈 단어로 가장 적절한 것은?

① 대비　　　　　　② 대체
③ 제공　　　　　　④ 초과
⑤ 소요

16 5개의 임의의 양수 $a \sim e$에 대해 서로 다른 2개를 골라 더한 값 10개가 다음과 같을 때, 5개의 양수 $a \sim e$의 평균과 분산은?

8	10	11	13	12	13	15	15	17	18

① 평균 : 6.6, 분산 : 5.84
② 평균 : 9.6, 분산 : 5.84
③ 평균 : 6.6, 분산 : 8.84
④ 평균 : 9.6, 분산 : 8.84
⑤ 평균 : 6.6, 분산 : 12.84

17 어느 날 민수가 사탕 바구니에 있는 사탕의 $\frac{1}{3}$을 먹었다. 그다음 날 남은 사탕의 $\frac{1}{2}$을 먹고 또 그다음 날 남은 사탕의 $\frac{1}{4}$을 먹었다. 현재 남은 사탕의 개수가 18개일 때, 처음 사탕 바구니에 들어있던 사탕의 개수는?

① 48개　　　　　　　　　　② 60개
③ 72개　　　　　　　　　　④ 84개
⑤ 96개

18 다음은 K중학교 재학생의 2013년과 2023년의 평균 신장 변화에 대한 자료이다. 2013년 대비 2023년 신장 증가율이 큰 순서대로 바르게 나열한 것은?(단, 소수점 셋째 자리에서 반올림한다)

〈K중학교 재학생 평균 신장 변화〉

(단위 : cm)

구분	2013년	2023년
1학년	160.2	162.5
2학년	163.5	168.7
3학년	168.7	171.5

① 1학년 – 2학년 – 3학년
② 1학년 – 3학년 – 2학년
③ 2학년 – 1학년 – 3학년
④ 2학년 – 3학년 – 1학년
⑤ 3학년 – 2학년 – 1학년

19 A는 K공사 사내 여행 동아리의 회원으로 이번 주말에 가는 여행에 반드시 참가할 계획이다. 다음 〈조건〉에 따라 여행에 참가한다고 할 때, 여행에 참가하는 사람을 모두 고르면?

> **조건**
> • C가 여행에 참가하지 않으면, A도 여행에 참가하지 않는다.
> • E가 여행에 참가하지 않으면, B는 여행에 참가한다.
> • D가 여행에 참가하지 않으면, B도 여행에 참가하지 않는다.
> • E가 여행에 참가하면, C는 여행에 참가하지 않는다.

① A, B
② A, B, C
③ A, B, D
④ A, B, C, D
⑤ A, C, D, E

20 다음은 K중학교 2학년 1반 국어, 수학, 영어, 사회, 과학에 대한 학생 9명의 성적표이다. 학생들의 평균 점수를 가장 높은 순서대로 구하고자 할 때, [H2] 셀에 들어갈 함수로 옳은 것은?(단, G열의 평균 점수는 구한 것으로 가정한다)

〈2학년 1반 성적표〉

	A	B	C	D	E	F	G	H
1		국어	수학	영어	사회	과학	평균 점수	평균 점수 순위
2	강○○	80	77	92	81	75		
3	권○○	70	80	87	65	88		
4	김○○	90	88	76	86	87		
5	김△△	60	38	66	40	44		
6	신○○	88	66	70	58	60		
7	장○○	95	98	77	70	90		
8	전○○	76	75	73	72	80		
9	현○○	30	60	50	44	27		
10	황○○	76	85	88	87	92		

① =RANK(G2,G$2:G$10,0)
② =RANK(G2,$G2$:G10,0)
③ =RANK(G2,$B2$:G10,0)
④ =RANK(G2,$B$2:$G$10,0)
⑤ =RANK(G2,B2$:$F$F10,0)

21 K유통사는 창고 내 자재의 보안 강화와 원활한 관리를 위해 국가별, 제품별로 자재를 분류하고자 9자리 상품코드 및 바코드를 제작하였다. 상품코드 및 바코드 규칙이 다음과 같을 때 8자리 상품코드와 수입 국가, 전체 9자리 바코드가 바르게 연결된 것은?

〈K유통사 상품코드 및 바코드 규칙〉

1. 상품코드의 첫 세 자릿수는 수입한 국가를 나타낸다.

첫 세 자리	000 ~ 099	100 ~ 249	250 ~ 399	400 ~ 549	550 ~ 699	700 ~ 849	850 ~ 899	900 ~ 999
국가	한국	독일	일본	미국	캐나다	호주	중국	기타 국가

2. 상품코드의 아홉 번째 수는 바코드의 진위 여부를 판단하는 수로, 앞선 여덟 자릿수를 다음 규칙에 따라 계산하여 생성한다.
   ① 홀수 번째 수에는 2를, 짝수 번째 수에는 5를 곱한 다음 여덟 자릿수를 모두 합한다.
   ② 모두 합한 값을 10으로 나누었을 때, 그 나머지 수가 아홉 번째 수가 된다.

3. 바코드는 각 자리의 숫자에 대응시켜 생성한다.

구분	코드	구분	코드
0		5	
1		6	
2		7	
3		8	
4		9	

	8자리 상품코드	수입 국가	9자리 바코드
①	07538627	한국	
②	23978527	일본	
③	51227532	미국	
④	73524612	호주	
⑤	93754161	기타 국가	

22 다음 〈보기〉의 단어들의 관계를 토대로 할 때, 빈칸 ㉠에 들어갈 단어로 옳은 것은?

보기

• 치르다 – 지불하다   • 연약 – 나약
• 가쁘다 – 벅차다   • 가뭄 – ___㉠___

① 갈근   ② 해수
③ 한발   ④ 안건

(가) 경영학 측면에서도 메기 효과는 한국, 중국 등 고도 경쟁사회인 동아시아 지역에서만 제한적으로 사용되며 영미권에서는 거의 사용되지 않는다. 기획재정부의 조사에 따르면 메기에 해당하는 해외 대형 가구업체인 이케아(IKEA)가 국내에 들어오면서 청어에 해당하는 중소 가구업체의 입지가 더욱 좁아졌다고 한다. 이처럼 경영학 측면에서도 메기 효과는 제한적으로 파악될 뿐 과학적으로는 검증되지 않은 가설이다.

(나) 결국 과학적으로 증명되진 않았지만 메기 효과는 '경쟁'의 양면성을 보여 주는 가설이다. 기업의 경영에서 위협이 발생하였을 때, 위기감에 의한 성장 동력을 발현시킬 수는 있을 것이다. 그러나 무한 경쟁사회에서 규제 등의 방법으로 적정 수준을 유지하지 못한다면 거미의 등장으로 인해 폐사한 메뚜기와 토양처럼, 거대한 위협이 기업과 사회를 항상 좋은 방향으로 이끌어 나가지는 않을 것이다.

(다) 그러나 메기 효과가 전혀 시사점이 없는 것은 아니다. 이케아가 국내에 들어오면서 도산할 것으로 예상되었던 일부 국내 가구 업체들이 오히려 성장하는 현상 또한 관찰되고 있다. 강자의 등장으로 약자의 성장 동력이 어느 정도는 발현되었다는 것을 보여 주는 사례라고 할 수 있다.

(라) 그러나 최근에는 메기 효과가 과학적으로 검증되지 않았고 과장되어 사용되고 있으며 심지어 거짓이라고 주장하는 사람들이 있다. 먼저 메기 효과의 기원부터 의문점이 있다. 메기는 민물고기로 바닷물고기인 청어는 메기와 관련이 없으며, 실제로 북유럽의 어부들이 수조에 메기를 넣었을 때 청어에게 효과가 있었는지 검증되지 않았다. 이와 비슷한 사례인 메뚜기와 거미의 경우는 과학적으로 검증된 바 있다. 2012년 『사이언스』에서 제한된 공간에 메뚜기와 거미를 두었을 때 메뚜기들은 포식자인 거미로 인해 스트레스의 수치가 증가하고 체내 질소 함량이 줄어들었으며, 죽은 메뚜기에 포함된 질소 함량이 줄어들면서 토양 미생물도 줄어들고 토양은 황폐화되었다.

(마) 우리나라에서 '경쟁'과 관련된 이론 중 가장 유명한 것은 영국의 역사가 아놀드 토인비가 주장했다고 하는 '메기 효과(Catfish Effect)'이다. 메기 효과란 냉장시설이 없었던 과거에 북유럽의 어부들이 잡은 청어를 싱싱하게 운반하기 위하여 수조 속에 천적인 메기를 넣어 끊임없이 움직이게 했다는 것이다. 이 가설은 경영학계에서 비유적으로 사용된다. 다시 말해 기업의 경쟁력을 키우기 위해서는 적절한 위협과 자극이 필요하다는 것이다.

| K-water 한국수자원공사 / 의사소통능력

23 윗글의 문단을 논리적 순서대로 바르게 나열한 것은?

① (가) – (라) – (나) – (다) – (마)　　② (다) – (마) – (가) – (나) – (라)

③ (마) – (가) – (라) – (다) – (나)　　④ (마) – (라) – (가) – (다) – (나)

| K-water 한국수자원공사 / 의사소통능력

24 다음 중 윗글을 이해한 내용으로 적절하지 않은 것은?

① 거대 기업의 출현은 해당 시장의 생태계를 파괴할 수도 있다.

② 메기 효과는 과학적으로 검증되지 않았으므로 낭설에 불과하다.

③ 발전을 위해서는 기업 간 경쟁을 적정 수준으로 유지해야 한다.

④ 메기 효과는 경쟁을 장려하는 사회에서 널리 사용되고 있다.

25 어느 회사에 입사하는 사원 수를 조사하니 올해 남자 사원 수는 작년에 비하여 8% 증가하고 여자 사원 수는 10% 감소했다. 작년의 전체 사원 수는 820명이고, 올해는 작년에 비하여 10명이 감소하였다고 할 때, 올해의 여자 사원 수는?

① 378명
② 379명
③ 380명
④ 381명

26 철호는 50만 원으로 K가구점에서 식탁 1개와 의자 2개를 사고, 남은 돈은 모두 장미꽃을 구매하는 데 쓰려고 한다. 판매하는 가구의 가격이 다음과 같을 때, 구매할 수 있는 장미꽃의 수는?(단, 장미꽃은 한 송이당 6,500원이다)

〈K가구점 가격표〉

종류	책상	식탁	침대	의자	옷장
가격	25만 원	20만 원	30만 원	10만 원	40만 원

※ 30만 원 이상 구매 시 10% 할인

① 20송이
② 21송이
③ 22송이
④ 23송이

27 다음 〈보기〉의 전제 1에서 항상 참인 결론을 이끌어 내기 위한 전제 2로 옳은 것은?

> **보기**
> • 전제 1 : 흰색 공을 가지고 있는 사람은 모두 검은색 공을 가지고 있지 않다.
> • 전제 2 : _____
> • 결론 : 흰색 공을 가지고 있는 사람은 모두 파란색 공을 가지고 있다.

① 검은색 공을 가지고 있는 사람은 모두 파란색 공을 가지고 있다.
② 파란색 공을 가지고 있지 않은 사람은 모두 검은색 공도 가지고 있지 않다.
③ 파란색 공을 가지고 있지 않은 사람은 모두 검은색 공을 가지고 있다.
④ 파란색 공을 가지고 있는 사람은 모두 검은색 공을 가지고 있다.

※ 다음은 보조배터리를 생산하는 K사의 시리얼 넘버에 대한 자료이다. 이어지는 질문에 답하시오. [28~29]

〈시리얼 넘버 부여 방식〉

시리얼 넘버는 [제품 분류] – [배터리 형태][배터리 용량][최대 출력] – [고속충전 규격] – [생산날짜] 순서로 부여한다.

〈시리얼 넘버 세부사항〉

제품 분류	배터리 형태	배터리 용량	최대 출력
NBP : 일반형 보조배터리 CBP : 케이스 보조배터리 PBP : 설치형 보조배터리	LC : 유선 분리형 LO : 유선 일체형 DK : 도킹형 WL : 무선형 LW : 유선+무선	4 : 40,000mAH 이상 3 : 30,000mAH 이상 2 : 20,000mAH 이상 1 : 10,000mAH 이상	A : 100W 이상 B : 60W 이상 C : 30W 이상 D : 20W 이상 E : 10W 이상

고속충전 규격	생산날짜		
P31 : USB – PD3.1 P30 : USB – PD3.0 P20 : USB – PD2.0	B3 : 2023년 B2 : 2022년 … A1 : 2011년	1 : 1월 2 : 2월 … 0 : 10월 A : 11월 B : 12월	01 : 1일 02 : 2일 … 30 : 30일 31 : 31일

28 다음 〈보기〉 중 시리얼 넘버가 잘못 부여된 제품은 모두 몇 개인가?

> **보기**
>
> - NBP – LC4A – P20 – B2102
> - CBP – WK4A – P31 – B0803
> - NBP – LC3B – P31 – B3230
> - CNP – LW4E – P20 – A7A29
> - PBP – WL3D – P31 – B0515
> - CBP – LO3E – P30 – A9002
> - PBP – DK1E – P21 – A8B12
> - PBP – DK2D – P30 – B0331
> - NBP – LO3B – P31 – B2203
> - CBP – LC4A – P31 – B3104

① 2개
② 3개
③ 4개
④ 5개

29 K사 고객지원팀에 재직 중인 S주임은 보조배터리를 구매한 고객으로부터 다음과 같은 전화를 받았다. 해당 제품을 회사 데이터베이스에서 검색하기 위해 시리얼 넘버를 입력할 때, 고객이 보유 중인 제품의 시리얼 넘버로 가장 적절한 것은?

S주임 : 안녕하세요. K사 고객지원팀 S입니다. 무엇을 도와드릴까요?

고객 : 안녕하세요. 지난번에 구매한 보조배터리가 작동을 하지 않아서요.

S주임 : 네, 고객님. 해당 제품 확인을 위해 시리얼 넘버를 알려 주시기 바랍니다.

고객 : 제품을 들고 다니면서 시리얼 넘버가 적혀 있는 부분이 지워졌네요. 어떻게 하면 되죠?

S주임 : 고객님 혹시 구매하셨을때 동봉된 제품설명서를 가지고 계실까요?

고객 : 네, 가지고 있어요.

S주임 : 제품설명서 맨 뒤에 제품 정보가 적혀 있는데요. 순서대로 불러 주시기 바랍니다.

고객 : 설치형 보조배터리에 70W, 24,000mAH의 도킹형 배터리이고, 규격은 USB − PD3.0이고, 생산날짜는 2022년 10월 12일이네요.

S주임 : 확인 감사합니다. 고객님 잠시만 기다려 주세요.

---

① PBP − DK2B − P30 − B1012   ② PBP − DK2B − P30 − B2012

③ PBP − DK3B − P30 − B1012   ④ PBP − DK3B − P30 − B2012

30 K하수처리장은 오수 1탱크를 정수로 정화하는 데 A ~ E 5가지 공정을 거친다고 한다. 공정당 소요시간이 다음과 같을 때 30탱크 분량의 오수를 정화하는 데 소요되는 최소 시간은?(단, 공정별 소요시간에는 정비시간이 포함되어 있다)

〈K하수처리장 공정별 소요시간〉

공정	A	B	C	D	E
소요시간	4시간	6시간	5시간	4시간	6시간

① 181시간   ② 187시간

③ 193시간   ④ 199시간

31 다음 중 스마트 팩토리(Smart Factory)에 대한 설명으로 옳지 않은 것은?

① 공장 내 설비에 사물인터넷(IoT)을 적용한다.

② 기획 및 설계는 사람이 하고, 이를 바탕으로 인공지능(AI)이 전반적인 공정을 진행한다.

③ 정부에서는 4차 산업혁명의 시대에 맞추어 제조업 전반의 혁신 및 발전을 위해 이를 꾸준히 지원하고 있다.

④ 구체적인 전략은 국가별 제조업 특성 및 강점, 산업 구조 등에 따라 다양한 형태를 갖춘다.

32 다음 중 그래핀과 탄소 나노 튜브를 비교한 내용으로 옳은 것은?

① 그래핀과 탄소 나노 튜브 모두 2차원 평면 구조를 가지고 있다.

② 그래핀과 탄소 나노 튜브 모두 탄소로 이루어져 있으므로 인장강도는 약하다.

③ 그래핀과 탄소 나노 튜브 모두 격자 형태로 불규칙적인 형태를 가지고 있다.

④ 그래핀과 탄소 나노 튜브 모두 그 두께가 $1\mu m$보다 얇다.

33 다음은 1g당 80원인 A회사 우유와 1g당 50원인 B회사 우유를 100g씩 섭취했을 때 얻을 수 있는 열량과 단백질의 양을 나타낸 표이다. 우유 A, B를 합하여 300g을 만들어 열량 490kcal 이상과 단백질 29g 이상을 얻으면서 우유를 가장 저렴하게 구입했다고 할 때, 그 가격은 얼마인가?

〈A, B회사 우유의 100g당 열량과 단백질의 양〉

식품 \ 성분	열량(kcal)	단백질(g)
A회사 우유	150	12
B회사 우유	200	5

① 20,000원　　　　　　　　② 21,000원

③ 22,000원　　　　　　　　④ 23,000원

⑤ 24,000원

34 다음은 S헬스클럽의 회원들이 하루 동안 운동하는 시간을 조사하여 나타낸 도수분포표이다. 하루 동안 운동하는 시간이 80분 미만인 회원이 전체의 80%일 때, $A-B$의 값은?

〈S헬스클럽 회원 운동시간 도수분포표〉

시간(분)	회원 수(명)
0 이상 20 미만	1
20 이상 40 미만	3
40 이상 60 미만	8
60 이상 80 미만	A
80 이상 100 미만	B
합계	30

① 2　　　　　　　　② 4

③ 6　　　　　　　　④ 8

⑤ 10

35 A가게와 B가게에서의 연필 1자루당 가격과 배송비가 다음과 같을 때 연필을 몇 자루 이상 구매해야 B가게에서 주문하는 것이 유리한가?

〈연필 구매정보〉

구분	가격	배송비
A가게	500원/자루	무료
B가게	420원/자루	2,500원/건

① 30자루
② 32자루
③ 34자루
④ 36자루
⑤ 38자루

36 S마스크 회사에서는 지난달에 제품 A, B를 합하여 총 6,000개를 생산하였다. 이번 달의 생산량은 지난달에 비하여 제품 A는 6% 증가하고, 제품 B는 4% 감소하여 전체 생산량은 2% 증가하였다고 한다. 이번 달 두 제품 A, B의 생산량의 차이는 얼마인가?

① 1,500개
② 1,512개
③ 1,524개
④ 1,536개
⑤ 1,548개

37 다음 중 기계적 조직의 특징으로 적절한 것을 〈보기〉에서 모두 고르면?

> **보기**
> ㉠ 변화에 맞춰 쉽게 변할 수 있다.
> ㉡ 상하 간 의사소통이 공식적인 경로를 통해 이루어진다.
> ㉢ 대표적으로 사내벤처팀, 프로젝트팀이 있다.
> ㉣ 구성원의 업무가 분명하게 규정되어 있다.
> ㉤ 많은 규칙과 규제가 있다.

① ㉠, ㉡, ㉢
② ㉠, ㉣, ㉤
③ ㉡, ㉢, ㉣
④ ㉡, ㉣, ㉤
⑤ ㉢, ㉣, ㉤

38 다음 중 글로벌화에 대한 설명으로 적절하지 않은 것은?

① 범지구적 시스템과 네트워크 안에서 기업 활동이 이루어지는 국제경영이 중요시된다.

② 글로벌화가 이루어지면 시장이 확대되어 상대적으로 기업 경쟁이 완화된다.

③ 경제나 산업에서 벗어나 문화, 정치 등 다른 영역까지 확대되고 있다.

④ 조직의 활동 범위가 세계로 확대되는 것을 의미한다.

⑤ 글로벌화에 따른 다국적 기업의 증가에 따라 국가 간 경제통합이 강화되었다.

39 다음 중 팀워크에 대한 설명으로 적절하지 않은 것은?

① 조직에 대한 이해 부족은 팀워크를 저해하는 요소이다.

② 팀워크를 유지하기 위해 구성원은 공동의 목표의식과 강한 도전의식을 가져야 한다.

③ 공동의 목적을 달성하기 위해 상호관계성을 가지고 협력하여 업무를 수행하는 것이다.

④ 사람들이 집단에 머물도록 만들고, 집단의 멤버로서 계속 남아 있기를 원하게 만드는 힘이다.

⑤ 효과적인 팀은 갈등을 인정하고 상호신뢰를 바탕으로 건설적으로 문제를 해결한다.

40 다음은 협상과정 단계별 세부 수행 내용이다. 협상과정의 단계를 순서대로 바르게 나열한 것은?

> ㉠ 겉으로 주장하는 것과 실제로 원하는 것을 구분하여 실제로 원하는 것을 찾아낸다.
> ㉡ 합의문을 작성하고 이에 서명한다.
> ㉢ 갈등문제의 진행상황과 현재의 상황을 점검한다.
> ㉣ 상대방의 협상의지를 확인한다.
> ㉤ 대안 이행을 위한 실행계획을 수립한다.

① ㉠ - ㉢ - ㉤ - ㉣ - ㉡   ② ㉠ - ㉤ - ㉢ - ㉣ - ㉡

③ ㉢ - ㉠ - ㉤ - ㉣ - ㉡   ④ ㉣ - ㉠ - ㉢ - ㉤ - ㉡

⑤ ㉣ - ㉢ - ㉠ - ㉤ - ㉡

41 다음 중 Win – Win 전략에 의거한 갈등 해결 단계에 포함되지 않는 것은?

① 비판적인 패러다임을 전환하는 등 사전 준비를 충실히 한다.

② 갈등 당사자의 입장을 명확히 한다.

③ 서로가 받아들일 수 있도록 중간지점에서 타협적으로 입장을 주고받아 해결점을 찾는다.

④ 서로의 입장을 명확히 한다.

⑤ 상호 간에 중요한 기준을 명확히 말한다.

42 다음 중 직업이 갖추어야 할 속성과 그 의미가 옳지 않은 것은?

① 계속성 : 주기적으로 일을 하거나 계절 또는 명확한 주기가 없어도 계속 행해지며, 현재 하고 있는 일을 계속할 의지와 가능성이 있어야 한다.

② 경제성 : 직업은 경제적 거래 관계가 성립되는 활동이어야 한다.

③ 윤리성 : 노력이 전제되지 않는 자연발생적인 이득 활동은 직업으로 볼 수 없다.

④ 사회성 : 모든 직업 활동이 사회 공동체적 맥락에서 의미 있는 활동이어야 한다.

⑤ 자발성 : 속박된 상태에서의 제반 활동은 직업으로 볼 수 없다.

43 다음 중 근로윤리의 판단 기준으로 적절한 것을 〈보기〉에서 모두 고르면?

보기	
㉠ 예절	㉡ 준법
㉢ 정직한 행동	㉣ 봉사와 책임
㉤ 근면한 자세	㉥ 성실한 태도

① ㉠, ㉡, ㉢

② ㉠, ㉡, ㉣

③ ㉡, ㉢, ㉤

④ ㉢, ㉤, ㉥

⑤ ㉣, ㉤, ㉥

44 다음 중 직장에서의 예절로 적절한 것을 〈보기〉에서 모두 고르면?

> **보기**
> ㉠ 악수는 상급자가 먼저 청한다.
> ㉡ 명함을 받았을 때는 곧바로 집어넣는다.
> ㉢ 상급자가 운전하는 차량에 단 둘이 탑승한다면 조수석에 탑승해야 한다.
> ㉣ 엘리베이터에서 상사나 손님이 탑승하고 내릴 때는 문열림 버튼을 누르고 있어야 한다.

① ㉠, ㉡

② ㉠, ㉣

③ ㉠, ㉢, ㉣

④ ㉡, ㉢, ㉣

⑤ ㉠, ㉡, ㉢, ㉣

45 K빌딩 시설관리팀에서 건물 화단 보수를 위해 인원을 두 팀으로 나누었다. 한 팀은 작업 하나를 마치는 데 15분이 걸리지만 작업을 마치면 도구 교체를 위해 5분이 걸리고, 다른 한 팀은 작업 하나를 마치는 데 30분이 걸리지만 한 작업을 마치면 도구 교체 없이 바로 다른 작업을 시작한다고 한다. 오후 1시부터 두 팀이 쉬지 않고 작업한다고 할 때, 두 팀이 세 번째로 동시에 작업을 시작하는 시각은?

① 오후 3시 30분

② 오후 4시

③ 오후 4시 30분

④ 오후 5시

※ 다음은 2019년부터 2022년까지의 K농장 귤 매출액의 증감률에 대한 자료이다. 이를 읽고 이어지는 질문에 답하시오. **[46~47]**

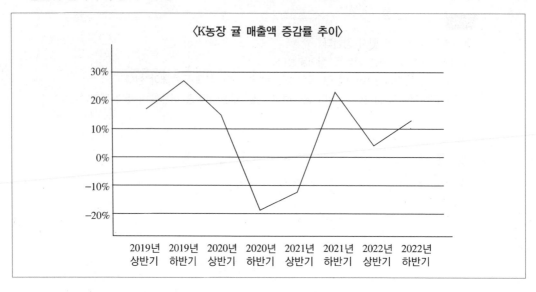

〈K농장 귤 매출액 증감률 추이〉

┃ 한국관광공사 / 수리능력

46 다음 중 자료에 대한 설명으로 옳지 않은 것은?

① 매출액은 2021년 하반기부터 꾸준히 증가하였다.
② 2019년 하반기의 매출 성장 폭이 가장 크다.
③ 2020년 하반기 매출액은 2018년 하반기 매출액보다 적다.
④ 2019년 상반기부터 2022년 하반기까지 매출액이 가장 적은 때는 2021년 상반기이다.

┃ 한국관광공사 / 수리능력

47 다음은 신문에 실린 어떤 기사의 일부이다. 이 기사의 작성 시기로 가장 적절한 것은?

> … (중략) …
> 이 병해충에 감염되면 식물의 엽록소가 파괴되어 잎에 반점이 생기고 광합성 능력이 저하되며 결국 고사(枯死)하게 된다. 피해 지역 농민들은 감염된 농작물을 전량 땅에 묻으며 생계에 대한 걱정에 눈물을 보이고 있다. 실제로 병충해로 인해 피해 농가의 매출액이 감염 전에 비해 큰 폭으로 떨어지고 있다. 현재 피해 지역이 전국적으로 확산되고 있으며 수확을 앞둔 다른 농가에서도 이 병해충에 대한 걱정에 잠을 못 이루고 있다.
> … (후략) …

① 2019년 상반기 ~ 2019년 하반기
② 2020년 하반기 ~ 2021년 상반기
③ 2021년 하반기 ~ 2022년 상반기
④ 2022년 상반기 ~ 2022년 하반기

48 연도별 1분기 K국립공원 방문객 수가 다음과 같을 때, 2022년 1분기 K국립공원 방문객 수와 방문객 수 비율을 바르게 나열한 것은?(단, 방문객 수는 천의 자리에서 반올림하고, 방문객 수 비율은 소수점 아래는 버리며, 증감률은 소수점 둘째 자리에서 반올림한다)

〈연도별 1분기 K국립공원 방문객 수〉

구분	방문객 수(명)	방문객 수 비율	증감률
2018년	1,580,000	90	–
2019년	1,680,000	96	6.3%
2020년	1,750,000	100	4.2%
2021년	1,810,000	103	3.4%
2022년			−2.8%

※ 방문객 수 비율은 2020년을 100으로 한다.

	방문객 수	방문객 수 비율
①	1,760,000	103
②	1,760,000	100
③	1,780,000	101
④	1,780,000	100

※ 다음은 M공사 정보보안팀에서 배포한 사내 메신저 계정의 비밀번호 설정 규칙이다. 이를 읽고 이어지는 질문에 답하시오. [49~50]

〈비밀번호 설정 규칙〉

- 오름차순 또는 내림차순으로 3회 이상 연이은 숫자, 알파벳은 사용할 수 없다.
  ([예] 123, 876, abc, jih, …)
- 쿼티 키보드에서 자판이 3개 이상 나열된 문자는 사용할 수 없다.
- 특수문자를 반드시 포함하되 같은 특수문자를 연속하여 2회 이상 사용할 수 없다.
- 숫자, 특수문자, 알파벳 소문자와 대문자를 구별하여 8자 이상으로 설정한다.
  (단, 알파벳 대문자는 반드시 1개 이상 넣는다)
- 3자 이상 알파벳을 연이어 사용할 경우 단어가 만들어지면 안 된다.
  (단, 이니셜 및 약어까지는 허용한다)

〈불가능한 비밀번호 예시〉

- 3756#DefG99
- xcv@cL779
- UnfkCKdR$$7576
- eXtra2@CL377
- ksn3567#38cA
  ⋮

❙ 한국마사회 / 정보능력

49 M공사에 근무하는 B사원은 비밀번호 설정 규칙에 따라 사내 메신저 계정 비밀번호를 새로 설정하였으나 규칙에 어긋났다고 한다. 재설정한 비밀번호가 다음과 같을 때, 어떤 규칙에 위배되었는가?

qdfk#9685@21ck

① 숫자가 내림차순으로 3회 연달아 배치되어서는 안 된다.
② 같은 특수문자가 2회 이상 연속되어서는 안 된다.
③ 알파벳 대문자가 1개 이상 들어가야 한다.
④ 특정 영단어가 형성되어서는 안 된다.

❙ 한국마사회 / 정보능력

50 B사원이 비밀번호 설정 규칙에 따라 사내 메신저 계정 비밀번호를 다시 설정할 때, 다음 중 가장 적절한 것은?

① Im#S367
② asDf#3689!
③ C8&hOUse100%ck
④ 735%#Kmpkd2R6

PART 1

직업기초능력

CHAPTER 01
의사소통능력

합격 CHEAT KEY

의사소통능력은 평가하지 않는 공사·공단이 없을 만큼 필기시험에서 중요도가 높은 영역이다. 또한, 의사소통능력의 문제 출제 비중은 가장 높은 편이다. 이러한 점을 볼 때, 의사소통능력은 NCS를 준비하는 수험생이라면 반드시 정복해야 하는 과목이다.

국가직무능력표준에 따르면 의사소통능력의 세부 유형은 문서이해, 문서작성, 의사표현, 경청, 기초외국어로 나눌 수 있다. 문서이해·문서작성과 같은 제시문에 대한 주제찾기, 내용일치 문제의 출제 비중이 높으며, 공문서·기획서·보고서·설명서 등 문서의 특성을 파악하는 문제도 출제되고 있다. 따라서 이러한 분석을 바탕으로 전략을 세우는 것이 매우 중요하다.

01 문제에서 요구하는 바를 먼저 파악하라!

의사소통능력에서 가장 중요한 것은 제한된 시간 안에 빠르고 정확하게 답을 찾아내는 것이다. 그러기 위해서는 우리가 의사소통능력을 공부하는 이유를 잊지 말아야 한다. 우리는 지식을 쌓기 위해 의사소통능력 지문을 보는 것이 아니다. 의사소통능력에서는 지문이 아니라 문제가 주인공이다! 지문을 보기 전에 문제를 먼저 파악해야 한다. 주제찾기 문제라면 첫 문장과 마지막 문장 또는 접속어를 주목하자! 내용일치 문제라면 지문과 문항의 일치 / 불일치 여부만 파악한 뒤 빠져나오자! 지문에 빠져드는 순간 소중한 시험 시간은 속절없이 흘러 버린다!

02 잠재되어 있는 언어능력을 발휘하라!

의사소통능력에는 끝이 없다! 의사소통의 방대함에 포기한 적이 있는가? 세상에 글은 많고 우리가 학습할 수 있는 시간은 한정적이다. 이를 극복할 수 있는 방법은 다양한 글을 접하는 것이다. 실제 시험장에서 어떤 내용의 지문이 나올지 아무도 예측할 수 없다. 따라서 평소에 신문, 소설, 보고서 등 여러 글을 접하는 것이 필요하다. 잠재되어 있는 글에 대한 안목이 시험장에서 빛을 발할 것이다.

03 상황을 가정하라!

업무 수행에 있어 상황에 따른 언어 표현은 중요하다. 같은 말이라도 상황에 따라 다르게 해석될 수 있기 때문이다. 그런 의미에서 자신의 의견을 효과적으로 전달할 수 있는 능력을 평가하는 것은 당연하다. 따라서 다양한 상황에서의 언어표현능력을 함양하기 위한 연습의 과정이 요구된다. 업무를 수행하면서 발생할 수 있는 여러 상황을 가정하고 그에 따른 올바른 언어표현을 정리하는 것이 필요하다. 의사표현 영역의 경우 출제 빈도가 높지는 않지만 상황에 따른 판단력을 평가하는 문항인 만큼 대비하는 것이 필요하다.

04 말하는 이의 입장에서 생각하라!

잘 듣는 것 또한 하나의 능력이다. 상대방의 이야기에 귀 기울이고 공감하는 태도는 업무를 수행하는 관계 속에서 필요한 요소이다. 그런 의미에서 다양한 상황에서 듣는 능력을 평가하는 것이다. 말하는 이가 요구하는 듣는 이의 태도를 파악하고, 이에 따른 판단을 할 수 있도록 언제나 말하는 사람의 입장이 되는 연습이 필요하다.

05 반복만이 살길이다!

학창 시절 외국어를 공부하던 때를 떠올려 보자! 셀 수 없이 많은 표현들을 익히기 위해 얼마나 많은 반복의 과정을 거쳤는가? 의사소통능력 역시 그러하다. 하나의 문제 유형을 마스터하기 위해 가장 중요한 것은 바로 여러 번, 많이 풀어 보는 것이다.

| 유형분석 |

- 주어진 지문을 읽고 선택지를 고르는 전형적인 독해 문제이다.
- 지문은 주로 신문기사(보도자료 등)나 업무 보고서, 시사 등이 제시된다.
- 공사공단에 따라 자사와 관련된 내용의 기사나 법조문, 보고서 등이 출제되기도 한다.

G씨는 성장기인 아들의 수면습관을 바로잡기 위해 수면습관에 관련된 글을 찾아보았다. 다음 글을 읽고 이해한 내용으로 적절하지 않은 것은?

수면은 비렘(Non - REM)수면과 렘수면의 사이클이 반복되면서 이뤄지는 복잡한 신경계의 상호작용이며, 좋은 수면이란 이 사이클이 끊어지지 않고 충분한 시간 동안 유지되도록 하는 것이다. 수면 패턴은 일정한 것이 좋으며, 깨는 시간을 지키는 것이 중요하다. 그리고 수면 패턴은 휴일과 평일 모두 일정하게 지키는 것이 성장하는 아이들의 수면 리듬을 유지하는 데 좋다. 수면 상태에서 깨어날 때 영향을 주는 자극들은 '빛, 식사 시간, 운동, 사회 활동' 등이 있으며, 이 중 가장 강한 자극은 '빛'이다. 침실을 밝게 하는 것은 적절한 수면 자극을 방해하는 것이다. 반대로 깨어날 때 강한 빛 자극을 주면 수면 상태에서 빠르게 벗어날 수 있다. 이는 뇌의 신경 전달 물질인 멜라토닌의 농도와 연관되어 나타나는 현상이다. 수면 중 최대치로 올라간 멜라토닌은 시신경이 강한 빛에 노출되면 빠르게 줄어들게 되는데, 이때 수면 상태에서 벗어나게 된다. 아침 일찍 일어나 커튼을 젖히고 밝은 빛이 침실 안으로 들어오게 하는 것은 매우 효과적인 각성 방법인 것이다.

① 잠에서 깨는 데 가장 강력한 자극을 주는 것은 빛이었구나.
② 멜라토닌의 농도에 따라 수면과 각성이 영향을 받는군.
③ 평일에 잠이 모자란 우리 아들은 잠을 보충해 줘야 하니까 휴일에 늦게까지 자도록 둬야겠다.
④ 좋은 수면은 비렘수면과 렘수면의 사이클이 충분한 시간 동안 유지되도록 하는 것이구나.
⑤ 우리 아들 침실이 좀 밝은 편이니 충분한 수면을 위해 암막커튼을 달아 줘야겠어.

정답 ③

수면 패턴은 휴일과 평일 모두 일정하게 지키는 것이 성장하는 아이들의 수면 리듬을 유지하는 데 좋다. 따라서 휴일에 늦잠을 자는 것은 적절하지 않다.

풀이 전략!

주어진 선택지에서 키워드를 체크한 후, 지문의 내용과 비교해 가면서 내용의 일치 여부를 빠르게 판단한다.

01　다음 글에 대한 설명으로 가장 적절한 것은?

> 보름달 중에 가장 크게 보이는 보름달을 슈퍼문이라고 한다. 이때 보름달이 크게 보이는 이유는 달이 평소보다 지구에 가까이 있기 때문이다. 슈퍼문이 되려면 보름달이 되는 시점과 달이 지구에 가장 가까워지는 시점이 일치하여야 한다. 달의 공전 궤도가 완벽한 원이라면 지구에서 달까지의 거리가 항상 똑같을 것이다. 하지만 실제로는 타원 궤도여서 달이 지구에 가까워지거나 멀어지는 현상이 생긴다. 유독 달만 그런 것은 아니고 태양계의 모든 행성도 태양을 중심으로 타원 궤도로 돈다. 이것이 바로 그 유명한 케플러의 행성운동 제1법칙이다.
>
> 지구와 달의 평균 거리는 약 38만 km인 반면 슈퍼일 때는 그 거리가 35만 7,000km 정도로 가까워진다. 달의 반지름은 약 1,737km이므로, 지구와 달의 거리가 평균 정도일 때 지구에서 보름달을 바라보는 시각도*는 0.52도 정도인 반면, 슈퍼일 때는 시각도가 0.56도로 커진다. 반대로 보름달이 가장 작게 보일 때, 다시 말해 보름달이 지구에서 제일 멀 때는 그 거리가 약 40만 km여서 보름달을 보는 시각도가 0.49도로 작아진다.
>
> 밀물과 썰물이 생기는 원인은 지구에 작용하는 달과 태양의 중력 때문인데, 달이 태양보다는 지구에 훨씬 더 가깝기 때문에 더 큰 영향을 미친다. 달이 지구에 가까워지면 평소 달이 지구를 당기는 힘보다 더 강하게 지구를 당긴다. 그리고 달의 중력이 더 강하게 작용하면, 달을 향한 쪽의 해수면은 평상시보다 더 높아진다. 실제 우리나라에서도 슈퍼문일 때 제주도 등 해안가에 바닷물이 평소보다 더 높게 밀려 들어와서 일부 지역이 침수 피해를 겪기도 했다.
>
> 한편 달의 중력 때문에 높아진 해수면이 지구와 함께 자전을 하다 보면 지구의 자전을 방해하게 된다. 일종의 브레이크가 걸리는 셈이다. 이 때문에 지구의 자전 속도가 느려지게 되고 그 결과 하루의 길이에 미세하게 차이가 생긴다. 실제 연구 결과에 따르면 100만 년에 17초 정도씩 길어지는 효과가 생긴다고 한다.
>
> *시각도 : 물체의 양끝에서 눈의 결합점을 향하여 그은 두 선이 이루는 각을 의미한다.

① 지구에서 태양까지의 거리는 1년 동안 항상 일정하다.

② 해수면의 높이는 지구와 달의 거리와 관계가 없다.

③ 달이 지구에서 멀어지면 궤도에서 벗어나지 않기 위해 평소보다 더 강하게 지구를 잡아당긴다.

④ 지구와 달의 거리가 36만 km 정도인 경우, 지구에서 보름달을 바라보는 시각도는 0.49도보다 크다.

⑤ 달의 중력 때문에 지구가 자전하는 속도는 점점 빨라지고 있다.

※ 다음 글의 내용으로 적절하지 않은 것을 고르시오. [2~5]

02

연방준비제도(이하 연준)가 고용 증대에 주안점을 둔 정책을 입안한다 해도 정책이 분배에 미치는 영향을 고려하지 않는다면, 그 정책은 거품과 불평등만 부풀릴 것이다. 기술 산업의 거품 붕괴로 인한 경기 침체에 대응하여 2000년대 초에 연준이 시행한 저금리 정책이 이를 잘 보여 준다.

특정한 상황에서는 금리 변동이 투자와 소비의 변화를 통해 경기와 고용에 영향을 줄 수 있다. 하지만 다른 수단이 훨씬 더 효과적인 상황도 많다. 가령 부동산 거품에 대한 대응책으로는 금리 인상보다 주택 담보 대출에 대한 규제가 더 합리적이다. 생산적 투자를 위축시키지 않으면서 부동산 거품을 가라앉힐 수 있기 때문이다.

경기 침체기라 하더라도, 금리 인하는 은행의 비용을 줄여 주는 것 말고는 경기 회복에 별다른 도움이 되지 않을 수 있다. 대부분의 부문에서 설비 가동률이 낮은 상황이라면, 대출 금리가 낮아져도 생산적인 투자가 별로 증대하지 않는다. 2000년대 초가 바로 그런 상황이었기 때문에, 당시의 저금리 정책은 생산적인 투자 증가 대신에 주택 시장의 거품만 초래한 것이다.

금리 인하는 국공채에 투자했던 퇴직자들의 소득을 감소시켰다. 노년층에서 정부로, 정부에서 금융업으로 부의 대규모 이동이 이루어져 불평등이 심화되었다. 이에 따라 금리 인하는 다양한 경로로 소비를 위축시켰다. 은퇴 후의 소득을 확보하기 위해, 혹은 자녀의 학자금을 확보하기 위해 사람들은 저축을 늘렸다. 연준은 금리 인하가 주가 상승으로 이어질 것이므로 소비가 늘어날 것이라고 주장했다. 하지만 2000년대 초 연준의 금리 인하 이후 주가 상승에 따라 발생한 이득은 대체로 부유층에 집중되었으므로 대대적인 소비 증가로 이어지지는 않았다.

2000년대 초 고용 증대를 기대하고 시행한 연준의 저금리 정책은 노동을 자본으로 대체하는 투자를 증대시켰다. 그리고 인위적인 저금리로 자본 비용이 낮아지자 이런 기회를 이용하려는 유인이 생겨났다. 노동력이 풍부한 상황인데도 노동을 절약하는 방향의 혁신이 강화되었고, 미숙련 노동자들의 실업률이 높은 상황인데도 가게들은 계산원을 해고하고 자동화 기계를 들여놓았다. 경기가 회복되더라도 실업률이 떨어지지 않는 구조가 만들어진 것이다.

① 2000년대 초 연준의 금리 인하로 국공채에 투자한 퇴직자의 소득이 줄어들어 금융업으로부터 정부로 부가 이동하였다.

② 2000년대 초 연준은 고용 증대를 기대하고 금리를 인하했지만, 결과적으로 고용 증대가 더 어려워지도록 만들었다.

③ 2000년대 초 기술 산업 거품의 붕괴로 인한 경기 침체기에 설비 가동률은 대부분의 부문에서 낮은 상태였다.

④ 2000년대 초 연준이 금리 인하 정책을 시행한 후 주택 가격과 주식 가격은 상승하였다.

⑤ 금리 인상은 부동산 거품 대응 정책 가운데 가장 효과적인 정책이 아닐 수 있다.

모든 동물들은 생리적 장치들이 제대로 작동하게 하기 위해서 체액의 농도를 어느 정도 일정하게 유지해야 한다. 이를 위해 수분의 획득과 손실의 균형을 조절하는 작용을 삼투 조절이라 한다. 동물은 서식지와 체액의 농도, 특히 염도 차이가 있을 경우, 삼투 현상에 따라 체내 수분의 획득과 손실이 발생하기 때문에, 이러한 상황에서 체액의 농도를 일정하게 유지하는 것은 중요한 생존 과제이다. 삼투 현상이란 반(半)투과성 막을 사이에 두고 농도가 다른 양쪽의 용액 중 농도가 낮은 쪽의 용매가 농도가 높은 쪽으로 옮겨 가는 현상이다. 소금물에서는 물에 녹아 있는 소금을 용질, 그 물을 용매라고 할 수 있는데, 반투과성 막의 양쪽에 농도가 다른 소금물이 있다면, 농도가 낮은 쪽의 물이 높은 쪽으로 이동하게 된다. 이때 양쪽의 농도가 같다면, 용매의 순이동은 없다.

동물들은 이러한 삼투 현상에 대응하여 수분 균형을 어떻게 유지하느냐에 따라 삼투 순응형과 삼투 조절형으로 분류된다. 먼저 삼투 순응형 동물은 모두 해수(海水) 동물로 체액과 해수의 염분 농도, 즉 염도가 같기 때문에 수분의 순이동은 없다. 게나 홍합, 갯지네 등이 여기에 해당한다. 이와 달리 삼투 조절형 동물은 체액의 염도와 서식지의 염도가 달라, 체액의 염도가 변하지 않도록 삼투 조절을 하며 살아간다.

삼투 조절형 동물 중 해수에 사는 대다수 어류의 체액은 해수에 비해 염도가 낮기 때문에 체액의 수분이 빠져나갈 수 있다. 이러한 동물들의 표피는 비투과성이지만, 아가미의 상피세포를 통해 물을 쉽게 빼앗길 수 있다. 따라서 이렇게 삼투 현상에 의해 빼앗긴 수분을 보충하기 위하여 이들은 계속 바닷물을 마신다. 이로 인해 이들의 창자에서는 바닷물의 70 ~ 80%가 혈관 속으로 흡수되는데, 이때 염분도 혈관 속으로 들어간다. 그러면 아가미의 상피 세포에 있는 염분 분비 세포를 작동시켜 과도해진 염분을 밖으로 내보낸다.

담수에 사는 동물들이 직면한 삼투 조절의 문제는 해수 동물과 정반대이다. 담수 동물의 체액은 담수에 비해 염도가 높기 때문에 아가미를 통해 수분이 계속 유입될 수 있다. 그래서 담수 동물들은 물을 거의 마시지 않고 많은 양의 오줌을 배출하여 문제를 해결하고 있다. 이들의 비투과성 표피는 수분의 유입을 막기 위한 것이다.

한편 육상에 사는 동물들 또한 다양한 경로를 통해 체내 수분이 밖으로 빠져나간다. 오줌, 대변, 피부, 가스교환 기관의 습한 표면 등을 통해 수분을 잃기 때문이다. 그래서 육상 동물들은 물을 마시거나 음식을 통해, 그리고 세포호흡으로 물을 생성하여 부족한 수분을 보충한다.

① 동물들은 체액의 농도가 크게 달라지면 생존하기 어렵다.
② 동물들이 삼투 현상에 대응하는 방법은 서로 다를 수 있다.
③ 동물의 체액과 서식지 물의 농도가 같으면 삼투 현상에 의한 수분의 순이동은 없다.
④ 담수 동물은 육상 동물과 마찬가지로 많은 양의 오줌을 배출하여 체내 수분을 일정하게 유지한다.
⑤ 육상 동물들은 세포호흡을 통해서도 수분을 보충할 수 있다.

시간 예술이라고 지칭되는 음악에서 템포의 완급은 대단히 중요하다. 동일곡이지만 템포의 기준을 어떻게 잡아서 재현해 내느냐에 따라서 그 음악의 악상은 달라진다. 그런데 이처럼 중요한 템포의 인지 감각도 문화권에 따라 혹은 민족에 따라서 상이할 수 있으니, 동일한 속도의 음악을 듣고도 누구는 빠르게 느끼는 데 비해서 누구는 느린 것으로 인지하는 것이다. 결국 문화권에 따라서 템포의 인지 감각이 다를 수도 있다는 사실은 바꿔 말해서 서로 문화적 배경이 다르면 사람에 따라 적절하다고 생각하는 모데라토의 템포도 큰 차이가 있을 수 있다는 말과 같다.

한국의 전통 음악은 서양 고전 음악에 비해서 비교적 속도가 느린 것이 분명하다. 대표적 정악곡(正樂曲)인 '수제천(壽齊天)'이나 '상령산(上靈山)' 등의 음악을 들어 보면 수긍할 것이다. 또한 이 같은 구체적인 음악의 예가 아니더라도 국악의 첫인상을 일단 '느리다'고 간주해 버리는 일반의 통념을 보더라도 전래의 한국 음악이 보편적인 서구 음악에 비해서 느린 것은 틀림없다고 하겠다.

그런데 한국의 전통 음악이 서구 음악에 비해서 상대적으로 속도가 느린 이유는 무엇일까? 이에 대한 해답도 여러 가지 문화적 혹은 민족적인 특질과 연결해서 생각해 본다면 결코 간단한 문제가 아니겠지만, 여기서는 일단 템포의 계량적 단위인 박(beat)의 준거를 어디에 두느냐에 따라서 템포 관념의 차등이 생겼다는 가설하에 설명을 하기로 한다.

한국의 전통 문화를 보면 그 저변의 잠재의식 속에는 호흡을 중시하는 징후가 역력함을 알 수 있는데, 이 점은 심장의 고동을 중시하는 서양과는 상당히 다른 특성이다. 우리의 문화 속에는 호흡에 얽힌 생활 용어가 한두 가지가 아니다. 숨을 한 번 내쉬고 들이마시는 동안을 하나의 시간 단위로 설정하여 일식간(一息間) 혹은 이식간(二息間)이니 하는 양식척(量息尺)을 써 왔다. 그리고 감정이 격양되었을 때는 긴 호흡을 해서 감정을 누그러뜨리거나 건강을 위해 단전 호흡법을 수련한다. 이것은 모두 호흡을 중시하고 호흡에 뿌리를 둔 문화 양식의 예들이다. 더욱이 심장의 정지를 사망으로 단정하는 서양과는 달리 우리의 경우에는 '숨이 끊어졌다.'는 말로 유명을 달리했음을 표현한다. 이와 같이 확실히 호흡의 문제는 모든 생리 현상에서부터 문화 현상에 이르기까지 우리의 의식 저변에 두루 퍼져 있는 민족의 공통적 문화소가 아닐 수 없다.

이와 같은 동서양 간의 상호 이질적인 의식 성향을 염두에 두고 각자의 음악을 관찰해 보면, 서양의 템포 개념은 맥박, 곧 심장의 고동에 기준을 두고 있으며, 우리의 그것은 호흡의 주기, 즉 폐부의 운동에 뿌리를 두고 있음을 알 수 있다. 서양의 경우 박자의 단위인 박을 비트(beat), 혹은 펄스(pulse)라고 한다. 펄스라는 말이 곧 인체의 맥박을 의미하듯이 서양음악은 원초적으로 심장을 기준으로 출발한 것이다. 이에 비해 한국의 전통 음악은 모음 변화를 일으켜 가면서까지 길게 끌며 호흡의 리듬을 타고 있음을 볼 때, 근원적으로 호흡에 뿌리를 둔 음악임을 알 수 있다. 결국 한국음악에서 안온한 마음을 느낄 수 있는 모데라토의 기준 속도는, 1분간의 심장 박동 수와 호흡의 주기와의 차이처럼, 서양 음악의 그것에 비하면 무려 3배쯤 느린 것임을 알 수 있다.

① 각 민족의 문화에는 민족의식이 반영되어 있다.

② 서양 음악은 심장 박동 수를 박자의 준거로 삼았다.

③ 템포의 완급을 바꾸어도 동일곡의 악상은 변하지 않는다.

④ 우리 음악은 서양 음악에 비해 상대적으로 느리다.

⑤ 우리 음악의 박자는 호흡 주기에 뿌리를 두고 있다.

05

생물 농약이란 농작물에 피해를 주는 병이나 해충, 잡초를 제거하기 위해 자연에 있는 생물로 만든 천연 농약을 뜻한다. 생물 농약을 개발한 것은 흙 속에 사는 병원균으로부터 식물을 보호할 목적에서였다. 뿌리를 공격하는 병원균은 땅속에 살고 있으므로 병원균을 제거하기에 어려움이 있었다. 게다가 화학 농약의 경우 그 성분이 토양에 달라붙어 제 기능을 발휘하지 못했기 때문에 식물 성장을 돕고 항균 작용을 할 수 있는 미생물에 주목하기 시작한 것이다.

식물 성장을 돕고 항균 작용을 하는 미생물 집단을 '근권미생물'이라 하는데, 여러 종류의 근권미생물 중 농약으로 쓰기에 가장 좋은 것은 뿌리에 잘 달라붙는 것들이다. 근권미생물의 입장에서 뿌리 주변은 사막의 오아시스와 비슷한 조건이다. 뿌리 주변은 뿌리에서 공급되는 양분과 안락한 서식 환경을 제공받지만, 뿌리 주변에서 멀리 떨어진 곳은 황량한 지역이어서 먹을 것을 찾기가 어렵기 때문이다. 따라서 뿌리 주변에서는 좋은 위치를 선점하기 위해 미생물 간에 치열한 싸움이 벌어진다. 얼마나 뿌리에 잘 정착하느냐가 생물 농약으로 사용되는 미생물을 결정하는 데 중요한 기준이 되는 셈이다.

생물 농약으로 쓰이는 미생물은 식물 성장을 돕는 성질을 가지고 있다. 미생물이 만든 항균 물질은 농작물의 뿌리에 침입하려는 곰팡이나 병원균의 성장을 억제하거나 죽게 한다. 그리고 병원균이나 곤충, 선충에 기생하는 종들을 사용한 생물 농약은 유해 병원균이나 해충을 직접 공격하기도 한다. 예를 들자면, 흰가루병은 채소 대부분에 생겨나는 곰팡이 때문에 발생하는데, 흰가루병을 일으키는 곰팡이의 영양분을 흡수해 죽이는 천적 곰팡이(Ampelomyces quisqualis)를 이용한 생물 농약이 만들어졌다.

① 화학 농약은 화학 성분이 토양에 달라붙어 제 기능을 발휘하지 못한다.
② 생물 농약으로 쓰이는 미생물들은 유해 병원균이나 해충을 직접 공격하지는 못한다.
③ '근권미생물'이란 식물의 성장에 도움을 주는 미생물이다.
④ 뿌리에 얼마만큼 정착하는지의 여부가 미생물의 생물 농약 사용 기준이 된다.
⑤ 다른 곰팡이를 죽이는 곰팡이가 존재한다.

| 유형분석 |

- 주어진 지문을 파악하여 전달하고자 하는 핵심 주제를 고르는 문제이다.
- 정보를 종합하고 중요한 내용을 구별하는 능력이 필요하다.
- 설명문부터 주장, 반박문까지 다양한 성격의 지문이 제시되므로 글의 성격별 특징을 알아 두는 것이 좋다.

다음 글의 주제로 가장 적절한 것은?

표준화된 언어는 의사소통을 효과적으로 하기 위하여 의도적으로 선택해야 할 공용어로서의 가치가 있다. 반면에 방언은 지역이나 계층의 언어와 문화를 보존하고 드러냄으로써 국가 전체의 언어와 문화를 다양하게 발전시키는 토대로서의 가치가 있다. 이러한 의미에서 표준화된 언어와 방언은 상호 보완적인 관계에 있다. 표준화된 언어가 있기에 정확한 의사소통이 가능하며, 방언이 있기에 개인의 언어생활에서나 언어 예술 활동에서 자유롭고 창의적인 표현이 가능하다. 결국 우리는 표준화된 언어와 방언 둘 다의 가치를 인정해야 하며, 발화(發話) 상황(狀況)을 잘 고려해서 표준화된 언어와 방언을 잘 가려서 사용할 줄 아는 능력을 길러야 한다.

① 창의적인 예술 활동에서는 방언의 기능이 중요하다.
② 표준화된 언어와 방언에는 각각 독자적인 가치와 역할이 있다.
③ 정확한 의사소통을 위해서는 표준화된 언어가 꼭 필요하다.
④ 표준화된 언어와 방언을 구분할 줄 아는 능력을 길러야 한다.
⑤ 표준화된 언어는 방언보다 효용가치가 있다.

> **정답** ②
> 마지막 문장의 '표준화된 언어와 방언 둘 다의 가치를 인정'하고, '잘 가려서 사용할 줄 아는 능력을 길러야 한다.'는 내용을 바탕으로 ②와 같은 주제를 이끌어낼 수 있다.

> **풀이 전략!**
> '결국', '즉', '그런데', '그러나', '그러므로' 등의 접속어 뒤에 주제가 드러나는 경우가 많다는 것에 주의하면서 지문을 읽는다.

01 다음 글의 제목으로 가장 적절한 것은?

우리 고유의 발효식품이자 한식 제1의 반찬인 김치는 천년이 넘는 역사를 함께해 온 우리 삶의 일부이다. 채소를 오래 보관하여 먹기 위한 절임 음식으로 시작된 김치는 양념을 버무리고 숙성시키는 우리만의 발효과학 식품으로 변신하였고, 김장은 우리 민족의 가장 중요한 행사 중 하나가 되었다. 다른 나라에도 소금 등에 채소를 절인 절임 음식이 존재하지만, 절임 후 양념으로 2차 발효시키는 음식으로는 우리 김치가 유일하다. 김치는 발효과정을 통해 원재료보다 영양이 한층 더 풍부하게 변신하며, 암과 노화, 비만 등의 예방과 억제에 효과적인 기능성을 보유한 슈퍼 발효 음식으로 탄생한다.

김치는 지역마다, 철마다, 특별한 의미를 담아 다양하게 변신하여 300가지가 넘는 종류로 탄생하는데, 기후와 지역 등에 따라서 다채로운 맛을 담은 김치들이 있으며, 주재료로 채소뿐만 아니라 수산물이나 육류를 이용한 독특한 김치도 있고, 같은 김치라도 사람에 따라 특별한 김치로 재탄생되기도 한다. 지역과 집안마다 저마다의 비법으로 담그기 때문에 유서 깊은 종가마다 비법으로 만든 특별한 김치가 전해 오며, 김치를 담그고 먹는 일도 수행의 연속이라 여기는 사찰에서는 오신채를 사용하지 않은 김치가 존재한다.

우리 문화의 정수이자 자존심인 김치는 현대에 들어서는 문화와 전통이 결합한 복합 산업으로 펼쳐지고 있다. 김치에 들어가는 수많은 재료에 관련된 산업의 생산액은 3.3조 원이 넘으며, 주로 배추김치로 형성된 김치 생산은 약 2.3조 원의 시장을 형성하고 있고, 시판 김치의 경우 대기업의 시장 주도력이 증가하고 있다. 소비자 요구에 맞춘 다양한 포장 김치가 등장하고, 김치냉장고는 1.1조 원의 시장을 형성하고 있으며, 정성과 기다림을 상징하는 김치는 문화산업의 소재로 활용되고, 김치문화는 관광 관련 산업으로 활성화되고 있다. 김치의 영양 기능성과 김치 유산균을 활용한 여러 기능성 제품이 개발되고, 부식뿐 아니라 새로운 요리의 식재료로서 김치는 39조 원의 외식산업 시장을 뒷받침하고 있다.

① 김치의 탄생
② 김치산업의 활성화 방안
③ 우리 민족의 축제, 김장
④ 지역마다 다양한 종류의 김치
⑤ 우리 민족의 전통이자 자존심, 김치

02 다음 글의 주제로 가장 적절한 것은?

최근에 사이버공동체를 중심으로 한 시민의 자발적 정치 참여 현상이 많은 관심을 끌고 있다. 이러한 현상과 관련하여 A학자의 연구가 새삼 주목 받고 있다. A학자의 연구에 따르면 공동체의 구성원이 됨으로써 얻게 되는 '사회적 자본'이 시민사회의 성숙과 민주주의 발전을 가져오는 원동력이다. A학자의 이론에서는 공동체에 대한 자발적 참여를 통해 사회 구성원 간의 상호 의무감과 신뢰, 구성원들이 공유하는 규칙과 관행, 사회적 유대 관계와 같은 사회적 자본이 늘어나면, 사회 구성원 간의 협조적인 행위가 가능하게 된다고 보았다. 더 나아가 A학자는 자원봉사자와 같이 공동체 참여도가 높은 사람이 투표할 가능성이 높고 정부 정책에 대한 의견 개진도 활발해지는 등 정치 참여도가 높아진다고 주장하였다.

몇몇 학자들은 A학자의 이론을 적용하여 면대면 접촉에 따른 인간관계의 산물인 사회적 자본이 사이버공동체에서도 충분히 형성될 수 있다고 보았다. 그리고 사이버공동체에서 사회적 자본의 증가는 곧 정치 참여도 활성화시킬 것으로 기대했다. 하지만 이러한 기대와는 달리 사이버공동체에서는 정치 참여가 활성화되지 않았다. 요즘 젊은이들을 보면 각종 사이버공동체에 자발적으로 참여하는 수준은 높지만 투표나 다른 정치 활동에는 무관심하거나 심지어 정치를 혐오하기도 한다. 이런 측면에서 A학자의 주장은 사이버공동체가 활성화된 오늘날에는 잘 맞지 않는다.

이러한 이유 때문에 오늘날 사이버공동체를 중심으로 한 정치 참여를 더 잘 이해하기 위해서 '정치적 자본' 개념의 도입이 필요하다. 정치적 자본은 사회적 자본의 구성 요소와는 달리 정치 정보의 습득과 이용, 정치적 토론과 대화, 정치적 효능감 등으로 구성된다. 정치적 자본은 사회적 자본과 마찬가지로 공동체 참여를 통해서 획득되지만, 정치 과정에의 관여를 촉진한다는 점에서 사회적 자본과는 구분될 필요가 있다. 사회적 자본만으로 정치 참여를 기대하기 어렵고, 사회적 자본과 정치 참여 사이를 정치적 자본이 매개할 때 비로소 정치 참여가 활성화된다.

① 사이버공동체를 통해 축적된 사회적 자본에 정치적 자본이 더해질 때 정치 참여가 활성화된다.
② 사회적 자본은 정치적 자본을 포함하기 때문에 그 자체로 정치 참여의 활성화를 가져온다.
③ 사회적 자본이 많은 사회는 정치 참여가 활발하기 때문에 민주주의가 실현된다.
④ 사이버공동체의 특수성으로 인해 시민들의 정치 참여가 어렵게 되었다.
⑤ 사이버공동체에의 자발적 참여 증가는 정치 참여를 활성화시킨다.

※ 다음 글의 제목으로 가장 적절한 것을 고르시오. [3~5]

03

정부는 '미세먼지 저감 및 관리에 관한 특별법(이하 미세먼지 특별법)' 제정·공포안이 의결돼 내년 2월부터 시행된다고 밝혔다. 미세먼지 특별법은 그동안 수도권 공공·행정기관을 대상으로 시범·시행한 '고농도 미세먼지 비상저감조치'의 법적 근거를 마련했다. 이를 바탕으로 미세먼지 관련 정보와 통계의 신뢰도를 높이기 위해 국가미세먼지 정보센터가 설치되며, 이에 따라 시·도지사는 미세먼지 농도가 비상저감조치 요건에 해당하면 자동차 운행을 제한하거나 대기오염물질 배출시설의 가동시간을 변경할 수 있게 된다. 또한 비상저감조치를 시행할 때 관련 기관이나 사업자에 휴업, 탄력적 근무제도 등을 권고할 수 있게 되었다. 이와 함께 환경부 장관은 관계 중앙행정기관이나 지방자치단체의 장, 시설운영자에게 대기오염물질 배출시설의 가동률 조정을 요청할 수도 있다.

미세먼지 특별법으로 시·도지사, 시장, 군수, 구청장은 어린이나 노인 등이 이용하는 시설이 많은 지역을 '미세먼지 집중관리구역'으로 지정해 미세먼지 저감사업을 확대할 수 있게 되었다. 그리고 집중관리구역 내에서는 대기오염 상시측정망 설치, 어린이 통학차량의 친환경차 전환, 학교 공기정화시설 설치, 수목 식재, 공원 조성 등을 위한 지원이 우선적으로 이뤄지게 된다.

국무총리 소속의 '미세먼지 특별대책위원회'와 이를 지원하기 위한 '미세먼지 개선기획단'도 설치된다. 국무총리와 대통령이 지명한 민간위원장은 위원회의 공동위원장을 맡는다. 위원회와 기획단의 존속 기간은 5년이며 연장하려면 만료되기 1년 전에 그 실적을 평가해 국회에 보고해야 한다.

아울러 정부는 5년마다 미세먼지 저감 및 관리를 위한 종합계획을 수립하고, 시·도지사는 이에 따른 시행계획을 수립하고 추진실적을 매년 보고하도록 했다. 또한 미세먼지 특별법은 입자의 지름이 $10\mu m$ 이하인 먼지는 '미세먼지', $2.5\mu m$ 이하인 먼지는 '초미세먼지'로 구분하기로 확정했다.

① 미세먼지와 초미세먼지 구분 방법
② 미세먼지 특별대책위원회의 역할
③ 미세먼지 집중관리구역 지정 방안
④ 미세먼지 저감을 위한 대기오염 상시측정망의 효과
⑤ 미세먼지 특별법의 제정과 시행

04

영양분이 과도하게 많은 물에서는 오히려 물고기의 생존이 어렵다. 농업용 비료나 하수 등에서 배출되는 질소와 인 등으로 영양분이 많아진 하천의 수온이 상승하면 식물성 플랑크톤이 대량으로 증식하게 된다. 녹색을 띠는 플랑크톤이 수면을 뒤덮으면 물속으로 햇빛이 닿지 못하고 결국 물속의 산소가 고갈되어 물고기는 숨을 쉬기 어려워진다. 즉, 물속의 과도한 영양분이 오히려 물고기의 생존을 위협하는 것이다.

이처럼 부영양화된 물에서의 플랑크톤 증식으로 인한 녹조 현상은 경제발전과 각종 오염물질 배출량의 증가로 인해 심각한 사회문제가 되고 있다. 녹조는 냄새를 유발하는 물질과 함께 독소를 생성하여 수돗물의 수질을 저하시킨다. 특히 독성물질을 배출하는 녹조를 유해 녹조로 지정하여 관리하고 있는 현실을 고려하면 이제 녹조는 생태계뿐만 아니라 먹는 물의 안전까지도 위협한다.

하천의 생태계를 보호하고 우리가 먹는 물을 보호하기 위해서는 녹조의 발생 원인을 사전에 제거해야 한다. 이를 위해서는 무엇보다 생활 속에서의 작은 실천이 중요하다. 질소나 인이 첨가되지 않은 세제를 사용하고, 농가에서는 화학 비료 사용을 최소화하며 하천에 오염된 물이 흘러 들어가지 않도록 철저히 관리하는 노력을 기울여야 한다.

① 물고기의 생존을 위협하는 하천의 수질 오염
② 녹조를 가속화하는 이상 기온 현상
③ 물고기와 인간의 안전을 위협하는 하천의 부영양화
④ 녹조 예방을 위한 정부의 철저한 관리의 필요성
⑤ 수돗물 수질 향상을 위한 기술 개발의 필요성

05

'5060세대'. 몇 년 전까지만 해도 그들은 사회로부터 '지는 해' 취급을 받았다. '오륙도'라는 꼬리표를 달아 일터에서 밀려나고, 기업은 젊은 고객만 왕처럼 대우했다. 젊은 층의 지갑을 노려야 돈을 벌 수 있다는 것이 기업의 마케팅 전략이었기 때문이다.

그러나 최근 들어 상황이 달라졌다. 5060세대가 새로운 소비 군단으로 주목받기 시작한 가장 큰 이유는 고령화 사회로 접어들면서 시니어(Senior) 마켓 시장이 급속도로 커지고 있는 데다 이들이 돈과 시간을 가장 넉넉하게 가진 세대이기 때문이다.

통계청이 집계한 가구주 나이별 가계수지 자료를 보면, 한국 사회에서는 50대 가구주의 소득이 가장 높다. 월평균 361만 500원으로 40대의 소득보다도 높은 것으로 집계됐다. 가구주 나이가 40대인 가구의 가계수지를 보면, 소득은 50대보다 적으면서도 교육 관련 지출(45만 6,400원)이 압도적으로 높아 소비 여력이 낮은 편이다. 그러나 50대 가구주의 경우 소득이 높으면서 소비 여력 또한 충분하다. 50대 가구주의 처분가능소득은 288만 7,500원으로 전 연령층에서 가장 높다.

이들이 신흥 소비군단으로 떠오르면서 '애플(APPLE)족'이라는 마케팅 용어까지 등장했다. 이는 활동적이고(Active) 자부심이 강하며(Pride) 안정적으로(Peace) 고급문화(Luxury)를 즐기는 경제력(Economy) 있는 50대 이후 세대를 뜻하는 말이다. 통계청은 여행과 레저를 즐기는 5060세대를 '주목해야 할 블루슈머* 7' 가운데 하나로 선정하기도 했다. 과거 5060세대는 자식을 보험으로 여기며 자식에게 의존하면서 살아가는 전통적인 노인이었다. 그러나 애플족은 자녀로부터 독립해 자기만의 새로운 인생을 추구한다. '통크족(TONK; Two Only, No Kids)'이라는 별칭이 붙는 이유다. 통크족이나 애플족은 젊은 층의 전유물로 여겨졌던 자기중심적이고 감각 지향적인 소비도 주저하지 않는다. 후반전 인생만은 자기가 원하는 일을 하며 멋지게 살아야 한다고 생각하기 때문이다.

애플족은 한국 국민 가운데 해외여행을 가장 많이 하는 세대이기도 하며, 어떤 지출보다 교양·오락비를 아낌없이 쓰는 것이 특징이다. 전문가들은 애플족의 교양·오락 및 문화에 대한 지출비용은 앞으로도 증가할 것으로 내다보고 있다. 한 사회학과 교수는 "고령사회로 접어들면서 성공적 노화 개념이 중요해짐에 따라 텔레비전 시청, 수면, 휴식 등 소극적 유형의 여가에서 게임 등 재미와 젊음을 찾을 수 있는 진정한 여가로 전환되고 있다."라고 말했다. 이 교수는 젊은이 못지않은 의식과 행동반경을 보이는 5060세대를 겨냥한 다양한 상품과 서비스에 대한 수요가 앞으로도 크게 늘 것이라고 내다보았다.

*블루슈머(Bluesumer) : 경쟁자가 없는 시장을 의미하는 블루오션(Blue Ocean)과 소비자(Consumer)의 합성어로 새로운 제품에 적응력이 높고 소비성향을 선도하는 소비자를 의미한다.

① 애플족의 소비 성향은 어떠한가?
② 5060세대의 사회·경제적 위상 변화
③ 다양한 여가 활동을 즐기는 5060세대
④ 애플족을 '주목해야 할 블루슈머 7'로 선정
⑤ 점점 커지는 시니어 마켓 시장의 선점 방법

03

문단 배열

| 유형분석 |

- 각 문단 또는 문장의 내용을 파악하고 논리적 순서에 맞게 배열하는 복합적인 문제이다.
- 전체적인 글의 흐름을 이해하는 것이 중요하며, 각 문장의 지시어나 접속어에 주의한다.

다음 (가) ~ (라) 문단을 논리적 순서대로 바르게 나열한 것은?

(가) 그중에서도 우리나라의 나전칠기는 중국이나 일본보다 단조한 편이지만, 옻칠의 질이 좋고 자개 솜씨가 뛰어나 우리나라 칠공예만의 두드러진 개성을 가진다. 전래 초기에는 주로 백색의 야광패를 사용하였으나, 후대에는 청록 빛깔을 띤 복잡한 색상의 전복껍데기를 많이 사용하였다. 우리나라의 나전칠기는 일반적으로 목제품의 표면에 옻칠을 하고 그것에다 한층 치레 삼아 자개를 첨가한다.

(나) 이러한 나전칠기는 특히 통영의 것이 유명하다. 이는 예로부터 통영에서는 나전의 원료가 되는 전복이 많이 생산되었으며, 인근 내륙 및 함안지역의 질 좋은 옻이 나전칠기가 발달하는 데 주요 원인이 되었기 때문이다. 이에 통영시는 지역 명물 나전칠기를 널리 알리기 위해 매년 10월 통영 나전칠기축제를 개최하여 400년을 이어 온 통영지방의 우수하고 독창적인 공예법을 소개하고 작품도 전시하고 있다.

(다) 제작방식은 다음과 같다. 우선 전복껍데기를 얇게 하여 무늬를 만들고 백골에 모시 천을 바른 뒤, 칠과 호분을 섞어 표면을 고른다. 그 후 칠죽 바르기, 삼베 붙이기, 탄회 칠하기, 토회 칠하기를 통해 제조과정을 끝마친다. 문양을 내기 위해 나전을 잘라 내는 방법에는 주름질(자개를 문양 형태로 오려 낸 것), 이음질(문양구도에 따라 주름대로 문양을 이어 가는 것), 끊음질(자개를 실같이 가늘게 썰어서 문양 부분에 모자이크 방법으로 붙이는 것)이 있다.

(라) 나전칠기는 기물에다 무늬를 나타내는 대표적인 칠공예의 장식기법 중 하나로, 얇게 간 조개껍데기를 여러 가지 형태로 오려 내어 기물의 표면에 감입하여 꾸미는 것을 통칭한다. 우리나라는 목기와 더불어 칠기가 발달했는데, 이러한 나전기법은 중국 주대(周代)부터 이미 유행했고 당대(唐代)에 성행하여 한국과 일본에 전해진 것으로 보인다. 나전기법은 여러 나라를 포함한 아시아 일원에 널리 보급되어 있고 지역에 따라 독특한 성격을 가진다.

① (나) - (다) - (가) - (라)　　　　② (나) - (가) - (다) - (라)

③ (다) - (나) - (라) - (가)　　　　④ (라) - (가) - (다) - (나)

정답 ④

제시문은 나전칠기의 개념을 제시하고 우리나라 나전칠기의 특징, 제작방법 그리고 더 나아가 국내의 나전칠기 특산지에 대해 설명하고 있다. 따라서 (라) 나전칠기의 개념 → (가) 우리나라 나전칠기의 특징 → (다) 나전칠기의 제작방법 → (나) 나전칠기 특산지 소개의 순서대로 나열하는 것이 적절하다.

풀이 전략!

상대적으로 시간이 부족하다고 느낄 때는 선택지를 참고하여 문장의 순서를 생각해 본다.

01   다음 (가) ~ (마) 문단을 논리적 순서대로 바르게 나열한 것은?

(가) 대부분의 반딧불이는 빛을 사랑의 도구로 사용하지만, 어떤 반딧불이는 빛을 번식 목적이 아닌 적대적 목적으로 사용하기도 한다. 포투루스(Photurus)라는 반딧불이의 암컷은 아무렇지 않게 상대 반딧불이를 잡아먹는다. 이 무시무시한 작업을 벌이기 위해 암컷 포투루스는 포티너스(Photinus) 암컷의 불빛을 흉내 낸다. 이를 자신과 같은 종으로 생각한 수컷 포티너스가 사랑이 가득 찬 마음으로 암컷 포투루스에게 달려들지만, 정체를 알았을 때는 이미 너무 늦었다는 것을 알게 된다.

(나) 먼저 땅에 사는 반딧불이 한 마리가 60마리 정도의 다른 반딧불이들과 함께 일렬로 빛을 내뿜는 경우가 있다. 수많은 반딧불이가 기차처럼 한 줄을 지어 마치 리더의 지시에 따르듯 한 반딧불이의 섬광을 따라 불빛을 내는 모습은 마치 작은 번개처럼 보인다. 이처럼 반딧불이는 집단으로 멋진 작품을 연출하는데 그중 가장 유명한 것은 동남아시아에 서식하는 반딧불이다. 이들은 공동으로 동시에 그리고 완벽하게 발광함으로써 크리스마스 트리의 불빛을 연상시키기도 한다. 그러다 암컷을 발견한 반딧불이는 무리에서 빠져나와 암컷을 향해 직접 빛을 번쩍거리기도 한다.

(다) 이렇게 다른 종의 불빛을 흉내 내는 반딧불이는 북아메리카에서 흔히 찾아볼 수 있다. 그러므로 짝을 찾아 헤매는 수컷 반딧불이에게 황혼이 찾아드는 하늘은 유혹의 무대인 동시에 위험한 장소이기도 하다. 성욕을 채우려 연인을 찾다 그만 식욕만 왕성한 암컷을 만나게 되는 비운을 맞을 수 있기 때문이다.

(라) 사랑과 관련하여 반딧불이의 섬광은 여러 가지 형태의 신호가 있으며, 빛 색깔의 다양성, 밝기, 빛을 내는 빈도, 빛의 지속성 등에서 반딧불이 자신만의 특징을 가지기도 한다. 예를 들어 황혼 무렵에 사랑을 나누고 싶어 하는 반딧불이는 오렌지색을 선호하며, 그래도 역시 사랑엔 깊은 밤이 최고라는 반딧불이는 초록계열의 색을 선호한다. 발광 장소도 땅이나 공중, 식물 등 그 선호도가 다양하다. 반딧불이는 이런 모든 요소를 결합하여 다양한 모습을 보여 주는데 이런 다양성이 조화를 이루거나 또는 동시에 이루어지게 되면 말 그대로 장관을 이루게 된다.

(마) 이처럼 혼자 행동하기를 좋아하는 반딧불이는 빛을 번쩍거리면서 서식지를 홀로 돌아다니기도 한다. 대표적인 뉴기니 지역의 반딧불이는 짝을 찾아 좁은 해안선과 근처 숲 사이를 반복적으로 왔다 갔다 한다. 반딧불이 역시 달이 빛나고 파도가 철썩이는 해변을 사랑을 나누기에 최적인 로맨틱한 장소로 여기는 것이다.

① (가) - (나) - (다) - (라) - (마)
② (가) - (다) - (라) - (나) - (마)
③ (나) - (가) - (다) - (마) - (라)
④ (라) - (나) - (마) - (가) - (다)
⑤ (라) - (가) - (다) - (나) - (마)

02

(가) 2018년 정부 통계에 따르면, 우리 연안 생태계 중 갯벌의 면적은 산림의 약 4%에 불과하지만 연간 이산화탄소 흡수량은 산림의 약 37%이며 흡수 속도는 수십 배에 달합니다.

(나) 연안 생태계는 대기 중 이산화탄소 흡수에 탁월합니다. 물론 연안 생태계가 이산화탄소를 얼마나 흡수할 수 있겠냐고 말하는 분도 계실 것입니다. 하지만 연안 생태계를 구성하는 갯벌과 염습지의 염생 식물, 식물성 플랑크톤 등은 광합성을 통해 대기 중 이산화탄소를 흡수하는데, 산림보다 이산화탄소 흡수 능력이 뛰어납니다.

(다) 2019년 통계에 따르면 우리나라의 이산화탄소 배출량은 세계 11위에 해당하는 높은 수준입니다. 그동안 우리나라는 이산화탄소 배출을 줄이려 노력하고, 대기 중 이산화탄소 흡수를 위한 산림 조성에 힘써 왔습니다. 그런데 우리가 놓치고 있는 이산화탄소 흡수원이 있습니다. 바로 연안 생태계입니다.

(라) 또한 연안 생태계는 탄소의 저장에도 효과적입니다. 연안의 염생 식물과 식물성 플랑크톤은 이산화탄소를 흡수하여 갯벌과 염습지에 탄소를 저장하는데 이 탄소를 블루카본이라 합니다. 산림은 탄소를 수백 년간 저장할 수 있지만 연안은 블루카본을 수천 년간 저장할 수 있습니다. 연안 생태계가 훼손되면 블루카본이 공기 중에 노출되어 이산화탄소 등이 대기 중으로 방출됩니다. 그러므로 블루카본이 온전히 저장되어 있도록 연안 생태계를 보호해야 합니다.

① (가) - (나) - (다) - (라)

② (다) - (가) - (나) - (라)

③ (다) - (나) - (가) - (라)

④ (다) - (라) - (나) - (가)

⑤ (나) - (다) - (가) - (라)

03

(가) 고전주의 예술관에 따르면 진리는 예술 작품 속에 이미 완성된 형태로 존재한다. 독자는 작가가 담아 놓은 진리를 '원형 그대로' 밝혀내야 하고 작품에 대한 독자의 감상은 언제나 작가의 의도와 일치해야 한다. 결국 고전주의 예술관에서 독자는 작품의 의미를 수동적으로 받아들이는 존재일 뿐이다. 하지만 작품의 의미를 해석하고 작가의 의도를 파악하는 존재는 결국 독자이다. 특히 현대 예술에서는 독자에 따라 작품에 대한 다양한 해석이 가능하다고 여긴다. 바로 여기서 수용미학이 등장한다.

(나) 이저는 텍스트 속에 독자의 역할이 들어 있다고 보았다. 그러나 독자가 어떠한 역할을 수행할지는 정해져 있지 않기 때문에 독자는 텍스트를 읽는 과정에서 텍스트의 내용과 형식에 끊임없이 반응한다. 이러한 상호작용 과정을 통해 독자는 작품을 재생산한다. 텍스트는 다양한 독자에 따라 다른 작품으로 태어날 수 있으며, 같은 독자라도 시간과 장소에 따라 다른 작품으로 생산될 수 있는 것이다. 이처럼 텍스트와 독자의 상호작용을 강조한 이저는 작품의 내재적 미학에서 탈피하여 작품에 대한 다양한 해석의 가능성을 열어 주었다.

(다) 야우스에 의해 제기된 독자의 역할을 체계적으로 정리한 사람이 '이저'이다. 그는 독자의 능동적 역할을 밝히기 위해 '텍스트'와 '작품'을 구별했다. 텍스트는 독자와 만나기 전의 것을, 작품은 독자가 텍스트와의 상호작용을 통해 그 의미가 재생산된 것을 가리킨다. 그런데 이저는 텍스트에는 '빈틈'이 많다고 보았다. 이 빈틈으로 인해 텍스트는 '불명료성'을 가진다. 텍스트에 빈틈이 많다는 것은 부족하다는 의미가 아니라 독자의 개입에 의해 언제나 새롭게 해석될 수 있다는 것을 의미한다.

(라) 수용미학을 처음으로 제기한 사람은 '야우스'이다. 그는 "문학사는 작품과 독자 간의 대화의 역사로 쓰여야 한다."라고 주장했다. 이것은 작품의 의미는 작품 속에 갇혀 있는 것이 아니라 독자에 의해 재생산되는 것임을 말한 것이다. 이로부터 문학을 감상할 때 작품과 독자의 관계에서 독자의 능동성이 강조되었다.

① (가) - (다) - (라) - (나)
② (다) - (가) - (나) - (라)
③ (가) - (라) - (다) - (나)
④ (라) - (가) - (나) - (다)
⑤ (나) - (가) - (다) - (라)

04

먹을거리가 풍부한 현대인에게 가장 큰 관심사 중 하나는 웰빙과 다이어트일 것이다. 현대 사회에서는 날씬한 몸매에 대한 열망이 지나쳐서 비만한 사람들이 나태하다고 생각되기도 하고, 심지어는 거식증으로 인해 사망한 패션모델까지 있었다. 이러한 사회적 경향 때문에 우리가 먹는 음식물에 포함된 지방이나 기름 성분은 몸에 좋지 않은 '나쁜 성분'으로 매도당하기도 한다. 물론 과도한 지방 섭취, 특히 몸에 좋지 않은 지방의 섭취는 비만의 원인이 되고 당뇨병, 심장병, 고혈압과 같은 각종 성인병을 유발하지만, 사실 지방은 우리 몸이 정상적으로 활동하는 데 필수적인 성분이다.

(가) 먹을 것이 풍족하지 않은 상황에서 생존에 필수적인 능력은 다름 아닌 에너지를 몸에 축적하는 능력이었다.

(나) 사실 비만과 다이어트의 문제는 찰스 다윈(Charles R. Darwin)의 진화론과 밀접한 관련이 있다. 찰스 다윈은 19세기 영국의 생물학자로 『종의 기원』이라는 책을 써서 자연선택을 통한 생물의 진화 과정을 설명하였다.

(다) 약 100년 전만 해도 우리나라를 비롯한 전 세계 대부분의 국가는 식량이 그리 풍족하지 않았다. 실제로 수십만 년 지속된 인류의 역사에서 인간이 매일 끼니 걱정을 하지 않고 살게 된 것은 최근 수십 년간의 일이다.

(라) 생물체가 살아남고 번식을 해서 자손을 남길 수 있느냐 하는 것은 주위 환경과의 관계가 중요한 역할을 하는데, 자연선택이란 주위 환경에 따라 생존하기에 적합한 성질 또는 기능을 가진 종들이 그렇지 못한 종들보다 더 잘 살아남게 되어 자손을 남기게 된다는 개념이다.

그러므로 이러한 축적 능력이 유전적으로 뛰어난 사람들이 그렇지 않은 사람들보다 상대적으로 더 잘 살아남았을 것이다. 그렇게 살아남은 자들의 후손인 현대인들이 달거나 기름진 음식을 본능적으로 좋아하게 된 것은 진화의 당연한 결과였다. 그리하여 음식이 풍부한 현대 사회에서는 이러한 유전적 특성은 단점으로 작용하게 되었다. 지방이 풍부한 음식을 찾는 경향은 지나치게 지방을 축적하게 했고, 결국 부작용으로 이어졌다.

① (다) - (가) - (나) - (라)
② (다) - (라) - (가) - (나)
③ (나) - (다) - (가) - (라)
④ (나) - (라) - (다) - (가)
⑤ (나) - (가) - (라) - (다)

05 다음 (가) ~ (마) 문단을 논리적 순서대로 바르게 나열한 것은?

(가) 1,000분의 1초(ms) 단위로 안구운동을 측정한 결과 미국 학생은 중국 학생에 비해 18ms 빨리 물체에 주목했으며 눈길이 머문 시간도 42.8% 길었다. 그림을 본 후 처음 300 ~ 400ms 동안에는 두 그룹 사이에 별 차이가 없었으나 이후 420 ~ 1,100ms 동안 미국 학생은 중국 학생에 비해 '물체'에 주목하는 정도가 더 높았다.

(나) 미국 국립과학아카데미(NAS) 회보는 동양인과 서양인이 사물을 보는 방식에 차이가 난다는 실험 결과를 소개했다. 미국 미시간대 심리학과 연구진은 백인 미국인 학생 25명과 중국인 학생 27명에게 호랑이가 정글을 어슬렁거리는 그림 등을 보여 주고 눈의 움직임을 관찰했다. 실험 결과 미국 학생의 눈은 호랑이처럼 전면에 두드러진 물체에 빨리 반응하고 오래 쳐다본 반면, 중국 학생의 시선은 배경에 오래 머물렀다. 또한 중국 학생은 물체와 배경을 오가며 그림 전체를 보는 것으로 나타났다.

(다) 연구를 주도한 리처드 니스벳 교수는 이런 차이가 문화적 변수에서 기인하는 것으로 봤다. 그는 "중국문화의 핵심은 조화에 있기 때문에 서양인보다는 타인과의 관계에 많은 신경을 써야 하는 반면, 서양인은 타인에게 신경을 덜 쓰고도 일할 수 있는 개인주의적 방식을 발전시켜 왔다."라고 말했다.

(라) 니스벳 교수는 지각구조의 차이가 서로 다른 문화적 배경에서 기인한다는 것은 미국에서 태어나고 자란 아시아계 학생들이 사물을 볼 때 아시아에서 나고 자란 학생들과 백인계 미국인의 중간 정도의 반응을 보이며 때로는 미국인에 가깝게 행동한다는 사실로도 입증된다고 덧붙였다.

(마) 고대 중국의 농민들은 관개농사를 했기 때문에 물을 나눠 쓰되 누군가가 속이지 않는다는 것을 확실히 알 필요가 있었던 반면, 서양의 기원인 고대 그리스에는 개별적으로 포도와 올리브를 키우는 농민이 많았고 그들은 오늘날의 개인 사업가처럼 행동했다. 이런 삶의 방식이 지각구조에도 영향을 미쳐 철학자 아리스토텔레스는 바위가 물에 가라앉는 것은 중력 때문이고 나무가 물에 뜨는 것은 부력 때문이라고 분석하면서도 정작 물에 대해서는 아무런 언급을 하지 않았지만, 중국인들은 모든 움직임을 주변 환경과 연관 지어 생각했고 서양인보다 훨씬 전에 조류(潮流)와 자기(磁氣)를 이해했다는 것이다.

① (가) – (나) – (다) – (마) – (라)

② (나) – (가) – (다) – (라) – (마)

③ (나) – (가) – (다) – (마) – (라)

④ (마) – (라) – (나) – (가) – (다)

⑤ (마) – (라) – (다) – (나) – (가)

문서이해능력 ④

빈칸 넣기

| 유형분석 |

- 주어진 지문을 바탕으로 빈칸에 들어갈 내용을 찾는 문제이다.
- 선택지의 내용을 정확하게 확인하고 빈칸 앞뒤 문맥을 파악하는 능력이 필요하다.

다음 글의 빈칸에 들어갈 내용으로 가장 적절한 것은?

힐링(Healing)은 사회적 압박과 스트레스 등으로 손상된 몸과 마음을 치유하는 방법을 포괄적으로 일컫는 말이다. 우리보다 먼저 힐링이 정착된 서구에서는 질병 치유의 대체 요법 또는 영적·심리적 치료 요법 등을 지칭하고 있다. 국내에서도 최근 힐링과 관련된 갖가지 상품이 유행하고 있다. 간단한 인터넷 검색을 통해 수천 가지의 상품을 확인할 수 있을 정도이다. 종교적 명상, 자연 요법, 운동 요법 등 다양한 형태의 힐링 상품이 존재한다. 심지어 고가의 힐링 여행이나 힐링 주택 등의 상품도 나오고 있다. 그러나 _____ 우선 명상이나 기도 등을 통해 내면에 눈뜨고, 필라테스나 요가를 통해 육체적 건강을 회복하여 자신감을 얻는 것부터 출발할 수 있다.

① 힐링이 먼저 정착된 서구의 힐링 상품들을 참고해야 할 것이다.
② 많은 돈을 들이지 않고서도 쉽게 할 수 있는 일부터 찾는 것이 좋을 것이다.
③ 이러한 상품들의 값이 터무니없이 비싸다고 느껴지지는 않을 것이다.
④ 자신을 진정으로 사랑하는 법을 알아야 할 것이다.
⑤ 혼자만 할 수 있는 힐링 상품을 찾는 것보다는 다른 사람과 함께 하는 힐링 상품을 찾는 것이 좋을 것이다.

정답 ②

빈칸의 전후 문장을 통해 내용을 파악해야 한다. 우선 '그러나'를 통해 빈칸에는 앞의 내용에 상반되는 내용이 오는 것임을 알 수 있다. 따라서 수천 가지의 힐링 상품이나, 고가의 상품들을 참고하는 것과는 상반된 내용을 찾으면 된다. 또한, 빈칸 뒤의 내용이 주위에서 쉽게 할 수 있는 힐링 방법을 통해 자신감을 얻는 것부터 출발해야 한다는 내용이므로, 빈칸에는 많은 돈을 들이지 않고도 쉽게 할 수 있는 일부터 찾아야 한다는 내용이 담긴 문장이 오는 것이 적절하다.

풀이 전략!

빈칸 앞뒤의 문맥을 파악한 후 선택지에서 가장 어울리는 내용을 찾는다. 빈칸 앞에 접속사가 있다면 이를 활용한다.

※ 다음 글의 빈칸에 들어갈 내용으로 가장 적절한 것을 고르시오. [1~5]

01

소독이란 물체의 표면 및 그 내부에 있는 병원균을 죽여 전파력 또는 감염력을 없애는 것이다. 이때, 소독의 가장 안전한 형태로는 멸균이 있다. 멸균이란 대상으로 하는 물체의 표면 또는 그 내부에 분포하는 모든 세균을 완전히 죽여 무균의 상태로 만드는 조작으로, 살아있는 세포뿐만 아니라 포자, 박테리아, 바이러스 등을 완전히 파괴하거나 제거하는 것이다.

물리적 멸균법은 열, 햇빛, 자외선, 초단파 따위를 이용하여 균을 죽여 없애는 방법이다. 열(Heat)에 의한 멸균에는 건열 방식과 습열 방식이 있는데, 건열 방식은 소각과 건식오븐을 사용하여 멸균하는 방식이다. 건열 방식이 활용되는 예로는 미생물 실험실에서 사용하는 많은 종류의 기구를 물 없이 멸균하는 것이 있다. 이는 습열 방식을 활용했을 때 유리를 포함하는 기구가 파손되거나 금속 재질로 이루어진 기구가 습기에 의해 부식할 가능성을 보완한 방법이다. 그러나 건열 멸균법은 습열 방식에 비해 멸균 속도가 느리고 효율이 떨어지며, 열에 약한 플라스틱이나 고무제품은 대상물의 변성이 이루어져 사용할 수 없다. 예를 들어 많은 세균의 내생포자는 습열 멸균 온도 조건(121℃)에서는 5분 이내에 사멸되나, 건열 멸균법을 활용할 경우 이보다 더 높은 온도(160℃)에서도 약 2시간 정도가 지나야 사멸되는 양상을 나타낸다. 반면, 습열 방식은 바이러스, 세균, 진균 등의 미생물들을 손쉽게 사멸시킨다. 습열은 효소 및 구조단백질 등의 필수 단백질의 변성을 유발하고, 핵산을 분해하며 세포막을 파괴하여 미생물을 사멸시킨다. 끓는 물에 약 10분간 노출하면 대개의 영양세포나 진핵포자를 충분히 죽일 수 있으나, 100℃의 끓는 물에서는 세균의 내생포자를 사멸시키지는 못한다. 따라서 물을 끓여서 하는 열처리는 ＿＿＿＿＿＿＿＿＿ 멸균을 시키기 위해서는 100℃가 넘는 온도(일반적으로 121℃)에서 압력(약 1.1kg/cm²)을 가해 주는 고압증기멸균기를 이용한다. 고압증기멸균기는 물을 끓여 증기를 발생시키고 발생한 증기와 압력에 의해 멸균을 시키는 장치이다. 고압증기멸균기 내부가 적정 온도와 압력(121℃, 약 1.1kg/cm²)에 이를 때까지 뜨거운 포화 증기를 계속 유입시킨다. 해당 온도에서 포화 증기는 15분 이내에 모든 영양세포와 내생포자를 사멸시킨다. 고압증기멸균기에 의해 사멸되는 미생물은 고압에 의해서라기보다는 고압하에서 수증기가 얻을 수 있는 높은 온도에 의해 사멸되는 것이다.

① 더 많은 세균을 사멸시킬 수 있다.

② 멸균 과정에서 더 많은 비용이 소요된다.

③ 멸균 과정에서 더 많은 시간이 소요된다.

④ 소독을 시킬 수는 있으나, 멸균을 시킬 수는 없다.

⑤ 멸균을 시킬 수는 있으나, 소독을 시킬 수는 없다.

포논(Phonon)이라는 용어는 소리(Pho –)라는 접두어에 입자(– non)라는 접미어를 붙여 만든 단어로, 실제로 포논이 고체 안에서 소리를 전달하기 때문에 이런 이름이 붙었다. 어떤 고체의 한쪽을 두드리면 포논이 전파한 소리를 반대쪽에서 들을 수 있다.

아인슈타인이 새롭게 만든 고체의 비열 공식(아인슈타인 모형)은 실험결과와 상당히 잘 맞았다. 그런데 그의 성공은 고체 내부의 진동을 포논으로 해석한 데에만 있지 않다. 그는 포논이 보존(Boson) 입자라는 사실을 간파하고, 고체 내부의 세상에 보존의 물리학(보즈 – 아인슈타인 통계)을 적용했으며, 비로소 고체의 비열이 온도에 따라 달라진다는 결론을 얻을 수 있었다.

양자역학의 세계에서 입자는 스핀 상태에 따라 분류된다. 스핀이 1/2의 홀수배(1/2, 3/2, …)인 입자들은 원자로를 개발한 유명한 물리학자 엔리코 페르미의 이름을 따 '페르미온'이라고 부른다. 오스트리아의 이론물리학자 볼프강 파울리는 페르미온들은 같은 에너지 상태를 가질 수 없고 서로 배척한다는 사실을 알아냈다. 즉, 같은 에너지 상태에서는 + / – 반대의 스핀을 갖는 페르미온끼리만 같이 존재할 수 있다. 이를 '파울리의 배타원리'라고 한다. 페르미온은 대개 양성자, 중성자, 전자 같은 물질을 구성하며, 파울리의 배타원리에 따라 페르미온 입자로 이뤄진 물질은 우리가 손으로 만질 수 있다.

스핀이 0, 1, 2, … 등 정수 값인 입자도 있다. 바로 보존이다. 인도의 무명 물리학자였던 사티엔드라 나트 보즈의 이름을 본 땄다. 보즈는 페르미가 개발한 페르미 통계를 공부하고 보존의 물리학을 만들었다. 당시 그는 박사학위도 없는 무명의 물리학자여서 논문을 작성한 뒤 아인슈타인에게 편지로 보냈다. 다행히 아인슈타인은 그 논문을 쓰레기통에 넣지 않고 꼼꼼히 읽어 본 뒤 자신의 생각을 첨가하고 독일어로 번역해 학술지에 제출했다. 바로 보존 입자의 물리학(보즈 – 아인슈타인 통계)이다. 이에 따르면, 보존 입자는 페르미온과 달리 파울리의 배타원리를 따르지 않는다. 따라서 같은 에너지 상태를 지닌 입자라도 서로 겹쳐서 존재할 수 있다. 만져지지 않는 에너지 덩어리인 셈이다. 이들 보존 입자는 대개 힘을 매개한다.

빛 알갱이, 즉 ＿＿＿＿＿＿＿＿＿＿＿＿＿＿＿＿＿ 빛은 실험을 해보면 입자의 특성을 보이지만, 질량이 없고 물질을 투과하며 만져지지 않는다. 포논은 어떨까? 원자 사이의 용수철 진동을 양자화 한 것이므로 물질이 아니라 단순한 에너지의 진동으로서 파울리의 배타원리를 따르지 않는다. 즉, 포논은 광자와 마찬가지로 스핀이 0인 보존 입자다.

① 광자는 파울리의 배타원리를 따른다.
② 광자는 스핀 상태에 따라 분류할 수 없다.
③ 광자는 스핀이 1/2의 홀수배인 입자의 대표적인 예다.
④ 광자는 보존의 대표적인 예다.
⑤ 광자는 페르미온의 대표적인 예다.

03

스마트팩토리는 인공지능(AI), 사물인터넷(IoT) 등 다양한 기술이 융합된 자율화 공장으로, 제품 설계와 제조, 유통, 물류 등의 산업 현장에서 생산성 향상에 초점을 맞췄다. 이곳에서는 기계, 로봇, 부품 등의 상호 간 정보 교환을 통해 제조 활동을 하고, 모든 공정 이력이 기록되며, 빅데이터 분석으로 사고나 불량을 예측할 수 있다. 스마트팩토리에서는 컨베이어 생산 활동으로 대표되는 산업 현장의 모듈형 생산이 컨베이어를 대체하고 IoT가 신경망 역할을 한다. 센서와 기기 간 다양한 데이터를 수집하고, 이를 서버에 전송하면 서버는 데이터를 분석해 결과를 도출한다. 서버는 AI 기계학습 기술이 적용돼 빅데이터를 분석하고 생산성 향상을 위한 최적의 방법을 제시한다.

스마트팩토리의 대표 사례로는 고도화된 시뮬레이션 '디지털 트윈'을 들 수 있다. 디지털 트윈은 데이터를 기반으로 가상공간에서 미리 시뮬레이션하는 기술이다. 시뮬레이션을 위해 빅데이터를 수집하고 분석과 예측을 위한 통신·분석 기술에 가상현실(VR), 증강현실(AR)과 같은 기술을 더한다. 이를 통해 산업 현장에서 작업 프로세스를 미리 시뮬레이션하고, VR·AR로 검증함으로써 실제 시행에 따른 손실을 줄이고, 작업 효율성을 높일 수 있다.

한편 '에지 컴퓨팅'도 스마트팩토리의 주요 기술 중 하나이다. 에지 컴퓨팅은 산업 현장에서 발생하는 방대한 데이터를 클라우드로 한 번에 전송하지 않고, 에지에서 사전 처리한 후 데이터를 선별해서 전송한다. 서버와 에지가 연동해 데이터 분석 및 실시간 제어를 수행하여 산업 현장에서 생산되는 데이터가 기하급수로 늘어도 서버에 부하를 주지 않는다. 현재 클라우드 컴퓨팅이 중앙 데이터센터와 직접 소통하는 방식이라면 에지 컴퓨팅은 기기 가까이에 위치한 일명 '에지 데이터 센터'와 소통하며, 저장을 중앙 클라우드에 맡기는 형식이다. 이를 통해 데이터 처리 지연 시간을 줄이고 즉각적인 현장 대처를 가능하게 한다.

이러한 스마트팩토리의 발전은 _____ 최근 선진국에서 나타나는 주요 현상 중의 하나는 바로 '리쇼어링'의 가속화이다. 리쇼어링이란 인건비 등 각종 비용 절감을 이유로 해외에 나간 자국 기업들이 다시 본국으로 돌아오는 현상을 의미하는 용어이다. 2000년대 초반까지는 국가적 차원에서 세제 혜택 등의 회유책을 통해 추진되어 왔지만, 스마트팩토리의 등장으로 인해 자국 내 스마트팩토리에서의 제조 비용과 중국이나 멕시코와 같은 제3국에서 제조 후 수출 비용에 큰 차이가 없어 리쇼어링 현상은 더욱 가속화되고 있다.

① 공장의 제조 비용을 절감시키고 있다.
② 공장의 세제 혜택을 사라지게 하고 있다.
③ 공장의 위치를 변화시키고 있다.
④ 수출 비용을 줄이는 데 도움이 된다.
⑤ 공장의 생산성을 높이고 있다.

04

오늘날 인류가 왼손보다 오른손을 선호하는 경향은 어디서 비롯되었을까? 오른손을 귀하게 여기고 왼손을 천대하는 현상은 어쩌면 산업화 이전 사회에서 배변 후 사용할 휴지가 없었다는 사실과 관련이 있을 법하다. 맨손으로 배변 뒤처리를 하는 것은 불쾌할 뿐더러 병균을 옮길 위험을 수반하는 일이었다. 이런 위험성을 낮추는 간단한 방법은 음식을 먹거나 인사할 때 다른 손을 사용하는 것이었다. 기술 발달 이전의 사회는 대개 왼손을 배변 뒤처리에, 오른손을 먹고 인사하는 일에 사용했다. 나는 이런 배경이 인간 사회에 널리 나타나는 '오른쪽'에 대한 긍정과 '왼쪽'에 대한 반감을 어느 정도 설명해 줄 수 있으리라고 생각했다. 그러나 이 설명은 왜 애초에 오른손이 먹는 일에, 그리고 왼손이 배변 처리에 사용되었는지 설명해 주지 못한다. _____ 따라서 근본적인 설명은 다른 곳에서 찾아야 할 것 같다.

한쪽 손을 주로 쓰는 경향은 뇌의 좌우반구의 기능 분화와 관련되어 있는 것으로 보인다. 보고된 증거에 따르면, 왼손잡이는 읽기와 쓰기, 개념적·논리적 사고 같은 좌반구 기능에서 오른손잡이보다 상대적으로 미약한 대신 상상력, 패턴 인식, 창의력 등 전형적인 우반구 기능에서는 상대적으로 기민한 경우가 많다.

나는 이성 대 직관의 힘겨루기, 뇌의 두 반구 사이의 힘겨루기가 오른손과 왼손의 힘겨루기로 표면화된 것이 아닐까 생각한다. 즉 오른손이 원래 왼손보다 더 능숙했기 때문이 아니라 뇌의 좌반구가 인간의 행동을 지배하는 권력을 갖게 되었기 때문에 오른손 선호에 이르렀다는 생각이다.

① 동서양을 막론하고 왼손잡이 사회는 확인된 바 없기 때문이다.
② 기능적으로 왼손이 오른손보다 섬세하기 때문이다.
③ 모든 사람들이 오른쪽을 선호하는 것이 아니기 때문이다.
④ 양손의 기능을 분담시키지 않는 사람이 존재할 수도 있기 때문이다.
⑤ 현대사회에 들어서 왼손잡이가 늘어나고 있기 때문이다.

05

탁월함은 어떻게 습득되는가, 그것을 가르칠 수 있는가? 이 물음에 대하여 아리스토텔레스는 지성의 탁월함은 가르칠 수 있지만, 성품의 탁월함은 비이성적인 것이어서 가르칠 수 없고, 훈련을 통해서 얻을 수 있다고 대답한다.

그는 좋은 성품을 얻는 것을 기술을 습득하는 것에 비유한다. 그에 따르면, 리라(Lyra)를 켬으로써 리라를 켜는 법을 배우며 말을 탐으로써 말을 타는 법을 배운다. 어떤 기술을 얻고자 할 때 처음에는 교사의 지시대로 행동한다. 그리고 반복 연습을 통하여 그 행동이 점점 더 하기 쉽게 되고 마침내 제2의 천성이 된다. 이와 마찬가지로 어린아이는 어떤 상황에서 어떻게 행동해야 진실되고 관대하며 예의를 차리게 되는지 일일이 배워야 한다. 훈련과 반복을 통하여 그런 행위들을 연마하다 보면 그것들을 점점 더 쉽게 하게 되고, 결국에는 스스로 판단할 수 있게 된다.

그는 올바른 훈련이란 강제가 아니고 그 자체가 즐거움이 되어야 한다고 지적한다. 또한 그렇게 훈련받은 사람은 일을 바르게 처리하는 것을 즐기게 되고, 일을 바르게 처리하고 싶어하게 되며, 올바른 일을 하는 것을 어려워하지 않게 된다. 이처럼 성품의 탁월함이란 사람들이 '하는 것'만이 아니라 사람들이 '하고 싶어 하는 것'과도 관련된다. 그리고 한두 번 관대한 행동을 한 것으로 충분하지 않으며, 늘 관대한 행동을 하고 그런 행동에 감정적으로 끌리는 성향을 갖고 있어야 비로소 관대함에 관하여 성품의 탁월함을 갖고 있다고 할 수 있다.

다음과 같은 예를 통해 아리스토텔레스의 견해를 생각해 보자. 갑돌이는 성품이 곧고 자신감이 충만하다. 그가 한 모임에 참석하였는데, 거기서 다수의 사람들이 옳지 않은 행동을 한다고 생각했을 때, 그는 다수의 행동에 대하여 비판의 목소리를 낼 것이며 그렇게 하는 데에 별 어려움을 느끼지 않을 것이다. 한편, 수줍어하고 우유부단한 병식이도 한 모임에 참석하였는데, 그 역시 다수의 행동이 잘못되었다는 판단을 했다고 하자. 이런 경우에 병식이는 일어나서 다수의 행동이 잘못되었다고 말할 수 있겠지만, 그렇게 하려면 엄청난 의지를 발휘해야 할 것이고 자신과 힘든 싸움도 해야 할 것이다. 그런데도 병식이가 그렇게 행동했다면 우리는 병식이가 용기 있게 행동하였다고 칭찬할 것이다. 그러나 아리스토텔레스의 입장에서 성품의 탁월함을 가진 사람은 갑돌이다. 왜냐하면 _____ 우리가 어떠한 사람을 존경할 것인가가 아니라, 우리 아이를 어떤 사람으로 키우고 싶은가라는 질문을 받는다면 우리는 아리스토텔레스의 견해에 가까워질 것이다. 왜냐하면 우리는 우리 아이들을 갑돌이와 같은 사람으로 키우고 싶어 할 것이기 때문이다.

① 그는 내적인 갈등이 없이 옳은 일을 하기 때문이다.
② 그는 옳은 일을 하는 천성을 타고났기 때문이다.
③ 그는 주체적 판단에 따라 옳은 일을 하기 때문이다.
④ 그는 자신이 옳다는 확신을 가지고 옳은 일을 하기 때문이다.
⑤ 그는 다른 사람들의 칭찬을 의식하지 않고 옳은 일을 하기 때문이다.

CHAPTER 02
직업윤리

합격 CHEAT KEY

직업윤리는 업무를 수행함에 있어 원만한 직업생활을 위해 필요한 태도, 매너, 올바른 직업관이다. 직업윤리는 필기시험뿐만 아니라 서류를 제출하면서 자기소개서를 작성할 때와 면접을 시행할 때도 포함되는 항목으로 들어가지 않는 곳이 없을 정도로 필수 능력으로 꼽힌다.

국가직무능력표준에 따르면 직업윤리의 세부능력은 근로 윤리·공동체 윤리로 나눌 수 있다. 구체적인 문제 상황을 제시하여 해결하기 위해 어떤 대안을 선택해야 할지에 관한 문제들이 출제된다.

직업윤리는 NCS 기반 채용을 진행하는 곳 중 74% 정도가 다뤘으며, 문항 수는 전체에서 평균 6% 정도로 상대적으로 적게 출제되었다.

01 오답을 통해 대비하라!

이론을 따로 정리하는 것보다는, 문제에서 본인이 생각하는 모범답안을 선택하고 틀렸을 경우 그 이유를 정리하는 방식으로 학습하는 것이 효율적이다. 암기하기보다는 이해에 중점을 두고 자신의 상식으로 문제를 푸는 것이 아니라 해당 문제가 어느 영역 어떤 하위능력의 문제인지 파악하는 훈련을 한다면 답이 보일 것이다.

02 직업윤리와 일반윤리를 구분하라!

일반윤리와 구분되는 직업윤리의 특징을 이해해야 한다. 통념상 비윤리적이라고 일컬어지는 행동도 특정한 직업에서는 허용되는 경우가 있다. 그러므로 문제에서 주어진 상황을 판단할 때는 우선 직업의 특성을 고려해야 한다.

03 직업윤리의 하위능력을 파악해 두자!

직업윤리의 경우 직장생활 경험이 없는 수험생들은 조직에서 일어날 수 있는 구체적인 직업윤리와 관련된 내용에 흥미가 없고 이를 이해하는 데 어려움이 있을 수 있다. 그러나 문제에서는 구체적인 상황·사례를 제시하는 문제가 나오기 때문에 직장에서의 예절을 정리하고 문제 상황에서 적절한 대처를 선택하는 연습을 하는 것이 중요하다.

04 면접에서도 유리하다!

많은 공사·공단에서 면접 시 직업윤리에 관련된 질문을 하는 경우가 많다. 직업윤리 이론 학습을 미리 해 두면 본인의 가치관을 세우는 데 도움이 되고 이는 곧 기업의 인재상과도 연결되기 때문에 미리 준비해 두면 필기시험에서 합격하고 면접을 준비할 때도 수월할 것이다.

| 유형분석 |

- 보통 주어진 제시문 속의 비윤리적인 상황에 대하여 원인이나 대처법을 고르는 문제가 자주 출제된다.
- 근면한 자세의 사례를 고르는 문제 또한 종종 출제된다.

다음 중 A ~ C의 비윤리적 행위에 대한 원인이 바르게 연결된 것은?

- A는 영화관 내 촬영이 금지된 것을 모르고 영화 관람 중 스크린을 동영상으로 촬영하였고, 이를 인터넷에 올렸다가 저작권 위반으로 벌금이 부과되었다.
- B는 얼마 전 친구에게 인터넷 도박 사이트를 함께 운영하자는 제안을 받았고, 그러한 행위가 불법인 줄 알았음에도 불구하고 많은 돈을 벌 수 있다는 친구의 말에 제안을 바로 수락했다.
- 평소에 화를 잘 내지 않는 C는 만취한 상태로 편의점에 들어가 물건을 구매하는 과정에서 직원과 말다툼을 하다가 화를 주체하지 못하고 주먹을 휘둘렀다.

	A	B	C
①	무절제	무지	무관심
②	무관심	무지	무절제
③	무관심	무절제	무지
④	무지	무관심	무절제
⑤	무지	무절제	무관심

정답 ④

- A : 영화관 내 촬영이 불법인 줄 모르고 영상을 촬영하였으므로 무지로 인한 비윤리적 행위를 저질렀다.
- B : 불법 도박 사이트 운영이 불법임을 알고 있었지만, 이를 중요하게 여기지 않는 무관심으로 인한 비윤리적 행위를 저질렀다.
- C : 만취한 상태에서 자신을 스스로 통제하지 못하고 폭력을 행사하였으므로 무절제로 인한 비윤리적 행위를 저질렀다.

비윤리적 행위의 원인

- 무지 : 사람들은 무엇이 옳고, 무엇이 그른지 모르기 때문에 비윤리적 행위를 저지른다.
- 무관심 : 자신의 행위가 비윤리적이라는 것을 알고 있지만, 윤리적인 기준에 따라 행동해야 한다는 것을 중요하게 여기지 않는다.
- 무절제 : 자신의 행위가 잘못이라는 것을 알고 그러한 행위를 하지 않으려고 함에도 불구하고 자신의 통제를 벗어나는 어떤 요인으로 인하여 비윤리적 행위를 저지른다.

풀이 전략!

근로윤리는 우리 사회가 요구하는 도덕상에 기초하고 있다는 점을 유념하고, 다양한 사례를 익혀 문제에 적응한다.

01 다음 중 기업 간 거래 관계에서 요구되는 윤리적 기초에 대한 설명으로 적절하지 않은 것은?

① 힘이 강한 소매상이 힘이 약한 납품업체에 구매가격 인하를 요구하는 것은 거래의 평등성에 위배되는 행위이다.

② 거래상대방에게 이해할 만한 설명을 제공하는 등의 쌍방 간 원활한 의사소통을 통해 분배 공정성을 달성할 수 있다.

③ 약속의 성실한 이행은 거래를 지속시키며, 갈등을 해소하는 토대가 된다.

④ 의무의 도덕성이란 불가조항을 일일이 열거하는 것을 말한다.

⑤ 배려의 도덕성은 의무이행을 위한 보상과 격려, 관용과 존경을 강조한다.

02 다음 중 〈보기〉의 비윤리적 행위에 대한 유형이 바르게 연결된 것은?

> **보기**
>
> ㉠ 제약회사에서 근무하는 A사원은 자신의 매출실적을 올리기 위하여 계속해서 병원에 금품을 제공하고 있다.
> ㉡ B건설회사는 완공일자를 맞추기에 급급하여 안전수칙을 제대로 지키지 않았고, 결국 커다란 인명사고가 발생하였다.
> ㉢ C가구업체는 제품 설계 시 제품의 안전 측면을 충분히 고려하지 않아, 제품을 구매한 소비자들에게 안전사고를 유발시켰다.
> ㉣ IT회사의 D팀장은 관련 업계의 회사 간 가격담합이 이루어지고 있음을 발견하였으나, 별다른 조치를 취하지 않았다.

	도덕적 타성	도덕적 태만
①	㉠, ㉡	㉢, ㉣
②	㉠, ㉢	㉡, ㉣
③	㉠, ㉣	㉡, ㉢
④	㉡, ㉢	㉠, ㉣
⑤	㉡, ㉣	㉠, ㉢

03 다음은 H공사의 신입사원 윤리경영 교육내용이다. 이를 통해 추론할 수 없는 것은?

주제 : 정보획득에 있어 윤리적 / 합법적 방법이란 무엇인가?

〈윤리적 / 합법적〉
- 공개된 출판물, 재판기록, 특허기록
- 경쟁사 종업원의 공개 증언
- 시장조사 보고서
- 공표된 재무기록, 증권사보고서
- 전시회, 경쟁사의 안내문, 제품설명서
- 경쟁사 퇴직직원을 합법적으로 면접, 증언 청취

〈비윤리적 / 합법적〉
- 세미나 등에서 경쟁사 직원에게 신분을 속이고 질문
- 사설탐정을 고용하는 등 경쟁사 직원을 비밀로 관찰
- 채용계획이 없으면서 채용공고를 하여 경쟁사 직원을 면접하거나 실제 스카우트

〈비윤리적 / 비합법적〉
- 설계도면 훔치기 등 경쟁사에 잠입하여 정보 수집
- 경쟁사 직원이나 납품업자에게 금품 등 제공
- 경쟁사에 위장 취업
- 경쟁사의 활동을 도청
- 공갈, 협박

---

① 경쟁사 직원에게 신분을 속이고 질문하는 행위는 윤리적으로 문제가 없다.

② 시장조사 보고서를 통해 정보획득을 한다면 법적인 문제가 발생하지 않을 것이다.

③ 경쟁사 종업원의 공개 증언을 활용하는 것은 적절한 정보획득 행위이다.

④ 정보획득을 위해 경쟁사 직원을 협박하는 행위는 비윤리적인 행위이다.

⑤ 경쟁사에 잠입하여 정보를 수집하는 것은 윤리적이지 못하다.

04 다음 〈보기〉 중 역선택의 사례에 해당하는 것을 모두 고르면?

보기

㉠ A사장으로부터 능력을 인정받아 대리인으로 고용된 B씨는 A사장이 운영에 대해 세밀히 보고를 받지 않는다는 것을 알게 되었고, 이후 보고서에 올려야 하는 중요한 사업만 신경을 쓰고 나머지 회사 업무는 신경을 쓰지 않았다.

㉡ C회사가 모든 사원에게 평균적으로 책정한 임금을 지급하기로 결정하자, 회사의 임금 정책에 만족하지 못한 우수 사원들이 퇴사하게 되었다. 결국 능력이 뛰어나지 않은 사람들만 C회사에 지원하게 되었고, 실제로 고용된 사원들이 우수 사원이 될 가능성은 낮아졌다.

㉢ 중고차를 구입하는 D업체는 판매되는 중고차의 상태를 확신할 수 없다고 판단하여 중고차를 획일화된 가격으로 구입하기로 하였다. 그러자 상태가 좋은 중고차를 가진 사람은 D업체에 차를 팔지 않게 되었고, 결국 D업체는 상태가 좋지 않은 중고차만 구입하게 되었다.

㉣ 공동생산체제의 E농장에서는 여러 명의 대리인이 함께 일하고, 그 성과를 나누어 갖는다. E농장의 주인은 최종 결과물에만 관심을 갖고, 대리인 개개인이 얼마나 노력하였는지는 관심을 갖지 않았다. 시간이 지나자 열심히 일하지 않는 대리인이 나타났고, 그는 최종 성과물의 분배에만 참여하기 시작하였다.

① ㉠

② ㉡

③ ㉠, ㉣

④ ㉡, ㉢

⑤ ㉢, ㉣

02

봉사와 책임의식

| 유형분석 |

- 개인이 가져야 하는 책임의식과 기업의 사회적 책임으로 양분된다.
- 봉사의 의미를 묻는 문제가 종종 출제된다.

다음 〈보기〉는 봉사에 대한 글이다. 영문 철자에서 봉사가 함유한 의미로 적절하지 않은 것은?

보기

봉사란 나라나 사회 혹은 타인을 위하여 자신의 이해를 돌보지 아니하고 몸과 마음을 다하여 일하는 것을 가리키며, 영문으로는 'Service'에 해당한다. 'Service'의 각 철자에서 봉사가 함유한 7가지 의미를 도출해 볼 수 있다.

① S : Smile & Speed
② E : Emotion
③ R : Repeat
④ V : Value
⑤ C : Courtesy

정답 ③

'R'은 반복하여 제공한다는 'Repeat'이 아니라 'Respect'로서 고객을 존중한다는 의미이다.

오답분석

① 미소와 함께 신속한 도움을 제공하는 의미이다.
② 고객에게 감동을 주는 의미이다.
④ 고객에게 가치를 제공하는 의미이다.
⑤ 고객에게 예의를 갖추고 정중하게 대하는 의미이다.

풀이 전략!

직업인으로서 요구되는 봉사정신과 책임의식에 관해 숙지하도록 한다.

01 다음 〈보기〉 중 고객접점서비스에 대한 설명으로 옳은 것을 모두 고르면?

> **보기**
>
> ㄱ. 덧셈 법칙이 적용된다.
> ㄴ. 처음 만났을 때의 15초가 중요하다.
> ㄷ. 서비스 요원이 책임을 지고 고객을 만족시킨다.
> ㄹ. 서비스 요원의 옷과 머리가 중요하다.
> ㅁ. 고객접점서비스를 강화하기 위해서는 서비스 요원의 권한을 약화시켜야 한다.

① ㄱ, ㄴ, ㄷ
② ㄴ, ㄷ, ㄹ
③ ㄷ, ㄹ, ㅁ
④ ㄱ, ㄷ, ㄹ, ㅁ
⑤ ㄱ, ㄴ, ㄷ, ㄹ, ㅁ

02 다음 중 책임과 준법에 대한 설명으로 적절하지 않은 것은?

① 삶을 긍정적으로 바라보는 태도는 책임감의 바탕이 된다.
② 책임감은 삶에 대한 자기통제력을 극대화하는 데 도움이 된다.
③ 책임이란 모든 결과가 자신의 선택에서 유래한 것임을 인정하는 태도이다.
④ 준법을 유도하는 제도적 장치가 마련되면 개개인의 준법의식도 개선된다.
⑤ 준법이란 민주시민으로서 기본적으로 준수해야 하는 의무이자 생활 자세이다.

03 다음 〈보기〉 중 봉사의 7가지 의미에 해당하는 것은 모두 몇 개인가?

> **보기**
>
> ㄱ. 고객에게 효과적인 도움을 제공할 수 있어야 한다.
> ㄴ. 고객에게 예의를 갖추고 서비스를 제공하여야 한다.
> ㄷ. 고객에게 좋은 이미지를 심어 주어야 한다.
> ㄹ. 고객에게 정서적 감동을 제공할 수 있어야 한다.
> ㅁ. 고객에게 탁월한 수준으로 지원이 제공되어야 한다.

① 1개 ② 2개
③ 3개 ④ 4개
⑤ 5개

04 직업인의 기본자세를 설명한 다음 글에서 유추할 수 없는 것은?

> 직업인은 직업에 대하여 신이 나에게 주신 거룩한 일이라고 여겨야 하며, 일을 통하여 자신의 존재를 실현하고 사회적 역할을 담당하는 것이라고 생각해야 한다. 따라서 직업에 대한 긍지와 자부심을 갖고 성실하게 임하는 마음가짐이 있어야 한다.
> 또한 직업인으로서 일정한 직업을 통하여 다른 사람에게 도움을 주고 사회적으로 기여하는 것이므로 자신의 일을 필요로 하는 사람에게 봉사한다는 마음자세가 필요하다. 그리고 일은 반드시 다른 사람과의 긴밀한 협력이 필요하므로 직무를 수행하는 과정에서 협동정신이 요구된다. 즉, 관계된 사람과 상호신뢰하고 협력하며 원만한 관계를 유지해야 하는 것이다.
> 다음으로 직업을 통해 각자의 책임을 충실히 수행할 때 전체 직업 시스템의 원만한 가동이 가능하며, 직업인은 다른 사람에게 피해를 주지 않아야 한다. 이러한 책임을 완벽하게 수행하기 위해서는 자신이 맡은 분야에 전문적인 능력과 역량을 갖추고 지속적인 자기계발을 해 나갈 필요가 있다.
> 마지막으로 모든 일은 사회적 공공성을 갖는다. 따라서 직업인은 법규를 준수하고 직무상 요구되는 윤리기준을 준수해야 하며, 공정하고 투명하게 업무를 처리해야 한다.

① 봉사정신과 협동정신을 가져야 한다.
② 공평무사한 자세가 필요하다.
③ 소명의식과 천직의식을 가져야 한다.
④ 경제적인 목적을 가져야 한다.
⑤ 책임의식과 전문의식이 있어야 한다.

05 다음은 정직과 신용을 구축하기 위한 4가지 지침이다. 이에 위배되는 사례는?

<정직과 신용을 구축하기 위한 4가지 지침>

1. 정직과 신뢰의 자산을 매일 조금씩 쌓아 가자.
2. 잘못된 것도 정직하게 밝히자.
3. 타협하거나 부정직을 눈감아 주지 말자.
4. 부정직한 관행은 인정하지 말자.

① A대리는 업무를 잘 끝마쳤지만 한 가지 실수를 저질렀던 점이 마음에 걸려, 팀장에게 자신의 실수를 알렸다.
② B대리는 승진과 함께 사무실 청소 당번에서 제외되었으나, 동료들과 함께 청소 당번에 계속 참여하기로 하였다.
③ C교사는 학교 주변에서 담배를 피우고 있는 고등학생을 발견하였고, 해당 학생을 붙잡아 학교에 알렸다.
④ D교관은 불법적으로 술을 소지하고 있던 교육생에게 중징계를 내리는 대신 앞으로 다시는 규율을 어기지 않겠다는 다짐을 받아 냈다.
⑤ E바리스타는 하루도 빠지지 않고 매일 아침 일찍 일어나 출근하는 고객들을 위해 커피를 로스팅하고 있다.

합격 CHEAT KEY

수리능력은 사칙연산·통계·확률의 의미를 정확하게 이해하고 이를 업무에 적용하는 능력으로, 기초연산과 기초통계, 도표분석 및 작성의 문제 유형으로 출제된다. 수리능력 역시 채택하지 않는 공사·공단이 거의 없을 만큼 필기시험에서 중요도가 높은 영역이다.

수리능력은 NCS 기반 채용을 진행한 거의 모든 기업에서 다루었으며, 문항 수는 전체의 평균 16% 정도로 많이 출제되었다. 특히, 난이도가 높은 공사·공단의 시험에서는 도표분석, 즉 자료해석 유형의 문제가 많이 출제되고 있고, 응용수리 역시 꾸준히 출제하는 공사·공단이 많기 때문에 기초연산과 기초통계에 대한 공식의 암기와 자료해석능력을 기를 수 있는 꾸준한 연습이 필요하다.

01 응용수리능력의 공식은 반드시 암기하라!

응용수리능력은 지문이 짧지만, 풀이 과정은 긴 문제도 자주 볼 수 있다. 그렇기 때문에 응용수리 능력의 공식을 반드시 암기하여 문제의 상황에 맞는 공식을 적절하게 적용하여 답을 도출해야 한다. 따라서 문제에서 묻는 것을 정확하게 파악하여 그에 맞는 공식을 적절하게 적용하는 꾸준한 노력과 공식을 암기하는 연습이 필요하다.

02 통계에서의 사건이 동시에 발생하는지 개별적으로 발생하는지 구분하라!

통계에서는 사건이 개별적으로 발생했을 때 경우의 수는 합의 법칙, 확률은 덧셈정리를 활용하여 계산하며, 사건이 동시에 발생했을 때 경우의 수는 곱의 법칙, 확률은 곱셈정리를 활용하여 계산 한다. 특히, 기초통계능력에서 출제되는 문제 중 순열과 조합의 계산 방법이 필요한 문제도 다수 이므로 순열(순서대로 나열)과 조합(순서에 상관없이 나열)의 차이점을 숙지하는 것 또한 중요하 다. 통계 문제에서의 사건 발생 여부만 잘 판단하여도 계산과 공식을 적용하기가 수월하므로 문제 의 의도를 잘 파악하는 것이 중요하다.

03 자료의 해석은 자료에서 즉시 확인할 수 있는 지문부터 확인하라!

대부분의 수험생들이 어려워 하는 영역이 수리영역 중 도표분석, 즉 자료해석능력이다. 자료는 표 또는 그래프로 제시되고, 쉬운 지문은 증가·감소 추이 또는 간단한 사칙연산으로 풀이가 가능한 문제들이 있고, 자료의 조사기간 동안 전년 대비 증가율 혹은 감소율이 가장 높은 기간을 찾는 문제들도 있다. 따라서 일단 증가·감소 추이와 같이 눈으로 확인이 가능한 지문을 먼저 확인한 후 복잡한 계산이 필요한 지문을 확인하는 방법으로 문제를 풀이한다면, 시간을 조금이라도 아낄 수 있다. 특히, 그래프와 같은 경우에는 그래프에 대한 특징을 알고 있다면, 그래프의 길이 혹은 높낮이 등으로 대략적인 수치를 빠르게 확인할 수 있으므로 이에 대한 숙지도 필요하다. 또한, 여러 가지 보기가 주어진 문제 역시 지문을 잘 확인하고 문제를 풀이한다면 불필요한 계산을 생략할 수 있으므로 항상 지문부터 확인하는 습관을 들여야 한다.

04 도표작성능력에서 지문에 작성된 도표의 제목을 반드시 확인하라!

도표작성은 하나의 자료 혹은 보고서와 같은 수치가 표현된 자료를 도표로 작성하는 형식으로 출제되는데, 대체로 표보다는 그래프를 작성하는 형태로 많이 출제된다. 지문을 살펴보면 각 지문에서 주어진 도표에도 소제목이 있는 경우가 대부분이다. 이때, 자료의 수치와 도표의 제목이 일치하지 않는 경우 함정이 존재하는 문제일 가능성이 높으므로 도표의 제목을 반드시 확인하는 것이 중요하다. 도표작성의 경우 대부분 비율 계산이 많이 출제되는데, 도표의 제목과는 다른 수치로 작성된 도표가 존재하는 경우가 있다. 그렇기 때문에 지문에서 작성된 도표의 소제목을 먼저 확인하는 연습을 하여 간단하지 않은 비율 계산을 두 번 하는 일이 없도록 해야 한다.

| 유형분석 |

- 문제에서 제공하는 정보를 파악한 뒤, 사칙연산을 활용하여 계산하는 전형적인 수리문제이다.
- 문제를 풀기 위한 정보가 산재한 경우가 많으므로 주어진 조건 등을 꼼꼼히 확인해야 한다.

대학 서적을 도서관에서 빌리면 10일간 무료이고, 그 이상은 하루에 100원의 연체료가 부과되며 한 달 단위로 연체료는 두 배로 늘어난다. 1학기 동안 대학 서적을 도서관에서 빌려 사용하는 데 얼마의 비용이 드는가?(단, 1학기의 기간은 15주이고, 한 달은 30일로 정한다)

① 18,000원
② 20,000원
③ 23,000원
④ 25,000원
⑤ 28,000원

정답 ④

- 1학기의 기간 : $15 \times 7 = 105$일
- 연체료가 부과되는 기간 : $105 - 10 = 95$일
- 연체료가 부과되는 시점에서부터 한 달 동안의 연체료 : $30 \times 100 = 3,000$원
- 첫 번째 달부터 두 번째 달까지의 연체료 : $30 \times 100 \times 2 = 6,000$원
- 두 번째 달부터 세 번째 달까지의 연체료 : $30 \times 100 \times 2 \times 2 = 12,000$원
- 95일(3개월 5일) 연체료 : $3,000 + 6,000 + 12,000 + 5 \times (100 \times 2 \times 2 \times 2) = 25,000$원

따라서 1학기 동안 대학 서적을 도서관에서 빌려 사용한다면 25,000원의 비용이 든다.

풀이 전략!

문제에서 묻는 바를 정확하게 확인한 후, 필요한 조건 또는 정보를 구분하여 신속하게 풀어 나간다. 단, 계산에 착오가 생기지 않도록 유의한다.

01 H사원은 자동차를 타고 시속 60km로 출근하던 중에 15분이 지난 시점에서 중요한 서류를 집에 두고 나온 사실을 알았다. H사원은 처음 출근했을 때의 1.5배의 속력으로 다시 돌아가 서류를 챙긴 후 지각하지 않기 위해 서류를 가지러 갔을 때의 1.2배의 속력으로 다시 회사로 향했다. H사원이 출근하는 데 소비한 전체 시간이 50분이라고 할 때, H사원의 집에서 회사까지의 거리는?(단, 서류를 챙기는 데 걸린 시간은 고려하지 않는다)

① 40km ② 45km

③ 50km ④ 55km

⑤ 60km

02 세희네 가족의 올해의 여름휴가 비용은 작년 대비 교통비가 15%, 숙박비가 24% 증가하고 전체 휴가 비용은 20% 증가하였다. 작년의 전체 여름휴가 비용이 36만 원일 때, 올해의 숙박비는?(단, 전체 휴가비는 교통비와 숙박비의 합이다)

① 160,000원 ② 184,000원

③ 200,000원 ④ 248,000원

⑤ 268,000원

03 영희는 과일을 주문하려 인터넷 쇼핑몰에 들어갔다. 쇼핑몰에서는 사과, 수박, 바나나, 자두, 포도, 딸기, 감, 귤, 총 8개의 과일 중에서 최대 4개의 과일을 주문할 수 있다. 영희가 감, 귤, 포도, 딸기 4개 과일에 대해서는 2종류의 과일만 주문하고, 나머지 과일 중에서 3종류의 과일을 주문한다고 할 때, 영희의 주문에 대한 모든 경우의 수는?

① 48가지

② 52가지

③ 56가지

④ 64가지

⑤ 68가지

04 H회사는 야유회 준비를 위해 물과 음료수를 합쳐 총 330개를 구입하였다. 야유회에 참가한 직원을 대상으로 물은 1인당 1개, 음료수는 5인당 1개씩 나눴더니 남거나 모자라지 않았다면, H회사의 야유회에 참가한 직원은 모두 몇 명인가?

① 260명   ② 265명

③ 270명   ④ 275명

⑤ 280명

05 박물관에 가는 민솔이가 자전거를 타고 시속 12km로 가면 2시 50분에 도착하고, 시속 6km로 걸어가면 3시 20분에 도착한다고 한다. 이때, 민솔이가 정각 3시에 박물관에 도착하려면 시속 몇 km로 가야 하는가?

① 7.8km/h   ② 8.5km/h

③ 9km/h   ④ 9.5km/h

⑤ 10km/h

06 H씨는 100만 원짜리 노트북을 이달 초에 50만 원을 주고, 나머지 금액은 매월 갚기로 하고 구입하였다. 월이율은 1%, 1개월마다 복리로 계산하고, 36회에 걸쳐 이달 말부터 매달 말에 일정한 금액을 갚아 나가기로 할 때, 다음 중 H씨가 매월 갚아야 하는 금액은?(단, $1.01^{36}=1.4$로 계산한다)

① 17,500원   ② 18,000원

③ 18,500원   ④ 19,000원

⑤ 19,500원

07 영호와 영규는 가위바위보를 해서 이기는 사람이 계단 3칸을 올라가 계단을 모두 올라가면 이기는 놀이를 하고 있다. 20칸으로 이루어진 계단에서 가위바위보 10회로 영규가 이겼을 때, 두 사람이 2회 비길 확률은?

① $\dfrac{1}{16}$ ② $\dfrac{1}{8}$

③ $\dfrac{2}{8}$ ④ $\dfrac{3}{16}$

⑤ $\dfrac{3}{8}$

08 H수건공장은 판매하고 남은 재고를 담은 선물세트를 만들고자 포장을 하기로 하였다. 4개씩 포장하면 1개가 남고, 5개씩 포장하면 4개가 남고, 7개를 포장하면 1개가 남고, 8개를 포장하면 1개가 남는다고 한다. 다음 중 가능한 재고량의 최솟값은?

① 166개   ② 167개

③ 168개   ④ 169개

⑤ 170개

| 유형분석 |

- 문제에 주어진 도표를 분석하여 각 선택지의 정답 여부를 판단하는 문제이다.
- 주로 그래프와 표로 제시되며, 경영·경제·산업 등과 관련된 최신 이슈를 많이 다룬다.
- 자료 간의 증감률·비율·추세 등을 자주 묻는다.

다음은 연도별 국민연금 급여수급자 현황을 나타낸 그래프이다. 이에 대한 내용으로 옳지 않은 것은?

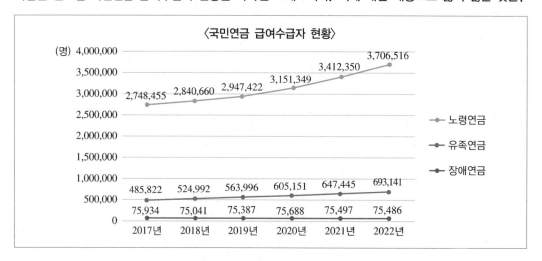

① 2017 ~ 2022년 동안 유족연금 수급자 수는 매년 증가했다.

② 2019년 노령연금 수급자 대비 유족연금 수급자 비율은 20% 미만이다.

③ 2018 ~ 2022년 동안 장애연금 수급자가 전년 대비 가장 많이 증가한 해는 2019년이다.

④ 노령연금 수급자 대비 유족연금 수급자 비율은 2017년이 2019년보다 높다.

정답 ④

2017년 노령연금 수급자 대비 유족연금 수급자 비율은 $\dfrac{485,822}{2,748,455} \times 100 = 17.7\%$이며, 2019년 노령연금 수급자 대비 유족연금

수급자 비율은 $\dfrac{563,996}{2,947,422} \times 100 = 19.1\%$이므로 2019년이 더 높다.

풀이 전략!

선택지를 먼저 읽고 필요한 정보를 도표에서 확인하도록 하며, 계산이 필요한 경우에는 실제 수치를 사용하여 복잡한 계산을 하는 대신, 대소 관계의 비교나 선택지의 옳고 그름만을 판단할 수 있을 정도로 간소화하여 계산해 풀이시간을 단축할 수 있도록 한다.

01　다음은 H기업의 매출액과 분기별 매출액의 영업팀 구성비를 나타낸 자료이다. 연간 영업팀의 매출 순위와 1위 팀이 기록한 연 매출액이 바르게 짝지어진 것은?

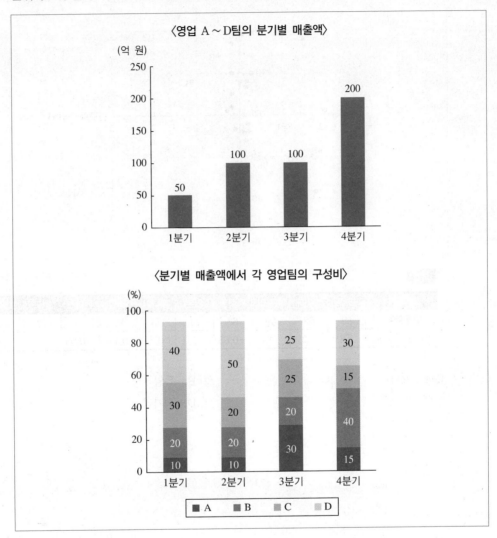

① A－B－C－D, 120억 원

② D－B－A－C, 120억 원

③ D－B－C－A, 155억 원

④ B－A－C－D, 120억 원

⑤ B－A－D－C, 155억 원

02 다음은 OECD 32개국의 고용률과 인구증가율을 4분면으로 나타낸 것이다. 〈보기〉를 참고할 때, A ~ E의 국가명이 바르게 짝지어진 것은?

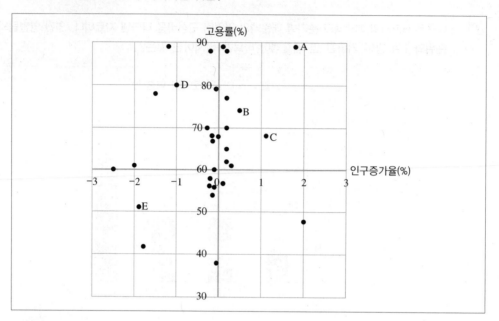

구분	호주	벨기에	헝가리	멕시코	일본	캐나다	독일	덴마크	한국	프랑스
고용률(%)	89	62	80	68	51	74	88	79	42	68
인구증가율(%)	1.8	0.2	−1.0	−0.03	−1.9	0.5	0.18	−0.05	−1.8	1.1

① A – 캐나다   ② B – 독일
③ C – 멕시코   ④ D – 헝가리
⑤ E – 한국

03 다음은 부동산 취득세의 표준세율에 대한 자료이다. 실매입비가 10억 원인 $85m^2$ 규모 주택의 부동산 취득세와 실매입비가 9억 원인 $92m^2$ 규모 주택의 부동산 취득세의 총합으로 옳은 것은?

〈표준세율〉

구분		취득세	농어촌특별세	지방교육세
6억 원 이하 주택	$85m^2$ 이하	1%	비과세	0.1%
	$85m^2$ 초과	1%	0.2%	0.1%
6억 원 초과 9억 원 이하 주택	$85m^2$ 이하	2%	비과세	0.2%
	$85m^2$ 초과	2%	0.2%	0.2%
9억 원 초과 주택	$85m^2$ 이하	3%	비과세	0.3%
	$85m^2$ 초과	3%	0.2%	0.3%

※ (부동산 취득세율)=(취득세)+(농어촌특별세)+(지방교육세)

① 40,120,000원

② 46,000,000원

③ 48,200,000원

④ 54,600,000원

⑤ 56,500,000원

04 다음은 H씨의 보유 반찬 및 칼로리 정보와 하루 식단에 대한 자료이다. H씨가 하루에 섭취하는 총 열량으로 옳은 것은?

〈H씨의 보유 반찬 및 칼로리 정보〉

반찬	현미밥	미역국	고등어구이	시금치나물	버섯구이	블루베리
무게(g)	300	500	400	100	150	80
열량(kcal)	540	440	760	25	90	40
반찬	우유식빵	사과잼	된장찌개	갈비찜	깍두기	연근조림
무게(g)	100	40	200	200	50	100
열량(kcal)	350	110	176	597	50	96

〈H씨의 하루 식단〉

구분	식단
아침	우유식빵 80g, 사과잼 40g, 블루베리 60g
점심	현미밥 200g, 갈비찜 200g, 된장찌개 100g, 버섯구이 50g, 시금치나물 20g
저녁	현미밥 100g, 미역국 200g, 고등어구이 150g, 깍두기 50g, 연근조림 50g

① 1,940kcal

② 2,120kcal

③ 2,239kcal

④ 2,352kcal

⑤ 2,520kcal

05 다음은 가구주들이 노후준비방법에 대해 응답한 자료를 반영한 그래프이다. 이를 참고할 때 가장 구성비가 큰 항목의 구성비 대비 네 번째로 구성비가 큰 항목의 구성비의 비율로 옳은 것은?(단, 소수점 둘째 자리에서 반올림한다)

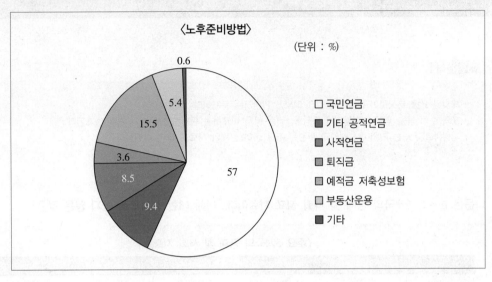

① 11.2%   ② 14.9%

③ 17.4%   ④ 19.1%

⑤ 22.4%

03

도표분석능력 ②
자료이해

| 유형분석 |

- 제시된 표를 분석하여 선택지의 정답 여부를 판단하는 문제이다.
- 표의 수치 등을 통해 변화량이나 증감률, 비중 등을 비교하여 판단하는 문제가 자주 출제된다.
- 지원하고자 하는 기업이나 산업과 관련된 자료 등이 문제의 자료로 많이 다뤄진다.

다음은 A ~ E 5개국의 경제 및 사회 지표 자료이다. 이에 대한 설명으로 옳지 않은 것은?

〈주요 5개국의 경제 및 사회 지표〉

구분	1인당 GDP(달러)	경제성장률(%)	수출(백만 달러)	수입(백만 달러)	총인구(백만 명)
A	27,214	2.6	526,757	436,499	50.6
B	32,477	0.5	624,787	648,315	126.6
C	55,837	2.4	1,504,580	2,315,300	321.8
D	25,832	3.2	277,423	304,315	46.1
E	56,328	2.3	188,445	208,414	24.0

※ (총 GDP)＝(1인당 GDP)×(총인구)

① 경제성장률이 가장 큰 나라가 총 GDP는 가장 작다.
② 총 GDP가 가장 큰 나라의 GDP는 가장 작은 나라의 GDP보다 10배 이상 더 크다.
③ 5개국 중 수출과 수입에 있어서 규모에 따라 나열한 순위는 서로 일치한다.
④ A국이 E국보다 총 GDP가 더 크다.
⑤ 1인당 GDP에 따른 순위와 총 GDP에 따른 순위는 서로 일치한다.

정답 ⑤

1인당 GDP 순위는 E>C>B>A>D이다. 그런데 1인당 GDP가 가장 큰 E국은 1인당 GDP가 2위인 C국보다 1% 정도밖에 높지 않은 반면, 인구는 C국의 $\frac{1}{10}$ 이하이므로 총 GDP 역시 C국보다 작다. 따라서 1인당 GDP 순위와 총 GDP 순위는 일치하지 않는다.

풀이 전략!

평소 변화량이나 증감률, 비중 등을 구하는 공식을 알아두고 있어야 하며, 지원하는 기업이나 산업에 관한 자료 등을 확인하여 비교하는 연습을 한다.

01 다음은 H사의 2022년 분기별 손익 현황에 대한 자료이다. 〈보기〉 중 이에 대한 설명으로 옳은 것을 모두 고르면?(단, 비율은 소수점 셋째 자리에서 반올림한다)

〈2022년 분기별 손익 현황〉

(단위 : 억 원)

구분		1분기	2분기	3분기	4분기
손익	매출액	9,332	9,350	8,364	9,192
	영업손실	278	491	1,052	998
	당기순손실	261	515	1,079	1,559

※ [영업이익률(%)]=[영업이익(손실)]÷(매출액)×100

보기

ㄱ. 2022년 3분기의 영업이익이 가장 크다.
ㄴ. 2022년 4분기의 영업이익률은 2022년 1분기의 영업이익률보다 감소하였다.
ㄷ. 2022년 2 ~ 4분기 매출액은 직전 분기보다 증가하였다.
ㄹ. 2022년 3분기의 당기순손실은 직전 분기 대비 100%p 이상 증가하였다.

① ㄱ, ㄴ
② ㄱ, ㄷ
③ ㄴ, ㄷ
④ ㄴ, ㄹ
⑤ ㄷ, ㄹ

02 다음은 종이책 및 전자책 성인 독서율에 대한 자료이다. 이를 참고할 때 빈칸 (가)에 들어갈 수치로 옳은 것은?(단, 각 항목의 2022년 수치는 2020년 수치 대비 일정한 규칙으로 변화한다)

〈종이책 및 전자책 성인 독서율〉

(단위 : %)

항목	연도	2020년			2022년		
		사례 수(건)	1권 이상	읽지 않음	사례 수(건)	1권 이상	읽지 않음
전체	소계	5,000	60	40	6,000	72	28
성별	남자	2,000	60	40	3,000	90	10
	여자	3,000	65	35	3,000	65	35
연령별	20대	1,000	87	13	1,000	87	13
	30대	1,000	80.5	19.5	1,100	88.6	11.4
	40대	1,000	75	25	1,200	90	10
	50대	1,000	60	40	1,200	(가)	
	60대 이상	1,000	37	63	1,400	51.8	48.2
학력별	중졸 이하	900	30	70	1,000	33.3	66.7
	고졸	1,900	63	37	2,100	69.6	30.4
	대졸 이상	2,200	70	30	2,800	89.1	10.9

① 44
② 52
③ 72
④ 77
⑤ 82

03 H지역에서는 승객 수가 전 분기 대비 20%p 이상 감소한 버스가 있는 운수회사에 보조금을 지원하고자 한다. 다음 중 보조금을 받을 수 있는 운수회사는 몇 곳인가?

〈2023년 분기별 버스 승객 수〉

(단위 : 만 명)

운수회사	버스	승객 수	
		2023년 1분기	2023년 2분기
A	K3615	120	103
	C3707	80	75
	C3708	120	100
B	B5605	100	90
	J7756	90	87
C	L3757	130	100
	L3759	85	75
	L3765	70	60
D	O1335	60	40
	O2338	75	70

① 없음
② 1곳
③ 2곳
④ 3곳
⑤ 4곳

※ H공사의 직원 A는 환경지표와 관련된 통계자료를 열람하고 있다. 이어지는 질문에 답하시오. [4~5]

〈녹색제품 구매 현황〉

(단위 : 백만 원)

구분	총 구매액(A)	녹색제품 구매액(B)	비율
2020년	1,800	1,700	94%
2021년	3,100	2,900	㉠%
2022년	3,000	2,400	80%

※ 지속가능한 소비를 촉진하고 친환경경영 실천을 강화하기 위해 환경표지인증 제품 등의 녹색제품 구매를 적극 실천한다.
※ 비율은 (B/A)×100으로 계산하며, 소수점 첫째 자리에서 반올림한다.

〈온실가스 감축〉

구분	2020년	2021년	2022년
온실가스 배출량(tCO_2eq)	1,604,000	1,546,000	1,542,000
에너지 사용량(TJ)	30,000	29,000	30,000

※ 온실가스 및 에너지 감축을 위한 전사 온실가스 및 에너지 관리 체계를 구축하여 운영하고 있다.

〈수질관리〉

(단위 : m^3)

구분	2020년	2021년	2022년
오수처리량(객차)	70,000	61,000	27,000
폐수처리량	208,000	204,000	207,000

※ 철도차량 등의 수선, 세차, 세척과정에서 발생하는 폐수와 열차 화장실에서 발생하는 오수, 차량검수시설과 역 운영시설 등에서 발생하는 생활하수로 구분되며, 모든 오염원은 처리시설을 통해 기준 이내로 관리한다.

04 다음 중 직원 A가 자료를 이해한 내용으로 옳지 않은 것은?

① ㉠에 들어갈 수치는 94이다.
② 온실가스 배출량은 2020년부터 매년 줄어들었다.
③ 폐수처리량이 가장 적었던 연도에 오수처리량도 가장 적었다.
④ 2020 ~ 2022년 동안 녹색제품 구매액의 평균은 약 23억 3,300만 원이다.
⑤ 에너지 사용량의 전년 대비 증감률의 절댓값은 2021년보다 2022년에 더 크다.

05 환경지표점수 산출 기준을 나타내는 〈조건〉을 참고할 때, 다음 중 가장 점수가 높은 연도와 그 점수를 바르게 짝지은 것은?

> **조건**
> • 녹색제품 구매액 : 20억 원 미만이면 5점, 20억 원 이상이면 10점
> • 에너지 사용량 : 30,000TJ 이상이면 5점, 30,000TJ 미만이면 10점
> • 폐수처리량 : 205,000m³ 초과이면 5점, 205,000m³ 이하이면 10점

① 2020년 : 25점   ② 2021년 : 20점

③ 2021년 : 30점   ④ 2022년 : 25점

⑤ 2022년 : 30점

06 H통신사 대리점에서 근무하는 A직원은 판매율을 높이기 위해 핸드폰을 구매한 고객에게 사은품을 나누어 주는 이벤트를 실시하고자 한다. 본사로부터 할당받은 예산은 총 5백만 원이며, 예산 내에서 고객 1명당 2가지 사은품을 증정하고자 하고 고객 만족도 대비 비용이 낮은 순으로 상품을 확보하였을 때, 최대 몇 명의 고객에게 사은품을 전달할 수 있는가?

상품명	개당 구매비용(원)	확보 가능한 최대물량(개)	상품 고객 만족도(점)
차량용 방향제	7,000	300	5
식용유 세트	10,000	80	4
유리용기 세트	6,000	200	6
32GB USB	5,000	180	4
머그컵 세트	10,000	80	5
육아 관련 도서	8,800	120	4
핸드폰 충전기	7,500	150	3

① 360명   ② 370명

③ 380명   ④ 390명

⑤ 400명

CHAPTER 04
문제해결능력

문제해결능력은 업무를 수행하면서 여러 가지 문제 상황이 발생하였을 때, 창의적이고 논리적인 사고를 통하여 이를 올바르게 인식하고 적절히 해결하는 능력을 말한다. 하위능력으로는 사고력과 문제처리능력이 있다.

문제해결능력은 NCS 기반 채용을 진행하는 대다수의 공사·공단에서 채택하고 있으며, 문항 수는 평균 24% 정도로 상당히 많이 출제되고 있다. 하지만 많은 수험생들은 더 많이 출제되는 다른 영역에 몰입하고 문제해결능력에는 집중하지 않는 실수를 하고 있다. 다른 영역보다 더 많은 노력이 필요할 수는 있지만 그렇기에 차별화를 할 수 있는 득점 영역이므로 포기하지 말고 꾸준하게 노력해야 한다.

01 질문의 의도를 정확하게 파악하라!

문제해결능력은 문제에서 무엇을 묻고 있는지 정확하게 파악하여 먼저 풀이 방향을 설정하는 것이 가장 효율적인 방법이다. 특히, 조건이 주어지고 답을 찾는 창의적·분석적인 문제가 주로 출제되고 있기 때문에 처음에 정확한 풀이 방향이 설정되지 않는다면 시간만 허비하고 결국 문제도 풀지 못하게 되므로 첫 번째로 출제의도 파악에 집중해야 한다.

02 중요한 정보는 반드시 표시하라!

위에서 말한 출제의도를 정확히 파악하기 위해서는 문제의 중요한 정보를 반드시 표시하거나 메모하여 하나의 조건, 단서도 잊고 넘어가는 일이 없도록 해야 한다. 실제 시험에서는 시간의 압박과 긴장감으로 정보를 잘못 적용하거나 잊어버리는 실수가 많이 발생하므로 사전에 충분한 연습이 필요하다.

가령 명제 문제의 경우 주어진 명제와 그 명제의 대우를 본인이 한눈에 파악할 수 있도록 기호화, 도식화하여 메모하면 흐름을 이해하기가 더 수월하다. 이를 통해 자신만의 풀이 순서와 방향, 기준 또한 생길 것이다.

03 반복 풀이를 통해 취약 유형을 파악하라!

길지 않은 한정된 시간 동안 모든 문제를 다 푸는 것은 조금은 어려울 수도 있다. 따라서 고득점을 할 수 있는 효율적인 문제 풀이 방법을 찾아야 한다. 이때, 반복적인 문제 풀이를 통해 자신이 취약한 유형을 파악하는 것이 중요하다. 취약 유형 파악은 종료 시간이 임박했을 때 빛을 발할 것이다. 풀 수 있는 문제부터 빠르게 풀고 취약한 유형은 나중에 푸는 효율적인 문제 풀이를 통해 최대한 고득점을 맞는 것이 중요하다. 그러므로 본인의 취약 유형을 파악하기 위해서 많은 문제를 풀어 봐야 한다.

04 타고나는 것이 아니므로 열심히 노력하라!

대부분의 수험생들이 문제해결능력은 공부해도 실력이 늘지 않는 영역이라고 생각한다. 하지만 그렇지 않다. 문제해결능력이야말로 노력을 통해 충분히 고득점이 가능한 영역이다. 정확한 질문 의도 파악, 취약한 유형의 반복적인 풀이, 빈출유형 파악 등의 방법으로 충분히 실력을 향상시킬 수 있다. 자신감을 갖고 공부하기 바란다.

| 유형분석 |

- 주어진 문장을 토대로 논리적으로 추론하여 참 또는 거짓을 구분하는 문제이다.
- 대체로 연역추론을 활용한 명제 문제가 출제된다.
- 자료를 제시하고 새로운 결과나 자료에 주어지지 않은 내용을 추론해 가는 형식의 문제가 출제된다.

어느 도시에 있는 병원의 공휴일 진료 현황은 다음과 같다. 공휴일에 진료하는 병원의 수는?

- B병원이 진료를 하지 않으면, A병원은 진료를 한다.
- B병원이 진료를 하면, D병원은 진료를 하지 않는다.
- A병원이 진료를 하면, C병원은 진료를 하지 않는다.
- C병원이 진료를 하지 않으면, E병원이 진료를 한다.
- E병원은 공휴일에 진료를 하지 않는다.

① 1곳   ② 2곳
③ 3곳   ④ 4곳
⑤ 5곳

정답 ②

제시된 진료 현황을 각각의 명제로 보고 이들을 수식으로 설명하면 다음과 같다(단, 명제가 참일 경우 그 대우도 참이다).
- B병원이 진료를 하지 않으면 A병원이 진료한다($\sim$B → A / $\sim$A → B).
- B병원이 진료를 하면 D병원은 진료를 하지 않는다(B → $\sim$D / D → $\sim$B).
- A병원이 진료를 하면 C병원은 진료를 하지 않는다(A → $\sim$C / C → $\sim$A).
- C병원이 진료를 하지 않으면 E병원이 진료한다($\sim$C → E / $\sim$E → C).
이를 하나로 연결하면, D병원이 진료를 하면 B병원이 진료를 하지 않고, B병원이 진료를 하지 않으면 A병원은 진료를 한다. A병원이 진료를 하면 C병원은 진료를 하지 않고, C병원이 진료를 하지 않으면 E병원은 진료를 한다(D → $\sim$B → A → $\sim$C → E). 명제가 참일 경우 그 대우도 참이므로 $\sim$E → C → $\sim$A → B → $\sim$D가 된다. E병원은 공휴일에 진료를 하지 않으므로 위의 명제를 참고하면 C와 B병원만이 진료를 하는 경우가 된다. 따라서 공휴일에 진료를 하는 병원은 2곳이다.

풀이 전략!

명제와 관련한 기본적인 논법에 대해서는 미리 학습해 두며, 이를 바탕으로 각 문장에 있는 핵심단어 또는 문구를 기호화하여 정리한 후, 선택지와 비교하여 참 또는 거짓을 판단한다.

01 H공사는 직원들의 복리 증진을 위해 다음과 같이 복지제도를 검토하여 도입하고자 한다. 제시된 〈조건〉의 명제가 모두 참일 때, 다음 중 반드시 참인 것은?

> H공사는 다음 중 최대 2개의 복지제도를 도입하고자 한다.
> • 동호회행사비 지원
> • 출퇴근교통비 지원
> • 연차 추가제공
> • 주택마련자금 지원

조건

• 연차 추가제공을 도입하지 않거나 출퇴근교통비 지원을 도입한다면, 주택마련자금 지원을 도입한다.
• 동호회행사비 지원을 도입할 때에만, 연차 추가제공을 도입한다.
• 출퇴근교통비 지원을 도입하지 않는다면, 동호회행사비 지원을 도입한다.
• 출퇴근교통비 지원을 도입하거나 연차 추가제공을 도입하지 않는다면, 동호회행사비 지원을 도입하지 않는다.
• 주택마련자금 지원을 도입한다면 다른 복지제도는 도입하지 않는다.

① 동호회행사비 지원은 도입하지 않는다.
② H공사는 1개의 복지제도만 새로 도입한다.
③ 연차 추가제공은 도입하지 않는다.
④ 출퇴근교통비 지원과 연차 추가제공 중 1개는 도입한다.
⑤ 출퇴근교통비 지원을 도입한다.

02 귀하는 사내 워크숍 준비를 위해 직원 A~E의 참석 여부를 조사하고 있다. C가 워크숍에 참석한다고 할 때, 〈조건〉에 따라 워크숍에 참석하는 직원을 바르게 추론한 것은?

> **조건**
> • B가 워크숍에 참석하면 E는 참석하지 않는다.
> • D는 B와 E가 워크숍에 참석하지 않을 때 참석한다.
> • A가 워크숍에 참석하면 B 또는 D 중 한 명이 함께 참석한다.
> • C가 워크숍에 참석하면 D는 참석하지 않는다.
> • C가 워크숍에 참석하면 A도 참석한다.

① A, B, C   ② A, C, D

③ A, C, D, E   ④ A, B, C, D

⑤ A, B, C, E

03 H씨는 잊어버린 네 자리 숫자의 비밀번호를 기억해 내려고 한다. 비밀번호에 대해서 가지고 있는 단서가 〈조건〉과 같을 때, 다음 중 옳지 않은 것은?

> **조건**
> • 비밀번호를 구성하고 있는 어떤 숫자도 소수가 아니다.
> • 6과 8 중에 단 하나만 비밀번호에 들어간다.
> • 비밀번호는 짝수로 시작한다.
> • 골라 낸 네 개의 숫자를 큰 수부터 차례로 나열해서 비밀번호를 만들었다.
> • 같은 숫자는 두 번 이상 들어가지 않는다.

① 비밀번호는 짝수이다.

② 비밀번호의 앞에서 두 번째 숫자는 4이다.

③ 위의 〈조건〉을 모두 만족시키는 번호는 모두 세 개가 있다.

④ 비밀번호는 1을 포함하지만 9는 포함하지 않는다.

⑤ 위의 〈조건〉을 모두 만족시키는 번호 중 가장 작은 수는 6410이다.

04 H공사의 A지부는 공휴일 세미나 진행을 위해 인근의 가게 A ~ F에서 필요한 물품을 구매하고자 한다. 세미나 장소 인근의 가게들에 대한 정보가 〈조건〉과 같을 때, 이를 토대로 공휴일에 영업하는 가게의 수는?

> **조건**
> • C는 공휴일에 영업하지 않는다.
> • B가 공휴일에 영업하지 않으면, C와 E는 공휴일에 영업한다.
> • E 또는 F가 영업하지 않는 날이면 D는 영업한다.
> • B가 공휴일에 영업하면, A와 E는 공휴일에 영업하지 않는다.
> • B와 F 중 한 곳만 공휴일에 영업한다.

① 2개   ② 3개
③ 4개   ④ 5개
⑤ 6개

05 H회사에서는 폐수를 1급수로 만들기 위해서 정해진 순서대로 총 7가지 과정(A ~ G)을 거쳐야 한다. 다섯 번째 과정이 F일 때, 다음 〈조건〉에 따라 네 번째로 해야 할 과정으로 옳은 것은?

> **조건**
> • F보다 뒤에 거치는 과정은 D와 B이다.
> • A 바로 앞에 수행하는 과정은 C이다.
> • A 바로 뒤에는 E를 수행한다.
> • G는 E와 A보다 뒤에 수행하는 과정이다.

① A   ② C
③ D   ④ E
⑤ G

| 유형분석 |

- 주어진 상황과 규칙을 종합적으로 활용하여 풀어 가는 문제이다.
- 일정, 비용, 순서 등 다양한 내용을 다루고 있어 유형을 한 가지로 단일화하기 어렵다.

갑은 다음 규칙을 참고하여 알파벳 단어를 숫자로 변환하고자 한다. 규칙을 적용한 〈보기〉의 ㉠ ~ ㉣ 단어에서 알파벳 Z에 해당하는 자연수들을 모두 더한 값은?

〈규칙〉

① 알파벳 'A'부터 'Z'까지 순서대로 자연수를 부여한다.
  예 A=2라고 하면 B=3, C=4, D=5이다.
② 단어의 음절에 같은 알파벳이 연속되는 경우 ①에서 부여한 숫자를 알파벳이 연속되는 횟수만큼 거듭제곱한다.
  예 A=2이고 단어가 'AABB'이면 AA는 '2^2'이고, BB는 '3^2'이므로 '49'로 적는다.

보기

㉠ AAABBCC는 100000010201110404로 변환된다.
㉡ CDFE는 3465로 변환된다.
㉢ PJJYZZ는 1712126729로 변환된다.
㉣ QQTSR은 625282726으로 변환된다.

① 154   ② 176
③ 199   ④ 212
⑤ 234

정답 ④

㉠ A=100, B=101, C=102이다. 따라서 Z=125이다.
㉡ C=3, D=4, E=5, F=6이다. 따라서 Z=26이다.
㉢ P가 17임을 볼 때, J=11, Y=26, Z=27이다.
㉣ Q=25, R=26, S=27, T=28이다. 따라서 Z=34이다.
따라서 해당하는 Z값을 모두 더하면 125+26+27+34=212이다.

풀이 전략!

문제에 제시된 조건이나 규칙을 정확히 파악한 후, 선택지나 상황에 적용하여 문제를 풀어 나간다.

01 다음은 고객 A와 B에 대한 정보이다. 제시된 고객 정보들을 고려하여 추천할 최적의 보험을 순서대로 바르게 나열한 것은?

〈고객 정보〉

- A는 만 62세로, 2년 전 당뇨 진단을 받은 이력이 있다. 암 보장형 상품을 가장 선호하며, 납입주기가 월납인 보험에 가입하고자 한다. 세제혜택 가능여부에 대하여는 관심이 없으나 납입한 보험료 전액을 돌려받을 수 있는 상품 가입을 선호하며, 보험료 인상이 되도록 없는 상품에 가입하고자 한다.
- B는 만 48세로, 현재까지 특별한 병력은 없으나 평소 건강에 대한 염려로 인해 건강검진을 자주 받고자 한다. 보험상품이 필요한 기간만 가입하는 것을 선호하고, 정기적인 보험료 납입보다 단발성 납입을 선호한다.

〈보험상품 정보〉

구분	(가) 보험	(나) 보험	(다) 보험
상품특징	• 보험료 인상 없이 주요 질환 110세까지 보장 • 기납입 보험료 최대 80% 환급	• 보장기간 100세까지 보험료 인상 없이 보장 • 유병자 / 고령자 가입가능 (간편가입형) • 납입한 보험료 100% 환급	• 건강검진에서 자주 발견되는 종양, 폴립 즉시 보장 • 간경변증, 당뇨 진단과 성인특정질환 수술급여금 보장
납입주기	• 월납, 연납, 일시납	• 월납	• 일시납
가입나이	• 만 15 ~ 65세	• (일반가입) 만 15 ~ 60세 • (간편가입) 만 40 ~ 70세	• 만 20 ~ 60세
보험기간	• 80세 만기, 110세 만기	• 100세	• 1년, 3년
가입한도	–	–	• 100만 원
가입형태	• 암보장형, 3대 질병 보장형	• 암보장형, 3대 질병 보장형	• 단일플랜
세제혜택	• 보장성보험 세액공제 적용 가능	–	–

	A	B
①	(가) 보험	(가) 보험
②	(가) 보험	(다) 보험
③	(나) 보험	(가) 보험
④	(나) 보험	(나) 보험
⑤	(나) 보험	(다) 보험

※ H공사는 사내 장기자랑을 열기 위해 조를 편성하기로 했다. 다음 자료를 참고하여 이어지는 질문에 답하시오. [2~3]

〈조 편성 조건〉

- 2명씩 총 5개 조를 편성한다.
- 같은 팀끼리 같은 조가 될 수 없다.
- 남녀 조는 한 개이다.
- 20대는 20대끼리, 30대는 30대끼리 조를 편성한다.
- 조원 간 나이 차는 5세 이내로 제한한다.

〈H공사 직원 명단 및 나이〉

(단위 : 세)

	이름	전현무	김기안	이시언	방성훈	김충재
남	나이	39	27	36	29	24
	소속	안전관리팀	기술팀	인사팀	기획팀	총무팀
	이름	한혜진	박나래	안화사	정려원	김사랑
여	나이	35	30	23	32	37
	소속	인사팀	기술팀	총무팀	안전관리팀	기획팀

02 다음 중 같은 조가 될 수 있는 사람을 바르게 나열한 것은?

① 김충재, 김기안
② 안화사, 김충재
③ 정려원, 한혜진
④ 이시언, 방성훈
⑤ 김사랑, 정려원

03 세대 간 화합을 위해 다음과 같이 〈조건〉을 변경하기로 했다. 같은 조가 될 수 있는 사람을 바르게 나열한 것은?

> **조건**
> - 2명씩 조를 편성한다.
> - 가장 나이 차가 많이 나는 조합부터 조를 편성한다(가장 나이가 어린 사람과 가장 나이가 많은 사람이 한 조가 된다).

① 정려원, 김사랑
② 전현무, 김충재
③ 한혜진, 방성훈
④ 김기안, 박나래
⑤ 전현무, 박나래

04 다음 글과 진술 내용을 근거로 판단할 때, 첫 번째 사건의 가해차량 번호와 두 번째 사건의 목격자를 바르게 짝지은 것은?

> • 어제 두 건의 교통사고가 발생하였다.
> • 첫 번째 사건의 가해차량 번호는 다음 셋 중 하나이다.
>   99★2703, 81★3325, 32★8624
> • 어제 사건에 대해 진술한 목격자는 갑, 을, 병 세 명이다. 이 중 두 명의 진술은 첫 번째 사건의 가해차량 번호에 대한 것이고, 나머지 한 명의 진술은 두 번째 사건의 가해차량 번호에 대한 것이다.
> • 첫 번째 사건의 가해차량 번호는 두 번째 사건의 목격자 진술에 부합하지 않는다.
> • 편의상 차량 번호에서 ★ 앞의 두 자리 수는 A, ★ 뒤의 네 자리 수는 B라고 한다.

> 〈진술 내용〉
> • 갑 : A를 구성하는 두 숫자의 곱은 B를 구성하는 네 숫자의 곱보다 작다.
> • 을 : B를 구성하는 네 숫자의 합은 A를 구성하는 두 숫자의 합보다 크다.
> • 병 : B는 A의 50배 이하이다.
> ※ 차량번호 중 0은 곱하지 않는다.

	첫 번째 사건의 가해차량 번호	두 번째 사건의 목격자
①	99★2703	갑
②	99★2703	을
③	81★3325	을
④	81★3325	병
⑤	32★8624	병

| 유형분석 |

- 상황에 대한 환경 분석 결과를 통해 주요 과제를 도출하는 문제이다.
- 주로 3C 분석 또는 SWOT 분석을 활용한 문제들이 출제되고 있으므로 해당 분석도구에 대한 사전 학습이 요구된다.

다음 설명을 참고하여 기사를 읽고 B자동차가 취할 수 있는 전략으로 옳은 것은?

'SWOT'는 Strength(강점), Weakness(약점), Opportunity(기회), Threat(위협)의 머리글자를 따서 만든 단어로, 경영 전략을 세우는 방법론이다. SWOT로 도출된 조직의 내·외부 환경을 분석하고, 이 결과를 통해 대응전략을 구상할 수 있다. 'SO전략'은 기회를 활용하기 위해 강점을 사용하는 전략이고, 'WO전략'은 약점을 보완 또는 극복하여 시장의 기회를 활용하는 전략이다. 'ST전략'은 위협을 피하기 위해 강점을 활용하는 방법이며, 'WT전략'은 위협요인을 피하기 위해 약점을 보완하는 전략이다.

- 새로운 정권의 탄생으로 자동차 업계 내 새로운 바람이 불 것으로 예상된다. A당선인이 이번 선거에서 친환경차 보급 확대를 주요 공약으로 내세웠고, 공약에 따라 공공기관용 친환경차 비율을 70%로 상향시키기로 하고, 친환경차 보조금 확대 등을 통해 친환경차 보급률을 높이겠다는 계획을 세웠다. 또한 최근 환경을 생각하는 국민 의식의 향상과 친환경차의 연비 절감 부분이 친환경차 구매 욕구 상승에 기여하고 있다.
- B자동차는 기존에 전기자동차 모델들을 꾸준히 출시하여 성장세가 두드러지고 있는데다 고객들의 다양한 구매 욕구를 충족시킬 만한 전기자동차 상품의 다양성을 확보하였다. 또한, B자동차의 전기자동차 미국 수출이 증가하고 있는 만큼 앞으로의 전망도 밝을 것으로 예상된다.

① SO전략

② WO전략

③ ST전략

④ WT전략

정답 ①

- Strength(강점) : B자동차는 전기자동차 모델들을 꾸준히 출시하여 성장세가 두드러지고 있는데다 고객들의 다양한 구매 욕구를 충족시킬 만한 전기자동차 상품의 다양성을 확보하였다.
- Opportunity(기회) : 새로운 정권에서 친환경차 보급 확대에 적극 나설 것으로 보인다는 점과 환경을 생각하는 국민 의식의 향상과 친환경차의 연비 절감 부분이 친환경차 구매 욕구 상승에 기여하고 있으며 B자동차의 미국 수출이 증가하고 있다.

따라서 해당 기사를 분석하면 SO전략이 적절하다.

풀이 전략!

문제에 제시된 분석도구를 확인한 후, 분석 결과를 종합적으로 판단하여 각 선택지의 전략 과제와 일치 여부를 판단한다.

01 다음은 우체국 택배에 대한 SWOT 분석 결과이다. 이를 바탕으로 세운 전략으로 옳지 않은 것은?

강점(Strength)	약점(Weakness)
• 공공기관으로서의 신뢰성 • 우편 서비스에 대한 높은 접근성 • 전국적인 물류망 확보	• 인력 및 차량의 부족 • 공공기관으로서의 보수적 조직문화 • 부족한 마케팅 자원
기회(Opportunity)	위협(Threat)
• 전자상거래 활성화로 인한 택배 수요 증가 • 경쟁력 확보를 위한 기관의 노력	• 민간 업체들과의 경쟁 심화 • 기존 업체들의 설비 및 투자 확대 • 대기업 중심의 업체 진출 증가

① SO전략 : 전국적 물류망을 기반으로 택배 배송 지역을 확장한다.

② WO전략 : 보수적 조직문화의 개방적 쇄신을 통해 공공기관으로서의 경쟁력을 확보한다.

③ ST전략 : 민간 업체와의 경쟁에서 공공기관으로서의 높은 신뢰도를 차별화 전략으로 활용한다.

④ WT전략 : 지역별로 분포된 우체국 지점의 접근성을 강조한 마케팅으로 대기업의 공격적 마케팅에 대응한다.

⑤ WT전략 : 인적·물적 자원의 보충을 통해 경쟁 업체 수준의 설비 시스템을 구축한다.

02 다음은 분식점에 대한 SWOT 분석 결과이다. 이에 대한 대응 방안으로 옳은 것은?

강점(Strength)	약점(Weakness)
• 좋은 품질의 재료만 사용 • 청결하고 차별화된 이미지	• 타 분식점에 비해 한정된 메뉴 • 배달서비스를 제공하지 않음
기회(Opportunity)	위협(Threat)
• 분식점 앞에 곧 학교가 들어설 예정 • 최근 TV프로그램 섭외 요청을 받음	• 프랜차이즈 분식점들로 포화상태 • 저렴한 길거리 음식으로 취급하는 경향이 있음

① ST전략 : 비싼 재료들을 사용하고 가격을 올려 저렴한 길거리 음식이라는 인식을 바꾼다.

② WT전략 : 다른 분식점들과 차별화된 전략을 유지하기 위해 배달서비스를 시작한다.

③ SO전략 : TV프로그램에 출연해 좋은 품질의 재료만 사용한다는 점을 부각시킨다.

④ WO전략 : TV프로그램 출연용으로 다양한 메뉴를 일시적으로 개발한다.

⑤ WT전략 : 포화 상태의 시장에서 살아남기 위해 다른 가게보다 저렴한 가격으로 판매한다.

03 다음은 H공사의 SWOT 분석 자료이다. SWOT 분석에 대한 설명을 참고할 때, 빈칸 (가) ~ (라)에 들어갈 내용으로 옳지 않은 것은?

강점(Strength)	약점(Weakness)
• 경쟁력 있는 화물창출 인프라 확보 • 다기능 항만 전환 등을 통한 고부가가치 창출 기회 확보 및 수익구조 다양화 • 국내 최대 산업항만(수출·입 기준 국내 1위) • _____ (가) _____	• 하역 능력 대비 컨테이너 물동량 증가세 저조 • 낮은 국내·외 인지도 • 자체 물량 창출을 위한 배후시장 미흡 • _____ (나) _____
기회(Opportunity)	위협(Threat)
• FTA 확대로 다기능 항만 역량 요구 • 산업클러스터 항만에 대한 정부의 정책 변화 • 수출 자동차의 국내 환적 물동량 급증 • _____ (다) _____	• 글로벌 해운동맹의 M&A로 물류거점 경쟁 가열 • 선박대형화에 따른 시설 증·개축 투자 소요 • 한진해운 사태 등으로 해운항만 경기 침체 • 글로벌 경기침체에 따른 물량증가 둔화 • _____ (라) _____

〈SWOT 분석〉

SWOT 분석은 기업의 내부환경을 분석하여 강점(Strength)과 약점(Weakness)을 발견하고, 외부 환경을 분석하여 기회(Opportunity)와 위협(Threat)을 찾아내어 이를 토대로 강점은 살리고 약점은 죽이고, 기회는 활용하고 위협은 억제하는 마케팅 전략을 수립하는 것을 말한다.

① (가) : 글로벌 기업의 유치가 가능한 광활한 배후단지 보유
② (가) : 초대형 항만시설 보유로 신규 투자 불요
③ (나) : 부채 감축 계획으로 사업 투자 여력 부족
④ (다) : 정부의 지속적 해양 신산업 육성
⑤ (라) : 일부 시설물 노후 심화에 따른 대규모 리뉴얼 사업 필요

04 다음은 SWOT 분석에 대한 설명이다. 주어진 분석 결과에 가장 적절한 전략은?

SWOT는 Strength(강점), Weakness(약점), Opportunity(기회), Threat(위협)의 머리글자를 따서 만든 단어로 경영 전략을 세우는 방법론이다. SWOT로 도출된 조직의 내·외부 환경을 분석하고, 이 결과를 통해 대응전략을 구상하는 분석방법론이다.

'SO(강점 – 기회)전략'은 기회를 활용하기 위해 강점을 사용하는 전략이고, 'WO(약점 – 기회)전략'은 약점을 보완 또는 극복하여 시장의 기회를 활용하는 전략이다. 'ST(강점 – 위협)전략'은 위협을 피하기 위해 강점을 활용하는 방법이며, 'WT(약점 – 위협)전략'은 위협을 피하기 위해 약점을 보완하는 전략이다.

내부 외부	강점(Strength)	약점(Weakness)
기회(Opportunity)	SO(강점 – 기회)전략	WO(약점 – 기회)전략
위협(Threat)	ST(강점 – 위협)전략	WT(약점 – 위협)전략

〈유기농 수제버거 전문점의 환경분석 결과〉

SWOT	환경분석
강점(Strength)	• 주변 외식업 상권 내 독창적 아이템 • 커스터마이징 고객 주문 서비스 • 주문 즉시 조리 시작
약점(Weakness)	• 높은 재료 단가로 인한 비싼 상품 가격 • 대기업 버거 회사에 비해 긴 조리 과정
기회(Opportunity)	• 웰빙을 추구하는 소비 행태 확산 • 치즈 제품을 선호하는 여성들의 니즈 반영
위협(Threat)	• 제품 특성상 테이크아웃 및 배달 서비스 불가

① SO전략 : 주변 상권의 프랜차이즈 샌드위치 전문업체의 제품을 벤치마킹해 샌드위치도 함께 판매한다.

② WO전략 : 유기농 채소와 유기농이 아닌 채소를 함께 사용하여 단가를 낮추고 가격을 내린다.

③ ST전략 : 테이크아웃이 가능하도록 버거의 사이즈를 조금 줄이고 사이드 메뉴를 서비스로 제공한다.

④ WT전략 : 조리과정을 단축시키기 위해 커스터마이징 형식의 고객 주문 서비스 방식을 없애고, 미리 조리해 놓은 버거를 배달 제품으로 판매한다.

⑤ ST전략 : 치즈의 종류를 다양하게 구성해 커스터마이징 주문 시 선택할 수 있도록 한다.

| 유형분석 |

- 주어진 자료를 해석하고 활용하여 풀어 가는 문제이다.
- 꼼꼼하고 분석적인 접근이 필요한 다양한 자료들이 출제된다.

L공장에서 제조하는 볼트의 일련번호는 다음과 같이 구성된다. 일련번호는 형태 – 허용압력 – 직경 – 재질 – 용도 순으로 표시할 때, 다음 중 직경이 14mm이고, 자동차에 쓰이는 스테인리스 볼트의 일련번호로 옳은 것은?

형태	나사형	육각	팔각	별
	SC	HX	OT	ST
허용압력(kg/cm^2)	10 ~ 20	21 ~ 40	41 ~ 60	61 이상
	L	M	H	P
직경(mm)	8	10	12	14
	008	010	012	014
재질	플라스틱	크롬 도금	스테인리스	티타늄
	P	CP	SS	Ti
용도	항공기	선박	자동차	일반
	A001	S010	M110	E100

① SCP014TiE100
② OTH014SSS010
③ STM012CPM110
④ HXL014SSM110
⑤ SCM012TiM110

정답 ④

오답분석
① 재질이 티타늄, 용도가 일반이므로 옳지 않다.
② 용도가 선박이므로 옳지 않다.
③ 재질이 크롬 도금, 직경이 12mm이므로 옳지 않다.
⑤ 재질이 티타늄, 직경이 12mm이므로 옳지 않다.

풀이 전략!

문제 해결을 위해 필요한 정보가 무엇인지 먼저 파악한 후, 제시된 자료를 분석적으로 읽고 해석한다.

01 다음 자료와 〈조건〉을 바탕으로 철수, 영희, 민수, 철호가 상품을 구입한 쇼핑몰을 바르게 연결한 것은?

〈이용약관의 주요내용〉

쇼핑몰	주문 취소	환불	배송비	포인트 적립
A	주문 후 7일 이내 취소 가능	10% 환불수수료, 송금수수료 차감	무료	구입 금액의 3%
B	주문 후 10일 이내 취소 가능	환불수수료, 송금수수료 차감	20만 원 이상 무료	구입 금액의 5%
C	주문 후 7일 이내 취소 가능	환불수수료, 송금수수료 차감	1회 이용 시 1만 원	없음
D	주문 후 당일에만 취소 가능	환불수수료, 송금수수료 차감	5만 원 이상 무료	없음
E	취소 불가능	고객 귀책 사유에 의한 환불 시에만 10% 환불수수료	1만 원 이상 무료	구입 금액의 10%
F	취소 불가능	원칙적으로 환불 불가능 (사업자 귀책 사유일 때만 환불 가능)	100g당 2,500원	없음

> **조건**
> • 철수는 부모님의 선물로 등산 용품을 구입하였는데, 판매자의 업무 착오로 배송이 지연되어 판매 자에게 전화로 환불을 요구하였다. 판매자는 판매금액 그대로를 통장에 입금해 주었고 구입 시 발생한 포인트도 유지하여 주었다.
> • 영희는 옷을 구매할 때 배송료를 고려하여 한 가지씩 여러 번에 나누어 구매하기보다는 가능한 한 한꺼번에 주문하곤 하였다.
> • 인터넷 사이트에서 영화티켓을 20,000원에 주문한 민수는 다음날 같은 티켓을 18,000원에 파는 가게를 발견하고 전날 주문한 물건을 취소하려 했지만 취소가 되지 않아 곤란을 겪은 적이 있다.
> • 가방을 10만 원에 구매한 철호는 도착한 물건의 디자인이 마음에 들지 않아 환불 및 송금수수료와 배송료를 감수하는 손해를 보면서도 환불할 수밖에 없었다.

	철수	영희	민수	철호
①	E	B	C	D
②	F	E	D	B
③	E	D	F	C
④	F	C	E	B
⑤	E	C	B	D

※ 다음 자료를 보고 이어지는 질문에 답하시오. [2~3]

발신인	금융기획부 A팀장	발신일	2023.07.24.(월) 14:15:54
수신인	인사부 H과장		
제목	프로젝트금융부서 인사에 대한 자료 요청		

안녕하세요. H과장님. 금융기획부 팀장 A입니다.
이번에 새로 진행되는 프로젝트금융부서에 배치 가능한 사원들의 역량을 확인할 수 있는 자료를 요청합니다. 아무래도 외국 투자를 주 목적으로 하는 부서인지라 외국어 능력 자료가 필수적이고, 다양한 자료를 활용하여 발표할 일이 많으므로 각종 서식을 잘 다루는지 확인할 수 있는 자료가 있으면 좋겠습니다.

발신인	인사부 H과장	발신일	2023.07.24.(월) 16:55:12
수신인	금융기획부 E팀장		
제목	RE : 프로젝트금융부서 인사에 대한 자료 요청		

A팀장님, 안녕하세요.
프로젝트금융부서에 배치 가능한 사원 5명의 역량을 다음과 같이 첨부하여 보냅니다. 사내에서 시행한 외국어능력 점수와 컴퓨터활용능력 점수, 근무태도, 자격증으로 구성되어 있으며, 이 밖에 다른 필요한 자료가 있으시다면 언제든 연락해 주십시오. 감사합니다.

〈사원별 인사자료〉

구분	외국어능력 점수	컴퓨터활용능력 점수	근무태도	자격증
윤정아	75점	85점	A등급	-
신민준	80점	80점	B등급	정보처리기사
이연경	95점	70점	C등급	-
정유미	80점	90점	D등급	ITQ 한글
김영진	90점	75점	B등급	정보처리산업기사

〈근무태도 등급별 점수〉

A등급	B등급	C등급	D등급	E등급
100점	90점	80점	70점	60점

02 외국어능력과 컴퓨터활용능력, 근무태도 점수의 평균이 높은 순으로 사원 2명을 선정한다고 할 때, 다음 중 선정된 사원끼리 바르게 짝지은 것은?(단, 점수의 평균은 소수점 둘째 자리에서 반올림한다)

① 윤정아, 신민준
② 윤정아, 김영진
③ 신민준, 이연경
④ 신민준, 김영진
⑤ 이연경, 정유미

03 A팀장은 기존 평가방법에 외국어능력 점수에는 가산점 10%를 주고, 자격증이 있는 경우 5점을 가산하여 합산한 값이 가장 높은 사원을 선정하려 한다. 다음 중 선정된 사원은?

① 윤정아   ② 신민준

③ 이연경   ④ 정유미

⑤ 김영진

04 H공단은 우리나라 사람들의 해외취업을 돕기 위해 박람회를 열고자 한다. 제시된 〈조건〉이 다음과 같을 때, H공단이 박람회 장소로 선택할 나라는?

> **조건**
>
> • H공단의 해외 EPS센터가 있는 나라여야 한다.
>   – 해외 EPS센터(15개국) : 필리핀, 태국, 인도네시아, 베트남, 스리랑카, 몽골, 우즈베키스탄, 파키스탄, 캄보디아, 중국, 방글라데시, 키르기스스탄, 네팔, 미얀마, 동티모르
> • 100개 이상의 한국 기업이 진출해 있어야 한다.

〈국가별 상황〉

국가	경쟁력	비고
인도네시아	한국 기업이 100개 이상 진출해 있으며, 안정적인 정치 및 경제 구조를 가지고 있다.	두 번의 박람회를 열었으나 실제 취업까지 연결되는 성과가 미미하였다.
아랍에미리트	UAE 자유무역지역에 다양한 다국적 기업이 진출해 있다.	석유가스산업, 금융산업에는 외국 기업의 진출이 불가하다.
중국	한국 기업이 170개 이상 진출해 있으며, 현지 기업의 80% 이상이 우리나라 사람의 고용을 원한다.	중국 청년의 실업률이 높아 사회문제가 되고 있다.
미얀마	많은 수의 한국인이 거주 중이며, 한류 열풍이 거세게 불고 있다.	내전으로 우리나라 사람들의 치안이 보장되지 않는다.
베트남	여성의 사회진출이 높고 정치, 경제, 사회 각 분야에서 많은 여성이 활약 중이다.	한국 기업 진출을 위한 인프라 구축이 잘 되어 있다.

① 인도네시아   ② 아랍에미리트

③ 중국   ④ 미얀마

⑤ 베트남

CHAPTER 05
정보능력

정보능력은 업무를 수행함에 있어 기본적인 컴퓨터를 활용하여 필요한 정보를 수집, 분석, 활용하는 능력을 의미한다. 또한, 업무와 관련된 정보를 수집하고, 이를 분석하여 의미 있는 정보를 얻는 능력이다.

국가직무능력표준에 따르면 정보능력의 세부 유형은 컴퓨터활용능력・정보처리능력으로 나눌 수 있다.

정보능력은 NCS 기반 채용을 진행한 기업 중 52% 정도가 다뤘으며, 문항 수는 전체에서 평균 6% 정도 출제되었다.

01 평소에 컴퓨터 활용 스킬을 틈틈이 익혀라!

윈도우(OS)에서 어떠한 설정을 할 수 있는지, 응용프로그램(엑셀 등)에서 어떠한 기능을 활용할 수 있는지를 평소에 직접 사용해 본다면 문제를 보다 수월하게 해결할 수 있다. 여건이 된다면 컴퓨터활용능력에 관련된 자격증 공부를 하는 것도 이론과 실무를 익히는 데 도움이 될 것이다.

02 문제의 규칙을 찾는 연습을 하라!

일반적으로 코드체계나 시스템 논리체계를 제공하고 이를 분석하여 문제를 해결하는 유형이 출제된다. 이러한 문제는 문제해결능력과 같은 맥락으로 규칙을 파악하여 접근하는 방식으로 연습이 필요하다.

03 현재 보고 있는 그 문제에 집중하자!

정보능력의 모든 것을 공부하려고 한다면 양이 너무나 방대하다. 그렇기 때문에 수험서에서 본인이 현재 보고 있는 문제들을 집중적으로 공부하고 기억하려고 해야 한다. 그러나 엑셀의 함수 수식, 연산자 등 암기를 필요로 하는 부분들은 필수적으로 암기를 해서 출제가 되었을 때 오답률을 낮출 수 있도록 한다.

04 사진·그림을 기억하자!

컴퓨터의 활용능력을 파악하는 영역이다 보니 컴퓨터 속 옵션, 기능, 설정 등의 사진·그림이 문제에 같이 나오는 경우들이 있다. 그런 부분들은 직접 컴퓨터를 통해서 하나하나 확인을 하면서 공부한다면 더 기억에 잘 남게 된다. 조금 귀찮더라도 한 번씩 클릭하면서 확인을 해보도록 한다.

| 유형분석 |

- 컴퓨터 활용과 관련된 상황에서 문제를 해결하기 위한 행동이 무엇인지 묻는 문제이다.
- 주로 업무수행 중에 많이 활용되는 대표적인 엑셀 함수(COUNTIF, ROUND, MAX, SUM, COUNT, AVERAGE 등)가 출제된다.
- 종종 엑셀시트를 제시하여 각 셀에 들어갈 함수식이 무엇인지 고르는 문제가 출제되기도 한다.

다음 중 엑셀에 제시된 함수식의 결괏값으로 옳지 않은 것은?

◢	A	B	C	D	E	F
1						
2		120	200	20	60	
3		10	60	40	80	
4		50	60	70	100	
5						
6		함수식			결괏값	
7		=MAX(B2:E4)			A	
8		=MODE(B2:E4)			B	
9		=LARGE(B2:E4,3)			C	
10		=COUNTIF(B2:E4,E4)			D	
11		=ROUND(B2,−1)			E	
12						

① A=200

② B=60

③ C=100

④ D=1

⑤ E=100

정답 ⑤

ROUND 함수는 지정한 자릿수를 반올림하는 함수이다. 함수식에서 '−1'은 일의 자리를 뜻하며, '−2'는 십의 자리를 뜻한다. 여기서 '−' 기호를 빼면 소수점 자리로 인식한다. 따라서 일의 자리를 반올림하기 때문에 결괏값은 120이다.

풀이 전략!

제시된 상황에서 사용할 엑셀 함수가 무엇인지 파악한 후, 선택지에서 적절한 함수식을 골라 식을 만들어야 한다. 평소 대표적으로 문제에 자주 출제되는 몇몇 엑셀 함수를 익혀 두면 풀이시간을 단축할 수 있다.

01 다음 중 데이터 유효성 검사에 대한 설명으로 옳지 않은 것은?

① 목록의 값들을 미리 지정하여 데이터 입력을 제한할 수 있다.

② 입력할 수 있는 정수의 범위를 제한할 수 있다.

③ 목록으로 값을 제한하는 경우 드롭다운 목록의 너비를 지정할 수 있다.

④ 유효성 조건 변경 시 변경 내용을 범위로 지정된 모든 셀에 적용할 수 있다.

⑤ 한 셀에 허용되는 텍스트의 길이를 제한할 수 있다.

02 다음 중 피벗 테이블에 대한 설명으로 옳지 않은 것은?

① 피벗 테이블 결과가 표시되는 장소는 동일한 시트 내에만 지정된다.

② 피벗 테이블로 작성된 목록에서 행 필드를 열 필드로 편집할 수 있다.

③ 피벗 테이블 작성 후에도 사용자가 새로운 수식을 추가하여 표시할 수 있다.

④ 피벗 테이블은 많은 양의 데이터를 손쉽게 요약하기 위해 사용되는 기능이다.

⑤ 피벗 테이블에서 필터 기능을 사용할 수 있다.

03 다음 중 엑셀에서 차트를 작성할 때 [차트 마법사]를 이용할 경우의 차트 작성 순서로 옳은 것은?

> ㉠ 작성할 차트 중 차트 종류를 선택하여 지정한다.
> ㉡ 데이터 범위와 계열을 지정한다.
> ㉢ 차트를 삽입할 위치를 지정한다.
> ㉣ 차트 옵션을 설정한다.

① ㉠ → ㉡ → ㉢ → ㉣

② ㉠ → ㉡ → ㉣ → ㉢

③ ㉠ → ㉢ → ㉡ → ㉣

④ ㉡ → ㉠ → ㉢ → ㉣

⑤ ㉡ → ㉢ → ㉣ → ㉠

04 다음 중 엑셀의 메모에 대한 설명으로 옳지 않은 것은?

① 새 메모를 작성하려면 바로가기 키 〈Shift〉+〈F2〉를 누른다.

② 작성된 메모가 표시되는 위치를 자유롭게 지정할 수 있고, 메모가 항상 표시되도록 설정할 수 있다.

③ 피벗 테이블의 셀에 메모를 삽입한 경우 데이터를 정렬하면 메모도 데이터와 함께 정렬된다.

④ 메모의 텍스트 서식을 변경하거나 메모에 입력된 텍스트에 맞도록 메모 크기를 자동으로 조정할 수 있다.

⑤ [메모서식]에서 채우기 효과를 사용하면 이미지를 삽입할 수 있다.

05 다음 중 엑셀(Excel)의 단축키에 대한 설명으로 옳은 것은?

① 〈Alt〉+〈F〉 : 삽입 메뉴

② 〈Alt〉+〈Enter〉 : 자동합계

③ 〈Shift〉+〈F5〉 : 함수 마법사

④ 〈F12〉 : 다른 이름으로 저장

⑤ 〈Ctrl〉+〈9〉 : 창 최소화

06 다음 중 함수식에 대한 결괏값으로 옳지 않은 것은?

	함수식	결괏값
①	=ODD(12)	13
②	=EVEN(17)	18
③	=MOD(40,-6)	-2
④	=POWER(6,3)	18
⑤	=QUOTIENT(19,6)	3

07 아래 시트에서 [A2:A4] 영역의 데이터를 이용하여 [C2:C4] 영역처럼 표시하려고 할 때, [C2] 셀에 입력할 수식으로 옳은 것은?

	A	B	C
1	주소	사원 수	출신지
2	서귀포시	10	서귀포
3	여의도동	90	여의도
4	김포시	50	김포

① =LEFT(A2,LEN(A2)−1)

② =RIGHT(A2,LENGTH(A2))−1

③ =MID(A2,1,VALUE(A2))

④ =LEFT(A2,TRIM(A2))−1

⑤ =MID(A2,LENGTH(A3))

08 다음 워크시트에서 성별이 '남'인 직원들의 근속연수 합계를 출력하는 함수식으로 옳지 않은 것은?

	A	B	C	D	E	F
1	사원번호	이름	생년월일	성별	직위	근속연수
2	E5478	이재홍	1980−02−03	남	부장	8
3	A4625	박언영	1985−04−09	여	대리	4
4	B1235	황준하	1986−08−20	남	대리	3
5	F7894	박혜선	1983−12−13	여	과장	6
6	B4578	이애리	1990−05−06	여	사원	1
7	E4562	김성민	1986−03−08	남	대리	4
8	A1269	정태호	1991−06−12	남	사원	2
9	C4567	김선정	1990−11−12	여	사원	1

① =SUMIFS(F2:F9,D2:D9,남)

② =DSUM(A1:F9,F1,D1:D2)

③ =DSUM(A1:F9,6,D1:D2)

④ =SUMIF(D2:D9,D2,F2:F9)

⑤ =SUMIFS(F2:F9,D2:D9,D2)

| 유형분석 |

- 프로그램의 실행 결과를 코딩을 통해 파악하여 이를 풀이하는 문제이다.
- 대체로 문제에서 규칙을 제공하고 있으며, 해당 규칙을 적용하여 새로운 코드번호를 만들거나 혹은 만들어진 코드번호를 해석하는 등의 문제가 출제된다.

다음 중 프로그램의 실행 결과로 옳은 것은?

```c
#include 〈stdio.h〉

int main(){
        int i = 4;
        int k = 2;
        switch(i) {
                case 0:
                case 1:
                case 2:
                case 3: k = 0;
                case 4: k += 5;
                case 5: k -= 20;
                default: k++;
        }
        printf("%d", k);
}
```

① 12
② −12
③ 10
④ −10

정답 ②

i가 4이기 때문에 case 4부터 시작한다. k는 2이고, k+=5를 하면 7이 되고, Case 5에서 k−=20을 하면 −13이 되며, default에서 1이 증가하여 결괏값은 −12가 된다.

풀이 전략!

문제에서 실행 프로그램 내용이 주어지면 핵심 키워드를 확인한다. 코딩 프로그램을 통해 요구되는 내용을 알아맞혀 정답 유무를 판단한다.

01　다음 프로그램의 실행 결과로 옳은 것은?

```
#include <stdio.h>
void main() {
  int i, tot = 0;
  int a[10] = {10, 37, 23, 4, 8, 71, 23, 9, 52, 41};
  for (i = 0; i < 10; i++) {
    tot += a[i];
    if (tot >= 100) {
        break;
    }
  }
  printf("%d\n", tot);
}
```

① 82   ② 100

③ 143   ④ 153

⑤ 176

02　다음 C프로그램의 실행 결과로 옳은 것은?

```
#include <stdio.h>
int main()
{
    int sum = 0;
    int x;
    for(x = 1;x < = 100;x++)
       sum+=x;
    printf("1 + 2 + ... + 100 = %d\n", sum);
       return 0;
}
```

① 5010   ② 5020

③ 5040   ④ 5050

⑤ 6000

03 다음 중첩 반복문을 실행할 때, "Do all one can"이 출력되는 횟수는 총 몇 번인가?

```
for ( i = 0; i 〈 4; i++)
{
for ( j = 0; j 〈 6; j++)
{
printf("Do all one can\n");
}
}
```

① 4번   ② 6번
③ 12번   ④ 18번
⑤ 24번

04 다음 코드를 참고하여 〈보기〉의 (가) ~ (마)에서 변수를 옳게 나타낸 것은?

```
int a = 10;
int *p = &a;
*p = 20;
```

보기

(가) a   (나) 10
(다) p   (라) *p
(마) &a

① (가), (나), (마)   ② (가), (다), (라)
③ (나), (다), (라)   ④ (나), (다), (마)
⑤ (다), (라), (마)

05 다음 C언어로 작성된 프로그램의 실행 결과로 옳은 것은?

```c
#include <stdio.h>

double h(double *f, int d, double x){
        int i;
        double res=0.0;
        for(i=d-1; i >= 0; i--){
        res=res * x+f[i];
        }
        return res;
}

int main() {
        double f[ ]={1, 2, 3, 4};
        printf("%3.1f\n", h(f, 4, 2));
        return 0;
}
```

① 11.0

② 26.0

③ 49.0

④ 112.0

⑤ 124.0

CHAPTER 06
조직이해능력

조직이해능력은 업무를 원활하게 수행하기 위해 조직의 체제와 경영을 이해하고 국제적인 추세를 이해하는 능력이다. 현재 많은 공사·공단에서 출제 비중을 높이고 있는 영역이기 때문에 미리 대비하는 것이 중요하다. 실제 업무 능력에서 조직이해능력을 요구하기 때문에 중요도는 점점 높아질 것이다.

국가직무능력표준 홈페이지 자료에 따르면 조직이해능력의 세부 유형은 조직체제이해능력·경영이해능력· 업무이해능력·국제감각으로 나눌 수 있다. 조직도를 제시하는 문제가 출제되거나 조직의 체계를 파악해 경영의 방향성을 예측하고, 업무의 우선순위를 파악하는 문제가 출제된다.

조직이해능력은 NCS 기반 채용을 진행한 곳 중 70% 정도가 다뤘으며, 문항 수는 전체에서 평균 5% 정도로 상대적으로 적게 출제되었다.

01 문제 속에 정답이 있다!

경력이 없는 경우 조직에 대한 이해가 낮을 수밖에 없다. 그러나 문제 자체가 실무적인 내용을 담고 있어도 문제 안에는 해결의 단서가 주어진다. 부담을 갖지 않고 접근하는 것이 중요하다.

02 경영·경제학원론 정도의 수준은 갖추도록 하라!

지원한 직군마다 차이는 있을 수 있으나, 경영·경제이론을 접목시킨 문제가 꾸준히 출제되고 있다. 따라서 기본적인 경영·경제이론은 익혀 둘 필요가 있다.

03 지원하는 공사·공단의 조직도를 파악하자!

출제되는 문제는 각 공사·공단의 세부내용일 경우가 많기 때문에 지원하는 공사·공단의 조직도를 파악해두어야 한다. 조직이 운영되는 방법과 전략을 이해하고, 조직을 구성하는 체제를 파악하고 간다면 조직이해능력영역에서 조직도가 나올 때 단기간에 문제를 풀 수 있을 것이다.

04 실제 업무에서도 요구되므로 이론을 익혀 두자!

각 공사·공단의 직무 특성상 일부 영역에 중요도가 가중되는 경우가 있어서 많은 취업준비생들이 일부 영역에만 집중하지만, 실제 업무 능력에서 직업기초능력 10개 영역이 골고루 요구되는 경우가 많고, 현재는 필기시험에서도 조직이해능력을 출제하는 기관의 비중이 늘어나고 있기 때문에 미리 이론을 익혀 둔다면 모듈형 문제에서 고득점을 노릴 수 있다.

| 유형분석 |

- 경영전략에서 대표적으로 출제되는 문제는 마이클 포터(Michael Porter)의 본원적 경쟁전략이다.
- 본원적 경쟁전략의 기본적인 이해와 구조를 물어 보는 문제가 자주 출제되므로 전략별 특징 및 개념에 대한 이론 학습이 요구된다.

다음 사례에서 나타난 마이클 포터의 본원적 경쟁전략으로 가장 적절한 것은?

전자제품 시장에서 경쟁회사가 가격을 낮추는 저가 전략을 사용하여 점유율을 높이려 하자, 이에 맞서 오히려 고급 기술을 적용한 프리미엄 제품을 선보이고 서비스를 강화해 시장의 점유율을 높였다.

① 차별화 전략
② 원가우위 전략
③ 집중화 전략
④ 마케팅 전략
⑤ 비교우위 전략

정답 ①

마이클 포터의 본원적 경쟁전략

- 차별화 전략 : 조직이 생산품이나 서비스를 차별화하여 고객에게 가치가 있고 독특하게 인식되도록 하는 전략으로, 이를 활용하기 위해서는 연구개발이나 광고를 통하여 기술, 품질, 서비스, 브랜드 이미지를 개선할 필요가 있다.
- 원가우위 전략 : 원가절감을 통해 해당 산업에서 우위를 점하는 전략으로, 이를 위해서는 대량생산을 통해 단위 원가를 낮추거나 새로운 생산기술을 개발할 필요가 있다.
- 집중화 전략 : 특정 시장이나 고객에게 한정된 전략으로, 특정 산업을 대상으로 한다. 즉, 경쟁 조직들이 소홀히 하고 있는 한정된 시장을 원가우위나 차별화 전략을 써서 집중 공략하는 방법이다.

풀이 전략!

대부분의 기업들은 마이클 포터의 본원적 경쟁전략을 사용하고 있다. 각 전략에 해당하는 대표적인 기업을 연결하고, 그들의 경영전략을 상기하며 문제를 풀어 보도록 한다.

01 다음 중 조직 경영자의 역할로 적절하지 않은 것은?

① 대외적으로 조직을 대표한다.

② 대외적 협상을 주도한다.

③ 조직 내에서 발생하는 분쟁을 조정한다.

④ 외부 변화에 대한 정보를 기밀로 한다.

⑤ 제한된 자원을 적재적소에 배분한다.

02 다음 중 집단의사결정의 특징으로 적절하지 않은 것은?

① 한 사람이 가진 지식보다 집단의 지식과 정보가 더 많기 때문에 보다 효과적인 결정을 할 확률이 높다.

② 의사를 결정하는 과정에서 구성원 간 갈등은 불가피하다.

③ 의견이 불일치하는 경우 오히려 특정 구성원에 의해 의사결정이 독점될 가능성이 있다.

④ 구성원 각자의 시각으로 문제를 바라보기 때문에 다양한 견해를 가지고 접근할 수 있다.

⑤ 일련의 과정을 거쳐 여럿의 의견을 모은 것이기 때문에 얻을 수 있는 것 중 최선의 결과다.

03 다음 중 경영전략 추진과정을 순서대로 바르게 나열한 것은?

① 경영전략 도출 → 환경분석 → 전략목표 설정 → 경영전략 실행 → 평가 및 피드백

② 경영전략 도출 → 경영전략 실행 → 전략목표 설정 → 환경분석 → 평가 및 피드백

③ 전략목표 설정 → 환경분석 → 경영전략 도출 → 경영전략 실행 → 평가 및 피드백

④ 전략목표 설정 → 경영전략 도출 → 경영전략 실행 → 환경분석 → 평가 및 피드백

⑤ 환경분석 → 전략목표 설정 → 경영전략 도출 → 경영전략 실행 → 평가 및 피드백

04 다음 중 경영참가제도의 '자본참가'에 해당하는 사례로 옳은 것은?

① 임직원들에게 저렴한 가격으로 일정 수량의 주식을 매입할 수 있게 권리를 부여한다.

② 위원회제도를 활용하여 근로자의 경영참여와 개선된 생산의 판매가치를 기초로 성과를 배분한다.

③ 부가가치의 증대를 목표로 하여 이를 노사협력체제를 통해 달성하고, 이에 따라 증가된 생산성 향상분을 노사 간에 배분한다.

④ 천재지변의 대응, 생산성 하락, 경영성과 전달 등과 같이 단체교섭에서 결정되지 않은 사항에 대하여 노사가 서로 협력할 수 있도록 한다.

⑤ 노동자 또는 노동조합의 대표가 기업의 최고결정기관에 직접 참가해서 기업경영의 여러 문제를 노사 공동으로 결정한다.

※ 다음은 포터의 산업구조분석기법(5 Force Model)에 대한 자료이다. 이를 보고 이어지는 질문에 답하시오. [5~6]

> 포터의 산업구조분석기법에 따르면 특정 산업의 수익성 및 매력도는 산업의 구조적 특성에 의해 영향을 받으며, 이는 5가지 힘에 의해 결정된다고 보았다.
>
> ```
>                        ┌──────────────────┐
>                        │  ㉠ 공급자의 교섭력  │
>                        └──────────────────┘
>                                 ↓
> ┌──────────────┐     ┌──────────────────┐     ┌──────────────┐
> │ ㉡ 잠재적 진입 │ →  │  ㉤ 산업 내의 경쟁   │ ←  │ ㉢ 대체재의 위협 │
> └──────────────┘     └──────────────────┘     └──────────────┘
>                        ┌──────────────────┐
>                        │  ㉣ 구매자의 교섭력  │
>                        └──────────────────┘
> ```

05 포터의 산업구조분석기법에 따라 반도체산업의 구조를 분석한다고 할 때, 다음 중 ㉠~㉤ 해당하는 사례로 적절하지 않은 것은?

① ㉠ : IT 시장의 지속적인 성장에 따라 반도체의 수요가 증가하면서 반도체산업의 수익률도 증가하고 있다.
② ㉡ : 생산설비 하나를 설치하는 데에도 막대한 비용이 발생하는 반도체산업에 투자할 수 있는 기업은 많지 않다.
③ ㉢ : 반도체산업에는 컴퓨터 제조업자와 같은 대형구매자가 존재한다.
④ ㉣ : 메모리형 반도체는 일상재로 품질과 디자인 면에서 어느 회사의 제품이든 별 차이가 없기 때문에 가격경쟁이 치열하다.
⑤ ㉤ : 비슷한 규모를 가진 세계적인 기업들의 치열한 경쟁이 반도체산업의 수익률을 저하시킨다.

06 다음 중 구매자의 교섭력이 가장 높은 상황으로 옳은 것은?

① 구매자의 구매량이 판매자의 규모보다 작은 상황
② 시장에 소수 기업의 제품만 존재하는 상황
③ 구매자가 공급자를 바꾸는 데 전환 비용이 발생하는 상황
④ 공급자의 제품 차별성이 높은 상황
⑤ 구매자가 직접 상품을 생산할 수 있는 상황

| 유형분석 |

- 조직구조 유형에 대한 특징을 물어보는 문제가 자주 출제된다.
- 기계적 조직과 유기적 조직의 차이점과 사례 등을 숙지하고 있어야 한다.
- 조직구조 형태에 따라 기능적 조직, 사업별 조직으로 구분하여 출제되기도 한다.

다음 〈보기〉 중 조직구조에 대한 설명으로 옳지 않은 것을 모두 고르면?

> 보기
>
> ㄱ. 기계적 조직은 구성원들의 업무분장이 명확하게 이루어져 있는 편이다.
> ㄴ. 기계적 조직은 조직 내 의사소통이 비공식적 경로를 통해 활발히 이루어진다.
> ㄷ. 유기적 조직은 의사결정 권한이 조직 하부 구성원들에게 많이 위임되어 있으며, 업무내용이 명확히 규
> 정되어 있는 것이 특징이다.
> ㄹ. 유기적 조직은 기계적 조직에 비해 조직의 형태가 가변적이다.

① ㄱ, ㄴ   ② ㄱ, ㄷ
③ ㄴ, ㄷ   ④ ㄴ, ㄹ
⑤ ㄷ, ㄹ

정답 ③

ㄴ. 기계적 조직 내 의사소통은 비공식적 경로가 아닌 공식적 경로를 통해 주로 이루어진다.
ㄷ. 유기적 조직은 의사결정 권한이 조직 하부 구성원들에게 많이 위임되어 있으나, 업무내용은 기계적 조직에 비해 가변적이다.

오답분석

ㄱ. 기계적 조직은 위계질서 및 규정, 업무분장이 모두 명확하게 확립되어 있는 조직이다.
ㄹ. 유기적 조직에서는 비공식적인 상호 의사소통이 원활히 이루어지며, 규제나 통제의 정도가 낮아 변화에 따라 쉽게 변할 수
있는 특징을 가진다.

풀이 전략!

조직구조는 유형에 따라 기계적 조직과 유기적 조직으로 나눌 수 있다. 기계적 조직과 유기적 조직은 상반된 특징을 가지고
있으며, 기계적 조직이 관료제의 특징과 비슷함을 파악하고 있다면, 이와 상반된 유기적 조직의 특징도 수월하게 파악할 수
있다.

01 다음은 H사 영업부에서 근무하는 A사원의 일일업무일지이다. 업무일지에 적힌 내용 중 영업부의 주요 업무로 적절하지 않은 것은 모두 몇 가지인가?

<A사원의 일일업무일지>

부서명	영업부	작성일자	2023년 7월 20일
작성자	A		
금일 업무 내용		명일 업무 내용	
• 시장 조사 계획 수립		• 신규 거래처 견적 작성 및 제출	
• 시장 조사 진행(출장)		• 전사 소모품 관리	
• 신규 거래처 개척		• 발주서 작성 및 발주	
• 판매 방침 및 계획 회의		• 사원 급여 정산	
• 전사 공채 진행		• 매입마감	

① 2가지
② 3가지
③ 4가지
④ 5가지
⑤ 6가지

02 다음 중 조직변화의 과정을 순서대로 바르게 나열한 것은?

ㄱ. 환경변화 인지	ㄴ. 변화결과 평가
ㄷ. 조직변화 방향 수립	ㄹ. 조직변화 실행

① ㄱ - ㄷ - ㄹ - ㄴ
② ㄱ - ㄹ - ㄷ - ㄴ
③ ㄴ - ㄷ - ㄹ - ㄱ
④ ㄹ - ㄱ - ㄷ - ㄴ
⑤ ㄹ - ㄷ - ㄱ - ㄴ

※ 다음은 H공사 연구소의 주요 사업별 연락처이다. 이를 보고 이어지는 질문에 답하시오. [3~4]

〈주요 사업별 연락처〉

주요 사업	담당부서	연락처
고객지원	고객지원팀	044-410-7001
감사, 부패방지 및 지도점검	감사실	044-410-7011
국제협력, 경영평가, 예산기획, 규정, 이사회	전략기획팀	044-410-7023
인재개발, 성과평가, 교육, 인사, ODA사업	인재개발팀	044-410-7031
복무노무, 회계관리, 계약 및 시설	경영지원팀	044-410-7048
품질 평가관리, 품질평가 관련민원	평가관리팀	044-410-7062
가공품 유통 전반(실태조사, 유통정보), 컨설팅	유통정보팀	044-410-7072
대국민 교육, 기관 마케팅, 홍보관리, CS, 브랜드인증	고객홍보팀	044-410-7082
이력관리, 역학조사 지원	이력관리팀	044-410-7102
유전자 분석, 동일성 검사	유전자분석팀	044-410-7111
연구사업 관리, 기준개발 및 보완, 시장조사	연구개발팀	044-410-7133
정부3.0, 홈페이지 운영, 대외자료 제공, 정보보호	정보사업팀	044-410-7000

03 H공사 연구소의 주요 사업별 연락처에 따른 H공사 연구소의 조직구조에 대한 설명으로 적절하지 않은 것은?

① H공사 연구소는 1개의 실과 11개의 팀으로 이루어져 있다.
② 예산기획과 경영평가는 같은 팀에서 종합적으로 관리한다.
③ 평가업무라 하더라도 평가 특성에 따라 담당하는 팀이 달라진다.
④ 홈페이지 운영은 고객홍보팀에서 마케팅과 함께 한다.
⑤ 부패방지를 위해 해당 업무를 위한 부서를 따로 두었다.

04 다음 민원인의 요청을 듣고 난 후 민원을 해결하기 위해 연결해 줘야 할 부서로 옳은 것은?

민원인	얼마 전 신제품 관련 등급 신청을 했습니다. 신제품의 품질 등급에 대해 이의가 있습니다. 관련 건으로 담당자분과 통화하고 싶습니다.
상담직원	불편을 드려서 죄송합니다. _____을 연결해드리겠습니다. 잠시만 기다려 주십시오.

① 지도 점검 업무를 담당하고 있는 감사실
② 연구사업을 관리하고 있는 연구개발팀
③ 기관의 홈페이지 운영을 전담하고 있는 정보사업팀
④ 이력관리 업무를 담당하고 있는 이력관리팀
⑤ 품질을 평가·관리하는 평가관리팀

05 다음 중 조직문화가 갖는 특징으로 적절하지 않은 것은?

① 구성 요소에는 리더십 스타일, 제도 및 절차, 구성원, 구조 등이 있다.

② 조직 구성원들에게 일체감과 정체성을 준다.

③ 조직의 안정성을 유지하는 데 기여한다.

④ 조직 몰입도를 향상시킨다.

⑤ 구성원들 개개인의 다양성을 강화해 준다.

06 다음 상황에서 H사가 해외 시장 개척을 앞두고 기존의 조직구조를 개편할 경우, H사가 추가해야 할 조직으로 옳지 않은 것은?

> H사는 몇 년 전부터 자체 기술로 개발한 제품의 판매 호조로 인해 기대 이상의 수익을 창출하게 되었다. 경쟁 업체들이 모방할 수 없는 독보적인 기술력을 앞세워 국내 시장을 공략한 결과, 이미 더 이상의 국내 시장 경쟁자들은 없다고 할 만큼 탄탄한 시장 점유율을 확보하였다. 이러한 H사의 사장은 올해 초부터 해외 시장 진출의 꿈을 갖고 필요한 자료를 수집하기 시작하였다. 충분한 자금력을 확보한 H사는 우선 해외 부품 공장을 인수한 후 현지에 생산 기지를 건설하여 국내에서 생산되는 물량의 절반 정도를 현지로 이전하여 생산하고, 이를 통한 물류비 절감으로 주변국들부터 시장을 넓혀 가겠다는 야심찬 계획을 가지고 있다. 한국 본사에서는 내년까지 4 ~ 5곳의 해외 거래처를 더 확보하여 지속적인 해외 시장 개척에 매진한다는 중장기 목표를 대내외에 천명해 둔 상태이다.

① 해외관리팀   ② 기업회계팀

③ 외환업무팀   ④ 국제법무팀

⑤ 통관물류팀

| 유형분석 |

- 부서별 주요 업무에 대해 묻는 문제이다.
- 부서별 특징과 담당 업무에 대한 이해가 필요하다.

다음은 기업의 각 부서에서 하는 일이다. 일반적인 상황에서의 부서와 담당 업무가 바르게 연결된 것은?

ㄱ. 의전 및 비서업무	ㄴ. 업무분장 및 조정
ㄷ. 결산 관련 업무	ㄹ. 임금제도
ㅁ. 소모품의 구입 및 관리	ㅂ. 법인세, 부가가치세
ㅅ. 판매 예산 편성	ㅇ. 보험가입 및 보상 업무
ㅈ. 견적 및 계약	ㅊ. 국내외 출장 업무 협조
ㅋ. 외상매출금 청구	ㅌ. 직원수급 계획 및 관리

① 총무부 : ㄱ, ㅁ, ㅅ   ② 영업부 : ㅅ, ㅈ, ㅋ

③ 회계부 : ㄷ, ㅇ, ㅋ   ④ 인사부 : ㄱ, ㄴ, ㄹ

정답 ②

영업부의 업무로는 판매 계획, 판매 예산의 편성(ㅅ), 견적 및 계약(ㅈ), 외상매출금의 청구 및 회수(ㅋ), 시장조사, 판매원가 및 판매가격의 조사 검토 등이 있다.

오답분석

① 총무부 : ㄱ, ㅁ, ㅊ
③ 회계부 : ㄷ, ㅂ, ㅇ
④ 인사부 : ㄴ, ㄹ, ㅌ

풀이 전략!

조직은 목적의 달성을 위해 업무를 효과적으로 분배하고 처리할 수 있는 구조를 확립해야 한다. 조직의 목적이나 규모에 따라 업무의 종류는 다양하지만, 대부분의 조직에서는 총무, 인사, 기획, 회계, 영업으로 부서를 나누어 업무를 담당하고 있다. 따라서 5가지 업무 종류에 대해서는 미리 숙지해야 한다.

01 H사의 인사담당자인 A사원은 채용설명회에 사용할 포스터를 만들려고 한다. 다음 인재상을 실제 업무환경과 관련지어 포스터에 문구를 삽입하려고 할 때, 그 문구로 적절하지 않은 것은?

인재상	업무환경
• 책임감 • 고객지향 • 열정 • 목표의식 • 글로벌인재	• 격주 토요일 근무 • 자유로운 분위기 • 잦은 출장 • 고객과 직접 대면하는 업무 • 해외지사와 업무협조

① 고객을 최우선으로 생각하고 행동하는 인재

② 자신의 일을 사랑하고 책임질 수 있는 인재

③ 어느 환경에서도 잘 적응할 수 있는 인재

④ 중압적인 분위기를 잘 이겨낼 수 있는 열정적인 인재

⑤ 글로벌화에 발맞춘 소통으로 회사의 미래를 만드는 인재

02 다음 글에 나타나는 문제 상황에 대한 설명으로 가장 적절한 것은?

> 총무부는 회사에 필요한 사무용품을 대량으로 주문하였다. 주문서는 메일로 보냈는데, 배송 온 사무용품을 확인하던 중 책꽂이의 수량과 연필꽂이의 수량이 바뀌어서 배송된 것을 깨달았다. 주문서를 보고 주문한 수량을 한 번 더 확인한 후 바로 문구회사에 전화를 하니 상담원은 처음 발주한 수량대로 제대로 보냈다고 한다. 메일을 확인해 보니 수정 전의 파일이 발송되었다.

① 문구회사는 주문서를 제대로 보지 못하였다.

② 주문서는 메일로 보내면 안 된다.

③ 메일에 자료를 첨부할 때는 꼼꼼히 확인하여야 한다.

④ 책꽂이는 환불을 받는다.

⑤ 연필꽂이의 수량이 책꽂이보다 많았다.

03 영업부장에게 '거래처로 다음 달까지 납품하기로 한 제품이 5배 더 늘었다.'라는 문자를 받았다. 이때 생산팀을 담당하고 있는 H사원의 행동으로 가장 적절한 것은?

① 영업부장에게 왜 납품량이 5배나 늘었냐며 화를 낸다.

② 거래처 담당자에게 납품량을 다시 확인한 후 생산라인에 통보한다.

③ 잘못 보낸 문자라 생각하고 아무런 조치를 취하지 않는다.

④ 생산해야 할 제품 수가 5배나 늘었다고 바로 생산라인에 통보한다.

⑤ 추가로 더 생산할 수 없다고 단호히 거절한다.

04 영업팀 사원인 H씨는 출장 유류비와 식대로 총 35만 원을 지불하고, 영업처 식대로 10만 원을 지불했다. 다음 중 결재규정에 따라 H씨가 제출할 결재 양식으로 옳은 것은?

〈결재규정〉

- 결재를 받으려는 업무에 대하여 최고결재권자(대표이사) 포함 이하 직책자의 결재를 받아야 한다.
- 전결이라 함은 회사의 경영활동이나 관리활동을 수행함에 있어 의사결정이나 판단을 요하는 일에 대하여 최고결재권자의 결재를 생략하고, 자신의 책임하에 최종적으로 의사 결정이나 판단을 하는 행위를 말한다.
- 전결사항에 관해서도 위임받은 자를 포함한 이하 직책자의 결재를 받아야 한다.
- 표시내용 : 결재를 올리는 자는 최고결재권자로부터 전결 사항을 위임받은 자가 있는 경우 결재란에 전결이라고 표시하고 최종결재권자란에 위임받은 자를 표시한다.
- 최고결재권자의 결재사항 및 최고결재권자로부터 위임된 전결 사항은 다음의 표에 따른다.

구분	내용	금액기준	결재서류	팀장	본부장	대표이사
영업비	영업처 식대 판촉물 구입비 등	30만 원 이하	접대비지출품의서 지출결의서	○ □		
		30만 원 초과			○ □	
		50만 원 이상				○ □
출장비	출장 유류비 출장 식대	30만 원 이하	출장계획서 청구서	○ □		
		30만 원 초과			○	□
		50만 원 이상				○ □
교육비	내부교육비	50만 원 이하	기안서 법인카드신청서	○	□	
	외부강사초청비	50만 원 이하			○	□
		50만 원 초과				○
		100만 원 초과				□

※ ○ : 기안서, 출장계획서, 접대비지출품의서
※ □ : 지출결의서, 각종 신청서 및 청구서

①

출장계획서				
결재	담당	팀장	본부장	대표이사
	H			

②

청구서			
결재	담당	팀장	본부장
	H		

③

출장계획서				
결재	담당	팀장	본부장	대표이사
	H			

④

출장계획서			
결재	담당	팀장	본부장
	H		전결

⑤

접대비지출품의서			
결재	담당	팀장	본부장
	H		

| 유형분석 |

- 국제동향을 파악하는 방법에 대해 묻는 문제이다.
- 국제적 식견을 평가하기 위해 다른 문화에 대한 이해 및 커뮤니케이션 방법에 대한 문제도 자주 출제된다.

다음 중 국제동향을 파악하는 방법으로 적절하지 않은 것은?

① 신문, 인터넷 등 각종 매체를 통해 국제적 동향을 파악한다.

② 업무와 관련된 국제적 법규나 규정을 숙지한다.

③ 특정 국가의 관련 업무에 대한 동향을 점검한다.

④ 국제적인 상황 변화에 관심을 두도록 한다.

⑤ 현지인의 의견보다는 국내 전문가의 의견에 따른다.

정답 ⑤

다른 국가들의 국제동향을 파악하기 위해서는 그 국가의 현지인의 의견이 무엇보다 중요하다.

국제동향의 파악 방법

- 관련 분야의 해외사이트를 방문하여 최신 이슈를 확인한다.
- 매일 신문의 국제면을 읽는다.
- 업무와 관련된 국제잡지를 정기 구독한다.
- 고용노동부, 한국산업인력공단, 산업통상자원부, 중소벤처기업부, 상공회의소, 산업별인적자원개발협의체 등의 사이트를 방문해 국제동향을 확인한다.
- 국제학술대회에 참석한다.
- 업무과 관련된 주요 용어의 외국어를 알아 둔다.
- 해외서점 사이트를 방문해 최신 서적 목록과 주요 내용을 파악한다.
- 외국인 친구를 사귀고 대화를 자주 나눈다.

풀이 전략!

활동범위가 세계로 확대되는 글로벌화를 위해서 조직은 세계시장에서 경쟁하고 살아남아야 한다. 이때 필요한 능력이 국제적 식견이다. 따라서 국제동향을 파악하는 방법을 숙지하고 실천하여 다른 문화에 대해 열린 자세로 수용하는 것이 필요하다.

01 H씨는 업무상 만난 외국인 파트너와 식사를 하였다. 다음 중 H씨가 한 행동 중 예절에 어긋나는 것은?

① 포크와 나이프를 바깥쪽에 있는 것부터 사용했다.

② 빵을 손으로 뜯어 먹었다.

③ 커피를 마실 때 손가락을 커피잔 고리에 끼지 않았다.

④ 수프를 숟가락으로 저으면 소리가 날까 봐 입김을 불어 식혔다.

⑤ 스테이크를 잘라 가면서 먹었다.

02 다음 중 국제매너에 대한 설명으로 옳지 않은 것은?

① 미국에서 택시 탑승 시에는 가급적 운전자 옆자리에 앉지 않는다.

② 라틴아메리카 사람들은 약속시간보다 조금 늦게 도착하는 것이 예의라고 생각한다.

③ 인도에서도 악수가 보편화되어 남녀 상관없이 악수를 청할 수 있다.

④ 아프리카에서 상대방의 눈을 바라보며 대화하는 것은 예의에 어긋난다.

⑤ 미국 사람들은 시간 약속을 매우 중요하게 생각한다.

03 티베트에서는 손님이 찻잔을 비우면 주인이 계속 첨잔을 하는 것이 기본예절이며, 손님의 입장에서 주인이 권하는 차를 거절하면 실례가 된다. 티베트에 출장 중인 H사원은 이를 숙지하고 티베트인의 집에서 차 대접을 받게 되었다. H사원이 찻잔을 비울 때마다 주인이 계속 첨잔을 하여 곤혹을 겪고 있을 때, 다음 중 H사원의 행동으로 가장 적절한 것은?

① 주인에게 그만 마시고 싶다며 단호하게 말한다.

② 잠시 자리를 피하도록 한다.

③ 차를 다 비우지 말고 입에 살짝 댄다.

④ 힘들지만 계속 마시도록 한다.

⑤ 자신의 찻잔이 보이지 않도록 숨긴다.

04 해외공항이나 국제기구 및 정부당국 등과 교육협약(MOU)을 맺고 이를 관리하는 업무를 담당하는 글로벌교육팀의 H팀장은 업무와 관련하여 팀원들이 글로벌 경쟁력을 갖출 수 있도록 글로벌 매너에 대해 교육하고자 한다. 다음 중 팀원들에게 교육해야 할 글로벌 매너로 옳지 않은 것은?

① 미국 사람들은 시간엄수를 중요하게 생각한다.
② 아랍 국가 사람들은 약속한 시간이 지나도 상대방이 당연히 기다려 줄 것으로 생각한다.
③ 아프리카 사람들과 이야기할 때는 눈을 바라보며 대화하는 것이 예의이다.
④ 미국 사람들과 인사를 하거나 이야기할 때는 적당한 거리를 유지하는 것이 좋다.
⑤ 러시아 사람들은 포옹으로 인사를 하는 경우가 많다.

05 다음 중 문화충격을 예방하는 방법으로 적절하지 않은 것은?

① 다른 문화 환경에 대한 개방적인 태도를 갖도록 한다.
② 새로운 사회 환경에 적응하기 위해서 자신의 정체성은 포기하도록 한다.
③ 자신이 속한 문화를 기준으로 다른 문화를 평가하지 않도록 한다.
④ 새롭고 다른 것을 경험하는 데 적극적인 자세를 취하도록 한다.
⑤ 다른 문화에 대한 정보를 미리 습득하도록 한다.

06 국제문화에 대한 다음 대화 내용 중 적절하지 않은 말을 한 사람은?

> 철수 : 12월에 필리핀에 흑색경보가 내려져서 안 가길 잘했어. 아직 해제 발표가 없으니 지금도 들어가지 못할 거야.
> 만수 : 요새 환율이 올라서 해외여행을 하기에 좋아.
> 영수 : 환율이 올라서 수출사업하는 사람들이 이득을 보겠네.
> 희수 : 미국에 가고 싶었는데 ESTA 신청을 안 해서 관광을 못 할 것 같아.

① 철수   ② 만수
③ 영수   ④ 희수
⑤ 없음

07 국제매너와 관련된 다음 〈보기〉 중 옳은 것을 모두 고르면?

> **보기**
>
> ㉠ 미국 바이어와 악수를 할 때는 눈이나 얼굴을 보면서 손끝만 살짝 잡거나 왼손으로 상대방의 왼손을 힘주어서 잡았다가 놓아야 한다.
> ㉡ 이라크 사람들은 시간을 돈과 같이 생각해서 시간엄수를 중요하게 생각하므로 약속 시간에 늦지 않게 주의해야 한다.
> ㉢ 러시아와 라틴아메리카 사람들은 친밀함의 표시로 포옹을 한다.
> ㉣ 명함은 받으면 구기거나 계속 만지지 않고 한 번 보고나서 탁자 위에 보이는 채로 대화를 하거나 명함집에 넣는다.
> ㉤ 수프는 바깥쪽에서 몸 쪽으로 숟가락을 사용한다.
> ㉥ 생선요리는 뒤집어 먹지 않는다.
> ㉦ 빵은 아무 때나 먹어도 관계없다.

① ㉠, ㉢, ㉣, ㉤
② ㉡, ㉢, ㉣, ㉥
③ ㉣, ㉤, ㉥
④ ㉢, ㉣, ㉥
⑤ ㉡, ㉣, ㉥

CHAPTER 07
기술능력

기술능력은 업무를 수행함에 있어 도구, 장치 등을 포함하여 필요한 기술에 어떠한 것들이 있는지 이해하고, 실제 업무를 수행함에 있어 적절한 기술을 선택하여 적용하는 능력이다. 사무직을 제외한 특수 직렬을 지원하는 수험생이라면 전공을 포함하여 반드시 준비해야 하는 영역이다.

국가직무능력표준에 따르면 기술능력의 세부 유형은 기술이해능력·기술선택능력·기술적용능력으로 나눌 수 있다. 제품설명서나 상황별 매뉴얼을 제시하는 문제 또는 명령어를 제시하고 규칙을 대입할 수 있는지 묻는 문제가 출제되기 때문에 이런 유형들을 공략할 수 있는 전략을 세워야 한다.

기술능력은 NCS 기반 채용을 진행한 기업 중 50% 정도가 채택했으며, 문항 수는 전체에서 평균 2% 정도 출제되었다.

01 긴 지문이 출제될 때는 보기의 내용을 미리 보자!

기술능력에서 자주 출제되는 제품설명서나 상황별 매뉴얼을 제시하는 유형에서는 기술을 이해하고, 상황에 알맞은 원인 및 해결방안을 고르는 문제가 출제된다. 실제 시험장에서 문제를 풀 때는 시간적 여유가 없기 때문에 보기를 먼저 읽고, 그 다음 긴 지문을 보면서 동시에 보기와 일치하는 내용이 나오는지 확인해 가면서 푸는 것이 좋다.

02 모듈형에 대비하라!

모듈형 문제의 비중이 늘어나는 추세이므로 공기업을 준비하는 취업준비생이라면 모듈형 문제에 대비해야 한다. 기술능력의 모듈형 이론 부분을 학습하고 모듈형 문제를 풀어 보고 여러 번 읽으며 이론을 확실히 익혀 두면 실제 시험장에서 이론을 묻는 문제가 나왔을 때 단번에 답을 고를 수 있다.

03 전공 이론도 익혀 두자!

지원하는 직렬의 전공 이론이 기술능력으로 출제되는 경우가 많기 때문에 전공 이론을 익혀 두는 것이 좋다. 깊이 있는 지식을 묻는 문제가 아니더라도 출제되는 문제의 소재가 전공과 관련된 내용일 가능성이 크기 때문에 최소한 지원하는 직렬의 전공 용어는 확실히 익혀 두어야 한다.

04 포기하지 말자!

직업기초능력에서 주요 영역이 아니면 소홀한 경우가 많다. 시험장에서 기술능력을 읽어 보지도 않고 포기하는 경우가 많은데 차근차근 읽어 보면 지문만 잘 읽어도 풀 수 있는 문제들이 출제되는 경우가 있다. 이론을 모르더라도 풀 수 있는 문제인지 파악해 보자.

| 유형분석 |

- 산업재해의 5가지 예방 대책을 묻는 문제가 주로 출제된다.
- 재해 예방 대책의 단계별 수행사항을 숙지해야 한다.
- 사고사례를 제시하여 재해의 원인과 같이 출제되기도 한다.

다음은 산업재해 사례에 대한 예방 대책이다. 재해 예방 대책에서 누락되어 보완되어야 할 사항은?

사고사례		
B소속 정비공인 피해자 A가 대형 해상크레인의 와이어로프 교체작업을 위해 고소작업대(차량탑재형 이동식크레인) 바스켓에 탑승하여 해상크레인 상부 붐(33m)으로 공구를 올리던 중 해상크레인 붐이 바람과 파도에 의해 흔들려 피해자가 탑승한 바스켓에 충격을 가하였고, 바스켓 연결부(로드셀)가 파손되면서 바스켓과 함께 도크바닥으로 떨어져 사망한 재해이다.		
재해 예방 대책	1단계	사고 조사, 안전 점검, 현장 분석, 작업자의 제안 및 여론 조사, 관찰 및 보고서 연구 등을 통하여 사실을 발견한다.
	2단계	재해의 발생 장소, 재해 형태, 재해 정도, 관련 인원, 직원 감독의 적절성, 공구 장비의 상태 등을 정확히 분석한다.
	3단계	원인 분석을 토대로 적절한 시정책, 즉 기술적 개선, 인사 조정 및 교체, 교육, 설득, 공학적 조치 등을 선정한다.
	4단계	안전에 대한 교육 및 훈련 시행, 안전시설과 장비의 결함 개선, 안전 감독 실시 등의 선정된 시정책을 적용한다.

① 안전 관리 조직　　　　　　　　　② 기술 공고화
③ 원인 분석　　　　　　　　　　　　④ 시정책 적용 및 뒤처리
⑤ 사실의 발견

정답　①

산업재해 예방 대책은 안전 관리 조직 → 사실의 발견(1단계) → 원인 분석(2단계) → 기술 공고화(3단계) → 시정책 적용 및 뒤처리(4단계) 순이다. 따라서 재해 예방 대책에서 누락된 '안전 관리 조직' 단계를 보완해야 한다.

풀이 전략!

'조직 → 발견 → 분석 → 선정 → 적용'과 같이 단계별로 핵심 수행사항을 흐름으로 파악한 후, 지문에서 누락된 수행사항을 파악하면 빠르게 해결할 수 있다.

01 다음 글의 빈칸에 들어갈 용어로 가장 적절한 것은?

> 강사 : 안녕하세요. 오늘은 산업재해의 기본적 원인에 대해 알아보려고 합니다. 산업재해의 기본적
> 원인으로는 교육적 원인, 기술적 원인, 작업 관리상의 원인과 같이 크게 3가지 유형으로 구
> 분할 수 있다고 저번 강의 때 말씀드렸는데요. 오늘은 이전 시간에 배웠던 교육적 원인 다음
> 으로 기술적 원인에 대해 알아보고자 합니다. 산업재해의 기술적 원인의 사례로는 건물·기계
> 장치의 설계 불량, _____, 재료의 부적합, 생산 공정의 부적당 등을 볼 수 있습니다.

① 안전 지식의 불충분
② 인원 배치 및 작업 지시 부적당
③ 점검·정비·보존의 불량
④ 유해 위험 작업교육 불충분
⑤ 안전 관리 조직의 결함

02 다음은 산업재해의 예방 대책을 나타낸 글이다. 빈칸에 들어갈 용어를 순서대로 바르게 나열한
것은?

> 산업재해의 예방 대책은 다음의 5단계로 이루어진다.
> ① _____ : 경영자는 사업장의 안전 목표를 설정하고, 안전 관리 책임자를 선정해야 하며, 안
> 전 관리 책임자는 안전 계획을 수립하고, 이를 시행·후원·감독해야 한다.
> ② _____ : 사고 조사, 안전 점검, 현장 분석, 작업자의 제안 및 여론 조사, 관찰 및 보고서
> 연구, 면담 등을 시행한다.
> ③ _____ : 재해의 발생 장소, 재해 형태, 재해 정도, 관련 인원, 직원 감독의 적절성, 공구
> 및 장비의 상태 등을 정확히 분석한다.
> ④ _____ : 원인 분석을 토대로 적절한 방안, 즉 기술적 개선, 인사 조정 및 교체, 교육, 설득,
> 호소, 공학적 조치 등을 선정한다.
> ⑤ _____ : 안전에 대한 교육 및 훈련 실시, 안전 시설과 장비의 결함 개선, 안전 감독 실시
> 등의 선정된 방안을 적용한다.

① 안전 관리 조직 – 사실의 발견 – 원인 분석 – 시정책의 선정 – 시정책 적용 및 뒤처리
② 안전 관리 조직 – 원인 분석 – 사실의 발견 – 시정책의 선정 – 시정책 적용 및 뒤처리
③ 사실의 발견 – 원인 분석 – 안전 관리 조직 – 시정책의 선정 – 시정책 적용 및 뒤처리
④ 사실의 발견 – 시정책의 선정 – 안전 관리 조직 – 원인 분석 – 시정책 적용 및 뒤처리
⑤ 원인 분석 – 시정책의 선정 – 안전 관리 조직 – 사실의 발견 – 시정책 적용 및 뒤처리

| 유형분석 |

- 기술 시스템의 개념과 발전 단계에 대한 지식을 평가한다.
- 각 단계의 순서와 그에 따른 특징을 숙지하여야 한다.
- 단계별로 요구되는 핵심 역할이 다름에 유의한다.

다음 기술 시스템의 발전 단계에 따라 빈칸 ⊙ ~ ⓐ에 들어갈 내용으로 적절한 것은?

발전 단계	특징	핵심 역할
발명·개발·혁신의 단계	기술 시스템이 탄생하고 성장	기술자
↓		
⊙	성공적인 기술이 다른 지역으로 이동	기술자
↓		
ⓒ	기술 시스템 사이의 경쟁	ⓒ
↓		
기술 공고화 단계	경쟁에서 승리한 기술 시스템의 관성화	ⓐ

	⊙	ⓒ	ⓒ	ⓐ
①	기술 이전의 단계	기술 경쟁의 단계	기업가	자문 엔지니어
②	기술 경쟁의 단계	기술 이전의 단계	금융전문가	자문 엔지니어
③	기술 이전의 단계	기술 경쟁의 단계	기업가	기술자
④	기술 경쟁의 단계	기술 이전의 단계	금융전문가	기업가
⑤	기술 이전의 단계	기술 경쟁의 단계	금융전문가	기술자

정답 ①

기술 시스템의 발전 단계는 '발명·개발·혁신의 단계 → ⊙ 기술 이전의 단계 → ⓒ 기술 경쟁의 단계 → 기술 공고화 단계'를 거쳐 발전한다. 또한 기술 시스템의 발전 단계에는 단계별로 핵심적인 역할을 하는 사람들이 있다. 기술 경쟁의 단계에서는 ⓒ 기업가들의 역할이 더 중요해지고, 기술 공고화 단계에서는 이를 활성·유지·보수 등을 하기 위한 ⓐ 자문 엔지니어와 금융전문가 등의 역할이 중요해진다.

풀이 전략!

기술 시스템이란 개별 기술들이 네트워크로 결합하여 새로운 기술로 만들어지는 것을 뜻한다. 따라서 개별 기술들이 '개발 → 이전 → 경쟁 → 공고화'의 절차를 가지고 있음을 숙지하여 문제를 풀어야 한다.

01 다음 글에서 설명하는 개념으로 옳은 것은?

> 기술 혁신은 신기술이 발생, 발전, 채택되고, 다른 기술에 의해 사라질 때까지의 일정한 패턴을 가
> 지고 있다. 기술의 발달은 처음에는 서서히 시작되다가 성과를 낼 수 있는 힘이 축적되면 급속한
> 진전을 보인다. 그리고 기술의 한계가 오면 성과는 점차 줄어들게 되고, 한계가 온 기술은 다시 성과
> 를 내는 단계로 상승할 수 없으며, 여기에 혁신적인 새로운 기술이 출현한다. 혁신적인 새로운 기술
> 은 기존의 기술이 한계에 도달하기 전에 출현하는 경우가 많으며, 기존에 존재하는 시장의 요구를
> 만족시키면서 전혀 새로운 지식을 기반으로 하는 기술이다. 이러한 기술의 예로 필름 카메라에서
> 디지털카메라로, 콤팩트디스크(Compact Disk)에서 엠피쓰리플레이어(MP3 Player)로의 전환 등
> 을 들 수 있다.

① 바그너 법칙
② 기술의 S곡선
③ 빅3 법칙
④ 생산비의 법칙
⑤ 기술경영

02 다음 중 기술의 특징으로 옳지 않은 것은?

① 하드웨어나 인간에 의해 만들어진 비자연적인 대상, 혹은 그 이상을 의미한다.
② 기술을 설계하고, 생산하고 사용하기 위해 노와이(Know – Why)가 필요하다.
③ 기술은 하드웨어를 생산하는 과정이다.
④ 기술은 정의 가능한 문제를 해결하기 위해 순서화된 이해 가능한 노력이다.
⑤ 기술은 인간의 능력을 확장시키기 위한 하드웨어와 그것의 활용을 뜻한다.

03 다음 글에서 설명하는 개념으로 옳은 것은?

> 모든 사람들이 광범위한 관점에서 기술의 특성, 기술적 행동, 기술의 힘, 기술의 결과에 대해 어느
> 정도의 지식을 가지는 것을 의미한다. 본질적으로 그것은 실천적 문제(Practical Problem)를 해결
> 할 수 있는 생산력, 체계, 환경을 설계하고 개발해야 할 때, 비판적 사고를 갖게 되는 것을 포함한
> 다. 즉, 기술을 사용하고 운영하고 이해하는 능력이다.

① 기술교양
② 기술능력
③ 기술학
④ 기술과학
⑤ 기술철학

배우기만 하고 생각하지 않으면 얻는 것이 없고, 생각만 하고 배우지 않으면 위태롭다.

- 공자 -

PART 2

최종점검 모의고사

제1회
최종점검 모의고사

※ 한국지역난방공사 최종점검 모의고사는 채용공고를 기준으로 구성한 것으로 실제 시험과 다를 수 있습니다.

※ 응시 직렬에 맞추어 해당 영역을 학습하기 바랍니다.

■ 취약영역 분석

| 공통영역 |

번호	O/×	영역	번호	O/×	영역	번호	O/×	영역
1		의사소통능력	16		직업윤리	31		문제해결능력
2		의사소통능력	17		문제해결능력	32		문제해결능력
3		수리능력	18		문제해결능력	33		문제해결능력
4		수리능력	19		수리능력	34		직업윤리
5		문제해결능력	20		수리능력	35		직업윤리
6		문제해결능력	21		정보능력	36		정보능력
7		직업윤리	22		조직이해능력	37		정보능력
8		직업윤리	23		의사소통능력	38		조직이해능력
9		정보능력	24		직업윤리	39		의사소통능력
10		정보능력	25		문제해결능력	40		수리능력
11		조직이해능력	26		의사소통능력	41		수리능력
12		조직이해능력	27		의사소통능력	42		문제해결능력
13		의사소통능력	28		수리능력	43		직업윤리
14		의사소통능력	29		수리능력	44		직업윤리
15		직업윤리	30		수리능력	45		정보능력

| 개별영역 | 사무직

번호	46	47	48	49	50
O/×					
영역	조직이해능력	정보능력	수리능력		문제해결능력

| 개별영역 | 기술직

번호	46	47	48	49	50
O/×					
영역	기술능력				

평가문항	50문항	평가시간	60분
시작시간	:	종료시간	:
취약영역			

🕐 응시시간 : 60분　📋 문항 수 : 50문항　　　　　　　　정답 및 해설 p.042

01 다음 글의 밑줄 친 ㉠~㉤에 대한 수정 방안으로 적절하지 않은 것은?

> 최근 비만에 해당하는 인구가 증가하고 있다. 비만은 다른 질병들을 ㉠ <u>유발할</u> 수 있어 주의를 필요로 ㉡ <u>하는 데</u>, 특히 학생들의 비만이 증가하여 제일 큰 문제가 되고 있다. 학생들의 비만 원인으로 교내 매점에서 판매되는 제품에 설탕이 많이 ㉢ <u>함유되어</u> 있음이 거론되고 있다. 예를 들어 매점의 주요 판매 품목인 탄산음료, 빵 등은 다른 제품들에 비해 설탕 함유량이 높다. 학생들의 비만 문제를 해결하기 위한 방안으로 매점에서 판매되는 설탕 함유량이 높은 제품에 설탕세를 ㉣ <u>메겨서</u> 학생들의 구매를 억제하자는 주장이 있다.
> 영국의 한 과학자는 생쥐에게 일정 기간 동안 설탕을 주입한 후 변화를 관찰하였고, 설탕이 비만에 상당한 영향력을 미치고 있으며 운동 능력도 저하시킬 수 있다는 실험 결과를 발표하였다. 권장량 이상의 설탕은 비만의 주요한 요인이 될 수 있으며 이로 인해 다른 질병에 노출될 가능성도 덩달아 ㉤ <u>높이는</u> 것이다. 이렇게 비만을 일으키는 주요한 성분 중 하나인 설탕이 들어간 제품에 대해 설탕의 함유량에 따라 부과하는 세금을 '설탕세'라고 한다. 즉, 설탕세는 설탕 함유량이 높은 제품의 가격을 올려 소비를 억제하기 위한 방법이라고 할 수 있다.

① ㉠은 사동의 뜻을 가진 '유발시킬'로 수정해야 한다.
② ㉡의 '-ㄴ데'는 연결 어미로 '하는데'와 같이 붙여 써야 한다.
③ ㉢은 문맥상 같은 의미인 '포함되어'로 바꾸어 쓸 수 있다.
④ ㉣은 잘못된 표기이므로 '매겨서'로 수정해야 한다.
⑤ ㉤은 피동의 뜻을 가진 '높아지는'으로 수정해야 한다.

02 다음 중 밑줄 친 어절의 맞춤법이 적절하지 않은 것은?

① 그 일꾼은 땅딸보지만 능력만큼은 <u>일당백이었다.</u>

② 비가 쏟아지는 <u>그날밤에</u> 사건이 일어났다.

③ 교통사고를 낸 상대방이 <u>되레</u> 큰소리를 냈다.

④ 지속적인 <u>시청률</u> 하락으로 그 드라마는 조기종영을 하였다.

⑤ 두 사람은 <u>오랜만에</u> 만났지만, 서로를 알아볼 수 있었다.

03 4년 전 김대리의 나이는 조카의 나이의 4배였고, 3년 후에는 김대리의 나이가 조카의 나이의 2배보다 7살이 많아진다고 할 때, 다음 중 현재 김대리의 조카의 나이로 옳은 것은?

① 11살　　　　　　　　　　② 12살

③ 13살　　　　　　　　　　④ 14살

⑤ 15살

04 서로 다른 2개의 주사위를 동시에 던진다고 할 때, 다음 중 나오는 눈의 수를 서로 곱한 값이 4의 배수일 확률로 옳은 것은?

① $\dfrac{1}{6}$　　　　　　　　　② $\dfrac{2}{9}$

③ $\dfrac{5}{18}$　　　　　　　　　④ $\dfrac{1}{3}$

⑤ $\dfrac{5}{12}$

05 서울에 사는 A ~ E 다섯 사람의 고향은 각각 대전, 대구, 부산, 광주, 춘천 중 한 곳이다. 설날을 맞아 열차 1, 2, 3을 타고 각자의 고향으로 내려가고자 할 때, 다음 중 옳지 않은 것은?(단, 다섯 사람 모두 다른 사람과 고향이 겹치는 사람은 없다)

- 열차 2는 대전, 춘천을 경유하여 부산까지 가는 열차이다.
- A의 고향은 부산이다.
- E는 어떤 열차를 타도 고향에 갈 수 있다.
- 열차 1에는 D를 포함한 세 사람이 탄다.
- C와 D가 함께 탈 수 있는 열차는 없다.
- B가 탈 수 있는 열차는 열차 2뿐이다.
- 열차 2와 열차 3이 지나는 지역은 대전을 제외하고 중복되지 않는다.

① B의 고향은 춘천이다.
② 열차 1은 대전, 대구, 부산만을 경유한다.
③ 열차 1을 이용하는 사람은 A, D, E이다.
④ E의 고향은 대전이다.
⑤ 열차 3은 두 개 지역을 이동한다.

06 H마트에서는 〈조건〉과 같이 4층짜리 매대에 과일들을 진열해 놓았다. 매대의 각 층에는 서로 다른 과일이 한 종류씩 진열되어 있을 때, 다음 중 옳은 것은?

조건
- 정리된 과일은 사과, 귤, 감, 배의 네 종류이다.
- 사과 위에는 아무 과일도 있지 않다.
- 배는 감보다 아래쪽에 올 수 없다.
- 귤은 감보다는 높이 위치해 있지만, 배보다 높이 있는 것은 아니다.

① 사과는 3층 매대에 있을 것이다.
② 귤이 사과 바로 아래층에 있을 것이다.
③ 배는 감 바로 위층에 있을 것이다.
④ 귤은 감과 배 사이에 있다.
⑤ 귤은 가장 아래층에 있을 것이다.

07 다음 중 올바른 인사 예절에 대한 설명으로 적절하지 않은 것은?

① 상대에게 맞는 인사를 전한다.

② 인사는 내가 먼저 한다.

③ 상대의 입을 바라보고 하는 것이 원칙이다.

④ 인사말을 크게 소리 내어 전한다.

⑤ 기분에 따라 인사의 자세가 다르면 안 된다.

08 다음은 사내 비즈니스 예절 교육에 참여한 신입사원들의 대화 내용이다. 명함 교환 예절에 대해 잘못 설명하고 있는 사람은?

> A사원 : 앞으로는 바지 주머니가 아닌 상의 주머니에 명함을 넣어야겠어.
> B사원 : 명함을 줄 때에는 일어선 상태에서 건네는 것이 좋겠어.
> C사원 : 타 업체를 방문할 때는 그 업체의 직원에게 먼저 명함을 건네야 해.
> D사원 : 상대에게 명함을 받는다면 반드시 나도 명함을 줘야 하는군.
> E사원 : 앉은 상태에서는 명함을 테이블 위에 놓고 손으로 밀어 건네는 것이 예의이군.

① A사원   ② B사원

③ C사원   ④ D사원

⑤ E사원

09 다음 〈보기〉는 정보의 처리과정 중 하나이다. 〈보기〉 다음에 수행해야 할 정보 처리과정으로 옳은 것은?

> **보기**
>
> 질병관리본부는 2021년 코로나 상황을 예측하기 위해 2020년의 전 세계 코로나 발생동향 및 발생지역, 집단감염에 대한 자료를 취합하여 2021년에 예상되는 코로나 발생동향 및 발생지역, 그리고 집단감염 예상지역을 예측하였다.

① 정보의 기획

② 정보의 수집

③ 정보의 관리

④ 정보의 활용

⑤ 정보의 적용

10 H공사는 구입한 비품에 '등록순서 – 제조국가 – 구입일'의 형식으로 관리번호를 부여한다. 다음 스프레드시트에서 [F2] 셀과 같이 제조국가의 약자를 기입하고자 할 때, [F2] 셀에 들어갈 함수식으로 옳은 것은?

	A	B	C	D	E	F
1	등록순서	제품명	관리번호	구입일	가격	제조국가
2	1	A	1-US-0123	1월 23일	12,000	UK
3	2	B	2-KR-0130	1월 30일	11,400	
4	3	C	3-US-0211	2월 11일	21,700	
5	4	D	4-JP-0216	2월 16일	34,800	
6	5	E	5-UK-0317	3월 17일	21,000	
7	6	F	6-UK-0321	3월 21일	61,100	
8	7	G	7-KR-0330	3월 30일	20,000	
9	8	H	8-US-0412	4월 12일	16,000	

① =SEARCH(C2,3,2) ② =SEARCH(C2,3,3)

③ =MID(C2,2,2) ④ =MID(C2,3,2)

⑤ =MID(C2,3,3)

11 다음 중 경영전략을 추진하는 과정에 대한 설명으로 적절하지 않은 것은?

① 경영전략이 실행됨으로써 세웠던 목표에 대한 결과가 나온 뒤 이루어지는 평가 및 피드백 과정도 생략되어서는 안 된다.

② 환경 분석을 할 때는 조직의 내부환경뿐만 아니라 외부환경에 대한 분석도 필수이다.

③ 전략목표는 비전과 미션으로 구분되며, 두 가지 모두 필수적이다.

④ 경영전략은 조직전략, 사업전략, 부문전략으로 분류된다.

⑤ '환경 분석 → 전략목표 설정 → 경영전략 도출 → 경영전략 실행 → 평가 및 피드백'의 과정을 거쳐 이루어진다.

12 다음 사례를 통해 나타나는 H전자의 TV 시장 경쟁력 감소의 주요 원인으로 가장 적절한 것은?

> 평판 TV 시장에서 PDP TV가 주력이 되리라 판단한 H전자는 2007년에 세계 최대 규모의 PDP 생산설비를 건설하기 위해 3조 원 수준의 막대한 투자를 결정한다. 당시 A전자와 B전자는 LCD와 PDP 사업을 동시에 수행하면서도 성장성이 높은 LCD TV로 전략을 수정하는 상황이었지만 이와 달리 H전자는 익숙한 PDP 사업에 더욱 몰입한 것이다. 하지만 주요 기업들의 투자가 LCD에 집중되면서, 새로운 PDP 공장이 본격 가동될 시점에 PDP의 경쟁력은 이미 LCD에 뒤처지게 됐다. 결국, 활용가치가 현저하게 떨어진 PDP 생산설비는 조기 상각을 고민할 정도의 골칫거리로 전락했다. H전자는 2011년에만 11조 원의 적자를 기록했으며, 2012년에도 10조 원 수준의 적자가 발생되었다. 연이은 적자는 H전자의 신용등급을 투기 등급으로 급락시켰고, H전자의 CEO는 디지털 가전에서 패배자가 되었음을 인정하며 고개를 숙였다. TV를 포함한 가전제품 사업에서 H전자가 경쟁력을 회복하기 어려워졌음은 말할 것도 없다.

① 사업 환경의 변화 속도가 너무나 빨라졌고, 변화의 속성도 예측이 어려워져 따라가지 못하였다.

② 차별성을 지닌 새로운 제품을 기획하고 개발하는 것에 대한 성공 가능성이 낮아져 주저했다.

③ 기존 사업영역에 대한 강한 애착으로 신사업이나 신제품에 대해 낮은 몰입도를 보였다.

④ 실패가 두려워 새로운 도전보다 안정적이며 실패 확률이 낮은 제품을 위주로 미래를 준비하였다.

⑤ 외부 환경이 어려워짐에 따라 잠재적 실패를 감내할 수 있는 자금을 확보하지 못하였다.

13 다음 제시된 문단에 이어질 (가) ~ (라) 문단을 논리적 순서대로 바르게 나열한 것은?

우리는 '방사능'이라는 단어를 뉴스든 신문이든 쉽게 접할 수 있다. 방사능을 이용하여 전력을 생산하거나 무기를 만드는 등, 현대 사회에서는 방사능의 활용도가 다양하기 때문이다. 그러나 방사능의 위험성에 대해서는 크게 모르는 경우가 많다.

(가) 방사능 물질과의 접촉으로 인한 피폭은 남의 이야기가 아니다. 체르노빌 원자력 발전소 사태처럼 언제나 우리에게 일어날 수 있는 것이며, 그 피해는 매우 크다. 따라서 방사능 물질을 이용하는 산업 등에서는 크나큰 주의를 기울여야 할 것이다.

(나) 그 이름의 정의가 어떻든 간에, 인간이 방사능 물질과 접촉하는 것은 심대한 육체적 문제를 불러온다. 방사능 물질과 접촉하여 방사선을 쐬게 되는 것을 '피폭'이라 하는데, 과다한 피폭은 곧바로 죽음으로 직결될 수도 있을 정도로 위험하다.

(다) 방사능이라는 말은 원소의 원자핵이 붕괴하면서 고에너지 전자기파 혹은 입자를 방출하는 능력을 말한다. 방사능이라는 말 자체는 물질을 대상으로 하는 것이 아니므로 '방사능 유출'이라는 말은 적합하지 않다. 따라서 방사능 물질 혹은 방사성 물질로 불러야 할 것이다.

(라) 예를 들면, 체르노빌 원자력 발전소 사고에서 사고 처리를 맡았던 당시 소련 사람들이 사고처리 작업 후 갖게 된 여러 가지 병마나, 체르노빌 원자력 발전소가 있던 우크라이나의 프리피야트로 접근하는 것이 아직도 제한을 받고 있다는 점이 있을 것이다.

① (다) – (나) – (가) – (라)
② (다) – (나) – (라) – (가)
③ (나) – (다) – (가) – (라)
④ (나) – (다) – (라) – (가)
⑤ (나) – (라) – (가) – (다)

14 다음 중 〈보기〉의 문단이 들어갈 위치로 가장 적절한 곳은?

정보란 무엇인가? 이 점은 정보화 사회를 맞이하면서 우리가 가장 깊이 생각해 보아야 할 문제이다. 정보는 그냥 객관적으로 주어진 대상인가? 그래서 그것은 관련된 당사자들에게 항상 가치중립적이고 공정한 지식이 되는가? 결코 그렇지 않다. 똑같은 현상에 대해 정보를 만들어 내는 방식은 매우 다양할 수 있다. 정보라는 것은 인간에 의해 가공되는 것이고 그 배경에는 언제나 나름대로의 입장과 가치관이 깔려 있기 마련이다. (가)

정보화 사회가 되어 정보가 넘쳐나는 듯하다. 하지만 사실 우리 대부분은 정보의 소비자로 머물러 있을 뿐 적극적인 정보 생산의 주체로 나서지 못하고 있다. 이런 상황에서는 우리의 생활을 질적으로 풍요롭게 해 주는 정보를 확보하기가 대단히 어렵다. 사실 우리가 일상적으로 구매하고 소비하는 정보란 대부분이 일회적인 심심풀이용이 많다. (나)

또한 정보가 많을수록 좋은 것만은 아니다. 오히려 정보의 과잉은 무기력과 무관심을 낳는다. 네트워크와 각종 미디어와 통신기기의 회로들 속에서 정보가 기하급수적인 속도의 규모로 증식하고 있는 데 비해, 그것을 수용하고 처리할 수 있는 우리 두뇌의 용량은 진화하지 못하고 있다. 이 불균형은 일상의 스트레스 또는 사회적인 교란으로 표출된다. 따라서 정보 그 자체에 집착하는 태도에서 벗어나 무엇이 필요한지를 분별할 수 있는 능력이 배양되어야 한다. (다)

정보는 얼마든지 새롭게 창조될 수 있다. 컴퓨터의 기계적인 언어로 입력되기 전까지의 과정은 인간의 몫이다. 기계가 그것을 대신하기는 불가능하다. 따라서 정보화 시대의 중요한 관건은 컴퓨터에 대한 지식이나 컴퓨터를 다루는 방법이 아니라, 무엇을 담을 것인가에 대한 인간의 창조적 상상력이다. 그것은 마치 전자레인지가 아무리 좋아도 그 자체로 훌륭한 요리를 보장하지는 못하는 것과 마찬가지이다. (라)

정보와 지식 그 자체로는 딱딱하게 굳어 있는 물건처럼 존재하는 듯 보인다. 그러나 그것은 커뮤니케이션 속에서 살아 움직이며 진화한다. 끊임없이 새로운 의미가 발생하고 또한 더 질 높은 정보로 갱신되어 간다. 따라서 한 사회의 정보화 수준은 그러한 소통의 능력과 직결된다. 정보의 순환 속에서 끊임없이 새로운 정보로 거듭나는 역동성이 없이는 아무리 방대한 데이터베이스라 해도 그 기능에 한계가 있기 때문이다. (마)

> **보기**
>
> 한 가지 예를 들어 보자. 어떤 나라에서 발행하는 관광 안내 책자는 정보가 섬세하고 정확하다. 그러나 그 책을 구입해 관광을 간 소비자들은 종종 그 내용에서 오류를 발견한다. 그리고 많은 이들이 그것을 그냥 넘기지 않고 수정사항을 엽서에 적어서 출판사에 보내 준다. 이 덕분에 출판사는 일일이 현지에 직원을 파견하지 않고도 책자를 개정할 수 있다.

① (가) ② (나)
③ (다) ④ (라)
⑤ (마)

15 다음 글에서 위반하고 있는 직업윤리의 원칙으로 가장 적절한 것은?

> 한 중국인이 맨몸으로 큰 수조 안에 들어가 몸에 김치를 범벅한 채 중국산 김치를 만드는 사진이
> 이슈가 되면서, 중국산 김치를 쓰는 식당들에 사람들의 발길이 끊기기 시작했다. 이에 중국산 김치
> 를 쓰는 H식당은 손님들을 끌어들이기 위해 국산 김치를 소량 구매해 기존에 구매했던 중국산 김치
> 에 섞었고, 자신의 식당은 국산 김치만 쓴다고 홍보하였다. 그 결과 중국산 김치를 쓰는 식당들에는
> 손님이 끊긴 반면, H식당에는 손님들이 줄을 서 사 먹기 시작했다.

① 객관성의 원칙
② 고객중심의 원칙
③ 전문성의 원칙
④ 정직과 신용의 원칙
⑤ 공정경쟁의 원칙

16 다음 글에서 나타나는 직업윤리의 덕목으로 적절하지 않은 것은?

> 김사원은 그동안의 경력상 홍보부서로의 발령을 원했지만, 관련 업무를 한 번도 해 보지 않은 경영
> 부서로 발령이 떨어지면서 착잡하고 심란하였다. 하지만 김사원은 이를 하늘이 주신 배움의 기회라
> 여기고 긍정적으로 생각하기로 다짐하였다. 또 비록 원하던 부서가 아니어서 의욕은 떨어졌지만,
> 경영부서에서의 업무 역시 우리 회사의 중요한 역할 중 하나이고 전문성이 있어야만 할 수 있는 일
> 이라 생각하고 성실하게 책임을 갖고 배우기 시작했다. 하지만 해 본 적이 없을뿐더러 관심도 없었
> 던 일이었기에 새로운 업무가 적성에 너무 맞지 않아 김사원은 하루하루 지쳐 갔다.

① 소명의식
② 천직의식
③ 직분의식
④ 책임의식
⑤ 전문가의식

17 다음은 H공사 직원들의 이번 주 추가근무 계획표이다. 하루에 5명 이상 추가근무를 할 수 없고, 직원들은 각자 일주일에 10시간을 초과하여 추가근무를 할 수 없다고 한다. 한 사람만 추가근무 일정을 수정할 수 있을 때, 규칙에 어긋난 요일과 그 날에 속한 사람 중 추가근무 일정을 변경해야 할 직원을 바르게 짝지은 것은?(단, 주말은 1시간 근무당 1.5시간 근무하는 것으로 계산한다)

〈추가근무 계획표〉

성명	추가근무 일정	성명	추가근무 일정
김혜정	월요일 3시간, 금요일 3시간	김재건	수요일 1시간
이설희	토요일 6시간	신혜선	수요일 4시간, 목요일 3시간
임유진	토요일 3시간, 일요일 1시간	한예리	일요일 6시간
박주환	목요일 2시간	정지원	월요일 6시간, 목요일 4시간
이지호	화요일 4시간	최명진	화요일 5시간
김유미	금요일 6시간, 토요일 2시간	김우석	목요일 1시간
이승기	화요일 1시간	차지수	금요일 6시간
정해리	월요일 5시간	이상엽	목요일 6시간, 일요일 3시간

	요일	직원		요일	직원
①	월요일	김혜정	②	화요일	정지원
③	화요일	신혜선	④	목요일	이상엽
⑤	목요일	정지원			

18 한국은 뉴욕보다 16시간 빠르고, 런던은 한국보다 8시간 느리다. 다음 중 비행기가 한국에서 출발하여 뉴욕과 런던에 도착할 때의 현지 시간이 바르게 짝지어진 것은?

구분	출발일자	출발시간	비행시간	도착시간
뉴욕행 비행기	6월 6일	22:20	13시간 40분	㉠
런던행 비행기	6월 13일	18:15	12시간 15분	㉡

	㉠	㉡
①	6월 6일 09시	6월 13일 09시 30분
②	6월 6일 20시	6월 13일 22시 30분
③	6월 7일 09시	6월 14일 09시 30분
④	6월 7일 13시	6월 14일 15시 30분
⑤	6월 7일 20시	6월 14일 20시 30분

PART 2

※ 다음은 현 직장 만족도에 대한 자료이다. 이를 참고하여 이어지는 질문에 답하시오. [19~20]

〈현 직장 만족도〉

만족분야별	직장유형별	2021년	2022년
전반적 만족도	기업	6.9	6.3
	공공연구기관	6.7	6.5
	대학	7.6	7.2
임금과 수입	기업	4.9	5.1
	공공연구기관	4.5	4.8
	대학	4.9	4.8
근무시간	기업	6.5	6.1
	공공연구기관	7.1	6.2
	대학	7.3	6.2
사내분위기	기업	6.3	6.0
	공공연구기관	5.8	5.8
	대학	6.7	6.2

19 2021년 3개 기관의 전반적 만족도의 합은 2022년 3개 기관의 임금과 수입 만족도의 합의 몇 배인가?(단, 소수점 둘째 자리에서 반올림한다)

① 1.4배　　　　　　　　　② 1.6배
③ 1.8배　　　　　　　　　④ 2.0배
⑤ 2.2배

20 다음 중 자료에 대한 설명으로 옳지 않은 것은?(단, 비율은 소수점 둘째 자리에서 반올림한다)

① 현 직장에 대한 전반적 만족도는 2021년과 2022년에 모두 대학 유형에서 가장 높다.
② 2022년의 근무시간 만족도에서 공공연구기관과 대학의 근무시간 만족도는 동일하다.
③ 전년 대비 2022년에 모든 유형의 직장에서 임금과 수입 만족도는 증가했다.
④ 2021년과 2022년에 공공연구기관의 사내분위기 만족도는 동일하다.
⑤ 전년 대비 2022년의 근무시간 만족도의 감소율은 대학 유형이 가장 크다.

21 다음 워크시트의 [A1:E9] 영역에서 고급 필터를 실행하여 영어점수가 평균을 초과하거나, 성명의 두 번째 문자가 '영'인 데이터를 추출하고자 할 때, ㉠ 셀과 ㉡ 셀에 입력할 내용으로 옳은 것은?

	A	B	C	D	E	F	G	H
1	성명	반	국어	영어	수학		영어	성명
2	강동식	1	81	89	99		㉠	
3	남궁영	2	88	75	85			㉡
4	강영주	2	90	88	92			
5	이동수	1	86	93	90			
6	박영민	2	75	91	84			
7	윤영미	1	88	80	73			
8	이순영	1	100	84	96			
9	명지오	2	95	75	88			

	㉠	㉡
①	=D2>AVERAGE(D2:D9)	="=?영*"
②	=D2>AVERAGE(D2:D9)	="=*영?"
③	=D2>AVERAGE($D$2:$D$9)	="=?영*"
④	=D2>AVERAGE($D$2:$D$9)	="=*영?"
⑤	=D2>AVERAGE($A$2:$E$9)	="=*영*"

22 다음은 세계적 기업인 맥킨지(McKinsey)에 의해서 개발된 7S 모형이다. ㉠과 ㉡에 들어갈 요소를 바르게 짝지은 것은?

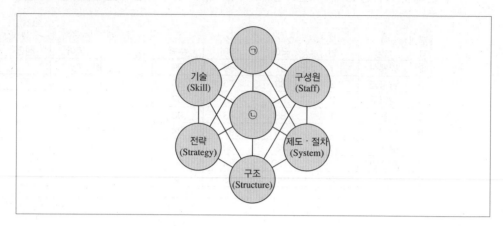

	㉠	㉡
①	리더십 스타일	공유가치
②	최고경영자	기술혁신
③	최고경영자	공유가치
④	기술혁신	리더십 스타일
⑤	공유가치	기술혁신

23 다음 글의 밑줄 친 ㉠ ~ ㉤에 대한 수정 방안으로 적절하지 않은 것은?

> ㉠ 사전적 의미의 '취미'는 '전문적으로 하는 것이 아니라 즐기기 위하여 하는 일'이지만 좀 더 철학적 관점에서 본다면 취미(Geschmack)는 주관적인 인간의 감정적 영역으로, 미적 대상을 감상하고 비판하는 능력이다. 발타사르 그라시안(Baltasar Gracian)에 따르면 취미는 충동과 자유, 동물성과 정신의 중간적인 것으로 각종 일에 대해 거리를 취하고 구별하여 선택하는 능력으로서 일종의 인식방식이다.
>
> 취미에 대한 정의와 관점은 다양하다. 감각주의 전통과 합리주의 전통 사이에는 취미를 감각 판단으로 바라볼 것인가에 대한 논쟁이 있어 왔으며, 현대사회에서는 취미 연구를 심리학적, 사회적 두 가지 관점에서 보기도 한다. 심리학적인 관점에서 취미란 개인의 생애를 통해서 변화하는 것으로 개인, 시대, 민족, 지역 등에 따라 ㉡ 틀리다. 개인의 취미는 넓고 깊은 교양에 의한 것이며, 통속적인 의미로는 여가나 오락을 뜻하는 말로 쓰이기도 한다. ㉢ 하지만 이와 동시에 일정한 시대나 민족에 있어서는 공통된 취미가 '객관적 정신'으로 시대 혹은 민족 전체를 지배하기도 한다. ㉣ 따라서 취미는 그 누구도 '취미란 이런 것이다.'라고 정의내려서는 안 된다.
>
> 이 과정에서 우리는 '한 사회 내에서 일정 기간 동안 유사한 문화양식과 행동양식이 일정 수의 사람들에게 공유되는 사회적 동조 현상'인 유행과 취미의 차이에 대해 의문을 가지게 된다. 유행은 취미와 아주 밀접하게 결부된 현상이다. ㉤ 그러나 유행은 경험적 일반성에 의존하는 공동체적 감각이며, 취미는 경험보다는 규범적 일반성에 의존하는 감각이다. 다시 말해 유행은 공동체 속에서 활동하고 또 그것에 종속되지만, 취미는 공동체나 공동체의 활동에 종속되지 않는다. 이렇게 취미는 자신의 판단력에 의존한다는 점에서 유행과 구별된다.

① ㉠ : 문장이 너무 길어 호흡이 길어지므로 '…하는 일'이다. 하지만…'으로 수정한다.

② ㉡ : 의미상 '비교가 되는 대상이 서로 같지 아니하다.'라는 뜻의 '다르다'로 바꾼다.

③ ㉢ : 자연스러운 연결을 위해 '또한'으로 바꾼다.

④ ㉣ : 글의 전개상 불필요한 내용이므로 삭제한다.

⑤ ㉤ : 앞뒤 내용의 자연스러운 흐름을 위해 '그래서'로 바꾼다.

24 다음 〈보기〉 중 직장 내 성예절에 대한 설명으로 옳은 것을 모두 고르면?

> **보기**
> ㄱ. 성희롱에는 육체적, 언어적 행위뿐만 아니라 정보기기를 이용하여 음란물을 보내는 행위도 포함된다.
> ㄴ. 성희롱을 경험한 개인은 외부단체에 도움을 요청하기보다는 직장 내에서의 조직적 대응을 요청하는 것이 더욱 효과적이다.
> ㄷ. 직장은 성희롱 경험에 대해 신고 및 조치를 요청한 개인의 개인정보 유출을 철저히 방지하여야 한다.
> ㄹ. 직장은 성희롱 가해자에 대하여 납득할 만한 수준의 조치를 취하고, 결과를 피해자에게 통지하여야 한다.

① ㄱ, ㄷ
② ㄱ, ㄴ, ㄷ
③ ㄱ, ㄴ, ㄹ
④ ㄱ, ㄷ, ㄹ
⑤ ㄴ, ㄷ, ㄹ

25 다음 중 H대학의 문제해결을 위한 대안으로 가장 적절한 것은?

> H대학은 현재 학생 관리 프로그램, 교수 관리 프로그램, 성적 관리 프로그램, 총 3개의 응용 프로그램을 갖추고 있다. 학생 관리 프로그램은 학생 정보를 저장하고 있는 파일을 이용하고, 교수 관리 프로그램은 교수 정보 파일 그리고 성적 관리 프로그램은 성적 정보 파일을 이용한다. 즉, 각각의 응용 프로그램들은 개별적인 파일을 이용한다.
> 이런 경우 파일에는 많은 정보가 중복 저장되어 있다. 그렇기 때문에 중복된 정보가 수정되면 관련된 모든 파일을 수정해야 하는 불편함이 있다. 예를 들어, 한 학생이 자퇴하게 되면 학생 정보 파일뿐만 아니라 교수 정보 파일, 성적 정보 파일도 수정해야 하는 것이다.

① 데이터베이스 구축
② 유비쿼터스 구축
③ RFID 구축
④ NFC 구축
⑤ 와이파이 구축

26 다음 중 밑줄 친 부분과 같은 의미로 쓰인 것은?

> 그는 무슨 고민이 있는지 혼자 한숨을 <u>짓고</u> 오랫동안 생각에 잠겨 있었다.

① 시골에 내려가 조그마한 집을 <u>짓고</u>, 텃밭을 가꾸면서 살고 싶다.
② 하늘 위의 새들이 무리를 <u>지어</u> 날아가고 있었다.
③ 그녀는 그가 곧 돌아온다는 소식을 듣고 함박웃음을 <u>지었다</u>.
④ 나는 이번 일을 빠르게 마무리 <u>짓고</u> 싶었다.
⑤ 그는 <u>지어낸</u> 말로 소문을 퍼뜨리고 다녔다.

27 다음 글에 대한 내용으로 적절하지 않은 것은?

> 간디는 절대로 몽상가가 아니다. 그가 말한 것은 폭력을 통해서는 인도의 해방도, 보편적인 인간 해방도 없다는 것이었다. 민족 해방이 단지 외국 지배자의 퇴각만을 의미하는 것일 수는 없다. 참다운 해방은 지배와 착취와 억압의 구조를 타파하고 그 구조에 길들여져 온 심리적 습관과 욕망을 뿌리로부터 변화시키는 일이다. 다시 말하여 일체의 '칼의 교의(敎義)'로부터의 초월을 실현하는 것이다. 간디의 관점에서 볼 때, 무엇보다 큰 폭력은 인간의 근원적인 영혼의 요구에 대해서는 조금도 고려하지 않고, 물질적 이득의 끊임없는 확대를 위해 착취와 억압의 구조를 제도화한 서양의 산업 문명이었다.

① 간디는 비폭력주의자이다.
② 간디는 산업 문명에 부정적이었다.
③ 간디는 반외세 사회주의자이다.
④ 간디는 외세가 인도를 착취하였다고 보았다.
⑤ 간디는 서양의 산업 문명을 큰 폭력이라고 보았다.

28 다음 중 밑줄 친 부분과 같은 의미로 쓰인 것은?

제4차 산업혁명이란 인공지능, 사물인터넷, 빅데이터, 모바일 등 첨단 정보통신기술이 경제·사회 전반에 융합되어 혁신적인 변화가 나타나는 차세대 산업혁명을 의미한다. 제4차 산업혁명은 초연결(Hyperconnectivity)과 초지능(Superintelligence)을 특징으로 하기 때문에 기존 산업혁명에 비해 더 넓은 범위로, 더 빠른 속도로 영향을 <u>끼친다</u>.

① 그 얘기를 들으니 온몸에 소름이 <u>끼친다</u>.
② 독한 향수 냄새가 코에 <u>끼친다</u>.
③ 신호등의 잦은 고장으로 시민들에게 불편을 <u>끼쳤다</u>.
④ 길을 걸을 때마다 문득 네 생각이 <u>끼쳤다</u>.
⑤ 독립운동가가 우리 사회에 <u>끼친</u> 업적을 기억해야 한다.

29 H공사의 A본부 직원 수를 조사한 결과, 여직원 수는 작년보다 10% 감소하였으며, 남직원 수는 8% 증가하였다. 작년의 총 직원 수는 820명이었고, 올해의 총 직원 수는 작년보다 10명이 감소하였을 때, 다음 중 작년의 여직원 수로 옳은 것은?

① 415명   ② 420명
③ 422명   ④ 430명
⑤ 432명

30 H공사에서 근무하는 A사원은 제주도로 출장을 가게 되었다. A사원이 출장으로 지급받은 총 경비의 $\frac{1}{3}$은 숙박비, $\frac{1}{3}$은 왕복 항공권 비용으로 사용하였다. 나머지 경비의 $\frac{1}{6}$을 교통비용으로 사용하고 남은 경비가 40만 원일 때, A사원이 지급받은 총 경비로 옳은 것은?

① 138만 원
② 140만 원
③ 142만 원
④ 144만 원
⑤ 146만 원

31 다음은 김사원이 체결한 A ~ G회사와의 계약 체결 순서에 대한 정보이다. 이를 고려할 때, 김사원이 다섯 번째로 계약을 체결한 회사로 옳은 것은?

- C회사와의 계약은 F회사와의 계약에 선행한다.
- G회사와의 계약은 D회사와의 계약보다 먼저 이루어졌는데, E회사, F회사와의 계약보다는 나중에 이루어졌다.
- B회사와의 계약은 가장 먼저 맺어진 계약이 아니다.
- D회사와의 계약은 A회사와의 계약보다 먼저 이루어졌다.
- C회사와의 계약은 G회사와의 계약보다 나중에 이루어졌다.
- A회사와 D회사의 계약 시간은 인접하지 않는다.

① A회사
② B회사
③ C회사
④ D회사
⑤ G회사

※ H팀의 A팀장, B대리, C주임, D주임, E사원은 버스를 이용해 광주로 출장을 가게 되었다. H팀 직원들은 다음 〈조건〉에 따라 버스의 1열의 (가)석부터 2열의 (라)석까지의 좌석에 앉는다. 이를 참고하여 이어지는 질문에 답하시오(단, ×가 표시된 곳은 다른 손님이 예약한 자리이다). [32~33]

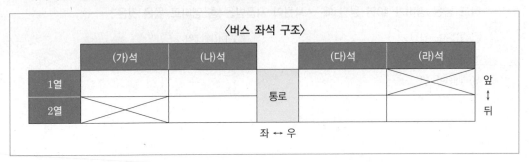

<조건>

- B대리는 1열 (나)석에 앉는다.
- A팀장은 반드시 통로 쪽 좌석에 앉는다.
- D주임은 (라)석 중 한 곳에 앉는다.
- B대리는 C주임과 이웃하여 앉아야 한다.
- E사원은 D주임보다 앞쪽에 앉아야 한다.
※ 이웃하여 앉는 것은 사이에 통로를 두지 않고 좌우 혹은 앞뒤 좌석에 앉는 것을 말한다.

32 다음 〈보기〉 중 반드시 참인 것을 모두 고르면?

보기

ㄱ. C주임은 1열 (다)석에 앉을 수 있다.
ㄴ. C주임이 B대리 뒤에 앉는 경우, A팀장은 D주임과 이웃하여 앉을 수 없다.
ㄷ. E사원은 B대리와 이웃하여 앉을 수 있다.
ㄹ. E사원은 C주임보다 뒤의 열에 앉지 않는다.

① ㄱ, ㄴ
② ㄱ, ㄷ
③ ㄴ, ㄷ
④ ㄴ, ㄹ
⑤ ㄷ, ㄹ

33 A팀장이 출장 전 다리를 다쳐 E사원이 A팀장을 돕기 위해 A팀장과 이웃하여 앉기로 하였다. 이를 고려할 때, 반드시 2열에 앉는 직원들을 바르게 짝지은 것은?

① A팀장, C주임
② A팀장, D주임
③ A팀장, E사원
④ C주임, D주임
⑤ D주임, E사원

34 다음 중 직장 내 다양한 인간관계 속에서 직업인이 지켜야 할 예절로 적절하지 않은 것은?

① 외부 인사와 첫인사로 악수를 할 때는 서로의 이름을 말하고 간단한 인사 몇 마디를 주고받는 정도의 시간 안에 끝내야 한다.

② 비즈니스상의 소개를 할 때는 직장 내에서의 서열과 나이, 성별을 고려해야 한다.

③ 명함을 교환할 때는 하위에 있는 사람이 먼저 꺼내는데 상위자에 대해서는 왼손으로 가볍게 명함을 받치는 것이 예의이며, 동위자 · 하위자에게는 오른손으로만 쥐고 건넨다.

④ 전화를 받을 때는 전화벨이 3~4번 울리기 전에 받고 자신이 누구인지를 즉시 말한다.

⑤ 휴대폰 이용 시 지나친 SNS의 사용은 업무에 지장을 주므로 휴식시간을 이용한다.

35 다음 중 성희롱 예방을 위한 상사의 태도로 적절하지 않은 것은?

① 부하직원을 칭찬할 때 쓰다듬거나 가볍게 치는 행위는 부하직원에 대한 애정으로 받아들여질 수 있다.

② 중재, 경고, 징계 등의 조치 이후 가해자가 보복이나 앙갚음을 하지 않도록 주시해야 한다.

③ 성희롱을 당하면서도 거부하지 못하는 피해자가 있다는 것을 알면 중지시켜야 한다.

④ 자신이 관리하는 영역에서 성희롱이 일어나지 않도록 예방에 힘쓰고, 일단 성희롱이 발생하면 그 행동을 중지시켜야 한다.

⑤ 직급과 성별을 불문하고 상호 간 존칭을 사용하며, 서로 존중하는 문화를 만들어야 한다.

36 다음 중 함수식의 결괏값으로 옳지 않은 것은?

① =MOD(17,−5) → 2

② =PRODUCT(7,2,2) → 28

③ =INT(−5.2) → −6

④ =ROUND(6.29,0) → 6

⑤ =PRODUCT(2,8,9) → 144

37 다음과 같이 판매실적을 출력하기 위해 [A7] 셀에 함수식 「=SUMIFS(D2:D6,A2:A6,"연필", B2:B6,"서울")」을 입력했을 때, 출력되는 결괏값으로 옳은 것은?

	A	B	C	D
2	연필	경기	150	100
3	볼펜	서울	150	200
4	연필	서울	300	300
5	볼펜	경기	300	400
6	연필	서울	300	200
7				

① 100

② 500

③ 600

④ 750

⑤ 800

38 다음 중 조직목표의 기능에 대한 설명으로 옳지 않은 것은?

① 조직이 나아갈 방향을 제시해 주는 기능을 한다.

② 조직 구성원의 의사결정 기준의 기능을 한다.

③ 조직 구성원의 행동수행에 동기를 유발시키는 기능을 한다.

④ 조직을 운영하는 데 융통성을 제공하는 기능을 한다.

⑤ 조직구조나 운영과정과 같이 조직 체제를 구체화할 수 있는 기준의 기능을 한다.

사회 현상을 바라볼 때는 세밀하게, 때로는 멀리 떨어져서 사회 현상이 전체 속에 어떻게 위치하고 있는가를 동시에 봐야 한다. 숲과 나무는 서로 다르지만 따로 떼어 생각할 수 없다. 현대 사회 현상의 최대 쟁점인 과학 기술도 마찬가지이다. '로봇 탄생'이라는 숲을 보면, 그 로봇 개발에 투자한 사람과 로봇을 개발한 사람들의 의도가 드러난다. 한편, 나무가 되는 '로봇'을 세밀히 바라보면 로봇이 생산에 이용될 수도, 감옥의 죄수들을 감시할 수도 있다는 사실을 알 수가 있다. 이 광범위한 기술의 성격을 간과하면 객관적이고 물질적이어서 가치관이 없다고 생각한 로봇에 당하기 십상인 것이다.

자동화는 자본주의의 실업을 늘려 실업자의 생계에 위협을 가할 뿐만 아니라, 기존 근로자에 대한 감시를 더욱 효율적으로 해내는 역할도 수행한다. 자동화를 적용하는 기업 측에서는 자동화가 일반 사람들에게 인간의 삶을 증대시키는 이미지로 인식되기를 바란다. 그래야 자동화 도입에 대한 노동자의 반발을 무마하고 기업가의 구상을 관철시킬 수 있기 때문이다. 그러나 자동화나 기계화의 도입으로 인한 업무 내용의 변화 혹은 실업의 두려움이 탐탁지 않았던 유럽의 노동자들은 자동화 도입에 대해 극렬히 반대했던 경험을 갖고 있다.

지금도 자동화·기계화는 좋은 것이라는 고정관념을 가진 사람들이 많고, 현실에서 이러한 고정관념이 사람들에게 가져오는 파급 효과는 의외로 크다. 예를 들어 은행에 현금을 자동으로 세는 기계가 등장함으로써 은행원들이 현금을 세는 작업량은 줄어들었다. 손님들은 기계가 현금을 재빨리 세는 것을 보고 감탄하면서 은행원이 현금을 세는 것보다 더 많은 신뢰를 보냈다. 그러나 현금 세는 기계의 도입에는 이익 추구라는 의도가 숨어 있었다. 현금 세는 기계는 은행원의 수고를 덜어 준다. 그러나 현금 세는 기계는 실업자를 낳는다. 사람이 잘만 이용하면 잘 써먹을 수 있을 것만 같은 기계가 혹독한 성품을 지닌 프랑켄슈타인으로 돌변하는 것이다.

자동화와 정보화를 추진하는 핵심 조직이 기업이란 것에서도 알 수 있듯이, 기업은 이윤 추구에 도움이 되지 않는 행위는 무가치하다고 판단한다. 그러므로 자동화는 그 계획 단계에서부터 기업의 의도가 스며들어 가 탄생한다. 또한 기업의 의도대로 자동화나 정보화가 진행되면, 다른 한편으로 의도하지 않은 결과를 초래하기도 한다. 따라서 자동화와 같은 과학 기술이 풍요를 생산하는 수단이라고 생각하는 것은 하나의 고정관념에 불과하다.

찰리 채플린의 영화 「모던 타임즈」에 나타난 것처럼 초기 산업화 시대에는 기계에 종속된 인간의 모습이 가시적으로 드러날 수밖에 없었다. 그래서 이러한 종속에 저항하고자 하는 인간의 노력도 적극적인 모습을 보여 왔다. 그러나 현대에 들어서는 자동화의 첨병이 정보 통신기기로 바뀌면서 문제가 질적으로 달라졌다. 무인 생산까지 진전된 자동화나 정보통신화는 인간에게 단순 노동을 반복시키는 모습을 보이지는 않는다. 그래서인지 몰라도 정보 통신은 별 무리 없이 어느 나라에서나 급격하게 개발·보급되고 보편화되어 있다. 그런데 문제는 이 자동화기기가 생산에만 이용되는 것이 아니라, 노동자를 감시하거나 관리하는 데도 이용될 수 있다는 것이다. 오히려 정보 통신의 발달로 이전보다 사람들은 더 많은 감시와 통제를 받게 된 것이다.

① 기업의 이윤 추구가 사회 복지 증진과 직결될 수 있음을 간과하고 있다.
② 기계화·정보화가 인간의 삶의 질 개선에 기여하고 있음을 경시하고 있다.
③ 기계화를 비판하는 주장만 되풀이할 뿐, 구체적인 근거를 제시하지 않고 있다.
④ 화제의 부분적 측면에 관계된 이론을 소개하여 편향적 시각을 갖게 하고 있다.
⑤ 현대의 기술 문명이 가져다줄 수 있는 긍정적인 측면을 과장하여 강조하고 있다.

※ 다음은 요식업 사업자 수 현황에 대한 자료이다. 이를 참고하여 이어지는 질문에 답하시오. [40~41]

〈요식업 사업자 수 현황〉

(단위 : 명)

구분	2019년	2020년	2021년	2022년
커피음료점	25,151	30,446	36,546	43,457
패스트푸드점	27,741	31,174	32,982	34,421
일식전문점	12,997	13,531	14,675	15,896
기타외국식전문점	17,257	17,980	18,734	20,450
제과점	12,955	13,773	14,570	15,155
분식점	49,557	52,725	55,013	55,474
기타음식점	22,301	24,702	24,818	24,509
한식전문점	346,352	360,209	369,903	375,152
중식전문점	21,059	21,784	22,302	22,712
호프전문점	41,796	41,861	39,760	37,543
간이주점	19,849	19,009	17,453	16,733
구내식당	35,011	31,929	29,213	26,202
합계	632,026	659,123	675,969	687,704

40 다음 중 2019년 대비 2022년의 사업자 수 감소율이 두 번째로 큰 업종의 감소율로 옳은 것은?(단, 소수점 둘째 자리에서 반올림한다)

① 25.2%p
② 18.5%p
③ 15.7%p
④ 10.2%p
⑤ 9.9%p

41 다음 중 자료에 대한 설명으로 옳지 않은 것은?(단, 비율은 소수점 셋째 자리에서 반올림한다)

① 2022년의 기타음식점 사업자 수는 전년 대비 309명 감소했다.
② 2020년의 전체 요식업 사업자 수에서 분식점 사업자 수가 차지하는 비중과 패스트푸드점 사업자 수가 차지하는 비중의 차이는 5%p 미만이다.
③ 사업자 수가 해마다 감소하는 업종은 두 업종이다.
④ 2019년 대비 2021년의 일식전문점 사업자 수 증가율은 약 15.2%p이다.
⑤ 전체 요식업 사업자 수 중 구내식당 사업자의 비중은 2019년이 가장 높다.

42 H프랜차이즈 카페에서는 디저트로 빵, 케이크, 마카롱, 쿠키를 판매하고 있다. 최근 각 지점에서 디저트를 섭취하고 땅콩 알레르기가 발생했다는 민원이 제기되었다. 해당 디저트에는 모두 땅콩이 들어가지 않으며, 땅콩을 사용한 제품과 인접한 시설에서 제조하고 있다. 다음 사례를 참고할 때, 반드시 거짓인 경우로 옳은 것은?

- 땅콩 알레르기 유발 원인이 된 디저트는 빵, 케이크, 마카롱, 쿠키 중 하나이다.
- 각 지점에서 땅콩 알레르기가 있는 손님이 섭취한 디저트와 알레르기 유무는 다음과 같다.

A지점	빵과 케이크를 먹고, 마카롱과 쿠키를 먹지 않은 경우, 알레르기가 발생했다.
B지점	빵과 마카롱을 먹고, 케이크와 쿠키를 먹지 않은 경우, 알레르기가 발생하지 않았다.
C지점	빵과 쿠키를 먹고, 케이크와 마카롱을 먹지 않은 경우, 알레르기가 발생했다.
D지점	케이크와 마카롱을 먹고, 빵과 쿠키를 먹지 않은 경우, 알레르기가 발생했다.
E지점	케이크와 쿠키를 먹고, 빵과 마카롱을 먹지 않은 경우, 알레르기가 발생하지 않았다.
F지점	마카롱과 쿠키를 먹고, 빵과 케이크를 먹지 않은 경우, 알레르기가 발생하지 않았다.

① A, B, D지점의 사례만을 고려하면, 케이크가 알레르기의 원인이다.
② A, C, E지점의 사례만을 고려하면, 빵이 알레르기의 원인이다.
③ B, D, F지점의 사례만을 고려하면, 케이크가 알레르기의 원인이다.
④ C, D, F지점의 사례만을 고려하면, 마카롱이 알레르기의 원인이다.
⑤ D, E, F지점의 사례만을 고려하면, 쿠키는 알레르기의 원인이 아니다.

43 다음 〈보기〉 중 직업에 대한 설명으로 옳지 않은 것을 모두 고르면?

> **보기**
> ㉠ 본인의 자발적 의사에 의한 것이어야 하며, 경제적인 보상이 있어야 한다.
> ㉡ 직(職)은 일 또는 행위, 더 나아가서는 불교에서의 인연을 의미한다.
> ㉢ 업(業)은 사회적 역할의 분배인 직분(職分)을 의미한다.
> ㉣ 장기적으로 계속해서 일하는 지속성이 있어야 한다.
> ㉤ 취미활동이나 아르바이트, 강제노동 등은 직업에 포함되지 않는다.
> ㉥ 다른 사람들과 함께 인간관계를 쌓을 수 있는 기회가 된다.

① ㉠, ㉡   ② ㉡, ㉢
③ ㉡, ㉣   ④ ㉢, ㉣
⑤ ㉤, ㉥

44 다음 중 개인윤리와 직업윤리의 조화에 대한 설명으로 옳지 않은 것은?

① 업무상 개인의 판단과 행동은 사회적 영향력이 큰 기업시스템을 통하여 다수의 이해관계자와 관련된다.

② 수많은 사람이 관련되어 고도화된 공동의 협력을 요구하는 경우 맡은 역할에 대한 책임완수와 정확하고 투명한 일 처리가 필요하다.

③ 규모가 큰 공동의 재산, 정보 등을 개인의 권한 하에 위임·관리하는 경우에는 높은 윤리 의식이 요구된다.

④ 팔은 안으로 굽는다는 속담은 직장 내에서도 활용된다.

⑤ 각각의 직무에서 오는 특수한 상황에서는 개인적 덕목차원의 일반적인 상식과 기준으로는 규제할 수 없는 경우가 많다.

45 다음 시트에서 근무점수가 70점대인 직원의 수를 출력하려고 할 때, [B14] 셀에 들어갈 함수식으로 옳은 것은?

◢	A	B	C
1	직원 근무 평가		
2	성명	입사일	근무점수
3	박정호	1994-06-06	73
4	신정희	1997-04-01	69
5	김용태	1999-11-01	93
6	김진영	1995-05-06	65
7	유현숙	1998-01-01	69
8	최정철	1998-06-10	80
9	강창희	1997-09-11	86
10	천영주	1996-05-10	70
11	박연수	1998-05-06	63
12			
13		70점대	
14			

① $=COUNTIF(C3:C11,">=70")-COUNTIF(C3:C11,">=80")$

② $=COUNTIF(C3,">=70")-COUNTIF(C3,">=80")$

③ $=IF(C3:C11>70,"2")$

④ $=LEFT(C3,2,1)$

⑤ $=IF(LEN(C3)<80,LEFT(C3,1),LEFT(C4,2))$

46 직무 전결 규정상 전무이사가 전결인 '과장의 국내출장 건'의 결재를 시행하고자 한다. 박기수 전무이사가 해외출장으로 인해 부재중이어서 직무대행자인 최수영 상무이사가 결재하였다. 다음 중 이와 관련한 설명으로 적절하지 않은 것을 모두 고르면?

> ㄱ. 최수영 상무이사가 결재한 것은 전결이다.
>
> ㄴ. 공문의 결재표상에는 '과장 최경옥, 부장 김석호, 상무이사 전결, 전무이사 최수영'이라고 표시되어 있다.
>
> ㄷ. 박기수 전무이사가 출장에서 돌아와서 해당 공문을 검토하는 것은 후결이다.
>
> ㄹ. 위임 전결받은 사항에 대해서는 원결재자인 대표이사에게 후결을 받는 것이 원칙이다.

① ㄱ, ㄴ　　　　　　　　　　② ㄱ, ㄹ

③ ㄱ, ㄴ, ㄹ　　　　　　　　④ ㄴ, ㄷ, ㄹ

⑤ ㄱ, ㄴ, ㄷ, ㄹ

47 다음은 H공단의 직업능력개발 사업계획 자료 중 일부이다. 〈보기〉를 참고하여 사업계획을 이해한 내용으로 적절하지 않은 것은?

〈직업능력개발 사업계획〉

전략과제별 사업	2023년	
	목표	예산(백만 원)
사업주 직업능력개발훈련 참여 확대	2,102,000명	434,908
중소기업 훈련지원센터 관리	86,000명	
체계적 현장훈련 지원	150개 기업	3,645
학습조직화 지원	150개 기업	
컨소시엄 훈련 지원	210,000명	108,256
청년취업아카데미 운영 관리	7,650명	3,262
내일이룸학교 운영 지원	240명	
직업방송 제작	2,160편	5,353

보기

직업능력국

| 능력개발총괄팀 | 사업주훈련지원팀 | 컨소시엄지원팀 | 직업방송매체팀 |

부서	분장업무
능력개발총괄팀	• 직업능력개발사업 장단기 발전계획 수립 • 직업능력개발사업 성과분석, 제도개선 및 신규사업 개발 • 직업능력의 달 기념식 및 HRD컨퍼런스 개최
사업주훈련지원팀	• 사업주 직업능력개발훈련 지원 • 청년취업아카데미 심사, 선정, 성과관리 등 운영 관리 • 내일이룸학교 운영 지원 • 중소기업 학습조직화 지원 • 기업맞춤형 현장훈련(S – OJT) 지원 • 중소기업 훈련지원센터 운영 관리
컨소시엄지원팀	• 국가 인적자원 개발컨소시엄 공동훈련센터(대중소상생형, 전략분야형) 지원 및 관리 • 국가 인적자원 개발컨소시엄 지원기관(허브사업단, 대중소상생인력양성협의회) 지원 및 관리 • 공동훈련센터(대중소상생형, 전략분야형), 지원기관 실적 및 성과평가
직업방송매체팀	• 한국직업방송 프로그램 기획, 편성 및 모니터링 • 한국직업방송 위탁방송사 선정 및 관리 · 운영 • 한국직업방송 멀티플랫폼 관리 · 운영

① 직업능력개발 사업계획 수립은 능력개발총괄팀이 담당한다.

② 계획된 사업 중 사업주훈련지원팀이 담당하는 사업의 수가 가장 많다.

③ 계획된 사업 중 컨소시엄지원팀과 직업방송매체팀이 담당하는 사업의 수는 같다.

④ 사업계획상 가장 적은 예산을 사용할 부서는 컨소시엄지원팀이다.

⑤ 사업계획상 가장 많은 예산을 사용할 부서는 사업주훈련지원팀이다.

48 H사원은 최근 회사 내 업무용 개인 컴퓨터의 보안을 강화하기 위하여 다음과 같은 메일을 받았다. 메일 내용을 토대로 할 때, H사원이 취해야 할 행동으로 옳지 않은 것은?

발신 : 전산보안팀
수신 : 전 임직원

제목 : 업무용 개인 컴퓨터 보안대책 공유

내용 :
안녕하십니까. 전산팀 A팀장입니다.
최근 개인정보 유출 등 전산보안 사고가 자주 발생하고 있어 각별한 주의가 필요한 상황입니다. 이에 따라 자사에서도 업무상 주요 정보가 유출되지 않도록 보안프로그램을 업그레이드하는 등 전산보안을 더욱 강화하고 있습니다.
무엇보다 업무용 개인 컴퓨터를 사용하는 분들이 특히 신경을 많이 써 주셔야 철저한 보안이 실천됩니다. 번거로우시더라도 아래와 같은 사항을 따라 주시길 바랍니다.

- 인터넷 익스플로러를 종료할 때마다 검색기록이 삭제되도록 설정해 주세요.
- 외출 또는 외근으로 장시간 컴퓨터를 켜 두어야 하는 경우에는 인터넷 검색기록을 직접 삭제해 주세요.
- 인터넷 검색기록 삭제 시 기본 설정되어 있는 항목 외에도 '다운로드 기록', '양식 데이터', '암호', '추적방지, ActiveX 필터링 및 Do Not Track 데이터'를 모두 체크하여 삭제해 주세요(단, 즐겨찾기 웹 사이트 데이터 보존 부분은 체크 해제할 것).
- 인터넷 익스플로러에서 방문한 웹 사이트 목록을 저장하는 기간을 5일로 변경해 주세요.
- 자사에서 제공 중인 보안프로그램은 항시 업데이트하여 최신 상태로 유지해 주세요.

위 사항을 적용하는 데 어려움이 있을 경우에는 아래 첨부파일에 이미지와 함께 친절하게 설명되어 있으니 참고하시기 바랍니다.

〈첨부〉 업무용 개인 컴퓨터 보안대책 적용 방법 설명(이미지).zip

① 인터넷 익스플로러에서 [도구(또는 톱니바퀴 모양)]를 클릭하여 [인터넷 옵션]의 '일반' 카테고리에 있는 [종료할 때 검색기록 삭제]를 체크한다.
② 장시간 외출할 경우에는 [인터넷 옵션]의 '일반' 카테고리에 있는 [삭제]를 클릭해 직접 삭제한다.
③ 인터넷 검색기록 삭제 시 [인터넷 옵션]의 '일반' 카테고리에 있는 [삭제]를 클릭하여 기존에 설정되어 있는 항목을 포함한 모든 항목을 체크하여 삭제한다.
④ [인터넷 옵션]의 '일반' 카테고리 중 검색기록 부분에서 [설정]을 클릭하고, '기록' 카테고리의 [페이지 보관일수]를 5일로 설정한다.
⑤ 자사의 보안프로그램을 실행하고 [설정]에서 업데이트를 실행한다.

49 민석이는 기숙사에서 회사까지 2km의 거리를 자전거를 타고 시속 4km로 출근한다. 다음 중 민석이가 회사에 도착하는 데 걸리는 시간으로 옳은 것은?

① 10분   ② 20분

③ 30분   ④ 40분

⑤ 50분

50 갑, 을, 병이 주사위를 던져 나온 주사위의 눈의 수만큼 점수를 획득한다고 할 때, 다음 중 항상 참이 아닌 것은?

- 세 사람이 주사위를 던진 횟수는 총 10회이다.
- 세 사람이 획득한 점수는 47점이다.
- 갑은 가장 많은 횟수를 던졌다.
- 을이 얻은 점수는 16점이다.
- 병이 가장 많은 점수를 얻었다.

① 을은 주사위를 세 번 던졌다.

② 갑은 주사위를 네 번 던졌다.

③ 병이 주사위를 던졌을 때 6이 나온 적이 있다.

④ 을이 주사위를 던져서 얻은 주사위 눈의 수는 모두 짝수이다.

⑤ 갑이 얻을 수 있는 최소 점수는 13점이다.

※ H회사에서는 화장실의 청결을 위해 비데를 구매하였고 화장실과 가까운 곳에 위치한 A팀의 팀원들에게 비데를 설치하도록 지시하였다. 다음 내용은 비데를 설치하기 위해 참고할 제품설명서의 일부 내용이다. 이어지는 질문에 답하시오. [46~48]

〈설치방법〉

1) 비데 본체의 변좌와 변기의 앞면이 일치하도록 전후로 고정하십시오.
2) 비데용 급수호스를 정수필터와 비데 본체에 연결한 후 급수밸브를 열어 주십시오.
3) 전원을 연결하십시오(반드시 전용 콘센트를 사용하십시오).
4) 비데가 작동하는 소리가 들린다면 설치가 완료된 것입니다.

〈주의사항〉

- 전원은 반드시 AC220V에 연결하십시오(반드시 전용 콘센트를 사용하십시오).
- 변좌에 걸터앉지 말고 항상 중앙에 앉고, 변좌 위에 어떠한 것도 놓지 마십시오(착좌센서가 동작하지 않을 수도 있습니다).
- 정기적으로 수도필터와 정수필터를 청소 또는 교환해 주십시오.
- 급수밸브를 꼭 열어 주십시오.

〈A/S 신청 전 확인 사항〉

현상	원인	조치 방법
물이 나오지 않을 경우	급수밸브가 잠김	매뉴얼을 참고하여 급수밸브를 열어 주세요.
	정수필터가 막힘	매뉴얼을 참고하여 정수필터를 교체하여 주세요(A/S상담실로 문의하세요).
	본체 급수호스 등이 동결	더운물에 적신 천으로 급수호스 등의 동결부위를 녹여 주세요.
비데 기능이 작동하지 않을 경우	수도필터가 막힘	흐르는 물에 수도필터를 닦아 주세요.
	착좌센서 오류	착좌센서에서 의류, 물방울, 이물질 등을 치워 주세요.
수압이 약할 경우	수도필터에 이물질이 낌	흐르는 물에 수도필터를 닦아 주세요.
	본체의 호스가 꺾임	호스의 꺾인 부분을 펴 주세요.
노즐이 나오지 않을 경우	착좌센서 오류	착좌센서에서 의류, 물방울, 이물질을 치워 주세요.
본체가 흔들릴 경우	고정 볼트가 느슨해짐	고정 볼트를 다시 조여 주세요.
변기의 물이 샐 경우	급수호스가 느슨해짐	급수호스 연결부분을 조여 주세요. 계속 샐 경우 급수밸브를 잠근 후 A/S상담실로 문의하세요.

46 A팀의 B사원은 지시에 따라 비데를 설치하였다. 일주일이 지난 뒤, 동료 C사원으로부터 비데의 기능이 작동하지 않는다는 사실을 접수하였다. 다음 중 B사원이 해당 문제점에 대한 원인을 파악하기 위해 확인해야 할 사항으로 가장 적절한 것은?

① 급수밸브의 잠김 여부
② 정수필터의 청결 상태
③ 수도필터의 청결 상태
④ 급수밸브의 연결 상태
⑤ 비데의 고정 여부

47 B사원은 46번 문제에서 확인한 사항이 추가로 다른 문제를 일으킬 수 있는지 미리 점검하고자 한다. 다음 중 B사원이 취해야 할 행동으로 가장 적절한 것은?

① 노즐이 나오지 않는지 확인한다.
② 물이 나오지 않는지 확인한다.
③ 본체가 흔들리는지 확인한다.
④ 수압이 약해졌는지 확인한다.
⑤ 변기의 물이 새는지 확인한다.

48 다음 중 46번, 47번의 문제와 동일한 현상이 재발하지 않도록 하기 위한 근본적인 해결방안으로 가장 적절한 것은?

① 변좌에 이물질이나 물방울이 남지 않도록 수시로 치워 준다.
② 정수필터가 막히지 않도록 수시로 점검하고 교체한다.
③ 수도필터가 청결함을 유지할 수 있도록 수시로 닦아 준다.
④ 급수호수가 꺾여 있는 부분이 없는지 수시로 점검한다.
⑤ 급수호스 연결부분이 느슨해지지 않도록 정기적으로 조여 준다.

49 다음 글의 빈칸에 들어갈 말로 가장 적절한 것은?

> _____(이)란 공통의 문제 또는 과제를 해결하기 위해 성격이 다른 2종 이상의 기술을 결합하여 다학제 간 연구를 통해 도출된 기술을 뜻한다. 스마트폰이 대표적인 사례이며 최근 자동차 등에 컴퓨터의 기능을 넣는 등 그 범위가 점차 확장되고 있다.

① 빅데이터   ② 블록체인
③ 융합기술   ④ 로봇공학
⑤ 알고리즘

50 다음 글에서 설명하는 종류의 벤치마킹으로 가장 적절한 것은?

> 프로세스에 있어 최고로 우수한 성과를 보유한 동일 업종의 비경쟁적 기업을 대상으로 한다. 접근 및 자료 수집이 용이하고, 비교 가능한 업무 / 기술 습득이 상대적으로 용이한 반면, 문화 및 제도적인 차이로 발생하는 효과에 대한 검토가 없을 경우, 잘못된 분석 결과의 발생 가능성이 높은 단점이 있다.

① 내부 벤치마킹   ② 경쟁적 벤치마킹
③ 비경쟁적 벤치마킹   ④ 글로벌 벤치마킹
⑤ 간접적 벤치마킹

많이 보고 많이 겪고 많이 공부하는 것은 배움의 세 기둥이다.

- 벤자민 디즈라엘리 -

제2회
최종점검 모의고사

※ 한국지역난방공사 최종점검 모의고사는 채용공고를 기준으로 구성한 것으로 실제 시험과 다를 수 있습니다.

※ 응시 직렬에 맞추어 해당 영역을 학습하기 바랍니다.

■ 취약영역 분석

| 공통영역 |

번호	O/×	영역	번호	O/×	영역	번호	O/×	영역
1		의사소통능력	16		직업윤리	31		직업윤리
2			17		정보능력	32		문제해결능력
3			18			33		
4			19		조직이해능력	34		
5		수리능력	20			35		정보능력
6			21			36		
7			22		의사소통능력	37		조직이해능력
8			23			38		수리능력
9			24			39		의사소통능력
10		문제해결능력	25		수리능력	40		수리능력
11			26			41		문제해결능력
12			27		문제해결능력	42		정보능력
13			28			43		
14		직업윤리	29		직업윤리	44		조직이해능력
15			30			45		수리능력

| 개별영역 | 사무직

번호	46	47	48	49	50
O/×					
영역	직업윤리	문제해결능력	의사소통능력		문제해결능력

| 개별영역 | 기술직

번호	46	47	48	49	50
O/×					
영역	기술능력				

평가문항	50문항	평가시간	60분
시작시간	:	종료시간	:
취약영역			

⏱ 응시시간 : 60분　　📋 문항 수 : 50문항　　　　　　　　　　　　　　　　정답 및 해설 p.053

01　다음 글의 내용으로 적절하지 않은 것은?

> 최근 우리나라에만 자생하는 희귀·멸종위기 수종인 미선나무에 발광다이오드(LED)광을 처리해 대량증식을 할 수 있는 기술이 개발되었다. 이번에 개발된 기술은 줄기증식이 어려운 미선나무의 조직배양 단계에서 LED를 이용해 줄기의 생장을 유도하는 특정 파장의 빛을 쐬어 줌으로써 미선나무의 대량생산을 가능하게 하는 기술이다.
>
> 미선나무의 눈에서 조직배양을 한 기내식물체*에 청색과 적색(1 : 1) 혼합광을 쐬어 준 결과, 일반광(백색광)에서 자란 것보다 줄기 길이가 1.5배 이상 증가하였고, 한 줄기에서 3개 이상의 새로운 줄기가 유도되었다. LED광은 광파장의 종류에 따라 식물의 광합성 효율, 줄기의 생장, 잎의 발달, 뿌리 형성 등과 같은 식물의 성장을 조절할 수 있다. 이러한 방법은 미선나무 외에 다른 희귀·멸종위기 수종에도 적용하여 고유한 특성을 가진 식물자원의 보존과 증식에 효과적인 기술이다.
>
> 또한, 어미나무의 작은 부분을 재료로 사용해서 나무를 훼손하지 않고도 어미나무와 같은 형질을 가진 복제묘를 대량으로 생산할 수 있다는 점에서 희귀·멸종위기 수종의 보존을 위한 기술로 의미가 있다.
>
> 새로 개발된 기술로 생산된 미선나무는 경기도 오산의 물향기수목원에 기증되어 시민들과 만나게 된다. 한반도에만 서식하는 1속 1종인 미선나무는 우리나라와 북한 모두 천연기념물로 지정해 보호하고 있는 귀한 나무이다. 미선나무 꽃의 모양은 아름답고 향기가 있으며, 추출물은 미백과 주름개선에 효과가 있는 것으로 알려져 있다.
>
> 앞으로 미선나무와 같은 희귀·멸종위기 식물의 복제 및 증식을 위한 조직배양 기술을 지속적으로 개발하고, 우리나라 자생식물의 유전자원 보전과 활용을 위한 기반을 마련해 '나고야 의정서**' 발효에 대응해 나갈 계획이다.
>
> *기내식물체 : 조직배양 방법으로 무균상태의 특수한 배양용기에 식물이 자라는 데 필요한 영양분이 들어 있고 외부자연 환경과 유사한 인공적인 환경에서 자라는 식물체이다.
>
> **나고야 의정서 : 생물자원을 활용하며 생기는 이익을 공유하기 위한 지침을 담은 국제협약이다.

① 미선나무의 조직배양 단계에서 LED 파장을 쐬어 주어야 줄기의 생장을 유도할 수 있다.

② 청색과 적색의 혼합광은 줄기의 생장을 조절할 수 있다.

③ 복제묘 생산 시 어미나무의 작은 부분을 재료로 사용해 나무를 훼손하지 않을 수 있다.

④ LED 파장으로 미선나무의 줄기의 길이는 증가하고, 줄기의 개수는 줄어들었다.

⑤ 미선나무는 한반도에서만 서식하고, 우리나라와 북한 모두에서 천연기념물로 지정되어 있으므로 보존에 많은 노력을 해야 한다.

02 다음 글을 통해 추론할 수 있는 내용으로 적절하지 않은 것은?

> 퐁피두 미술관의 5층 전시장에서 특히 인기가 많은 작가는 마르셀 뒤샹이다. 5층의 전시장에는 뒤샹의 「레디메이드」 작품들이 한데 모여 바닥의 하얀 지지대 위에 놓여 있다. 그중 가장 눈에 익숙한 것은 둥근 나무의자 위에 자전거 바퀴가 거꾸로 얹힌 「자전거 바퀴」라는 작품일 것이다. 이 작품은 뒤샹의 대표작인 남자 소변기 「샘」과 함께 현대미술사에 '단골 메뉴'로서 소개되곤 한다.
> 위의 사례처럼 이미 만들어진 기성제품, 즉 레디메이드를 예술가가 선택해서 '이것도 예술이다.'라고 선언한다면 우리는 그것을 예술로 인정할 수 있을까? 역사는 뒤샹에게 손을 들어 줬고 그가 선택했던 의자나 자전거 바퀴, 옷걸이, 삽, 심지어 테이트 모던에 있는 남자 소변기와 같은 각종 일상의 오브제들이 20세기 최고의 작품으로 추앙받으면서 미술관에 고이 모셔져 있다. 작품을 손으로 잘 만들어야 하는 수공예 기술의 예술 시대를 넘어서 예술가가 무엇인가를 선택하는 정신적인 행위와 작업이 예술의 본질이라고 믿었던 뒤샹적 발상의 승리였다.
> 뒤샹의 작품뿐만이 아니다. 20세기 중반의 스타 작가였던 잭슨 폴록의 작품도 눈길을 끈다. 기존의 그림 그리는 방식에 싫증을 냈던 폴록은 캔버스를 바닥에 눕히고 물감을 떨어뜨리거나 뿌려서 전에 보지 못했던 새로운 형상을 이룩했다. 물감을 사용하는 새로운 방식을 터득한 그는 '액션 페인팅'이라는 새로운 장르를 개척했다. 그림의 결과보다 그림을 그리는 행위를 더욱 중요시했다는 점에서 뒤샹의 발상과도 연관된다.
> 이와 더불어 미리 계획하고 구성한 것이 아니라 즉흥적이면서도 매우 빠른 속도로 제작하는 그의 작업방식 또한 완전히 새로운 것이었다.

① 퐁피두 미술관은 현대미술사에 관심 있는 사람들이 방문할 것이다.
② 퐁피두 미술관을 찾는 사람들의 목적은 다양할 것이다.
③ 퐁피두 미술관은 전통적인 예술작품들을 선호할 것이다.
④ 퐁피두 미술관은 파격적인 예술작품들을 배척하지 않을 것이다.
⑤ 퐁피두 미술관은 현대 미술관의 선구자라는 자긍심을 가지고 있을 것이다.

03 다음 제시된 단어와 동의 또는 유의 관계인 단어로 옳은 것은?

는개

① 작달비   ② 안개비
③ 개부심   ④ 그믐치
⑤ 여우비

04 다음 중 밑줄 친 부분과 같은 의미로 쓰인 것은?

> 잔뜩 취한 아저씨가 <u>비어</u> 있는 술병을 붙잡고 노래를 부른다.

① <u>빈</u> 몸으로 와도 괜찮으니 네가 꼭 와 줬으면 좋겠어.
② 논리성이 없는 <u>빈</u> 이론은 쉽게 사라지기 마련이다.
③ 시험공부로 밤을 새웠더니 오히려 머리가 완전히 <u>비어</u> 버린 느낌이야.
④ 텅 <u>빈</u> 사무실에 혼자 앉아 생각에 잠겼다.
⑤ 얼마 전부터 자꾸 매장의 물건이 <u>비자</u> 사장은 CCTV를 설치했다.

---

05 다음 문장에서 사용하기에 적절한 단어들을 순서대로 바르게 나열한 것은?

> • 그 선수는 다른 팀으로 옮기지 않고 계약을 (갱신 / 경신)하였다.
> • 그녀의 주 업무는 게시판에 (게재 / 계제)된 자료를 관리하는 것이다.
> • 그는 확신이 생기자 그 사실을 (공포 / 공표)했다.

① 갱신 – 게재 – 공포   ② 갱신 – 계제 – 공포
③ 갱신 – 게재 – 공표   ④ 경신 – 계제 – 공표
⑤ 경신 – 게재 – 공표

---

06 H기업에서는 사회 나눔 사업의 일환으로 마케팅부에서 5팀, 총무부에서 2팀을 구성해 어느 요양 시설에서 7팀 모두가 하루에 한 팀씩 7일 동안 봉사활동을 하려고 한다. 7팀의 봉사활동 순번을 임의로 정할 때, 첫 번째 날 또는 일곱 번째 날에 총무부 소속 팀이 봉사활동을 하게 될 확률로 옳은 것은?

① $\dfrac{5}{21}$ ② $\dfrac{1}{3}$

③ $\dfrac{3}{7}$ ④ $\dfrac{11}{21}$

⑤ $\dfrac{7}{11}$

07 H인터넷 서점에서는 회원일 경우 2,000원의 배송료를 30% 할인해 준다고 한다. 연 회원가입비가 5,000원이라고 할 때, H인터넷 서점을 1년에 적어도 몇 회 이상 이용해야 회원이 되는 것이 더 유리한가?

① 10회　　　　　　　　　　② 9회
③ 8회　　　　　　　　　　　④ 7회
⑤ 6회

08 H학원에서는 성적에 따라 장학금을 지원해 주고 있다. 시험성적 1등에게는 학원비 전액을, 2 ~ 5등까지는 학원비의 50%를, 6 ~ 10등까지는 학원비의 25%를 지원하여 총 1,275,000원을 장학금으로 지원한다고 할 때, 다음 중 H학원의 1인당 학원비로 옳은 것은?

① 5만 원　　　　　　　　　② 10만 원
③ 20만 원　　　　　　　　　④ 30만 원
⑤ 35만 원

09 H씨는 꽃가게에서 장미꽃 7송이와 안개꽃 1송이를 구입했다. 총 30,000원을 지불하였고, 1,000원을 거슬러 받았으며 안개꽃 1송이의 가격이 4,500원이었다고 할 때, 다음 중 장미꽃 한 송이의 가격으로 옳은 것은?

① 1,500원　　　　　　　　② 2,500원
③ 3,500원　　　　　　　　④ 4,500원
⑤ 5,500원

10 다음 〈조건〉에 따라 교육부, 행정안전부, 보건복지부, 농림축산식품부, 외교부 및 국방부에 대한 국정감사 순서를 정한다고 할 때, 항상 옳은 것은?

> **조건**
> • 행정안전부에 대한 감사는 농림축산식품부와 외교부에 대한 감사 사이에 한다.
> • 국방부에 대한 감사는 보건복지부와 농림축산식품부에 대한 감사보다 늦게 시작하지만, 외교부에 대한 감사보다 먼저 시작해야 한다.
> • 교육부에 대한 감사는 아무리 늦어도 보건복지부 또는 농림축산식품부 중 적어도 어느 한 부서에 대한 감사보다는 먼저 시작해야 한다.
> • 보건복지부에 대한 감사는 농림축산식품부에 대한 감사보다 먼저 시작해야 한다.

① 교육부는 첫 번째 또는 두 번째에 감사를 시작한다.
② 보건복지부는 두 번째로 감사를 시작한다.
③ 농림축산식품부보다 늦게 감사를 받는 부서의 수가 일찍 감사를 받는 부서의 수보다 적다.
④ 국방부는 행정안전부보다 감사를 일찍 시작한다.
⑤ 외교부보다 늦게 감사를 받는 부서가 있다.

※ 다음은 H사에서 직원 10명의 발령을 위해 근태 및 성과를 평가한 자료이다. 이어지는 질문에 답하시오.
[11~12]

<table>
<caption>〈H사 직원 근태 및 성과 현황〉</caption>
<thead>
<tr><th>직원</th><th>근태</th><th>성과</th><th>1지망</th><th>2지망</th></tr>
</thead>
<tbody>
<tr><td>A</td><td>A</td><td>B</td><td>서울</td><td>부산</td></tr>
<tr><td>B</td><td>B</td><td>B</td><td>서울</td><td>대전</td></tr>
<tr><td>C</td><td>A</td><td>C</td><td>광주</td><td>대전</td></tr>
<tr><td>D</td><td>B</td><td>A</td><td>대구</td><td>부산</td></tr>
<tr><td>E</td><td>A</td><td>A</td><td>서울</td><td>광주</td></tr>
<tr><td>F</td><td>A</td><td>B</td><td>울산</td><td>부산</td></tr>
<tr><td>G</td><td>A</td><td>A</td><td>대전</td><td>서울</td></tr>
<tr><td>H</td><td>C</td><td>B</td><td>광주</td><td>울산</td></tr>
<tr><td>I</td><td>B</td><td>C</td><td>대구</td><td>대전</td></tr>
<tr><td>J</td><td>A</td><td>A</td><td>울산</td><td>부산</td></tr>
</tbody>
</table>

※ A : 100점, B : 60점, C : 20점

11 근태 기록으로만 평가하여 점수가 높은 직원을 원하는 지역에 발령하고자 한다. 직원과 발령한 지역이 바르게 연결되지 않은 것은?(단, 각 지역으로 최대 2명을 발령할 수 있으며 모든 지역에 적어도 1명은 발령해야 한다)

	직원	발령지역
①	A	서울
②	C	광주
③	D	대구
④	H	울산
⑤	I	대구

12 근태 기록 30%, 성과 70%의 가중치를 두어 다시 평가한 후에 직원들을 발령하고자 한다. 근태 기록으로만 평가한 것과 비교하여 발령지역에 변동이 발생한 직원을 모두 고르면?(단, 각 지역은 최대 2명 발령할 수 있으며 모든 지역에 적어도 1명은 발령해야 한다)

① A, H ② C, J
③ E, J ④ F, I
⑤ H, I

13 다음 상황 중 직장 내 성희롱에 해당하지 않는 것을 모두 고르면?

> ⊙ A와 B는 같은 회사에 근무 중인 동기이다. 하지만 A는 계속 승진하는데 반해 B는 승진은커녕 오히려 지방으로 발령을 받았다. 이에 A를 질투한 B는 회사 내에 'A는 승진하기 위해 매일 밤 상급자들과 잠자리를 가진다.'는 루머를 퍼뜨렸다.
>
> ⓛ 퇴근 후 회식자리에서 과도한 음주로 인해 C사원은 몸을 가눌 수 없을 정도로 취했다. 이에 D대리가 C사원을 부축해 집에 데려다 주었는데, D대리는 C사원이 정신이 없다고 판단하고 몸을 더듬으면서 부축하였다. C사원은 이에 수치심을 느꼈지만, 직장 내 관계를 망치기 싫어 모르는 척 했다.
>
> ⓒ E팀장은 신입사원인 F를 보고 첫눈에 반해, 다른 직원보다 F에게 업무적 또는 업무외적으로 도움을 주어, F는 내심 E팀장의 관심이 계속되길 바랐다. 하지만 어느 날 퇴근 후 E팀장에게 이러한 문자가 왔다. "다리가 예뻐서 그런가 바지보다 원피스가 더 이뻐요." 이 문자를 받은 F는 E팀장이 자신의 다리를 보며 즐거워했을 생각에 소름끼쳤다.
>
> ⓔ 출산휴가 후 복귀한 G대리에게 H과장은 "출산한 거 맞아? 몸매가 더 좋아졌어."라고 하자, G는 내심 기분이 좋았지만, 쑥스러워 "과장님, 그런 말 마세요."라고 하였다.

① ⓒ
② ⓔ
③ ⊙, ⓒ
④ ⓛ, ⓔ
⑤ ⓒ, ⓔ

14 다음 사례에 나타나는 H대리에게 필요한 직업윤리로 가장 적절한 것은?

> H대리는 늦잠을 자서 약속시간을 지키기가 빠듯했고, 결국은 과속으로 경찰에 단속되었다.
>
> 경찰 : 안녕하세요. 제한속도 60km 이상 과속하셨습니다.
> H대리 : 어머님이 위독하다는 연락을 받고 경황이 없어서 그랬습니다.
> 경찰 : 그래도 과속하셨습니다. 벌점 15점에 벌금 6만 원입니다.
> H대리 : 이번에 벌점을 받으면 면허정지 됩니다. 한번만 봐주세요.

① 창의력
② 협동심
③ 근면
④ 자주
⑤ 준법

15 근면에는 '외부로부터 강요당한 근면'과 '스스로 자진해서 하는 근면' 두 가지가 있다. 다음 〈보기〉 중에서 '스스로 자진해서 하는 근면'으로 옳은 것을 모두 고르면?

> **보기**
>
> ㉠ 생계를 유지하기 위해 기계적으로 작업장에서 하는 일
> ㉡ 승진을 위해 외국어를 열심히 공부하는 일
> ㉢ 상사의 명령에 의해 하는 야근
> ㉣ 영업사원이 실적향상을 위해 노력하는 일

① ㉠, ㉡   ② ㉠, ㉢
③ ㉡, ㉢   ④ ㉡, ㉣
⑤ ㉢, ㉣

16 다음 중 성실에 대한 설명으로 적절하지 않은 것은?

① "최고보다는 최선을 꿈꾸어라."라는 말은 성실의 중요성을 이야기한다.
② "천재는 1퍼센트의 영감과 99퍼센트의 노력으로 만들어진다."라는 말 역시 성실의 중요성을 이야기한다.
③ 성실은 일관하는 마음과 정성의 덕이다.
④ 직업의 종류에 따라 성실한 태도로 일하는 것이 좋지 않을 수 있다.
⑤ 장기적이고 가치 있는 생활을 하기 위해서는 성실함이 필요하다.

17 다음 중 정보의 효과적인 사용 절차로 가장 적절한 것은?

① 기획 → 관리 → 수집 → 활용

② 수집 → 관리 → 기획 → 활용

③ 기획 → 수집 → 관리 → 활용

④ 수집 → 기획 → 관리 → 활용

⑤ 관리 → 수집 → 기획 → 활용

18 다음은 기획안을 제출하기 위한 정보수집 전에 어떠한 정보를 어떻게 수집할지에 대한 '정보의 전략적 기획'의 사례이다. A사원에게 필요한 정보에 대한 설명으로 적절하지 않은 것은?

> H전자의 A사원은 상사로부터 세탁기 신상품에 대한 기획안을 제출하라는 업무를 받았다. 먼저 A사원은 기획안을 작성하기 위해 자신에게 어떠한 정보가 필요한지를 생각해 보았다. 개발하려는 세탁기 신상품의 컨셉은 중년층을 대상으로 하며, 실용적이고 경제적이며 조작하기 쉽다는 점을 대표적인 특징으로 삼고 있다.

① 기존에 세탁기를 구매한 고객들의 데이터베이스로부터 정보가 필요할 수 있을 것이다.

② 현재 고객들이 세탁기를 사용하면서 불편한 점은 무엇인지에 대한 정보가 필요할 것이다.

③ 데이터베이스로부터 남녀별 세탁기 선호 디자인에 대한 정보가 필요할 것이다.

④ 고객들의 세탁기에 대한 부담 가능 금액이 얼마인지에 대한 정보도 필요할 것이다.

⑤ 데이터베이스를 통해 중년층이 선호하는 디자인이나 색은 무엇인지에 대한 정보도 얻을 수 있으면 좋을 것이다.

※ 다음은 H공단 조직도의 일부이다. 이를 참고하여 이어지는 질문에 답하시오. [19~20]

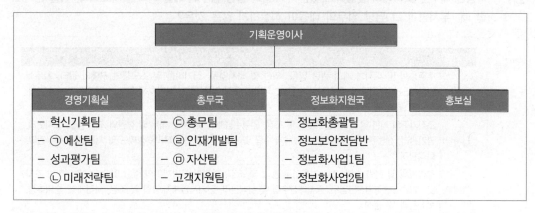

19 다음 중 H공단의 각 부서와 업무 간의 연결이 적절하지 않은 것은?

① ㉠ : 수입·지출 예산 편성 및 배정 관리

② ㉡ : 공단사업 관련 연구과제 개발 및 추진

③ ㉢ : 복무관리 및 보건·복리 후생

④ ㉣ : 임직원 인사, 상훈, 징계

⑤ ㉤ : 예산집행 조정, 통제 및 결산 총괄

20 다음 중 정보보안전담반의 업무로 적절하지 않은 것은?

① 정보보안기본지침 및 개인정보보호지침 제·개정 관리

② 직원 개인정보보호 의식 향상 교육

③ 개인정보종합관리시스템 구축·운영

④ 정보보안 및 개인정보보호 계획수립

⑤ 전문자격 출제정보시스템 구축·운영

21 다음은 대부분 조직에서 활용하고 있는 부서명과 담당 업무의 예를 나타낸 자료이다. 이를 근거로 할 때, 부서명과 그 담당 업무의 내용이 적절하지 않은 것은?

부서명	담당 업무
총무부	주주총회 및 이사회 개최 관련 업무, 의전 및 비서업무, 집기비품 및 소모품의 구매와 관리, 사무실 임차 및 관리, 차량 및 통신시설의 운영, 국내외 출장 업무 협조, 복리후생 업무, 법률자문과 소송관리, 사내외 홍보 광고업무
인사부	조직기구의 개편 및 조정, 업무분담 및 조정, 인력수급계획 및 관리, 직무 및 정원의 조정 종합, 노사관리, 평가관리, 상벌관리, 인사발령, 교육체계 수립 및 관리, 임금제도, 복리후생제도 및 지원업무, 복무관리, 퇴직관리
기획부	경영계획 및 전략 수립, 전사기획업무 종합 및 조정, 중장기 사업계획의 종합 및 조정, 경영정보 조사 및 기획보고, 경영진단업무, 종합예산수립 및 실적관리, 단기사업계획 종합 및 조정, 사업계획, 손익추정, 실적관리 및 분석
회계부	회계제도의 유지 및 관리, 재무상태 및 경영실적 보고, 결산 관련 업무, 재무제표 분석 및 보고, 법인세, 부가가치세, 국세 지방세 업무자문 및 지원, 보험가입 및 보상업무, 고정자산 관련 업무
영업부	판매 계획, 판매예산의 편성, 시장조사, 광고 선전, 견적 및 계약, 제조지시서의 발행, 외상매출금의 청구 및 회수, 제품의 재고 조절, 거래처로부터의 불만처리, 제품의 사후관리, 판매원가 및 판매가격의 조사 검토

① 사옥 이전에 따른 이전 비용 산출과 신사옥 입주를 대내외에 홍보해야 할 업무는 기획부 소관 업무이다.

② 작년 판매분 중 일부 제품에 하자가 발생하여 고객의 클레임을 접수하고 하자보수 등의 처리를 담당하는 것은 영업부의 주도적인 역할이다.

③ 회사의 지속가능경영보고서에 수록되어 주주들에게 배포될 경영실적 관련 자료를 준비하느라 회계부 직원들은 연일 야근 중이다.

④ 사무실 이전 계획에 따른 새로운 사무실의 층간 배치와 해당 위치별 공용 사무용기 분배 관련 작업은 총무부에서 실시한다.

⑤ 지난달 퇴직자의 퇴직급여 수령액에 문제가 있어 인사부 직원은 회사 퇴직급여 규정을 찾아보고 정정 사항을 바로잡았다.

22 다음은 H회사의 직무전결표의 일부분이다. 이에 따라 문서를 처리하였다고 할 때 옳지 않은 것은?

직무내용	대표이사	위임 전결권자		
		전무	이사	부서장
정기 월례 보고				○
각 부서장급 인수인계		○		
3천만 원 초과 예산 집행	○			
3천만 원 이하 예산 집행		○		
각종 위원회 위원 위촉	○			
해외 출장			○	

① 인사부장의 인수인계에 관하여 전무에게 결재받은 후 시행하였다.
② 인사징계위원회 위원을 위촉하기 위하여 대표이사 부재중에 전무가 전결하였다.
③ 영업팀장의 해외 출장을 위하여 이사에게 사인을 받았다.
④ 3천만 원에 해당하는 물품 구매를 위하여 전무 전결로 처리하였다.
⑤ 정기 월례 보고서를 작성한 후 부서장의 결재를 받았다.

23 다음 회의록을 참고할 때, 고객지원팀의 강대리가 해야 할 일로 옳지 않은 것은?

〈회의록〉			
회의일시	2023년 ○○월 ○○일	부서	기획팀, 시스템개발팀, 고객지원팀
참석자	기획팀 김팀장, 박대리 / 시스템개발팀 이팀장, 김대리 / 고객지원팀 유팀장, 강대리		
회의안건	홈페이지 내 이벤트 신청 시 발생하는 오류로 인한 고객 불만에 따른 대처방안		
회의내용	• 홈페이지 고객센터 게시판 내 이벤트 신청 오류 관련 불만 글 확인 • 이벤트 페이지 내 오류 발생 원인에 대한 확인 필요 • 상담원의 미숙한 대응으로 고객들의 불만 증가(대응 매뉴얼 부재) • 홈페이지 고객센터 게시판에 사과문 게시 • 고객 불만 대응 매뉴얼 작성 및 이벤트 신청 시스템 개선 • 추후 유사한 이벤트 기획 시 기획안 공유 필요		

① 민원 처리 및 대응 매뉴얼 작성
② 상담원 대상으로 CS 교육 실시
③ 홈페이지 내 사과문 게시
④ 오류 발생 원인 확인 및 신청 시스템 개선
⑤ 고객센터 게시판 모니터링

24 다음 글의 빈칸 ㉠ ~ ㉢에 들어갈 접속어를 순서대로 바르게 나열한 것은?

> 동물들의 행동을 잘 살펴보면 동물들도 우리가 사용하는 말 못지않은 의사소통 수단을 가지고 있는 듯이 보인다. ㉠ 동물들도 여러 가지 소리를 내거나 몸짓을 함으로써 자신들의 감정과 기분을 나타낼 뿐 아니라 경우에 따라서는 인간과 다를 바 없이 의사를 교환하고 있는 듯하다. ㉡ 그것은 단지 겉모습의 유사성에 지나지 않을 뿐이고 사람의 말과 동물의 소리에는 아주 근본적인 차이가 존재한다는 점을 잊어서는 안 된다. 동물들이 사용하는 소리는 단지 배고픔이나 고통 같은 생물학적인 조건에 대한 반응이거나, 두려움이나 분노 같은 본능적인 감정들을 표현하기 위한 것에 지나지 않는다. ㉢ 동물들이 내는 소리가 때때로 의사소통의 수단으로 이용된다고 해서 그것을 대화나 토론이나 회의와 같은 언어활동이라고 할 수는 없다.

	㉠	㉡	㉢
①	즉	하지만	그러나
②	즉	그래서	그리고
③	즉	그러나	따라서
④	하지만	즉	따라서
⑤	그런데	즉	그리고

※ 다음은 신재생에너지 공급량 현황에 대한 자료이다. 이를 참고하여 이어지는 질문에 답하시오. [25~26]

〈신재생에너지 공급량 현황〉

(단위 : 천TOE)

구분	2014년	2015년	2016년	2017년	2018년	2019년	2020년	2021년	2022년
총 공급량	5,608.8	5,858.4	6,086.2	6,856.2	7,582.7	8,850.7	9,879.3	11,537.3	13,286.0
태양열	29.4	28.0	30.7	29.3	27.4	26.3	27.8	28.5	28.0
태양광	15.3	61.1	121.7	166.2	197.2	237.5	344.5	547.4	849.0
바이오	370.2	426.8	580.4	754.6	963.4	1,334.7	1,558.5	2,822.0	2,766.0
폐기물	4,319.3	4,568.6	4,558.1	4,862.3	5,121.5	5,998.5	6,502.4	6,904.7	8,436.0
수력	780.9	660.1	606.6	792.3	965.4	814.9	892.2	581.2	454.0
풍력	80.8	93.7	147.4	175.6	185.5	192.7	242.4	241.8	283.0
지열	11.1	15.7	22.1	33.4	47.8	65.3	87.0	108.5	135.0
수소 · 연료전지	1.8	4.4	19.2	42.3	63.3	82.5	122.4	199.4	230.0
해양	–	–	–	0.2	11.2	98.3	102.1	103.8	105.0

25 다음 중 자료에 대한 설명으로 옳지 않은 것은?

① 2017년 수력을 통한 신재생에너지 공급량은 같은 해 바이오와 태양열을 통한 공급량의 합보다 크다.

② 폐기물을 통한 신재생에너지 공급량은 매년 증가하였다.

③ 2017년부터 수소 · 연료전지를 통한 신재생에너지 공급량은 지열을 통한 공급량을 추월하였다.

④ 2017년부터 꾸준히 공급량이 증가한 신재생에너지는 5가지이다.

⑤ 2014년도에 비해 2022년도에 공급량이 감소한 신재생에너지는 2가지이다.

26 다음 중 전년 대비 2016 ~ 2020년의 신재생에너지 총 공급량의 증가율이 가장 큰 해는?(단, 증가율은 소수점 둘째 자리에서 반올림한다)

① 2016년　　　　　　　　　② 2017년

③ 2018년　　　　　　　　　④ 2019년

⑤ 2020년

※ H사원은 그 날의 날씨와 평균기온을 고려하여 다음 〈조건〉에 따라 자신이 마실 음료를 고른다. 다음은 음료의 메뉴판과 이번 주 일기예보이다. 이를 참고하여 이어지는 질문에 답하시오. [27~28]

〈메뉴판〉

(단위 : 원)

커피류			차 및 에이드류		
구분	작은 컵	큰 컵	구분	작은 컵	큰 컵
아메리카노	3,900	4,300	자몽에이드	4,200	4,700
카페라테	4,400	4,800	레몬에이드	4,300	4,800
바닐라라테	4,600	5,000	자두에이드	4,500	4,900
카페모카	5,000	5,400	밀크티	4,300	4,800

〈이번 주 일기예보〉

구분	7월 22일 토요일	7월 23일 일요일	7월 24일 월요일	7월 25일 화요일	7월 26일 수요일	7월 27일 목요일	7월 28일 금요일
날씨	흐림	맑음	맑음	흐림	비	비	맑음
평균기온	24℃	26℃	28℃	27℃	27℃	25℃	26℃

조건

• H사원은 맑거나 흐린 날에는 차 및 에이드류를 고르고, 비가 오는 날에는 커피류를 고른다.
• 평균기온이 26℃ 미만인 날에는 작은 컵으로, 26℃ 이상인 날은 큰 컵으로 음료를 고른다.
• 커피를 고르는 날 중 평균기온이 25℃ 미만인 날은 아메리카노를, 25℃ 이상, 27℃ 미만인 날은 바닐라라 테를, 27℃인 날은 카페라테를, 28℃ 이상인 날은 카페모카를 고른다.
• 차 및 에이드류를 고르는 날 중 평균기온이 27℃ 미만인 날은 자몽에이드를, 27℃ 이상인 날은 자두에이 드를 고른다. 단, 비가 오지 않는 화요일과 목요일에는 반드시 밀크티를 고른다.

27 오늘이 7월 25일이라고 할 때, 다음 중 H사원이 내일 고를 음료로 옳은 것은?

① 아메리카노 큰 컵 ② 카페라테 큰 컵
③ 바닐라라테 작은 컵 ④ 카페모카 큰 컵
⑤ 자두에이드 작은 컵

28 H사원은 7월 24일에 직장동료인 A사원에게 음료를 사주고자 한다. A사원에게는 자신이 전날 마신 음료와 같은 종류의 음료를 사 준다고 할 때, 다음 중 H사원이 음료 두 잔을 주문하며 지불할 금액으로 옳은 것은?

① 9,000원 ② 9,200원
③ 9,400원 ④ 9,600원
⑤ 9,800원

29 다음의 대화에서 A대리가 저지른 전화 예절 실수로 가장 적절한 것은?

> A대리 : 안녕하세요. H출판부 A대리입니다. 무엇을 도와드릴까요?
> B부장 : 아, A대리! 나 영업부 B부장이네.
> A대리 : (펜과 메모지를 준비한다) 네! B부장님, 안녕하세요. 어떤 일로 전화 주셨습니까?
> B부장 : 다음 달에 예정되어 있는 신간도서 계획서를 좀 보고 싶어서 말이야.
> A대리 : 네, 부장님. 지금 바로 준비해서 갖다 드리겠습니다.
> B부장 : 고맙네. 이따 보지.
> A대리 : 네! 이만 전화 끊겠습니다.

① 언제나 펜과 메모지를 곁에 두어 메시지를 받아 적을 수 있도록 한다.

② 전화 받은 사람이 누구인지를 즉시 말한다.

③ 통화를 마칠 때, 전화를 건 상대방에게 감사의 표시를 한다.

④ 천천히, 명확하게 예의를 갖추고 말한다.

⑤ 말을 할 때 상대방의 이름을 함께 사용한다.

30 다음 중 H씨에게 해 줄 수 있는 조언으로 가장 적절한 것은?

> 현재 군인이 되기 위해 준비 중인 H씨는 요즘 들어 고민에 빠져 있다. 자신의 윤리적 입장에서 생각해 보았을 때 타인에 대한 물리적 행사(폭력)는 절대 금지되어 있다고 생각하지만, 군인의 입장에서는 필요한 경우 물리적 행사가 허용된다는 점이 마음에 걸리는 것이다.

① 업무수행상 모든 행동에 있어 개인의 양심에 따라 행동하는 것이 중요하다.

② 군인은 하나의 직업이기 때문에 기본적인 윤리기준은 무시할 필요가 있다.

③ 업무수행상에서 개인윤리와 직업윤리가 충돌할 경우 직업윤리를 우선하여야 한다.

④ 업무 중 상대방의 입장에서 생각해 보고 본인의 행동을 결정해야 한다.

⑤ 도덕적인 원리를 사회 제도가 아니라 개인의 생활에 적용하는 것이 중요하다.

31 다음 중 직업에서의 근면의식의 표출로 적절하지 않은 것은?

① 외부로부터 강요당한 근면은 노동 행위에 즐거움을 주지 못한다.

② 직업의 현장에서는 능동적인 자세로 임해야 한다.

③ 노동 현장에서 보수나 진급이 보장되지 않으면 일을 적게 하는 것이 중요하다.

④ 즐거운 마음으로 시간을 보내면 궁극적으로 우리의 건강이 증진된다.

⑤ 일에 지장이 없도록 항상 건강관리에 유의하며, 주어진 시간 내에는 최선을 다한다.

32 A~E 다섯 명이 〈조건〉에 따라 일렬로 나란히 자리에 앉는다고 할 때, 다음 중 옳은 것은?

> **조건**
> • A~E 다섯 명의 자리는 우리가 바라보는 방향을 기준으로 한다.
> • 자리의 순서는 왼쪽을 기준으로 한다.
> • D는 A의 바로 왼쪽에 앉는다.
> • B와 D 사이에는 C가 앉는다.
> • A는 마지막 자리에 앉지 않는다.
> • A와 B 사이에는 C가 앉는다.
> • B는 E의 바로 오른쪽에 앉는다.

① D는 두 번째 자리에 앉을 수 있다.

② E는 네 번째 자리에 앉을 수 있다.

③ C는 두 번째 자리에 앉을 수 있다.

④ C는 E의 오른쪽에 앉을 수 있다.

⑤ C는 A의 바로 왼쪽에 앉을 수 있다.

33 H공사에서는 김대리, 이대리, 박대리, 최대리, 한대리, 임대리 중 몇 명을 과장으로 승진시키려고 한다. 최대리가 승진하였다면, 다음 〈조건〉에 따를 때 승진하는 대리는 총 몇 명인가?

> **조건**
> • 김대리가 승진하면 박대리도 승진한다.
> • 최대리가 승진하면 박대리와 이대리는 승진하지 못한다.
> • 임대리가 승진하지 못하면 최대리도 승진하지 못한다.
> • 한대리가 승진하지 못하면 김대리는 승진한다.

① 1명 ② 2명

③ 3명 ④ 4명

⑤ 5명

34 H공사는 A시와 함께 4차 산업혁명 대비 청년고용지원정책 학술대회를 개최하고자 한다. 학술대회 프로그램과 기념품별 단가 및 제공대상은 다음과 같을 때, 기념품 제작에 필요한 총 비용으로 옳은 것은?

〈4차 산업혁명 대비 청년고용지원정책 학술대회〉

시간	프로그램		비고
13:00 ~ 13:30	개회식 축사		A시 부시장 갑
13:40 ~ 14:20	강연	4차 산업혁명과 노동시장	B대학교 교수 을
14:30 ~ 15:10		공공부문주도 고용촉진	C대학교 교수 병
15:20 ~ 16:00		진화하는 고용정책	A시 공무원 정
16:10 ~ 19:00	발표회		25명(참가자)
19:00 ~ 20:10	만찬		–
20:20 ~ 21:00	시상식		대상 1명, 금상 1명, 은상 1명, 동상 2명

※ 주어진 자료에 언급되지 않은 참석자는 없다.
※ 축사나 강연을 한 연사는 참가자에 포함되지 않는다.

〈기념품별 단가 및 제공대상〉

품목	단가	제공대상
대상 트로피	98,000원/개	대상 수상자
금상 트로피	82,000원/개	금상 수상자
은상 트로피	76,000원/개	은상 수상자
동상 트로피	55,000원/개	동상 수상자
머그컵	5,500원/개	연사 전원, 수상자 전원
손수건	3,200원/개	연사 전원, 참가자 전원
에코백	2,400원/장	참가자 전원

① 501,250원
② 525,750원
③ 546,600원
④ 568,300원
⑤ 584,200원

35 H씨는 이번에 새로 산 노트북의 사양을 알아보기 위해 [제어판]의 [시스템]을 열어 보았다. 다음 중 H씨의 노트북 사양에 대한 설명으로 옳지 않은 것은?

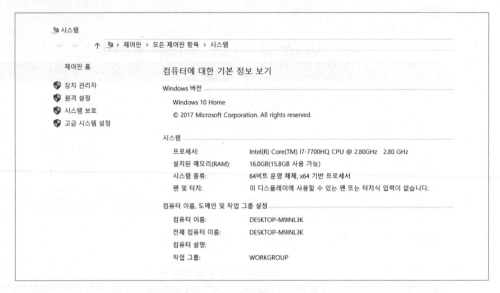

① 그래픽카드는 i7 – 7700HQ 모델이 설치되어 있다.

② OS는 Windows 10 Home이 설치되어 있다.

③ 설치된 RAM의 용량은 16GB이다.

④ Window 운영체제는 64비트 시스템이 설치되어 있다.

⑤ 컴퓨터의 이름은 DESKTOP – M9INL3K로 설정되어 있다.

36 H사원은 엑셀을 활용하여 자료를 정리하려고 한다. 다음 중 함수식의 결괏값으로 옳지 않은 것은?

	A	B	C	D	E	F
1						
2		120	200	20	60	
3		10	60	40	80	
4		50	60	70	100	
5						
6		함수식			결괏값	
7		=MAX(B2:E4)			A	
8		=MODE(B2:E4)			B	
9		=LARGE(B2:E4,3)			C	
10		=COUNTIF(B2:E4,E4)			D	
11		=ROUND(B2,−1)			E	
12						

① A = 200
② B = 60
③ C = 100
④ D = 1
⑤ E = 100

37 다음 사례 중 경영활동의 수행으로 옳지 않은 것은?

(가) 다음 시즌 우승을 목표로 해외 전지훈련에 참여하여 열심히 구슬땀을 흘리고 있는 선수단과 전지훈련을 운영하는 구단 직원들

(나) 뜻을 같이하는 동료들과 함께 매주 자발적인 참여로 어려운 이웃을 찾아다니며 봉사활동을 펼치고 있는 A씨

(다) 교육지원대대장으로서 사병들의 교육이 원활히 진행될 수 있도록 훈련장 관리와 유지에 최선을 다하고 있는 B대령과 참모진

(라) 영화 촬영을 앞두고 시나리오와 제작 콘셉트를 회의하기 위해 모인 감독 및 스태프와 출연 배우들

(마) 대기업을 그만두고 가족들과 함께 조그만 무역회사를 차려 손수 제작한 밀짚 가방을 동남아로 수출하고 있는 C씨

① (가)
② (나)
③ (다)
④ (라)
⑤ (마)

38 다음은 2018년부터 2022년까지의 생활 폐기물 처리 현황에 대한 자료이다. 이에 대한 설명으로 옳지 않은 것은?(단, 비율은 소수점 둘째 자리에서 반올림한다)

〈생활 폐기물 처리 현황〉

(단위 : 톤)

처리방법	2018년	2019년	2020년	2021년	2022년
매립	9,471	8,797	8,391	7,613	7,813
소각	10,309	10,609	11,604	12,331	12,648
재활용	31,126	29,753	28,939	29,784	30,454
합계	50,906	49,159	48,934	49,728	50,915

① 생활 폐기물 처리방법 중 재활용 비율이 매년 가장 높다.

② 전년 대비 소각의 증가율은 2020년이 2021년보다 2배 이상이다.

③ 2018 ~ 2022년의 소각 대비 매립의 비율은 60% 이상이다.

④ 생활 폐기물 처리방법 중 매립은 2018년부터 2021년까지 계속 감소하고 있다.

⑤ 생활 폐기물 처리방법 중 2022년의 전체 대비 재활용 비율은 2018년의 전체 대비 소각 비율의 3배보다 작다.

39 다음 글의 내용으로 가장 적절한 것은?

쿤이 말하는 과학혁명의 과정을 명확하게 하기 위해 세 가지 질문을 던져 보자. 첫째, 새 이론을 제일 처음 제안하고 지지하는 소수의 과학자들은 어떤 이유에서 그렇게 하는가? 기존 이론이 이상 현상 때문에 위기에 봉착했다고 판단했기 때문이다. 기존 이론은 이미 상당한 문제 해결 능력을 증명한 바 있다. 다만 기존 이론이 몇 가지 이상 현상을 설명할 능력이 없다고 판단한 과학자들이 나타났을 뿐이다. 이런 과학자들 중 누군가가 새 이론을 처음 제안했을 때 기존 이론을 수용하고 있는 과학자 공동체는 새 이론에 호의적이지 않을 것이다. 당장 새 이론이 기존 이론보다 더 많은 문제를 해결할 리가 없기 때문이다. 그럼에도 불구하고 기존 이론이 설명하지 못하는 이상 현상을 새 이론이 설명한다는 것이 과학혁명의 출발점이다.

둘째, 다른 과학자들은 어떻게 기존 이론을 버리고 새로 제안된 이론을 선택하는가? 새 이론은 여전히 기존 이론보다 문제 해결의 성과가 부족하다. 하지만 선구적인 소수 과학자들의 연구활동과 그 성과에 자극을 받아 새 이론을 선택하는 과학자들은 그것이 앞으로 점점 더 많은 문제를 해결하리라고, 나아가 기존 이론의 문제 해결 능력을 능가하리라고 기대한다. 이러한 기대는 이론의 심미적 특성 같은 것에 근거한 주관적 판단이고, 그와 같은 판단은 개별 과학자의 몫이다. 물론 이러한 기대는 좌절될 수도 있고, 그 경우 과학혁명은 좌초된다.

셋째, 과학혁명이 일어날 때 과학자 공동체가 기존 이론을 버리고 새 이론을 선택하도록 하는 결정적인 요인은 무엇인가? 이 물음에서 선택의 주체는 더 이상 개별 과학자가 아니라 과학자 공동체이다. 하지만 과학자 공동체는 결국 개별 과학자들로 이루어져 있다. 그렇다면 문제는 과학자 공동체를 구성하는 과학자들이 어떻게 이론을 선택하는가이다. 하지만 이 단계에서 모든 개별 과학자들의 선택 기준은 더 이상 새 이론의 심미적 특성이나 막연한 기대가 아니다. 과학자들은 새 이론이 해결하는 문제의 수와 범위가 기존 이론의 그것보다 크다고 판단할 경우 새 이론을 선택할 것이다. 과학자 공동체의 대다수 과학자들이 이렇게 판단하게 되면 그것은 과학자 공동체가 새 이론을 선택한 것이고, 이로써 쿤이 말하는 과학혁명이 완성되는 것이다.

① 과학혁명의 초기 과정은 소수의 과학자들이 문제 해결의 성과가 큰 새 이론을 선택하는 것이다.

② 기존 이론과 새 이론이 어떤 현상을 모두 설명하면 과학자들은 새 이론을 선택할 확률이 높다.

③ 과학혁명의 계기는 기존의 이론이 설명하지 못하는 현상이 존재할 때이다.

④ 과학자들은 어떤 이론을 판단할 때 심미적 특성과 같은 주관적 판단을 철저히 배제한다.

⑤ 과학자 공동체의 움직임은 권위 있는 과학자들의 의견에 따른 것이기 때문에 개별 과학자들의 입장과 차이가 있다.

40 다음은 서울 및 수도권 지역의 가구를 대상으로 난방방식 현황 및 난방연료 사용현황을 조사한 자료이다. 이에 대한 설명으로 옳은 것은?

〈난방방식 현황〉

(단위 : %)

종류	서울	인천	경기남부	경기북부	전국 평균
중앙난방	22.3	13.5	6.3	11.8	14.4
개별난방	64.3	78.7	26.2	60.8	58.2
지역난방	13.4	7.8	67.5	27.4	27.4

※ 경기지역은 남부와 북부로 나눠 조사함

〈난방연료 사용현황〉

(단위 : %)

종류	서울	인천	경기남부	경기북부	전국 평균
도시가스	84.5	91.8	33.5	66.1	69.5
LPG	0.1	0.1	0.4	3.2	1.4
등유	2.4	0.4	0.8	3.0	2.2
열병합	12.6	7.4	64.3	27.1	26.6
기타	0.4	0.3	1.0	0.6	0.3

① 경기북부의 경우 도시가스를 사용하는 가구 수가 등유를 사용하는 가구 수의 30배 이상이다.

② 서울과 인천에서는 난방연료 중 등유를 사용하는 비율이 가장 낮다.

③ 지역난방을 사용하는 가구 수는 서울이 인천의 약 1.7배이다.

④ 경기지역은 남부가 북부보다 지역난방을 사용하는 비율이 낮다.

⑤ 경기남부의 가구 수가 경기북부의 가구 수의 2배라면, 경기지역에서 개별난방을 사용하는 가구 수의 비율은 약 37.7%이다.

41 H사는 2023년 신입사원을 채용하려고 한다. 최종 관문인 협동심 평가는 이전 전형까지 통과한 지원자 A ~ D 4명이 한 팀이 되어 역할을 나누고, 주방에서 제한시간 내에 하나의 요리를 만드는 것이다. 재료손질, 요리보조, 요리, 세팅 및 정리, 총 4개의 역할이 있고, 협동심 평가 후 지원자별 기존 성적에 가산점을 더하여 최종 점수를 계산해 채용하려고 한다. 다음 〈조건〉에 따라 평가를 진행할 때, 지원자들의 의견을 모두 수렴하여 선정한 역할을 순서대로 바르게 나열한 것은?

〈지원자별 성적 분포〉

(단위 : 점)

A지원자	B지원자	C지원자	D지원자
90	95	92	97

〈역할 가산점〉

(단위 : 점)

재료손질	요리보조	요리	세팅 및 정리
5	3	7	9

※ 협동심 평가의 각 역할은 한 명만 수행할 수 있다.

조건

- C지원자는 주부습진이 있어 재료손질 역할을 원하지 않는다.
- A지원자는 깔끔한 성격으로 세팅 및 정리 역할을 원한다.
- D지원자는 손재주가 없어 재료손질 역할을 원하지 않는다.
- B지원자는 적극적인 성격으로 어떤 역할이든지 자신 있다.
- 최종점수는 100점을 초과할 수 없다.

	재료손질	요리보조	요리	세팅 및 정리
①	A	D	C	B
②	B	C	D	A
③	B	D	C	A
④	C	A	D	B
⑤	D	C	A	B

42 다음 중 [D2] 셀에 수식 「＝UPPER(TRIM(A2)) & "KR"」을 입력했을 경우 결괏값으로 옳은 것은?

	A	B	C	D
1	도서코드	출판사	출판 연도	변환도서코드
2	mng − 002	대한도서	2022	
3	pay − 523	믿음사	2023	
4	mng − 091	정일도서	2021	

① MNG − 002 − kr ② MNG − KR
③ MNG 002 − KR ④ MNG − 002KR
⑤ MNG − 002

43 다음 워크시트의 [B9] 셀에 함수식 「＝DSUM(A1:C7,C1,A9:A10)」을 입력했을 때, 결괏값으로 옳은 것은?

	A	B	C
1	성명	직급	상여금
2	장기동	과장	1,200,000
3	이승연	대리	900,000
4	김영신	차장	1,300,000
5	공경호	대리	850,000
6	표나리	사원	750,000
7	한미연	과장	950,000
8			
9	상여금		
10	>=1,000,000		

① 5,950,000 ② 2,500,000
③ 1,000,000 ④ 3,450,000
⑤ 3,500,000

44 다음 글에 제시된 종류의 조직이 가지는 특성으로 가장 적절한 것은?

> H공사의 사내 봉사 동아리에 소속된 70여 명의 임직원이 연탄 나르기 봉사 활동을 펼쳤다. 이날 임직원들은 지역 주민들이 보다 따뜻하게 겨울을 날 수 있도록 연탄 3,000장과 담요를 직접 전달했다. 사내 봉사 동아리에 소속된 김대리는 "매년 진행하는 연말 연탄 나눔 봉사활동을 통해 지역사회에 도움의 손길을 전할 수 있어 기쁘다."라며, "오늘의 작은 손길이 큰 불씨가 되어 많은 분들이 따뜻한 겨울을 보내길 바란다."라고 말했다.

① 인간관계에 따라 형성된 자발적인 조직
② 이윤을 목적으로 하는 조직
③ 규모와 기능 그리고 규정이 조직화되어 있는 조직
④ 조직 구성원들의 행동을 통제할 장치가 마련되어 있는 조직
⑤ 공익을 요구하지 않는 조직

PART 2

45 다음은 어느 상담센터에서 2022년에 실시한 상담가 유형별 가족상담 건수에 대한 자료이다. 이에 근거할 때, 2022년 하반기의 전문상담가에 의한 가족상담 건수로 옳은 것은?

〈2022년 상담가 유형별 가족상담 건수〉

(단위 : 건)

상담가 유형	가족상담 건수
일반상담가	120
전문상담가	60

※ 가족상담은 일반상담가에 의한 가족상담과 전문상담가에 의한 가족상담으로만 구분됨

〈정보〉

• 2022년의 가족상담의 30%는 상반기에, 70%는 하반기에 실시되었다.
• 2022년의 일반상담가에 의한 가족상담의 40%는 상반기에, 60%는 하반기에 실시되었다.

① 38건　　　　　　　　② 40건
③ 48건　　　　　　　　④ 54건
⑤ 56건

46 다음 중 직장생활에서 나타나는 근면한 태도의 성격이 다른 사례로 가장 적절한 것은?

① A씨는 자기 계발을 위해 퇴근 후 컴퓨터 학원에 다니고 있다.

② B씨는 아침 일찍 출근하여 업무 계획을 세우는 것을 좋아한다.

③ C씨는 같은 부서 사원들의 업무 경감을 위해 적극적으로 프로그램을 개발하고 있다.

④ D씨는 다가오는 휴가를 준비하고자 프로젝트 마무리에 최선을 다하고 있다.

⑤ E씨는 상사의 지시로 신제품 출시를 위한 설문조사를 계획하고 있다.

47 다음 규정을 근거로 판단할 때, 〈보기〉에서 옳은 것을 모두 고르면?

> **제1조**
> ① 의회의 정기회는 법률이 정하는 바에 의하여 매년 1회 집회되며, 의회의 임시회는 대통령 또는 의회재적의원 4분의 1 이상의 요구에 의하여 집회된다.
> ② 정기회의 회기는 100일을, 임시회의 회기는 30일을 초과할 수 없다.
> ③ 대통령이 임시회의 집회를 요구할 때에는 기간과 집회요구의 이유를 명시하여야 한다.
> **제2조**
> 의회는 헌법 또는 법률에 특별한 규정이 없는 한 재적의원 과반수의 출석과 출석의원 과반수의 찬성으로 의결한다. 가부동수(可否同數)인 때에는 부결된 것으로 본다.
> **제3조**
> 의회에 제출된 법률안 및 기타의 의안은 회기 중에 의결되지 못한 이유로 폐기되지 아니한다. 다만, 의회의원의 임기가 만료된 때에는 그러하지 아니하다.
> **제4조**
> 부결된 안건은 같은 회기 중에 다시 발의 또는 제출하지 못한다.

> **보기**
> ㄱ. 甲의원이 임시회의 기간과 이유를 명시하여 집회요구를 하는 경우 임시회가 소집된다.
> ㄴ. 정기회와 임시회 회기의 상한일수는 상이하나 의결정족수는 특별한 규정이 없는 한 동일하다.
> ㄷ. 乙의원이 제출한 의안이 계속해서 의결되지 못한 상태에서 乙의원의 임기가 만료되면 이 의안은 폐기된다.
> ㄹ. 임시회에서 丙의원이 제출한 의안이 표결에서 가부동수인 경우, 丙의원은 동일 회기 중에 그 의안을 다시 발의할 수 없다.

① ㄱ, ㄴ   ② ㄱ, ㄷ
③ ㄴ, ㄹ   ④ ㄱ, ㄷ, ㄹ
⑤ ㄴ, ㄷ, ㄹ

48 다음 빈칸에 들어갈 내용으로 가장 적절한 것은?

> 다른 사람의 증언은 얼마나 신뢰할 만할까? 증언의 신뢰성은 두 가지 요인에 의해서 결정된다. 첫 번째 요인은 '증언하는 사람'이다. 만약 증언하는 사람이 거짓말을 자주 해서 신뢰하기 어려운 사람이라면 그의 말의 신뢰성은 떨어질 수밖에 없다. 두 번째 요인은 '증언 내용'이다. 만약 증언 내용이 우리의 상식과 상당히 동떨어져 있어 보인다면 증언의 신뢰성은 떨어질 수밖에 없다. 그렇다면 이 두 요인이 서로 대립하는 경우는 어떨까? 가령 매우 신뢰할 만한 사람이 기적이 일어났다고 증언하는 경우에 우리는 그 증언을 얼마나 신뢰해야 하는가?
> 이 질문에는 '_____'는 원칙을 적용해서 답할 수 있다. 이 원칙을 기적에 대한 증언에 적용시키기 위해서는 먼저 기적에 대해서 생각해 볼 필요가 있다. 기적이란 자연법칙을 위반한 사건이다. 여기서 자연법칙이란 지금까지 우주의 전체 역사에서 일어났던 모든 사건들이 따랐던 규칙이다. 그렇다면 자연법칙을 위반하는 사건, 즉 기적은 아직까지 한 번도 일어나지 않은 사건이다. 한편, 우리는 충분히 신뢰할 만한 사람이 자신의 의지와 무관하게 거짓을 말하는 경우를 이따금 관찰할 수 있다. 따라서 그런 사건이 일어날 확률은 매우 신뢰할 만한 사람이 거짓 증언을 할 확률보다 작을 수밖에 없다. 결국 우리는 기적이 일어났다는 증언을 신뢰해서는 안 된다.

① 어떤 사람이 참인 증언을 할 확률이 그 증언 내용이 실제로 일어날 확률보다 작은 경우에만 증언을 신뢰해야 한다.

② 어떤 사람이 거짓 증언을 할 확률이 그 증언 내용이 실제로 일어날 확률보다 작은 경우에만 증언을 신뢰해야 한다.

③ 어떤 사람이 거짓 증언을 할 확률이 그 증언 내용이 실제로 일어나지 않을 확률보다 작은 경우에만 증언을 신뢰해야 한다.

④ 어떤 사람이 제시한 증언 내용이 일어날 확률이 그것이 일어나지 않을 확률보다 더 큰 경우에만 그 증언을 신뢰해야 한다.

⑤ 어떤 사람이 제시한 증언 내용이 일어날 확률이 그것이 일어나지 않을 확률보다 더 작은 경우에만 그 증언을 신뢰해야 한다.

상업적 농업이란 전통적인 자급자족 형태의 농업과 달리 ㉠ 판매를 위해 경작하는 농업을 일컫는다. 농업이 상업화된다는 것은 산출할 수 있는 최대의 수익을 얻기 위해 경작이 이루어짐을 뜻한다. 이를 위해 쟁기질, 제초작업 등과 같은 생산 과정의 일부를 인간보다 효율이 높은 기계로 작업하게 되고, 농장에서 일하는 노동자도 다른 산업 분야처럼 경영상의 이유에 따라 쉽게 고용되고 해고된다. 이처럼 상업적 농업의 도입은 근대 사회의 상업화를 촉진한 측면이 있다.

홉스봄은 18세기 유럽에 상업적 농업이 도입되면서 일어난 몇 가지 변화에 주목했다. 중세 말기 장원의 해체로 인해 지주와 소작인 간의 인간적이었던 관계가 사라진 것처럼, ㉡ 농장주와 농장 노동자의 친밀하고 가까웠던 관계가 상업적 농업의 도입으로 인해 사라졌다는 것이다. 토지는 삶의 터전이라기보다는 수익의 원천으로 여겨지기 시작했고, 농장 노동자는 시세대로 고용되어 임금을 받는 존재로 변화하였다. 결국 대량 판매 시장을 위한 ㉢ 대규모 생산이 점점 더 강조되면서 기계가 인간을 대체하기 시작했다.

또한 상업적 농업의 도입은 중요한 사회적 결과를 가져왔다. 점차적으로 ㉣ 중간 계급으로의 수렴현상이 나타난 것이다. 저임금 구조의 고착화로 농장주와 농장 노동자 간의 소득 격차는 갈수록 벌어졌고, 농장 노동자의 처지는 위생과 복지의 양 측면에서 이전보다 더욱 열악해졌다.

나아가 상업화로 인해 그동안 호혜성의 원리가 적용되어 왔던 대상들의 성격이 변화하였는데, 특히 돈과 관련된 것, 즉 재산권이 그러했다. 수익을 얻기 위한 토지 매매가 본격화되면서 ㉤ 재산권은 공유되기보다는 개별화되었다. 이에 따라 이전에 평등주의 가치관이 우세했던 일부 유럽 국가에서조차 자원의 불평등한 분배와 사회적 양극화가 심화되었다.

① ㉠을 '개인적인 소비를 위해 경작하는 농업'으로 고친다.
② ㉡을 '사용 관계에 가까웠던 농장주와 농장 노동자의 이질적인 관계'로 고친다.
③ ㉢을 '기술적 전문성이 점점 더 강조되면서 인간이 기계를 대체'로 고친다.
④ ㉣을 '계급의 양극화가 나타난 것이다.'로 고친다.
⑤ ㉤을 '재산권은 개별화되기보다는 사회 구성원 내에서 공유되었다.'로 고친다.

50 H회사의 A사원은 회의가 길어져 편의점에서 간식을 사오려고 한다. 회의에 참석한 11명 모두에게 햄버거와 음료수 하나씩을 주려고 할 때, 다음 중 총 금액을 최소화할 수 있는 방법으로 옳은 것은?(단, 모든 사람이 같은 메뉴를 먹을 필요는 없다)

구분	종류	가격	특징
햄버거	치킨버거	2,300원	2개 구매 시, 그중 1개는 30% 할인
	불고기버거	2,300원	3개 구매 시, 물 1병 증정
	치즈버거	2,000원	–
음료수	보리차	1,100원	2병 구매 시, 추가로 1병 무료 증정
	물	800원	–
	오렌지주스	1,300원	4병 구매 시, 추가로 2병 무료 증정
	포도주스	1,400원	치즈버거 개수만큼 포도주스 병당 40% 할인

① 치킨버거 10개, 치즈버거 1개, 보리차 9병, 물 2병

② 치킨버거 8개, 불고기버거 3개, 보리차 6병, 오렌지주스 4병, 물 1병

③ 불고기버거 9개, 치즈버거 2개, 보리차 6병, 물 3병, 포도주스 2병

④ 불고기버거 6개, 치즈버거 5개, 보리차 3병, 물 3병, 포도주스 5병

⑤ 치즈버거 11개, 포도주스 11개

※ 다음 자료는 제습기 사용과 보증기간에 대한 설명서이다. 이를 읽고 이어지는 질문에 답하시오. **[46~47]**

〈사용 전 알아 두기〉

- 제습기의 적정 사용온도는 18 ~ 35℃입니다.
  - 18℃ 미만에서는 냉각기에 결빙이 시작되어 제습량이 줄어들 수 있습니다.
- 제습 운전 중에는 컴프레서 작동으로 실내 온도가 올라갈 수 있습니다.
- 설정한 희망 습도에 도달하면 운전을 멈추고 실내 습도가 높아지면 자동 운전을 다시 시작합니다.
- 물통이 가득 찰 경우 제습기 작동이 멈춥니다.
- 안전을 위하여 제습기 물통에 다른 물건을 넣지 마십시오.
- 제습기가 작동하지 않거나 아무 이유 없이 작동을 멈추는 경우 다음 사항을 확인하세요.
  - 전원플러그가 제대로 끼워져 있는지 확인하십시오.
  - 위의 사항이 정상인 경우, 전원을 끄고 10분 정도 경과 후 다시 전원을 켜세요.
  - 여전히 작동이 안 되는 경우, 판매점 또는 서비스 센터에 연락하시기 바랍니다.
- 현재 온도 / 습도는 설치장소 및 주위 환경에 따라 실제와 차이가 있을 수 있습니다.

〈보증기간 안내〉

- 품목별 소비자 피해 보상규정에 의거 아래와 같이 제품에 대한 보증을 실시합니다.
- 보증기간 산정 기준
  - 제품 보증기간이라 함은 제조사 또는 제품 판매자가 소비자에게 정상적인 상태에서 자연 발생한 품질 성능 기능 하자에 대하여 무료로 수리해 주겠다고 약속한 기간을 말합니다.
  - 제품 보증기간은 구입일자를 기준으로 산정하며 구입일자의 확인은 제품보증서를 기준으로 합니다. 단, 보증서가 없는 경우는 제조일(제조번호, 검사필증)로부터 3개월이 경과한 날부터 보증기간을 계산합니다.
  - 중고품(전파상 구입, 모조품) 구입 시 보증기간은 적용되지 않으며 수리 불가의 경우 피해보상을 책임지지 않습니다.
- 당사와의 계약을 통해 납품되는 제품의 보증은 그 계약내용을 기준으로 합니다.
- 제습기 보증기간은 일반제품 기준 1년으로 합니다.
  - 2022년 1월 이전 구입분은 2년 적용

〈제습기 부품 보증기간〉

- 인버터 컴프레서(2021년 1월 이후 생산 제품) : 10년
- 컴프레서(2023년 1월 이후 생산 제품) : 4년
- 인버터 컴프레서에 한해서 5년차부터 부품대만 무상 적용함

46 다음 중 사용 전 알아두기를 읽고 제습기를 사용한 구매자가 겪을 수 있는 작동 이상 중 서비스센터에 연락해야 할 작동 이상으로 적절하지 않은 것은?

① 실내 온도가 17℃일 때 제습량이 줄어들었다.

② 제습기 사용 후 실내 온도가 올라갔다.

③ 희망 습도에 도달하니 운전을 멈추었다.

④ 제습기가 갑자기 작동되지 않아 잠시 10분 꺼 두었다가 다시 켰더니 작동하였다.

⑤ 물통에 물이 $\frac{1}{2}$ 정도 들어 있을 때 작동이 멈췄다.

47 다음 중 보증기간 안내 및 제습기 부품 보증기간에 대한 설명으로 옳지 않은 것은?

① 2021년도에 생산된 인버터 컴프레서는 10년이 보증기간이다.

② 보증기간 무료 수리는 정상적인 상태에서 자연 발생한 품질 성능 기능 하자가 있을 때이다.

③ 제습기 보증기간은 일반제품 기준 구입일로부터 1년이다.

④ 2022년도 이전에 구입한 제습기는 보증기간이 2년 적용된다.

⑤ 제품 보증서가 없는 경우, 영수증에 찍힌 구입일부터 보증기간을 계산한다.

48 다음은 LPG 차량의 동절기 관리 요령에 대해 설명한 자료이다. 이를 읽고 이해한 내용으로 적절하지 않은 것은?

〈LPG 차량의 동절기 관리 요령〉

LPG 차량은 가솔린이나 경유에 비해 비등점이 낮은 특징을 갖고 있기 때문에 대기온도가 낮은 겨울철에 시동성이 용이하지 못한 결점이 있습니다. 동절기 시동성 향상을 위해 다음 사항을 준수하시기 바랍니다.

▶ LPG 충전
- 동절기에 상시 운행지역을 벗어나 추운지방으로 이동할 경우에는 도착지 LPG 충전소에서 연료를 완전 충전하시면 다음날 시동이 보다 용이합니다. 이는 지역별로 상이한 외기온도에 따라 시동성 향상을 위해 LPG 내에 포함된 프로판 비율이 다르기 때문이며, 추운 지역의 LPG는 따뜻한 지역보다 프로판 비율이 높습니다(동절기에는 반드시 프로판 비율이 15 ~ 35%를 유지하도록 관련 법규에 명문화되어 있습니다).

▶ 주차 시 요령
- 가급적 건물 내 또는 주차장에 주차하는 것이 좋으나, 부득이 옥외에 주차할 경우에는 엔진 위치가 건물 벽 쪽을 향하도록 주차하거나, 차량 앞쪽을 해가 뜨는 방향으로 주차함으로써 태양열의 도움을 받을 수 있도록 하는 것이 좋습니다.

▶ 시동 요령
- 엔진 시동 전에 반드시 안전벨트를 착용하여 주십시오.
- 주차 브레이크 레버를 당겨 주십시오.
- 모든 전기장치는 OFF하여 주십시오.
- 점화스위치를 'ON' 위치로 하여 주십시오.
- 저온(혹한기) 조건에서는 계기판에 PTC 작동 지시등이 점등됩니다.
  - PTC 작동 지시등의 점등은 차량 시동성 향상을 위한 것으로 부품의 성능에는 영향이 없습니다.
  - 주행 후 단시간 시동 시에는 점등되지 않을 수 있습니다.
- PTC 작동 지시등이 소등되었는지 확인 후, 엔진 시동을 걸어 주십시오.

▶ 시동 시 주의 사항
- 시동이 잘 안 걸리면 엔진 시동을 1회에 10초 이내로만 실시하십시오. 계속해서 엔진 시동을 걸면 배터리가 방전될 수 있습니다.

▶ 시동직후 주의 사항
- 저온 시 엔진 시동 후 계기판에 가속방지 지시등이 점등됩니다.
- 가속방지 지시등의 점등은 주행성 향상을 위한 것으로 부품의 성능에는 영향이 없습니다.
- 가속방지 지시등 점등 시 고속 주행을 삼가십시오.
- 가속방지 지시등 점등 시 급가속, 고속주행은 연비 및 엔진 꺼짐 등의 문제가 발생할 수 있습니다.
- 가급적 가속방지 지시등 소등 후에 주행하여 주시길 바랍니다.

① 옥외에 주차할 경우 차량 앞쪽을 해가 뜨는 방향에 주차하는 것이 좋다.

② 추운 지역의 LPG는 따뜻한 지역보다 프로판 비율이 낮다.

③ 동절기에 LPG 충전소에서 연료를 완전 충전하면 다음날 시동이 용이하다.

④ 가속방지 지시등 점등 시 고속 주행을 삼가도록 한다.

⑤ 가속방지 지시등 점등 시 엔진 꺼짐 등의 문제가 발생할 수 있다.

※ 다음 기사문을 읽고 이어지는 질문에 답하시오. [49~50]

국립과학수사연구원과 교통안전공단의 합동조사 결과 지난달 십여 명이 부상을 입은 H역 에스컬레이터의 역주행 사고는 내부 모터의 감속기를 연결하는 연결부 부분에 발생한 우수의 유입 및 부품 노후화 등으로 인한 마모 때문이었을 것이라 밝혀졌다. 모터의 동력 전달 불량으로 제동장치가 작동하지 않았고 탑승객 하중을 견디지 못하여 역주행 사고가 발생한 것이라 추정한 것이다. 국립과학수사연구소에서는 사고의 정확한 원인을 밝히기 위해 이상이 발생한 부품을 수거하여 정밀 감식을 진행 후 정확한 원인을 밝힐 것이라고 말했다.

49 윗글에 해당하는 사고예방대책 원리 단계로 옳은 것은?

① 안전 관리 조직 단계　　　　　② 사실의 발견 단계

③ 시정책의 선정 단계　　　　　④ 평가 및 분석 단계

⑤ 시정책의 적용 단계

50 정밀 감식 결과 사고의 원인은 에스컬레이터에서 걷거나 뛰는 행위로 인한 반복적이고 지속적인 충격하중으로 밝혀졌다고 한다. 다음 중 윗글의 사고 원인에 해당하는 재해의 원인으로 옳은 것은?

① 기계(Mechanic)　　　　　② 규제(Enforcement)

③ 사람(Man)　　　　　④ 매체(Media)

⑤ 기술(Engineering)

제3회
최종점검 모의고사

※ 한국지역난방공사 최종점검 모의고사는 채용공고를 기준으로 구성한 것으로 실제 시험과
 다를 수 있습니다.

※ 응시 직렬에 맞추어 해당 영역을 학습하기 바랍니다.

■ 취약영역 분석

| 공통영역 |

번호	O/×	영역	번호	O/×	영역	번호	O/×	영역
1		의사소통능력	16		직업윤리	31		문제해결능력
2			17		문제해결능력	32		
3		수리능력	18			33		
4			19		수리능력	34		직업윤리
5		문제해결능력	20			35		
6			21		정보능력	36		정보능력
7		직업윤리	22		조직이해능력	37		
8			23		의사소통능력	38		조직이해능력
9		정보능력	24		직업윤리	39		의사소통능력
10			25		문제해결능력	40		
11		조직이해능력	26		의사소통능력	41		수리능력
12			27			42		
13		의사소통능력	28			43		문제해결능력
14			29		수리능력	44		직업윤리
15		직업윤리	30			45		

| 개별영역 | 사무직

번호	46	47	48	49	50
O/×					
영역	정보능력	조직이해능력		정보능력	수리능력

| 개별영역 | 기술직

번호	46	47	48	49	50
O/×					
영역	기술능력				

평가문항	50문항	평가시간	60분
시작시간	:	종료시간	:
취약영역			

🕐 응시시간 : 60분　📝 문항 수 : 50문항　　　　　　　　　　　　　　　　　정답 및 해설 p.064

※ 다음 제시된 문단에 이어질 (가) ~ (라) 문단을 논리적 순서대로 바르게 나열한 것을 고르시오. **[1~2]**

01

미적 판단은 대상에 대한 경험에서 생겨나며 감상자의 주관적 반응에 밀접하게 관련되기 때문에, 동일한 대상에 대한 미적 판단은 감상자에 따라 다양하게 나타날 수 있다. 이러한 미적 판단의 차이로 인해 실재론자와 반실재론자 간에 열띤 논쟁이 벌어지기도 한다.

(가) 예컨대 '베토벤의 운명 교향곡이 웅장하다.'는 판단이 객관적 참이라면 '웅장함'이라는 미적 속성이 실재한다는 식이다. 이 경우 '웅장하다'는 미적 판단은 '웅장함'이라는 객관적으로 실재하는 미적 속성에 관한 기술이다. 동일한 미적 대상에 대한 감상자들 간의 판단이 일치하지 않는 것은 그 미적 판단 간에 옳고 그름이 존재한다는 것이며, 그 옳고 그름의 여부는 실재하는 미적 속성에 관한 확인을 통해 밝힐 수 있다.

(나) 그러나 반실재론자들은 미적 판단이 단순한 객관적 실재의 기술이라기보다는 이미 주관적 평가가 개입된 경우가 많다는 점을 근거로 실재론에 반론을 제기한다. 이들의 주장에 따르면 미적 판단은 감상자의 주관적 반응에 의존하는 것으로, 앞에서 언급된 '웅장함'이라는 미적 속성은 '웅장하다'는 미적 판단을 내리는 감상자에 의해 발견되는 것이다.

(다) 실재론자들은 '미적 속성이 존재한다는 전제하에 이것이 대상에 실재한다.'는 주장을 내세우면서, 미적 판단의 객관성을 지지한다. 이들에 의하면 미적 속성 P에 관한 진술인 미적 판단 J가 객관적으로 참일 때, 미적 속성 P가 실재한다.

(라) 이 주장은 미적 판단의 주관성과 경험성에 주목한다는 점에서 미적 판단의 다양성을 설명하는 데 용이하다. 이에 따르면 미적 판단의 불일치란 굳이 해소해야 하는 문제적 현상이라기보다는 개인의 다양한 경험, 취미와 감수성의 차이에 따라 발생하는 자연스러운 현상이다.

① (가) – (나) – (다) – (라)　　　　② (나) – (가) – (라) – (다)
③ (다) – (나) – (가) – (라)　　　　④ (다) – (가) – (나) – (라)
⑤ (라) – (다) – (가) – (나)

02

과거에 우리 사회의 미래가 어떻게 될 것인가를 고민하던 소설가가 두 명 있었다. 한 명은 '조지 오웰(George Orwell)'이고, 한 명은 '올더스 헉슬리(Aldous Huxley)'이다. 둘 다 미래 세계에 대해 비관적이었지만 그들이 그린 미래 세계는 각각 달랐다.

(가) 모든 성적인 활동은 자유롭고, 아이들은 인공수정으로 태어나며, 모든 아이의 양육은 국가가 책임진다. 그러나 사랑의 방식은 성애로 한정되고, 시나 음악과 같은 방법을 통한 낭만적인 사랑, 혹은 결혼이나 부모라는 개념은 비문명적인 것으로 인식된다. 그리고 사회적 계급은 태어나기 전의 지능에 따라서 이미 결정되어 있다.

(나) '조지 오웰'은 그의 소설 『1984』에서 국가권력에 감시당하는 개인과 사회를 설정했다. 이제는 신문에서도 자주 볼 수 있는, 감시적 국가권력의 상징인 '빅브라더'가 바로 『1984』 속 가공의 나라 오세아니아의 최고 권력자를 일컫는 명칭이다.

(다) 『1984』와 『멋진 신세계』 중 어느 쪽이 미래의 암울한 면을 더 잘 그려냈는지 우열을 가려내기는 어렵다. 현재 산업 발전의 이면에 있는 사회의 어두운 면은 『1984』와 『멋진 신세계』에 나타난 모든 부분을 조금씩 포함하고 있다. 즉, 우리가 두려워해야 할 것은 현대 사회에 두 작품이 예상한 단점 중 한쪽만 나타나지 않고 두 단점이 중첩되어 나타나고 있다는 점이다.

(라) 반면에 '올더스 헉슬리'는 그의 소설 『멋진 신세계』에서 다른 미래를 생각해 냈다. 『1984』가 '빅브라더'에게 지배받고 감시당함으로써 시민들의 개인적 자유와 권리가 보장받지 못하는, 우리가 생각하는 전형적인 디스토피아였다면, 『멋진 신세계』가 그려내는 미래는 그와는 정반대에 있다.

① (나) – (가) – (라) – (다)
② (나) – (다) – (가) – (라)
③ (나) – (라) – (가) – (다)
④ (라) – (가) – (나) – (다)
④ (라) – (가) – (다) – (나)

03 H공원의 트랙 모양의 산책로를 걷는데 민주는 시작 지점에서 분속 40m의 속력으로 걷고, 같은 지점에서 세희는 분속 45m의 속력으로 걷고 있다. 두 사람이 서로 반대 방향으로 걷고 있으며 출발한 지 40분 후에 두 번째로 마주치게 된다고 할 때, 다음 중 산책로의 길이로 옳은 것은?

① 1,320m

② 1,400m

③ 1,550m

④ 1,700m

⑤ 1,750m

04 둘레가 6km인 공원을 따라 나래는 자전거를 타고, 진혁이는 걷기로 했다. 두 사람이 서로 같은 방향으로 돌면 1시간 30분 후에 다시 만나고 서로 반대 방향으로 돌면 1시간 후에 만난다고 할 때, 다음 중 나래의 속력으로 옳은 것은?(단, 나래의 속력이 더 빠르다)

① 4.5km/h

② 5km/h

③ 5.5km/h

④ 6km/h

⑤ 6.5km/h

05 H대학교에 재학 중인 A ~ E는 계절학기 시간표에 따라 요일별로 하나의 강의만을 수강하려 한다. 전공 수업을 신청한 C는 D보다 앞선 요일에 수강하고, E는 교양 수업을 신청한 A보다 나중에 수강한다고 할 때, 다음 중 항상 참인 것은?

월	화	수	목	금
전공1	전공2	교양1	교양2	교양3

① A가 수요일에 강의를 듣는다면 E는 교양2 강의를 듣는다.

② B가 전공 수업을 듣는다면 C는 화요일에 강의를 듣는다.

③ C가 화요일에 강의를 듣는다면 E는 교양3 강의를 듣는다.

④ D는 반드시 전공 수업을 듣는다.

⑤ E는 반드시 교양 수업을 듣는다.

06 H씨는 게임 동호회 회장으로 주말에 진행되는 게임 행사에 동호회 회원인 A ~ E의 참여 가능 여부를 조사하려고 한다. 〈조건〉에 따라 E가 행사에 참여하지 않는다고 할 때, 다음 중 행사에 참여 가능한 사람은 모두 몇 명인가?

조건

- A가 행사에 참여하지 않으면, B가 행사에 참여한다.
- A가 행사에 참여하면, C는 행사에 참여하지 않는다.
- B가 행사에 참여하면, D는 행사에 참여하지 않는다.
- D가 행사에 참여하지 않으면, E가 행사에 참여한다.

① 1명   ② 2명
③ 3명   ④ 4명
⑤ 5명

07 다음 글의 내용이 참일 때, 반드시 채택되는 업체의 수로 옳은 것은?

H기업에서는 신제품에 들어갈 부품을 조달할 업체를 채택하려고 한다. 예비 후보로 A, B, C, D, E, 총 5개 업체가 선정되었으며, 그 외에 다른 업체가 채택될 가능성은 없다. 각각의 업체에 대해 H기업은 채택하거나 채택하지 않거나 어느 하나의 결정만을 내린다.

기업 내부방침에 따라, 일정 규모 이상의 중견기업인 A가 채택되면 소기업인 B도 채택된다. A가 채택되지 않으면 D와 E 역시 채택되지 않는다. 그리고 H기업의 생산공장과 동일한 단지에 속한 업체인 B가 채택된다면, 같은 단지의 업체인 C가 채택되거나 혹은 타 지역 업체인 A는 채택되지 않는다. 마지막으로 부품 공급위험을 분산하기 위해 D가 채택되지 않는다면, A는 채택되지만 C는 채택되지 않는다.

① 1곳   ② 2곳
③ 3곳   ④ 4곳
⑤ 5곳

08 직장생활에서 나타나는 다음 대화 중 호칭에 대한 예절로 적절하지 않은 것은?

(A) 이부장 : 김대리, 내가 말한 기획서는 완성되었나?
김대리 : 네, 부장님. 아침회의 때 바로 보고 드리겠습니다.

(B) 김사원 : 과장님, 김대리가 이 자료를 전달하라고 했습니다.
이과장 : 그런가? 이리 갖고 와 보게.

(C) (김대리와 최대리는 동급자이다)
김대리 : 최대리, 다음 주에 회식 어때?
최대리 : 미안하지만 선약이 있어.

(D) 박대리 : 최사원, 제가 부탁한 자료 준비되었나요?
최사원 : 네, 대리님. 준비되었습니다.

(E) 김부장 : 다음으로 회장님 말씀이 있겠습니다.

① (A)   ② (B)
③ (C)   ④ (D)
⑤ (E)

09 다음 글을 읽고 이해한 내용으로 적절하지 않은 것은?

A와 B는 전파사를 운영하고 있다. A는 간단한 일로 출장을 부르는 고객의 집에는 바쁘다는 핑계로 가기를 거부하고, 전기의 합선을 고치는 일 따위의 돈벌이가 됨직한 일만 찾아다녔다. 이뿐만 아니라 고객에게 터무니없이 많은 대가를 요구하는 버릇이 있었다. 반면 B는 고객의 요청만 있으면 일의 크고 작음을 가리지 않고 곧장 달려갔을 뿐만 아니라, 부당하게 많은 돈을 받는 일도 없었다. 이처럼 불성실하게 가게를 운영하던 A의 전파사는 매출이 오르지 않아 가게를 줄여서 변두리로 나가게 되었고, 성실하게 가게를 운영한 B의 전파사는 동생에게도 기술을 가르쳐서 또 하나의 가게를 낼 수 있을 정도로 성업을 이루었다.

① A의 경우 단시간에 돈을 벌기 위해서 성실하지 않은 태도를 보였다.
② 장기적으로 볼 때에는 성실한 사람이 결국 성공하게 됨을 알 수 있다.
③ A의 경우 고객에 대해 부정직한 모습도 볼 수 있다.
④ 당장 눈앞의 이익이 되는 일보다는 바람직한 일을 해야 한다.
⑤ B를 통해 항상 해 오던 방식이 언제나 옳은 것은 아님을 알 수 있다.

10 엑셀 정렬 기능을 사용하여 왼쪽의 데이터를 오른쪽과 같이 정렬할 때, 다음 중 열과 정렬에 들어갈 항목을 바르게 짝지은 것은?

◢	A	B	C
1	이름	성별	나이
2	이선영	여	24
3	박영현	남	19
4	서지웅	남	21
5	주아영	여	23
6	배지은	여	34
7	신광민	남	31
8	우영민	남	28
9	유민지	여	35

→

◢	A	B	C
1	이름	성별	나이
2	박영현	남	19
3	서지웅	남	21
4	주아영	여	23
5	이선영	여	24
6	우영민	남	28
7	신광민	남	31
8	배지은	여	34
9	유민지	여	35

	열	정렬
①	이름	오름차순
②	성별	내림차순
③	성별	오름차순
④	나이	내림차순
⑤	나이	오름차순

11 다음 중 엑셀의 기능인 틀 고정에 대한 설명으로 옳지 않은 것은?

① 고정하고자 하는 행의 위 또는 열의 왼쪽에 셀 포인터를 위치시킨 후 [보기] – [틀 고정]을 선택한다.

② 틀을 고정하면 셀 포인터의 이동에 상관없이 고정된 행이나 열이 표시된다.

③ 문서의 내용이 많은 경우 셀 포인터를 이동하면 문서의 제목 등이 안 보이므로 틀 고정을 사용한다.

④ 인쇄할 때는 틀 고정을 해 놓은 것이 적용이 안 되므로 인쇄를 하려면 설정을 바꿔 줘야 한다.

⑤ 틀 고정을 취소할 때에는 셀 포인터의 위치는 상관없이 [보기]–[틀 고정 취소]를 클릭한다.

12 다음과 같은 비즈니스 에티켓 특징을 가지고 있는 국가로 가장 적절한 것은?

- 인사 : 중국계의 경우 악수로 시작하는 일반적인 비즈니스 문화를 가지고 있으며, 말레이계의 경우 이성과 악수를 하지 않는 것이 일반적이다. 인도계 역시 이성끼리 악수를 하지 않고 목례를 한다.
- 약속 : 약속 없이 방문하는 것은 실례이므로 업무상 필수적으로 방문해야 하는 경우에는 약속을 미리 잡아 일정 등에 대한 확답을 받은 후 방문한다. 미팅에서는 부수적인 이야기를 거의 하지 않으며 바로 업무에 관한 이야기를 한다. 이때 상대방의 말을 끝까지 경청해야 한다. 명함을 받을 때도 두 손으로 받는 것이 일반적이다.

① 미국
② 싱가포르
③ 인도네시아
④ 필리핀
⑤ 태국

13 다음 중 비언어적 커뮤니케이션을 위한 행동으로 옳지 않은 것은?

① 스페인에서는 악수할 때 손을 강하게 잡을수록 반갑다는 의미를 가지고 있다. 따라서 스페인 사람과 첫 협상 시에는 강하게 악수하여 반가움을 표현하는 것이 적절하다.

② 이탈리아에서는 연회 시 소금이나 후추 등이 다른 사람 손에 거치면 좋지 않다는 풍습이 있다. 따라서 이탈리아에서 연회 참가 시 소금과 후추가 필요할 때는 웨이터를 부르도록 한다.

③ 일본에서 칼은 관계의 단절을 의미한다. 따라서 일본인에게 선물할 때 칼은 피하는 것이 좋다.

④ 중국에서는 상대방이 선물을 권할 때 선뜻 받기보다, 세 번 정도 거절하는 것이 예의라고 생각한다. 따라서 중국인에게 선물을 할 때는 세 번 거절당하더라도 한 번 더 받기를 권하는 것이 좋다.

⑤ 키르기스스탄에서는 왼손을 더러운 것으로 느끼는 풍습이 있다. 따라서 키르기스스탄인에게 명함을 건넬 경우에는 반드시 오른손으로 주도록 한다.

14 다음 글의 내용을 바탕으로 추론할 때, 사회변동에 가장 큰 영향력을 미칠 수 있는 매체로 옳은 것은?

현재의 수신자가 미래의 발신자가 될 수 있는지 여부는 사회변동의 밑바탕이다. 사회혁명은 수신자였던 피지배계급이 발신자로 전면에 나서는 순간 발발한다. 사회혁명을 거치면 과거의 발신자와 수신자의 위치가 바뀐다. 부르주아 혁명을 거치면서 발신을 독점했던 왕과 성직자는 독점적 지위를 더 이상 유지하지 못하게 되었다. 과거의 수신자였던 부르주아는 혁명을 통해 새로운 발신자로 등장했다. 이처럼 발신과 수신의 관계가 뒤바뀔 가능성이 남아 있느냐의 여부는 사회변동의 가능성과 밀접한 관련을 맺고 있다. 그래서 지배하는 계급은 지배받는 사람들이 발신자가 될 수 있는 가능성을 최대한 차단한다. 발신과 수신 구조의 고착화는 지배를 연장할 수 있는 매우 중요한 수단이다. 지배를 영속화하려면 수신의 충실도를 높이되, 수신 과정에서 학습 효과가 발휘되는 장치를 차단하면 된다.

레이먼드 윌리엄스는 그러한 사례를 읽고 쓰는 능력의 보급에 개입된 정치학에서 찾는다. 산업혁명 초기의 영국에서 교육 조직이 개편될 때, 지배 계층은 노동자 계층에게 읽는 능력은 가르쳐 주되 쓰는 능력은 가르쳐 주지 않으려 했다. 노동자 계층이 글을 읽을 줄 알게 되면 새로운 지시사항을 보다 쉽게 이해할 수 있고, 성서를 읽음으로써 도덕적 계발의 효과까지 얻을 수 있다. 노동자 계급이 읽는 능력을 획득하면, 수신의 충실도가 높아지는 것이다. 그러나 노동자 계급이 쓸 수 있는 능력을 획득하게 되면 정치적 지배에 균열이 생길 수 있다. 지배 계급의 입장에서 노동자들이 반드시 글을 쓸 줄 알아야 할 필요는 없었다. 일반적으로 노동자 계층이 학습을 하거나 명령을 할 일은 없었기 때문이다. 기껏해야 이따금씩 공적인 목적으로 사인을 하는 일 정도가 전부였을 것이다.

텔레비전은 읽고 쓰는 능력의 불균등한 배치와 보급을 통해 노렸던 정치적 효과를 완성한 미디어이다. 대중 미디어란 민주적이지 않다는 뜻이다. 텔레비전만큼 발신과 수신의 비대칭성을 당연하게 여기는 미디어가 또 있는가? 수백만 명이 텔레비전을 시청할 수 있지만, 텔레비전에 출연하는 사람은 소수에 국한된다. 텔레비전은 발신과 수신의 비대칭을 영구화하면서, 동시에 수신의 반복을 통한 학습 효과조차 차단한 미디어이다.

① 책
② 신문
③ 라디오
④ 영화
⑤ SNS

15 다음 글로 미루어 알 수 있는 내용으로 가장 적절한 것은?

> 회전 운동을 하는 물체는 외부로부터 돌림힘이 작용하지 않는다면 일정한 빠르기로 회전 운동을 유지하는데, 이를 '각운동량 보존 법칙'이라 한다. 각운동량은 질량이 M인 작은 알갱이가 회전축으로부터 R만큼 떨어져 속도 V로 운동하고 있을 때 MVR로 표현된다. 그런데 회전하는 물체에 회전 방향으로 힘이 가해지거나 마찰 또는 공기 저항이 작용하게 되면, 회전하는 물체의 각운동량이 변화하여 회전 속도는 빨라지거나 느려지게 된다. 이렇게 회전하는 물체의 각운동량을 변화시키는 힘을 돌림힘이라고 한다.
>
> 그러면 팽이와 같은 물체의 각운동량은 어떻게 표현할까? 아주 작고 균일한 알갱이들로 팽이가 이루어졌다고 볼 때, 이 알갱이 하나하나를 질량 요소라고 한다. 이 질량 요소 각각의 각운동량의 총합이 팽이 전체의 각운동량에 해당한다. 회전 운동에서 물체의 각운동량은 (각속도)×(회전 관성)으로 나타낸다. 여기에서 각속도는 회전 운동에서 물체가 단위 시간당 회전하는 각이다. 질량이 직선 운동에서 물체의 속도를 변화시키기 어려운 정도를 나타내듯이, 회전 관성은 회전 운동에서 각속도를 변화시키기 어려운 정도를 나타낸다. 즉, 회전체의 회전 관성이 클수록 그것의 회전 속도를 변화시키기 어렵다.
>
> 회전체의 회전 관성은 회전체를 구성하는 질량 요소들의 회전 관성의 합과 같은데, 질량 요소들의 회전 관성은 질량 요소가 회전축에서 떨어져 있는 거리와 멀수록 커진다. 그러므로 질량이 같은 두 팽이가 있을 때 홀쭉하고 키가 큰 팽이보다 넓적하고 키가 작은 팽이가 회전 관성이 크다.
>
> 각운동량 보존의 원리는 스포츠에서도 쉽게 확인할 수 있다. 피겨 선수에게 공중 회전수는 중요한데 이를 확보하기 위해서는 공중 회전을 하는 동안 각속도를 크게 만들어야 한다. 이를 위해 피겨 선수가 공중에서 팔을 몸에 바짝 붙인 상태로 회전하는 것을 볼 수 있다. 피겨 선수의 회전 관성은 몸을 이루는 질량 요소들의 회전 관성의 합과 같다.
>
> 따라서 팔을 몸에 붙이면 팔을 구성하는 질량 요소들이 회전축에 가까워져서 팔을 폈을 때보다 몸 전체의 회전 관성이 줄어들게 된다. 점프 이후에 공중에서의 각운동량은 보존되기 때문에 팔을 붙였을 때가 폈을 때보다 각속도가 커지는 것이다. 반대로 착지 직전에는 각속도를 줄여 착지 실수를 없애야 하기 때문에 양팔을 한껏 펼쳐 회전 관성을 크게 만드는 것이 유리하다.

① 정지되어 있는 물체는 회전 관성이 클수록 회전시키기 쉽다.

② 회전하는 팽이는 외부에서 가해지는 돌림힘의 작용 없이 회전을 멈출 수 있다.

③ 지면과의 마찰은 회전하는 팽이의 회전 관성을 작게 만들어 팽이의 각운동량을 줄어들게 한다.

④ 무게는 같으나 지름의 크기가 서로 다른 공이 회전할 때 지름의 크기가 더 큰 공의 회전 관성이 더 크다.

⑤ 회전하는 하나의 시곗바늘 위의 두 점 중 회전축에 가까이 있는 점이 멀리 있는 점보다 각속도가 작다.

16 다음 중 악수 예절에 대한 설명으로 적절하지 않은 것은?

① 악수는 왼손으로 하는 것이 원칙이다.

② 상대의 눈을 보지 않고 하는 악수는 실례이다.

③ 손끝만 내밀어 악수하면 안된다.

④ 상대가 악수를 청할 경우 남성은 반드시 일어서서 받는다.

⑤ 악수할 때 여성의 경우 장갑을 벗지 않아도 된다.

17 다음 중 이메일(E - mail)에서의 에티켓에 대한 설명으로 적절하지 않은 것은?

① 내용을 보낼 때는 용건을 간단히 하여 보낸다.

② 용량이 큰 파일은 압축하여 첨부한다.

③ 주소가 정확한지 다시 확인하고 발송하도록 한다.

④ 이메일상에서 사용되는 함축어나 이모티콘 등을 활용한다.

⑤ 내용을 쉽게 알 수 있도록 적당한 제목을 붙인다.

※ 다음은 H사의 냉장고에 사용되는 기호와 주문된 상품이다. 이어지는 질문에 답하시오. [18~19]

<기호>

기능		설치형태		용량(L)		도어	
김치보관	RC	프리 스탠딩	F	840	84	4도어	TE
독립냉각	EF	키친 핏	C	605	60	2도어	DA
가변형	RQ	빌트인	B	584	58	1도어	DE
메탈쿨링	AX	–	–	486	48	–	–
다용도	ED	–	–	313	31	–	–

AXRQB58DA	
AX, RQ	기능(복수선택 가능) → 메탈쿨링, 가변형 기능
B	설치형태 → 빌트인
58	용량 → 584L
DA	도어 → 2도어

<주문된 상품>

RCF84TE	EDC60DE	RQB31DA	AXEFC48TE
AXF31DE	EFB60DE	RQEDF84TE	EDC58DA
EFRQB60TE	AXF31DA	EFC48DA	RCEDB84TE

18 다음 중 A고객이 주문한 상품으로 옳은 것은?

> A고객 : 안녕하세요? 냉장고를 주문하려고요. 커버는 온도의 변화가 적은 메탈쿨링이 유행하던데 저도 그거 사용하려고요. 기존 냉장고를 교체할 거여서 프리 스탠딩 형태가 맞을 것 같아요. 또 저 혼자 사니까 가장 작은 용량으로 문도 1개면 될 것 같은데 혹시 이번 주 안에 배달이 되나요?

① EDC60DE
② AXF31DE
③ AXEFC48TE
④ AXF31DA
⑤ RCEDB84TE

19 배달이 밀려서 주문된 상품 중 가변형 기능과 키친 핏 형태의 상품은 배송이 늦어진다고 할 때, 배송이 늦어지는 상품은 몇 개인가?

① 5개
② 6개
③ 7개
④ 8개
⑤ 9개

20 농도가 12%인 A설탕물 200g, 15%인 B설탕물 300g, 17%인 C설탕물 100g이 있다. A설탕물과 B설탕물을 합친 후 300g만 남기고 버린 다음, 여기에 C설탕물을 합친 후 다시 300g만 남기고 버렸다. 마지막 300g의 설탕물에 녹아 있는 설탕의 질량으로 옳은 것은?

① 41.5g

② 42.7g

③ 43.8g

④ 44.6g

⑤ 45.1g

21 서울에서 사는 H씨는 휴일에 가족들과 경기도 맛집에 가기 위해 오후 3시에 집 앞으로 중형 콜택시를 불렀다. 집에서 맛집까지 거리는 12.56km이며, 집에서 맛집으로 출발하여 4.64km 이동하면 경기도에 진입한다. 맛집에 도착할 때까지 신호로 인해 택시가 멈췄던 시간은 8분이며, 택시의 속력은 이동 시 항상 60km/h 이상이었다. 다음 자료를 참고할 때, H씨가 지불해야 할 택시요금으로 옳은 것은?(단, 콜택시의 예약비용은 없으며, 신호로 인해 멈춘 시간은 모두 경기도 진입 후이다)

〈서울시 택시요금 계산표〉

구분			신고요금
중형택시	주간	기본요금	2km까지 3,800원
		거리요금	100원당 132m
		시간요금	100원당 30초
	심야	기본요금	2km까지 4,600원
		거리요금	120원당 132m
		시간요금	120원당 30초
	공통사항		− 시간·거리 부분 동시병산(15.33km/h 미만 시) − 시계외 할증 20% − 심야(00:00 ~ 04:00)할증 20% − 심야·시계외 중복할증 40%

※ '시간요금'이란 속력이 15.33km/h 미만이거나 멈춰 있을 때 적용된다.

※ 서울시에서 다른 지역으로 진입 시 시계외 할증(심야 거리 및 시간요금)이 적용된다.

① 13,800원

② 14,000원

③ 14,220원

④ 14,500원

⑤ 14,920원

22 다음 중 인덱스(Index)의 특징으로 옳지 않은 것은?

① 기본적으로 오름차순으로 정렬한다.

② 데이터를 추가하거나 변경할 때, 즉 데이터를 업데이트 할 때 속도가 느려진다.

③ 레코드를 추가하거나 변경하면 자동으로 업데이트 되지 않아 수동 업데이트가 필요하다.

④ 데이터의 양이 많을수록 인덱스의 효과를 크게 느낄 수 있다.

⑤ 단일 필드 인덱스와 다중 필드 인덱스가 가능하다.

23 H사원은 베트남에서의 국내 자동차 판매량에 대해 조사를 하던 중에 한 가지 특징을 발견했다. 베트남 사람들은 간접적인 방법을 통해 구매하는 것보다 매장에 직접 방문해 구매하는 것을 더 선호한다는 사실이다. 이를 참고하여 H사원이 기획한 신사업 전략으로 적절하지 않은 것은?

① 인터넷과 TV광고 등 비대면채널 홍보를 활성화한다.

② 쾌적하고 깔끔한 매장 환경을 조성한다.

③ 언제 손님이 방문할지 모르므로 매장에 항상 영업사원을 배치한다.

④ 매장 곳곳에 홍보물을 많이 비치해 둔다.

⑤ 정확한 설명을 위해 사원들에게 신차에 대한 정보를 숙지하게 한다.

24 다음 빈칸 ㉠ ~ ㉢에 들어갈 단어의 표기로 적절한 것은?

> • 성준이는 수업 시간에 ㉠(딴생각 / 딴 생각)을 많이 하는 편이다.
> • 그는 내가 ㉡(사사받은 / 사사한) 교수님이다.
> • 궂은 날씨로 인해 기대했던 약속이 ㉢(파토 / 파투) 났다.

	㉠	㉡	㉢
①	딴생각	사사받은	파토
②	딴생각	사사한	파투
③	딴 생각	사사받은	파토
④	딴 생각	사사받은	파투
⑤	딴 생각	사사한	파투

25 다음 중 성희롱에 대한 대화 내용이 옳지 않은 사람은?

A사원 : 성희롱, 성추행, 성폭행은 모두 성폭력의 개념에 포함된다고 볼 수 있어.
B사원 : 성희롱은 피해자가 가해자에 대한 부서전환, 징계 등의 조치를 요구할 수 있고, 피해자가 원할 경우 형사처벌의 대상도 될 수 있어.
C사원 : 성추행과 성폭행은 성폭력의 정도가 성희롱을 넘어 범죄로 처벌되는 것으로 볼 수 있어. 즉, 강제추행과 강간으로 말할 수 있지.
D사원 : 일방적으로 전화를 하거나 쫓아다니는 스토킹(Stalking)도 넓은 의미로 보면 성폭력에 포함시킬 수 있어.
E사원 : 인터넷을 통해 음란물을 보내는 행위도 성폭력에 해당돼.

① A사원 ② B사원
③ C사원 ④ D사원
⑤ E사원

PART 2

26 H씨는 전국을 일주하고자 한다. 제시된 〈조건〉에 따라 방문할 도시들을 결정한다고 할 때, 다음 중 H씨가 반드시 방문하는 도시로 옳지 않은 것은?

조건
• 대구를 방문하면, 경주는 방문하지 않는다.
• 광주와 전주 중 한 도시만 방문한다.
• 익산은 반드시 방문한다.
• 대구를 방문하지 않으면, 익산을 방문하지 않는다.
• 경주를 방문하지 않으면, 대전과 전주를 방문한다.

① 전주 ② 대구
③ 대전 ④ 경주
⑤ 익산

유전학자들의 최종 목표는 결함이 있는 유전자를 정상적인 유전자로 대체하는 것이다. 이렇게 가장 기본적인 세포 내 차원에서 유전병을 치료하는 것을 '유전자 치료'라 일컫는다. '유전자 치료'를 하기 위해서는 이상이 있는 유전자를 찾아야 한다. 이를 위해 과학자들은 DNA의 특성을 이용한다. DNA는 두 가닥이 나선형으로 꼬여 있는 이중 나선 구조로 이루어진 분자이다. 그런데 이 두 가닥에 늘어서 있는 염기들은 임의적으로 배열되어 있는 것이 아니다. 한쪽 가닥에 늘어선 염기에 따라, 다른 쪽 가닥에 늘어선 염기들의 배열이 결정되는 것이다. 즉, 한쪽에 A염기가 존재하면 거기에 연결되는 반대쪽에는 반드시 T염기가, 그리고 C염기에 대응해서는 반드시 G염기가 존재한다. 염기들이 짝을 지을 때 나타나는 이러한 선택적 특성을 이용하여 유전병을 일으키는 유전자를 찾아낼 수 있다.

유전자를 찾기 위해 사용하는 첫 번째 도구는 DNA 한 가닥 중 극히 일부이다. '프로브(Probe)'라 불리는 이 DNA 조각은, 염색체상의 위치가 알려져 있는 이십여 개의 염기들로 이루어진다. 한 가닥으로 이루어져 있는 특성으로 인해, 프로브는 자신의 염기 배열에 대응하는 다른 쪽 가닥의 DNA 부분에 가서 결합할 것이다. 대응하는 두 가닥의 DNA가 이렇게 결합하는 것을 '교잡'이라고 일컫는다. 조사 대상인 염색체로부터 추출한 많은 한 가닥의 염색체 조각들과 프로브를 섞어 놓았을 때, 프로브는 신비스러울 정도로 자신의 짝을 정확하게 찾아 교잡한다. 두 번째 도구는 '겔 전기영동'이라는 방법이다. 생물을 구성하고 있는 단백질·핵산 등 많은 분자들은 전하를 띠고 있어서 전기장 속에서 분자마다 독특하게 이동을 한다. 이러한 성질을 이용해 생물을 구성하고 있는 물질의 분자량, 각 물질의 전하량이나 형태의 차이를 이용하여 물질을 분리하는 것이 전기영동법이다. 이를 활용하여 DNA를 분리하려면 우선 DNA 조각들을 전기장에서 이동시키고, 이것을 젤라틴 판을 통과하게 함으로써 분리하면 된다.

이러한 조사 도구들을 갖추고서 유전학자들은 유전병을 일으키는 유전자를 추적하는 데 나섰다. 유전학자들은 먼저 겔 전기영동법으로 유전병을 일으키는 유전자로 의심되는 부분과 동일한 부분에 존재하는 프로브를 건강한 사람에게서 떼어 내었다. 그리고 건강한 사람에게서 떼어 낸 프로브에 방사성이나 형광성을 띠게 하였다. 그 후에 유전병 환자들에게서 채취한 DNA 조각들과 함께 교잡 실험을 반복하였다. 유전병과 관련된 유전 정보가 담긴 부분의 염기 서열이 정상인과 다르므로 이 부분은 프로브와 교잡하지 않는다는 점을 이용하는 것이다. 교잡이 일어난 후 프로브가 위치하는 곳은 X선 필름을 통해 쉽게 찾아낼 수 있고, 이로써 DNA의 특정 조각은 염색체상에서 프로브와 같은 위치에 존재한다는 것을 알 수 있다.

언뜻 보기에는 대단한 진보를 이룬 것 같지 않지만, 유전자 치료는 최근 들어 공상 과학을 방불케 하는 첨단 의료 기술의 대표적인 주자로 부각되고 있다. DNA 연구 결과로 인해, 우리는 지금까지 절망적이라고 여겨 온 질병들을 치료할 수 있다는 희망을 갖게 되었다.

① 유전자 추적의 도구와 방법
② 유전자의 종류와 기능
③ 유전자 치료의 의의와 한계
④ 유전자 치료의 상업적 가치
⑤ 유전 질환의 종류와 발병 원인

28 다음 글의 제목으로 가장 적절한 것은?

> 구비문학에서는 기록문학과 같은 의미의 단일한 작품 또는 원본이라는 개념이 성립하기 어렵다. 윤선도의 『어부사시사』와 채만식의 『태평천하』는 엄밀하게 검증된 텍스트를 놓고 이것이 바로 그 작품 또는 원본이라 확인할 수 있지만, 「오누이 장사 힘내기」 전설이라든가 「진주 낭군」 같은 민요는 서로 조금씩 다른 구연물이 다 그 나름의 개별적 작품이면서 동일 작품의 변이형으로 인정되기도 하는 것이다. 이야기꾼은 그의 개인적 취향이나 형편에 따라 설화의 어떤 내용을 좀 더 실감 나게 손질하여 구연할 수 있으며, 때로는 그 일부를 생략 혹은 변경할 수 있다. 모내기할 때 부르는 「모노래」는 전승적 가사를 많이 이용하지만, 선창자의 재간과 그때그때의 분위기에 따라 새로운 노래 토막을 끼워 넣거나 일부를 즉흥적으로 개작 또는 창작하는 일도 흔하다.

① 구비문학의 현장성
② 구비문학의 유동성
③ 구비문학의 전승성
④ 구비문학의 구연성
⑤ 구비문학의 사실성

29 다음 글의 중심내용으로 가장 적절한 것은?

> 통계는 다양한 분야에서 사용되며 막강한 위력을 발휘하고 있다. 그러나 모든 도구나 방법이 그렇듯이, 통계 수치에도 함정이 있다. 함정에 빠지지 않으려면 통계 수치의 의미를 정확히 이해하고, 도구와 방법을 올바르게 사용해야 한다. 예를 들어 보자. 친구 5명이 만나서 이야기를 나누다가 연봉이 화제가 되었다. 2천만 원이 4명, 7천만 원이 1명이었는데, 평균을 내면 3천만 원이다. 이 숫자에 대해 4명은 "나는 봉급이 왜 이렇게 적을까?"하며 한숨을 내쉬었다. 그러나 이 평균값 3천만 원이 5명의 집단을 대표하는 데에 아무 문제가 없을까? 물론 계산 과정에는 하자가 없지만, 평균을 집단의 대푯값으로 사용하는 데에 어떤 한계가 있을 수 있는지 깊이 생각해 보지 않는다면, 우리는 잘못된 생각에 빠질 수도 있다. 평균은 극단적으로 아웃라이어(비정상적인 수치)에 민감하다. 집단 내에 아웃라이어가 하나만 있어도 평균이 크게 바뀐다는 것이다. 위의 예에서 1명의 연봉이 7천만 원이 아니라 100억 원이었다고 하자. 그러면 평균은 20억 원이 넘게 된다.
> 나머지 4명은 자신의 연봉이 평균치의 100분의 1밖에 안 된다며 슬퍼해야 할까? 연봉 100억 원인 사람이 아웃라이어이듯이 처음의 예에서 연봉 7천만 원인 사람도 아웃라이어인 것이다. 두드러진 아웃라이어가 있는 경우에는 평균보다는 최빈값이나 중앙값이 대푯값으로서 더 나을 수 있다.

① 평균은 집단을 대표하는 수치로서는 매우 부적당하다.
② 통계는 숫자 놀음에 불과하므로 통계 수치에 일희일비할 필요가 없다.
③ 평균보다는 최빈값이나 중앙값을 대푯값으로 사용해야 한다.
④ 통계 수치의 의미와 한계를 정확히 인식하고 사용할 필요가 있다.
⑤ 통계는 올바르게 활용하면 다양한 분야에서 사용할 수 있는 도구이다.

30 다음은 세계 음악시장의 규모에 대한 자료이다. 〈조건〉에 근거하여 2023년의 음악시장 규모를 구하면?(단, 소수점 둘째 자리에서 반올림한다)

〈세계 음악시장 규모〉

(단위 : 백만 달러)

구분		2018년	2019년	2020년	2021년	2022년
공연음악	후원	5,930	6,008	6,097	6,197	6,305
	티켓 판매	20,240	20,688	21,165	21,703	22,324
	소계	26,170	26,696	27,262	27,900	28,629
음반	디지털	8,719	9,432	10,180	10,905	11,544
	다운로드	5,743	5,986	6,258	6,520	6,755
	스트리밍	1,530	2,148	2,692	3,174	3,557
	모바일	1,447	1,298	1,230	1,212	1,233
	오프라인 음반	12,716	11,287	10,171	9,270	8,551
	소계	30,155	30,151	30,531	31,081	31,640
합계		56,325	56,847	57,793	58,981	60,269

조건

• 2023년 후원금은 2022년보다 1억 1천 8백만 달러, 티켓 판매는 2022년보다 7억 4천만 달러가 증가할 것으로 예상된다.
• 스트리밍 시장의 경우 빠르게 성장하는 추세로 2023년 스트리밍 시장 규모는 2018년 스트리밍 시장 규모의 2.5배가 될 것으로 예상된다.
• 오프라인 음반 시장은 점점 감소하는 추세로 2023년 오프라인 음반 시장의 규모는 2022년 대비 6%의 감소율을 보일 것으로 예상된다.

	공연음악	스트리밍	오프라인 음반
①	29,487백만 달러	3,711백만 달러	8,037.9백만 달러
②	29,487백만 달러	3,825백만 달러	8,037.9백만 달러
③	29,685백만 달러	3,825백만 달러	7,998.4백만 달러
④	29,685백만 달러	4,371백만 달러	7,998.4백만 달러
⑤	29,685백만 달러	3,825백만 달러	8,037.9백만 달러

31 금연프로그램을 신청한 흡연자 H씨는 국민건강보험공단에서 진료 및 상담비용과 금연보조제 비용의 일정 부분을 지원받고 있다. H씨는 의사와 상담을 6회 받았고, 금연보조제로 니코틴패치 3묶음을 구입했다고 할 때, 다음 지원 현황에 따라 흡연자 H씨가 지불하는 부담금으로 옳은 것은?

<그림><금연프로그램 지원 현황>

구분	진료 및 상담	금연보조제(니코틴패치)
가격	30,000원/회	12,000원/묶음
지원금 비율	90%	75%

※ 진료 및 상담료 지원금은 6회까지 지원한다.

① 21,000원   ② 23,000원

③ 25,000원   ④ 27,000원

⑤ 28,000원

※ H기업에서는 송년회를 개최하려고 한다. 다음을 보고 이어지는 질문에 답하시오. [32~33]

〈송년회 후보지별 평가점수〉

구분	가격	거리	맛	음식 구성	평판
A호텔	★★★☆	★★☆	★★★	★★★☆	★★★
B호텔	★★	★★★☆	★★☆	★★★	★★☆
C호텔	★☆	★★	★★	★★★☆	★★★☆
D호텔	★★☆	★☆	★★☆	★★★	★★☆
E호텔	★★★	★★☆	★★★☆	★★☆	★★★☆

※ ★은 하나당 5점이며, ☆은 하나당 3점이다.

32 H기업 임직원들은 맛과 음식 구성을 기준으로 송년회 장소를 결정하기로 하였다. 다음 중 H기업이 송년회를 진행할 호텔로 옳은 것은?(단, 맛과 음식 구성의 합산 점수가 1위인 곳과 2위인 곳의 점수 차가 3점 이하일 경우 가격 점수로 결정한다)

① A호텔　　　　　　　　　　② B호텔
③ C호텔　　　　　　　　　　④ D호텔
⑤ E호텔

33 A ~ E호텔의 1인당 식대가 다음과 같고 총 식사비용이 가장 저렴한 곳을 송년회 장소로 선정하려 한다. H기업의 송년회 예산이 200만 원이라면, 다음 중 H기업이 송년회를 진행할 호텔로 옳은 것은?(단, H기업의 임직원은 총 25명이다)

〈호텔별 1인당 식대〉

A호텔	B호텔	C호텔	D호텔	E호텔
73,000원	82,000원	85,000원	77,000원	75,000원

※ 총 식사비용이 가장 저렴한 두 곳의 차이가 10만 원 이하일 경우, 맛 점수가 높은 곳으로 선정한다.

① A호텔　　　　　　　　　　② B호텔
③ C호텔　　　　　　　　　　④ D호텔
⑤ E호텔

34 주방에 요리사인 철수와 설거지 담당인 병태가 있다. 요리에 사용되는 접시는 하나의 탑처럼 순서대로 쌓여 있다. 철수는 접시가 필요할 경우 이 접시 탑의 맨 위에 있는 접시부터 하나씩 사용한다. 병태는 자신이 설거지한 깨끗한 접시를 해당 탑의 맨 위에 하나씩 쌓는다. 철수와 병태는 (가), (나), (다), (라) 작업을 차례대로 수행하였다. 다음 중 철수가 (라) 작업을 완료한 이후 접시 탑의 맨 위에 있는 접시로 옳은 것은?

> (가) 병태가 시간 순서대로 접시 A, B, C, D를 접시 탑에 쌓는다.
> (나) 철수가 접시 한 개를 사용한다.
> (다) 병태가 시간 순서대로 접시 E, F를 접시 탑에 쌓는다.
> (라) 철수가 접시 세 개를 순차적으로 사용한다.

① A접시
② B접시
③ C접시
④ D접시
⑤ E접시

35 다음 중 성 예절을 지키기 위한 자세로 적절하지 않은 것은?

① 여성의 직업참가율이 비약적으로 높아졌기 때문에 남성은 여성이 대등한 동반자 관계로 동등한 역할과 능력 발휘를 한다는 인식을 가질 필요가 있다.
② 직장 내에서 여성이 남성과 동등한 지위를 보장받기 위해서는 그만한 책임과 역할을 다해야 하며, 조직은 그에 상응하는 여건을 조성해야 한다.
③ 우리 사회에는 뿌리 깊은 남성 위주의 가부장적 문화와 성역할에 대한 과거의 잘못된 인식이 아직도 남아 있기 때문에 남녀 공존의 직장문화를 정착하는 데 남다른 노력을 기울여야 한다.
④ 실정법을 준수하여 회사의 명예와 본인의 품위를 지켜야 하며, 사회적 또는 윤리적으로 비난받을 행위를 하지 않아야 한다.
⑤ 성희롱 문제는 개인적인 일이기 때문에 당사자들끼리 해결해야 한다.

36 다음 중 업무상 이유로 상대방 회사에 전화를 걸었을 때의 대응태도로 가장 적절한 것은?

① 전화를 걸고 인사 후에는 결론부터 이야기하고 나서 부연설명을 한다.
② 전화를 건 후 상대방에게 먼저 "○○회사, ○○님 맞습니까?"라고 상대방을 확인한 후 자신의 신분을 밝힌다.
③ 전화통화 도중 필요한 자료를 찾기 위해 "잠시만요."라고 양해를 구하고 자료를 찾는다.
④ 다른 회사의 상사와 직접 통화를 한 후 끝날 때 먼저 수화기를 공손히 내려놓는다.
⑤ 상대방이 신원을 밝히지 않는 경우에는 상대가 누구인지 물어보아서는 안 된다.

37 다음 중 분산처리 시스템의 특징으로 옳지 않은 것은?

① 작업을 병렬적으로 수행함으로써 사용자에게 빠른 반응시간과 빠른 처리시간을 제공한다.

② 사용자들이 비싼 자원을 쉽게 공유하여 사용할 수 있고, 작업의 부하를 균등하게 유지할 수 있다.

③ 작업 부하를 분산시킴으로써 반응시간을 항상 일관성 있게 유지할 수 있다.

④ 분산 시스템에 구성 요소를 추가하거나 삭제는 할 수 없다.

⑤ 다수의 구성요소가 존재하므로 일부가 고장 나더라도 나머지 일부는 계속 작동 가능하기 때문에 사용 가능도가 향상된다.

38 다음 〈보기〉에서 설명하는 용어로 옳은 것은?

> **보기**
>
> 직접 접근 기억장치를 사용하는 파일로 데이터가 임의로 들어 있으며, 주소가 붙어 있어 처음부터 차례차례 조사하지 않아도 찾고자 하는 데이터를 직접 찾을 수 있다.

① 직접 접근 파일　　　　　　② 주소 참조 파일

③ 포인터 파일　　　　　　　④ 직접 참조 파일

⑤ 주소 접근 파일

39 다음 중 내부 벤치마킹에 대한 설명으로 가장 적절한 것은?

① 벤치마킹 대상의 적대적 태도로 인해 자료 수집에 어려움을 겪을 수 있다.

② 다각화된 우량기업의 경우 효과를 보기 어렵다.

③ 경쟁 기업을 통해 경영 성과와 관련된 정보를 획득할 수 있다.

④ 같은 기업 내의 타 부서 간 유사한 활용을 비교 대상으로 삼을 수 있다.

⑤ 문화 및 제도적인 차이로 발생할 수 있는 효과에 대한 검토가 필요하다.

40 다음 글의 중심내용으로 가장 적절한 것은?

> 신문이 진실을 보도해야 한다는 것은 새삼스러운 설명이 필요 없는 당연한 이야기이다. 정확한 보도를 하기 위해서는 문제를 전체적으로 보아야 하고, 역사적으로 새로운 가치의 편에서 봐야 하며, 무엇이 근거이고, 무엇이 조건인가를 명확히 해야 한다. 그런데 이러한 준칙을 강조하는 것은 기자들의 기사 작성 기술이 미숙하기 때문이 아니라, 이해관계에 따라 특정 보도의 내용이 달라지기 때문이다. 자신들에게 유리하도록 기사가 보도되게 하려는 외부 세력이 있으므로 진실 보도는 일반적으로 수난의 길을 걷기 마련이다. 신문은 스스로 자신들의 임무가 '사실 보도'라고 말한다. 그 임무를 다하기 위해 신문은 이해관계에 따라 진실을 왜곡하려는 권력과 이익 집단, 그 구속과 억압의 논리로부터 자유로워야 한다.

① 진실 보도를 위하여 구속과 억압의 논리로부터 자유로워야 한다.
② 자신들에게 유리하도록 기사가 보도되게 하는 외부 세력이 있다.
③ 신문의 임무는 '사실 보도'이나, 진실 보도는 수난의 길을 걷는다.
④ 정확한 보도를 하기 위하여 전체적 시각을 가져야 한다.
⑤ 신문 보도에 있어 준칙을 강조하는 것은, 기자들의 기사 작성 기술이 미숙하기 때문이다.

PART 2

41 다음은 H마트의 과자 종류에 따른 가격을 나타낸 표이다. H마트는 A, B, C과자에 기획 상품 할인을 적용하여 팔고 있다. A~C과자를 정상가로 2봉지씩 구매할 수 있는 금액을 가지고 2봉지씩 할인된 가격으로 구매한 다음에 A과자를 더 산다고 할 때, A과자를 몇 봉지를 더 살 수 있는가?

〈과자별 가격 및 할인율〉

구분	A	B	C
정상가	1,500원	1,200원	2,000원
할인율	20%		40%

① 1봉지 ② 2봉지
③ 3봉지 ④ 4봉지
⑤ 5봉지

42 매일 아침 50mg의 약물을 복용하는 환자의 체내 잔류 약물의 검출 양이 다음과 같은 규칙을 보일 때, 5일차 환자의 체내 잔류 약물의 양으로 옳은 것은?

<체내 잔류 약물의 검출 양>

(단위 : mg)

기간	1일차	2일차	3일차
잔류 약물의 검출 양	20	28	$\dfrac{156}{5}$

① $\dfrac{4,124}{5}$ mg

② $\dfrac{2,062}{5}$ mg

③ $\dfrac{4,124}{25}$ mg

④ $\dfrac{2,062}{125}$ mg

⑤ $\dfrac{4,124}{125}$ mg

43 A ~ D 4명은 네 집에 나란히 이웃하여 살고 있다고 할 때, 다음 중 〈조건〉을 만족시키는 배열로 옳은 것은?

> **조건**
> • B는 D의 왼쪽에 산다.
> • A와 C는 떨어져 산다.

① A, D, B, C

② B, A, D, C

③ A, C, B, D

④ C, D, B, A

⑤ B, D, C, A

44 다음 직업의 의미를 참고할 때, 이와 관련된 직업의 사례로 가장 적절한 것은?

> 직업은 경제적 보상이 있어야 하며, 본인의 자발적 의사에 의한 것이어야 하고, 장기적으로 계속되는 지속성을 가지고 있어야 한다.

① 보드게임을 좋아하는 승호는 퇴근 후 보드게임 동아리에 참여하고 있다.

② 커피를 좋아하는 현희는 카페에서 커피를 연구하며 바리스타로 일하고 있다.

③ 영희는 동네 요양원을 찾아가 청소, 빨래 등을 하며 봉사활동을 하였다.

④ 꽃을 좋아하는 민정이는 주말마다 꽃꽂이를 취미활동으로 하고 있다.

⑤ 지연이의 할아버지는 일본 제철소에서 강제노동에 시달린 경험을 갖고 계시다.

45 다음 중 직장에서의 소개 예절로 옳지 않은 것은?

① 연령이 다른 경우 연령이 낮은 사람을 연령이 높은 사람에게 먼저 소개한다.

② 동료 직원과 손님의 경우 손님을 동료 직원에게 먼저 소개한다.

③ 내가 속한 회사의 관계자를 타 회사 관계자에게 먼저 소개한다.

④ 퇴직한 정부 고관의 경우 직위를 그대로 사용하여 소개한다.

⑤ 항상 성과 이름을 함께 사용하여 소개한다.

개별영역 **사무직**

46 다음 글에서 설명하는 함수로 옳은 것은?

> 주어진 조건에 의해 지정된 셀들의 합계를 구하는 함수이다. 특정 문자로 시작하는 셀들의 합계를 구하는 경우, 특정 금액 이상의 셀 합계를 구하는 경우, 구분 항목별 합계를 구하는 경우 등 다양하게 사용할 수 있다.

① SUM
② COUNT
③ AVERAGEA
④ SUMIF
⑤ COUNTIF

47 다음 지시사항의 내용으로 적절하지 않은 것은?

> H씨, 금요일 오후 2시부터 10명의 인·적성검사 합격자의 1차 면접이 진행될 예정입니다. 5층 회의실 사용 예약을 지금 미팅이 끝난 직후 해 주시고, 2명씩 5개 조로 구성하여 10분씩 면접을 진행하니 지금 드리는 지원 서류를 참고하시어 수요일 오전까지 다섯 조를 구성한 보고서를 저에게 주십시오. 그리고 2명의 면접 위원님께 목요일 오전에 면접 진행에 대해 말씀드려 미리 일정 조정을 완료해 주시기 바랍니다.

① 면접은 10분씩 진행된다.

② H씨는 수요일 오전까지 보고서를 제출해야 한다.

③ 면접은 금요일 오후에 10명을 대상으로 실시된다.

④ 인·적성검사 합격자는 본인이 몇 조인지 알 수 있다.

⑤ H씨는 면접 위원님에게 면접 진행에 대해 알려야 한다.

48 다음과 같은 상황에서 H과장이 취할 수 있는 가장 좋은 행동(Best)과 가장 좋지 않은 행동(Worst)을 순서대로 바르게 나열한 것은?

H과장은 동료 직원과 공동으로 맡은 프로젝트가 있다. 프로젝트의 업무 보고서를 내일까지 A차장에게 작성해서 제출해야 한다. 또한, H과장은 오늘 점심식사 후에 있을 회의 자료도 준비해야 한다. 회의 시작까지 남은 시간은 3시간이고, 프로젝트 업무 보고서 제출기한은 내일 오전 중이다.

구분	행동
㉠	동료 직원과 업무 보고서에 대해 논의한 뒤 분담해 작성한다.
㉡	동료 직원의 업무 진행상황을 묻고 우선순위를 논의한 뒤 회의 자료를 준비한다.
㉢	다른 팀 사원에게 상황을 설명하고 도움을 요청한 뒤 회의 자료를 준비한다.
㉣	회의 자료를 준비한 후 동료와 업무 진행 상황을 논의해 우선순위를 정하고, 업무 보고서를 작성한다.

	Best	Worst
①	㉠	㉢
②	㉡	㉣
③	㉢	㉠
④	㉢	㉡
⑤	㉣	㉠

49 HRN 스케줄링 방식에서 입력된 작업이 다음과 같을 때, 우선순위가 가장 높은 것은?

작업	대기시간	서비스(실행)시간
A	5	20
B	40	20
C	15	45
D	20	2
E	30	5

① A   ② B

③ C   ④ D

⑤ E

50 프로농구 결승전에서 A, B 두 팀이 시합했다. 2쿼터까지 A팀은 B팀보다 7점을 더 얻었고, 3쿼터와 4쿼터에 A팀은 B팀이 얻은 점수의 $\dfrac{3}{5}$을 얻어 75 : 78로 B팀이 이겼다. A팀이 3쿼터, 4쿼터에 얻은 점수로 옳은 것은?

① 15점

② 20점

③ 25점

④ 30점

⑤ 35점

46 농한기인 1 ~ 2월에 자주 발생하는 영농기자재 고장을 방지하고자 영농기자재 관리 방법에 대한 매뉴얼을 작성하여 농가에 배포하였다. 다음 중 매뉴얼에 따라 영농기자재를 바르게 관리한 것은?

〈매뉴얼〉

월	기계종류	내용
1월	트랙터	(보관 중 점검) • 유압실린더는 완전상승 상태로 함 • 엔진 계통의 누유점검(연료탱크, 필터, 파이프) • 축전지 보충충전
	이앙기	(장기보관 중 점검) • 본체의 누유, 누수 점검 • 축전지 보관 상태 점검, 보충충전 • 페인트가 벗겨진 부분에는 방청유를 발라 녹 발생 방지 • 커버를 씌워 먼지, 이물질에 의한 부식 방지
	콤바인	(장기보관 중 점검) • 회전부, 작동부, 와이어류에 부식방지를 위해 오일 주입 • 각부의 누유 여부 점검 • 스프링 및 레버류에 부식방지를 위해 그리스를 바름
2월	트랙터	(사용 전 점검) • 팬벨트 유격 10mm 이상 시 발전기 고정 볼트를 풀어 유격 조정 • 냉각수량 – 외기온도에 알맞은 비중의 부동액 확인(40% 확인) • 축전지액량 및 접속상태, 배선 및 각종 라이트 경고등 점검, 충전상태 점검 • 좌우 브레이크 페달 유격 및 작동 상태 점검
	이앙기	(장기보관 중 점검) • 누유 · 누수 점검 • 축전지 보충충전 • 녹이 발생된 부분은 녹을 제거하고 방청유를 바름
	콤바인	(장기보관 중 점검) • 엔진을 회전시켜 윤활시킨 후, 피스톤을 압축상사점에 보관 • 각 회전부, 작동부, 와이어류에 부식방지를 위해 오일주입 • 스프링 및 레버류에 부식방지를 위해 그리스를 바름

① 1월에 트랙터의 브레이크 페달 작동 상태를 점검함

② 2월에 장기보관 중이던 이앙기에 커버를 씌워 먼지 및 이물질에 의한 부식을 방지함

③ 트랙터 사용 전에 유압실린더와 엔진 누유 상태를 중점적으로 점검함

④ 1 ~ 2월 모두 이앙기에 부식방지를 위해 방청유를 바름

⑤ 장기보관 중인 콤바인을 꺼낸 후, 타이어 압력을 기종별 취급설명서에 따라 점검함

47 H사에는 직원들의 편의를 위해 휴게실에 전자레인지가 구비되어 있다. A사원은 회사의 기기를 관리하는 업무를 맡고 있다. 어느 날, 동료 사원들로부터 전자레인지를 사용할 때 가끔씩 불꽃이 튀고 음식이 잘 데워지지 않는다는 이야기를 들었다. A사원이 아래의 제품설명서를 토대로 서비스를 접수하기 전에 점검할 사항으로 옳지 않은 것은?

증상	원인	조치방법
전자레인지가 작동하지 않는다.	• 전원 플러그가 콘센트에 바르게 꽂혀 있습니까? • 문이 확실히 닫혀 있습니까? • 배전판 퓨즈나 차단기가 끊어지지 않았습니까? • 조리방법을 제대로 선택하셨습니까? • 혹시 정전은 아닙니까?	• 전원 플러그를 바로 꽂아 주십시오. • 문을 다시 닫아 주십시오. • 끊어졌으면 교체하고 연결시켜 주십시오. • 취소를 누르고 다시 시작하십시오.
동작 시 불꽃이 튄다.	• 조리실 내벽에 금속 제품 등이 닿지 않았습니까? • 금선이나 은선으로 장식된 그릇을 사용하고 계십니까? • 조리실 내에 찌꺼기가 있습니까?	• 벽에 닿지 않도록 하십시오. • 금선이나 은선으로 장식된 그릇은 사용하지 마십시오. • 깨끗이 청소해 주십시오.
조리 상태가 나쁘다.	• 조리 순서, 시간 등 사용 방법을 잘 선택하셨습니까?	• 요리책을 다시 확인하고 사용해 주십시오.
회전 접시가 불균일하게 돌거나 돌지 않는다.	• 회전 접시와 회전 링이 바르게 놓여 있습니까?	• 각각을 정확한 위치에 놓아 주십시오.
불의 밝기나 동작 소리가 불균일하다.	• 출력의 변화에 따라 일어난 현상이니 안심하고 사용하셔도 됩니다.	

① 조리실 내 위생 상태 점검
② 사용 가능 용기 확인
③ 조리실 내벽 확인
④ 사무실, 전자레인지 전압 확인
⑤ 조리 순서, 시간 확인

48 H사원은 최근 A전자제품회사의 빔프로젝터를 구입하였으며, 빔프로젝터 고장 신고 전 확인사항 자료를 확인하였다. 다음 중 빔프로젝터의 증상과 그에 따른 확인 및 조치사항으로 옳은 것은?

〈빔프로젝터 고장 신고 전 확인사항〉

분류	증상	확인 및 조치사항
설치 및 연결	전원이 들어오지 않음	• 제품 배터리의 충전 상태를 확인하세요. • 만약 그래도 제품이 전혀 동작하지 않는다면 제품 옆면의 'Reset' 버튼을 1초간 누르시기 바랍니다.
	전원이 자동으로 꺼짐	• 본 제품은 약 20시간 지속 사용 시 제품의 시스템 보호를 위해 전원이 자동 차단될 수 있습니다.
	외부기기가 선택되지 않음	• 외부기기 연결선이 신호 단자에 맞게 연결되었는지 확인하고, 연결 상태를 점검해 주시기 바랍니다.
메뉴 및 리모컨	리모컨이 동작하지 않음	• 리모컨의 건전지 상태 및 건전지가 권장 사이즈에 부합하는지 확인해 주세요. • 리모컨 각도와 거리가(10m 이하) 적당한지, 제품과 리모컨 사이에 장애물이 없는지 확인해 주세요.
	메뉴가 선택되지 않음	• 메뉴의 글자가 회색으로 나와 있지 않은지 확인해 주세요. 회색의 글자 메뉴는 선택되지 않습니다.
화면 및 소리	영상이 희미함	• 리모컨 메뉴창의 초점 조절 기능을 이용하여 초점을 조절해 주세요. • 투사거리가 초점에서 너무 가깝거나 멀리 떨어져 있지 않은지 확인해 주세요(권장거리 1 ~ 3m).
	제품에서 이상한 소리가 남	• 이상한 소리가 계속해서 발생할 경우 사용을 중지하고 서비스 센터로 문의해 주시기 바랍니다.
	화면이 안 나옴	• 제품 배터리의 충전 상태를 확인해 주세요. • 본체의 발열이 심할 경우 화면이 나오지 않을 수 있습니다.
	화면에 줄, 잔상, 경계선 등이 나타남	• 일정시간 정지된 영상을 지속적으로 표시하면 부분적으로 잔상이 발생합니다. • 영상의 상·하·좌·우의 경계선이 고정되어 있거나 빛의 투과량이 상이한 영상을 장시간 시청 시 경계선에 자국이 발생할 수 있습니다.

① 영화를 보는 중에 갑자기 전원이 꺼진 것은 본체의 발열이 심해서 그런 것이므로 약 20시간 동안 사용을 중지하였다.

② 메뉴가 선택되지 않아 외부기기와 연결선이 제대로 연결되었는지 확인하였다.

③ 일주일째 이상한 소리가 나 제품 배터리가 충분히 충전된 상태인지 살펴보았다.

④ 언젠가부터 화면에 잔상이 나타나 제품과 리모콘 배터리의 충전 상태를 확인하였다.

⑤ 영상이 너무 희미해 초점과 투사거리를 확인하여 조절하였다.

49 다음에서 설명하는 네트워크 혁명 법칙으로 옳은 것은?

> 반도체의 성능은 24개월마다 2배씩 증가한다.

① 카오의 법칙　　　　　　　　　　② 메트칼프의 법칙
③ 황의 법칙　　　　　　　　　　　④ 무어의 법칙
⑤ 던바의 법칙

50 다음 자료를 참고할 때, 〈보기〉에서 설명하는 지식재산권으로 가장 적절한 것은?

> 〈자료〉
> 지식재산권이란 인간의 창조적 활동 또는 경험 등을 통해 창출하거나 발견한 지식·정보·기술이나 표현, 표시 그 밖에 무형적인 것이다. 재산적 가치가 실현될 수 있는 지적 창작물에 부여된 권리를 말하며, 이는 지적소유권이라고 불리기도 한다. 이러한 지식재산권은 산업재산권으로 타인에게 그 권리를 양도하여 판매수입이나 로열티를 받을 수 있게 하고, 실체가 없는 기술상품인 무형의 재산이기 때문에 수출입이 자유로워 국가 간의 장벽을 허물며 다국적 기업화를 이끌고 있다. 또한 이러한 기술상품을 사용함으로써 더 나은 기술개발을 촉진할 계기를 만들어 주고 있다.

> 보기
> 이것은 지식재산권 중 산업재산권에 해당하며, 심미성을 가진 고안으로 물품의 외관에 미적인 감각을 느낄 수 있도록 하게 하는 것이다. 이것은 물품 자체에 표현되는 것으로 물품을 떠나서는 존재할 수 없기에 물품이 다르면 동일한 형상의 디자인이라 하더라도 별개의 것이 된다.

① 의장　　　　　　　　　　　　　② 실용신안
③ 특허　　　　　　　　　　　　　④ 상표
⑤ 영업비밀

돈이란 바닷물과도 같다. 그것은 마시면 마실수록 목이 말라진다.

- 쇼펜하우어 -

PART 3

채용 가이드

1. 블라인드 채용이란?

채용 과정에서 편견이 개입되어 불합리한 차별을 야기할 수 있는 출신지, 가족관계, 학력, 외모 등의 편견요인은 제외하고, 직무능력만을 평가하여 인재를 채용하는 방식입니다.

2. 블라인드 채용의 필요성

- 채용의 공정성에 대한 사회적 요구
  - 누구에게나 직무능력만으로 경쟁할 수 있는 균등한 고용기회를 제공해야 하나, 아직도 채용의 공정성에 대한 불신이 존재
  - 채용상 차별금지에 대한 법적 요건이 권고적 성격에서 처벌을 동반한 의무적 성격으로 강화되는 추세
  - 시민의식과 지원자의 권리의식 성숙으로 차별에 대한 법적 대응 가능성 증가
- 우수인재 채용을 통한 기업의 경쟁력 강화 필요
  - 직무능력과 무관한 학벌, 외모 위주의 선발로 우수인재 선발기회 상실 및 기업경쟁력 약화
  - 채용 과정에서 차별 없이 직무능력중심으로 선발한 우수인재 확보 필요
- 공정한 채용을 통한 사회적 비용 감소 필요
  - 편견에 의한 차별적 채용은 우수인재 선발을 저해하고 외모·학벌 지상주의 등의 심화로 불필요한 사회적 비용 증가
  - 채용에서의 공정성을 높여 사회의 신뢰수준 제고

3. 블라인드 채용의 특징

편견요인을 요구하지 않는 대신 직무능력을 평가합니다.

※ 직무능력중심 채용이란?
기업의 역량기반 채용, NCS기반 능력중심 채용과 같이 직무수행에 필요한 능력과 역량을 평가하여 선발하는 채용방식을 통칭합니다.

4. 블라인드 채용의 평가요소

직무수행에 필요한 지식, 기술, 태도 등을 과학적인 선발기법을 통해 평가합니다.

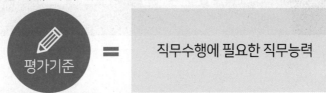

※ 과학적 선발기법이란?
직무분석을 통해 도출된 평가요소를 서류, 필기, 면접 등을 통해 체계적으로 평가하는 방법으로 입사지원서, 자기소개서, 직무수행능력평가, 구조화 면접 등이 해당됩니다.

5. 블라인드 채용 주요 도입 내용

- 입사지원서에 인적사항 요구 금지
  - 인적사항에는 출신지역, 가족관계, 결혼여부, 재산, 취미 및 특기, 종교, 생년월일(연령), 성별, 신장 및 체중, 사진, 전공, 학교명, 학점, 외국어 점수, 추천인 등이 해당
  - 채용 직무를 수행하는 데 있어 반드시 필요하다고 인정될 경우는 제외
    예 특수경비직 채용 시 : 시력, 건강한 신체 요구
    연구직 채용 시 : 논문, 학위 요구 등
- 블라인드 면접 실시
  - 면접관에게 응시자의 출신지역, 가족관계, 학교명 등 인적사항 정보 제공 금지
  - 면접관은 응시자의 인적사항에 대한 질문 금지

6. 블라인드 채용 도입의 효과성

- 구성원의 다양성과 창의성이 높아져 기업 경쟁력 강화
  - 편견을 없애고 직무능력 중심으로 선발하므로 다양한 직원 구성 가능
  - 다양한 생각과 의견을 통하여 기업의 창의성이 높아져 기업경쟁력 강화
- 직무에 적합한 인재선발을 통한 이직률 감소 및 만족도 제고
  - 사전에 지원자들에게 구체적이고 상세한 직무요건을 제시함으로써 허수 지원이 낮아지고, 직무에 적합한 지원자 모집 가능
  - 직무에 적합한 인재가 선발되어 직무이해도가 높아져 업무효율 증대 및 만족도 제고
- 채용의 공정성과 기업이미지 제고
  - 블라인드 채용은 사회적 편견을 줄인 선발 방법으로 기업에 대한 사회적 인식 제고
  - 채용과정에서 불합리한 차별을 받지 않고 실력에 의해 공정하게 평가를 받을 것이라는 믿음을 제공하고, 지원자들은 평등한 기회와 공정한 선발과정 경험

CHAPTER 02 서류전형 가이드

01 채용공고문

1. 채용공고문의 변화

기존 채용공고문	변화된 채용공고문
• 취업준비생에게 불충분하고 불친절한 측면 존재 • 모집분야에 대한 명확한 직무관련 정보 및 평가기준 부재 • 해당분야에 지원하기 위한 취업준비생의 무분별한 스펙 쌓기 현상 발생	• NCS 직무분석에 기반한 채용공고를 토대로 채용전형 진행 • 지원자가 입사 후 수행하게 될 업무에 대한 자세한 정보 공지 • 직무수행내용, 직무수행 시 필요한 능력, 관련된 자격, 직업기초능력 제시 • 지원자가 해당 직무에 필요한 스펙만을 준비할 수 있도록 안내
• 모집부문 및 응시자격 • 지원서 접수 • 전형절차 • 채용조건 및 처우 • 기타사항	• 채용절차 • 채용유형별 선발분야 및 예정인원 • 전형방법 • 선발분야별 직무기술서 • 우대사항

2. 지원 유의사항 및 지원요건 확인

채용 직무에 따른 세부사항을 공고문에 명시하여 지원자에게 적격한 지원 기회를 부여함과 동시에 채용과정에서의 공정성과 신뢰성을 확보합니다.

구성	내용	확인사항
모집분야 및 규모	고용형태(인턴 계약직 등), 모집분야, 인원, 근무지역 등	채용직무가 여러 개일 경우 본인이 해당되는 직무의 채용규모 확인
응시자격	기본 자격사항, 지원조건	지원을 위한 최소자격요건을 확인하여 불필요한 지원을 예방
우대조건	법정·특별·자격증 가점	본인의 가점 여부를 검토하여 가점 획득을 위한 사항을 사실대로 기재
근무조건 및 보수	고용형태 및 고용기간, 보수, 근무지	본인이 생각하는 기대수준에 부합하는지 확인하여 불필요한 지원을 예방
시험방법	서류·필기·면접전형 등의 활용방안	전형방법 및 세부 평가기법 등을 확인하여 지원전략 준비
전형일정	접수기간, 각 전형 단계별 심사 및 합격자 발표일 등	본인의 지원 스케줄을 검토하여 차질이 없도록 준비
제출서류	입사지원서(경력·경험기술서 등), 각종 증명서 및 자격증 사본 등	지원요건 부합 여부 및 자격 증빙서류 사전에 준비
유의사항	임용취소 등의 규정	임용취소 관련 법적 또는 기관 내부 규정을 검토하여 해당여부 확인

직무기술서란 직무수행의 내용과 필요한 능력, 관련 자격, 직업기초능력 등을 상세히 기재한 것으로 입사 후 수행하게 될 업무에 대한 정보가 수록되어 있는 자료입니다.

1. 채용분야

설명

NCS 직무분류 체계에 따라 직무에 대한 「대분류 – 중분류 – 소분류 – 세분류」 체계를 확인할 수 있습니다. 채용 직무에 대한 모든 직무기술서를 첨부하게 되며 실제 수행 업무를 기준으로 세부적인 분류정보를 제공합니다.

채용분야	분류체계			
사무행정	대분류	중분류	소분류	세분류
분류코드	02. 경영·회계·사무	03. 재무·회계	01. 재무	01. 예산
				02. 자금
			02. 회계	01. 회계감사
				02. 세무

2. 능력단위

설명

직무분류 체계의 세분류 하위능력단위 중 실질적으로 수행할 업무의 능력만 구체적으로 파악할 수 있습니다.

능력단위	(예산)	03. 연간종합예산수립 05. 확정예산 운영	04. 추정재무제표 작성 06. 예산실적 관리
	(자금)	04. 자금운용	
	(회계감사)	02. 자금관리 05. 회계정보시스템 운용 07. 회계감사	04. 결산관리 06. 재무분석
	(세무)	02. 결산관리 07. 법인세 신고	05. 부가가치세 신고

3. 직무수행내용

설명

세분류 영역의 기본정의를 통해 직무수행내용을 확인할 수 있습니다. 입사 후 수행할 직무내용을 구체적으로 확인할 수 있으며, 이를 통해 입사서류 작성부터 면접까지 직무에 대한 명확한 이해를 바탕으로 자신의 희망직무 인지 아닌지, 해당 직무가 자신이 알고 있던 직무가 맞는지 확인할 수 있습니다.

직무수행내용	(예산) 일정기간 예상되는 수익과 비용을 편성, 집행하며 통제하는 일
	(자금) 자금의 계획 수립, 조달, 운용을 하고 발생 가능한 위험 관리 및 성과평가
	(회계감사) 기업 및 조직 내·외부에 있는 의사결정자들이 효율적인 의사결정을 할 수 있도록 유용한 정보를 제공, 제공된 회계정보의 적정성을 파악하는 일
	(세무) 세무는 기업의 활동을 위하여 주어진 세법범위 내에서 조세부담을 최소화시키는 조세전략을 포함하고 정확한 과세소득과 과세표준 및 세액을 산출하여 과세당국에 신고·납부하는 일

PART 3

4. 직무기술서 예시

태도	(예산) 정확성, 분석적 태도, 논리적 태도, 타 부서와의 협조적 태도, 설득력
	(자금) 분석적 사고력
	(회계 감사) 합리적 태도, 전략적 사고, 정확성, 적극적 협업 태도, 법률준수 태도, 분석적 태도, 신속성, 책임감, 정확한 판단력
	(세무) 규정 준수 의지, 수리적 정확성, 주의 깊은 태도
우대 자격증	공인회계사, 세무사, 컴퓨터활용능력, 변호사, 워드프로세서, 전산회계운용사, 사회조사분석사, 재경관리사, 회계관리 등
직업기초능력	의사소통능력, 문제해결능력, 자원관리능력, 대인관계능력, 정보능력, 조직이해능력

5. 직무기술서 내용별 확인사항

항목	확인사항
모집부문	해당 채용에서 선발하는 부문(분야)명 확인 예 사무행정, 전산, 전기
분류체계	지원하려는 분야의 세부직무군 확인
주요기능 및 역할	지원하려는 기업의 전사적인 기능과 역할, 산업군 확인
능력단위	지원분야의 직무수행에 관련되는 세부업무사항 확인
직무수행내용	지원분야의 직무군에 대한 상세사항 확인
전형방법	지원하려는 기업의 신입사원 선발전형 절차 확인
일반요건	교육사항을 제외한 지원 요건 확인(자격요건, 특수한 경우 연령)
교육요건	교육사항에 대한 지원요건 확인(대졸 / 초대졸 / 고졸 / 전공 요건)
필요지식	지원분야의 업무수행을 위해 요구되는 지식 관련 세부항목 확인
필요기술	지원분야의 업무수행을 위해 요구되는 기술 관련 세부항목 확인
직무수행태도	지원분야의 업무수행을 위해 요구되는 태도 관련 세부항목 확인
직업기초능력	지원분야 또는 지원기업의 조직원으로서 근무하기 위해 필요한 일반적인 능력사항 확인

1. 입사지원서의 변화

기존지원서		능력중심 채용 입사지원서	
직무와 관련 없는 학점, 개인신상, 어학점수, 자격, 수상경력 등을 나열하도록 구성	VS	해당 직무수행에 꼭 필요한 정보들을 제시할 수 있도록 구성	

직무기술서

직무수행내용

요구지식 / 기술

관련 자격증

사전직무경험

인적사항	성명, 연락처, 지원분야 등 작성 (평가 미반영)
교육사항	직무지식과 관련된 학교교육 및 직업교육 작성
자격사항	직무관련 국가공인 또는 민간자격 작성
경력 및 경험사항	조직에 소속되어 일정한 임금을 받거나(경력) 임금 없이(경험) 직무와 관련된 활동 내용 작성

2. 교육사항

- 지원분야 직무와 관련된 학교 교육이나 직업교육 혹은 기타교육 등 직무에 대한 지원자의 학습 여부를 평가하기 위한 항목입니다.
- 지원하고자 하는 직무의 학교 전공교육 이외에 직업교육, 기타교육 등을 기입할 수 있기 때문에 전공 제한 없이 직업교육과 기타교육을 이수하여 지원이 가능하도록 기회를 제공합니다.
(기타교육 : 학교 이외의 기관에서 개인이 이수한 교육과정 중 지원직무와 관련이 있다고 생각되는 교육내용)

구분	교육과정(과목)명	교육내용	과업(능력단위)

3. 자격사항

- 채용공고 및 직무기술서에 제시되어 있는 자격 현황을 토대로 지원자가 해당 직무를 수행하는 데 필요한 능력을 가지고 있는지를 평가하기 위한 항목입니다.
- 채용공고 및 직무기술서에 기재된 직무관련 필수 또는 우대자격 항목을 확인하여 본인이 보유하고 있는 자격사항을 기재합니다.

자격유형	자격증명	발급기관	취득일자	자격증번호

4. 경력 및 경험사항

- 직무와 관련된 경력이나 경험 여부를 표현하도록 하여 직무와 관련한 능력을 갖추었는지를 평가하기 위한 항목입니다.
- 해당 기업에서 직무를 수행함에 있어 필요한 사항만을 기록하게 되어 있기 때문에 직무와 무관한 스펙을 갖추지 않아도 됩니다.
- 경력 : 금전적 보수를 받고 일정기간 동안 일했던 경우
- 경험 : 금전적 보수를 받지 않고 수행한 활동

※ 기업에 따라 경력 / 경험 관련 증빙자료 요구 가능

구분	조직명	직위 / 역할	활동기간(년 / 월)	주요과업 / 활동내용

Tip

입사지원서 작성 방법

○ 경력 및 경험사항 작성
- 직무기술서에 제시된 지식, 기술, 태도와 지원자의 교육사항, 경력(경험)사항, 자격사항과 연계하여 개인의 직무역량에 대해 스스로 판단 가능

○ 인적사항 최소화
- 개인의 인적사항, 학교명, 가족관계 등을 노출하지 않도록 유의

부적절한 입사지원서 작성 사례
- 학교 이메일을 기입하여 학교명 노출
- 거주지 주소에 학교 기숙사 주소를 기입하여 학교명 노출
- 자기소개서에 부모님이 재직 중인 기업명, 직위, 직업을 기입하여 가족관계 노출
- 자기소개서에 석·박사 과정에 대한 이야기를 언급하여 학력 노출
- 동아리 활동에 대한 내용을 학교명과 더불어 언급하여 학교명 노출

1. 자기소개서의 변화

- 기존의 자기소개서는 지원자의 일대기나 관심 분야, 성격의 장·단점 등 개괄적인 사항을 묻는 질문으로 구성되어 지원자가 자신의 직무능력을 제대로 표출하지 못합니다.
- 능력중심 채용의 자기소개서는 직무기술서에 제시된 직업기초능력(또는 직무수행능력)에 대한 지원자의 과거 경험을 기술하게 함으로써 평가 타당도의 확보가 가능합니다.

1. 우리 회사와 해당 지원 직무분야에 지원한 동기에 대해 기술해 주세요.

2. 자신이 경험한 다양한 사회활동에 대해 기술해 주세요.

3. 지원 직무에 대한 전문성을 키우기 위해 받은 교육과 경험 및 경력사항에 대해 기술해 주세요.

4. 인사업무 또는 팀 과제 수행 중 발생한 갈등을 원만하게 해결해 본 경험이 있습니까? 당시 상황에 대한 설명과 갈등의 대상이 되었던 상대방을 설득한 과정 및 방법을 기술해 주세요.

5. 과거에 있었던 일 중 가장 어려웠던(힘들었었던) 상황을 고르고, 어떤 방법으로 그 상황을 해결했는지를 기술해 주세요.

자기소개서 작성 방법

① 자기소개서 문항이 묻고 있는 평가 역량 추측하기

예시

- 팀 활동을 하면서 갈등 상황 시 상대방의 니즈나 의도를 명확히 파악하고 해결하여 목표 달성에 기여했던 경험에 대해서 작성해 주시기 바랍니다.
- 다른 사람이 생각해내지 못했던 문제점을 찾고 이를 해결한 경험에 대해 작성해 주시기 바랍니다.

② 해당 역량을 보여줄 수 있는 소재 찾기(시간×역량 매트릭스)

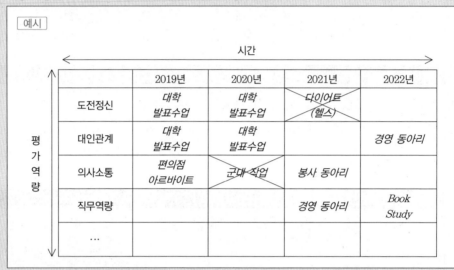

예시

		시간			
		2019년	2020년	2021년	2022년
평가역량	도전정신	대학 발표수업	대학 발표수업	~~다이어트 (헬스)~~	
	대인관계	대학 발표수업	대학 발표수업		경영 동아리
	의사소통	편의점 아르바이트	~~군대 작업~~	봉사 동아리	
	직무역량			경영 동아리	Book Study
	…				

③ 자기소개서 작성 Skill 익히기

- 두괄식으로 작성하기
- 구체적 사례를 사용하기
- '나'를 중심으로 작성하기
- 직무역량 강조하기
- 경험 사례의 차별성 강조하기

인성검사 소개 및 모의테스트

01 인성검사 유형

인성검사는 지원자의 성격특성을 객관적으로 파악하고 그것이 각 기업에서 필요로 하는 인재상과 가치에 부합하는가를 평가하기 위한 검사입니다. 인성검사는 KPDI(한국인재개발진흥원), K-SAD(한국사회적성개발원), KIRBS(한국행동과학연구소), SHR(에스에이치알) 등의 전문기관을 통해 각 기업의 특성에 맞는 검사를 선택하여 실시합니다. 대표적인 인성검사의 유형에는 크게 다음과 같은 세 가지가 있으며, 채용 대행업체에 따라 달라집니다.

1. KPDI 검사

조직적응성과 직무적합성을 알아보기 위한 검사로 인성검사, 인성역량검사, 인적성검사, 직종별 인적성검사 등의 다양한 검사 도구를 구현합니다. KPDI는 성격을 파악하고 정신건강 상태 등을 측정하고, 직무검사는 해당 직무를 수행하기 위해 기본적으로 갖추어야 할 인지적 능력을 측정합니다. 역량검사는 특정 직무 역할을 효과적으로 수행하는 데 직접적으로 관련 있는 개인의 행동, 지식, 스킬, 가치관 등을 측정합니다.

2. KAD(Korea Aptitude Development) 검사

K-SAD(한국사회적성개발원)에서 실시하는 적성검사 프로그램입니다. 개인의 성향, 지적 능력, 기호, 관심, 흥미도를 종합적으로 분석하여 적성에 맞는 업무가 무엇인가 파악하고, 직무수행에 있어서 요구되는 기초능력과 실무능력을 분석합니다.

3. SHR 직무적성검사

직무수행에 필요한 종합적인 사고 능력을 다양한 적성검사(Paper and Pencil Test)로 평가합니다. SHR의 모든 직무능력검사는 표준화 검사입니다. 표준화 검사는 표본집단의 점수를 기초로 규준이 만들어진 검사이므로 개인의 점수를 규준에 맞추어 해석·비교하는 것이 가능합니다. S(Standardized Tests), H(Hundreds of Version), R(Reliable Norm Data)을 특징으로 하며, 직군·직급별 특성과 선발 수준에 맞추어 검사를 적용할 수 있습니다.

인성검사는 특히 면접질문과 관련성이 높습니다. 면접관은 지원자의 인성검사 결과를 토대로 질문을 하기 때문입니다. 일관적이고 이상적인 답변을 하는 것이 가장 좋지만, 실제 시험은 매우 복잡하여 전문가라 해도 일정 성격을 유지하면서 답변을 하는 것이 힘듭니다. 또한, 인성검사에는 라이 스케일(Lie Scale) 설문이 전체 설문 속에 교묘하게 섞여 들어가 있으므로 겉치레적인 답을 하게 되면 회답태도의 허위성이 그대로 드러나게 됩니다. 예를 들어 '거짓말을 한 적이 한 번도 없다.'에 '예'로 답하고, '때로는 거짓말을 하기도 한다.'에 '예'라고 답하여 라이 스케일의 득점이 올라가게 되면 모든 회답의 신빙성이 사라지고 '자신을 돋보이게 하려는 사람'이라는 평가를 받을 수 있으므로 주의해야 합니다. 따라서 모의테스트를 통해 인성검사의 유형과 실제 시험 시 어떻게 문제를 풀어야 하는지 연습해 보고 체크한 부분 중 자신의 단점과 연결되는 부분은 면접에서 질문이 들어왔을 때 어떻게 대처해야 하는지 생각해 보는 것이 좋습니다.

1. 기업의 인재상을 파악하라!

인성검사를 통해 개인의 성격 특성을 파악하고 그것이 기업의 인재상과 가치에 부합하는지를 평가하는 시험이기 때문에 해당 기업의 인재상을 먼저 파악하고 시험에 임하는 것이 좋습니다. 모의테스트에서 인재상에 맞는 가상의 인물을 설정하고 문제에 답해 보는 것도 많은 도움이 됩니다.

2. 일관성 있는 대답을 하라!

짧은 시간 안에 다양한 질문에 답을 해야 하는데, 그 안에는 중복되는 질문이 여러 번 나옵니다. 이때 앞서 자신이 체크했던 대답을 잘 기억해뒀다가 일관성 있는 답을 하는 것이 중요합니다.

3. 모든 문항에 대답하라!

많은 문제를 짧은 시간 안에 풀려다 보니 다 못 푸는 경우도 종종 생깁니다. 하지만 대답을 누락하거나 끝까지 다 못했을 경우 좋지 않은 결과를 가져올 수도 있으니 최대한 주어진 시간 안에 모든 문항에 답할 수 있도록 해야 합니다.

※ 모의테스트는 질문 및 답변 유형 연습을 위한 것으로 실제 시험과 다를 수 있습니다.
※ 인성검사는 정답이 따로 없는 유형의 검사이므로 결과지를 제공하지 않습니다.

번호	내용	예	아니요
001	나는 솔직한 편이다.	☐	☐
002	나는 리드하는 것을 좋아한다.	☐	☐
003	법을 어겨서 말썽이 된 적이 한 번도 없다.	☐	☐
004	거짓말을 한 번도 한 적이 없다.	☐	☐
005	나는 눈치가 빠르다.	☐	☐
006	나는 일을 주도하기보다는 뒤에서 지원하는 것을 선호한다.	☐	☐
007	앞일은 알 수 없기 때문에 계획은 필요하지 않다.	☐	☐
008	거짓말도 때로는 방편이라고 생각한다.	☐	☐
009	사람이 많은 술자리를 좋아한다.	☐	☐
010	걱정이 지나치게 많다.	☐	☐
011	일을 시작하기 전 재고하는 경향이 있다.	☐	☐
012	불의를 참지 못한다.	☐	☐
013	처음 만나는 사람과도 이야기를 잘 한다.	☐	☐
014	때로는 변화가 두렵다.	☐	☐
015	나는 모든 사람에게 친절하다.	☐	☐
016	힘든 일이 있을 때 술은 위로가 되지 않는다.	☐	☐
017	결정을 빨리 내리지 못해 손해를 본 경험이 있다.	☐	☐
018	기회를 잡을 준비가 되어 있다.	☐	☐
019	때로는 내가 정말 쓸모없는 사람이라고 느낀다.	☐	☐
020	누군가 나를 챙겨주는 것이 좋다.	☐	☐
021	자주 가슴이 답답하다.	☐	☐
022	나는 내가 자랑스럽다.	☐	☐
023	경험이 중요하다고 생각한다.	☐	☐
024	전자기기를 분해하고 다시 조립하는 것을 좋아한다.	☐	☐

PART 3

025	감시받고 있다는 느낌이 든다.	☐	☐
026	난처한 상황에 놓이면 그 순간을 피하고 싶다.	☐	☐
027	세상엔 믿을 사람이 없다.	☐	☐
028	잘못을 빨리 인정하는 편이다.	☐	☐
029	지도를 보고 길을 잘 찾아간다.	☐	☐
030	귓속말을 하는 사람을 보면 날 비난하고 있는 것 같다.	☐	☐
031	막무가내라는 말을 들을 때가 있다.	☐	☐
032	장래의 일을 생각하면 불안하다.	☐	☐
033	결과보다 과정이 중요하다고 생각한다.	☐	☐
034	운동은 그다지 할 필요가 없다고 생각한다.	☐	☐
035	새로운 일을 시작할 때 좀처럼 한 발을 떼지 못한다.	☐	☐
036	기분 상하는 일이 있더라도 참는 편이다.	☐	☐
037	업무능력은 성과로 평가받아야 한다고 생각한다.	☐	☐
038	머리가 맑지 못하고 무거운 느낌이 든다.	☐	☐
039	가끔 이상한 소리가 들린다.	☐	☐
040	타인이 내게 자주 고민상담을 하는 편이다.	☐	☐

※ 모의테스트는 질문 및 답변 유형 연습을 위한 것으로 실제 시험과 다를 수 있습니다.
※ 인성검사는 정답이 따로 없는 유형의 검사이므로 결과지를 제공하지 않습니다.

※ 이 성격검사의 각 문항에는 서로 다른 행동을 나타내는 네 개의 문장이 제시되어 있습니다. 이 문장들
을 비교하여, 자신의 평소 행동과 가장 가까운 문장을 'ㄱ' 열에 표기하고, 가장 먼 문장을 'ㅁ' 열에
표기하십시오.

01   나는 _____

	ㄱ	ㅁ
A. 실용적인 해결책을 찾는다.	☐	☐
B. 다른 사람을 돕는 것을 좋아한다.	☐	☐
C. 세부 사항을 잘 챙긴다.	☐	☐
D. 상대의 주장에서 허점을 잘 찾는다.	☐	☐

02   나는 _____

	ㄱ	ㅁ
A. 매사에 적극적으로 임한다.	☐	☐
B. 즉흥적인 편이다.	☐	☐
C. 관찰력이 있다.	☐	☐
D. 임기응변에 강하다.	☐	☐

03   나는 _____

	ㄱ	ㅁ
A. 무서운 영화를 잘 본다.	☐	☐
B. 조용한 곳이 좋다.	☐	☐
C. 가끔 울고 싶다.	☐	☐
D. 집중력이 좋다.	☐	☐

04   나는 _____

	ㄱ	ㅁ
A. 기계를 조립하는 것을 좋아한다.	☐	☐
B. 집단에서 리드하는 역할을 맡는다.	☐	☐
C. 호기심이 많다.	☐	☐
D. 음악을 듣는 것을 좋아한다.	☐	☐

PART 3

05 나는 _____

	ㄱ	ㅁ
A. 타인을 늘 배려한다.	☐	☐
B. 감수성이 예민하다.	☐	☐
C. 즐겨하는 운동이 있다.	☐	☐
D. 일을 시작하기 전에 계획을 세운다.	☐	☐

06 나는 _____

	ㄱ	ㅁ
A. 타인에게 설명하는 것을 좋아한다.	☐	☐
B. 여행을 좋아한다.	☐	☐
C. 정적인 것이 좋다.	☐	☐
D. 남을 돕는 것에 보람을 느낀다.	☐	☐

07 나는 _____

	ㄱ	ㅁ
A. 기계를 능숙하게 다룬다.	☐	☐
B. 밤에 잠이 잘 오지 않는다.	☐	☐
C. 한 번 간 길을 잘 기억한다.	☐	☐
D. 불의를 보면 참을 수 없다.	☐	☐

08 나는 _____

	ㄱ	ㅁ
A. 종일 말을 하지 않을 때가 있다.	☐	☐
B. 사람이 많은 곳을 좋아한다.	☐	☐
C. 술을 좋아한다.	☐	☐
D. 휴양지에서 편하게 쉬고 싶다.	☐	☐

09 나는 _____

	ㄱ	ㅁ
A. 뉴스보다는 드라마를 좋아한다.	☐	☐
B. 길을 잘 찾는다.	☐	☐
C. 주말엔 집에서 쉬는 것이 좋다.	☐	☐
D. 아침에 일어나는 것이 힘들다.	☐	☐

10 나는 _____

	ㄱ	ㅁ
A. 이성적이다.	☐	☐
B. 할 일을 종종 미룬다.	☐	☐
C. 어른을 대하는 게 힘들다.	☐	☐
D. 불을 보면 매혹을 느낀다.	☐	☐

11 나는 _____

	ㄱ	ㅁ
A. 상상력이 풍부하다.	☐	☐
B. 예의 바르다는 소리를 자주 듣는다.	☐	☐
C. 사람들 앞에 서면 긴장한다.	☐	☐
D. 친구를 자주 만난다.	☐	☐

12 나는 _____

	ㄱ	ㅁ
A. 나만의 스트레스 해소 방법이 있다.	☐	☐
B. 친구가 많다.	☐	☐
C. 책을 자주 읽는다.	☐	☐
D. 활동적이다.	☐	☐

PART 3

01 면접유형 파악

1. 면접전형의 변화

기존 면접전형에서는 일상적이고 단편적인 대화나 지원자의 첫인상 및 면접관의 주관적인 판단 등에 의해서 입사 결정 여부를 판단하는 경우가 많았습니다. 이러한 면접전형은 면접 내용의 일관성이 결여되거나 직무 관련 타당성이 부족하였고, 면접에 대한 신뢰도에 영향을 주었습니다.

기존 면접(전통적 면접)		능력중심 채용 면접(구조화 면접)

• 일상적이고 단편적인 대화
• 인상, 외모 등 외부 요소의 영향
• 주관적인 판단에 의존한 총점 부여
 	
⇩
 	
• 면접 내용의 일관성 결여
• 직무관련 타당성 부족
• 주관적인 채점으로 신뢰도 저하
	VS	• 일관성
		  – 직무관련 역량에 초점을 둔 구체적 질문 목록
		  – 지원자별 동일 질문 적용
		• 구조화
		  – 면접 진행 및 평가 절차를 일정한 체계에 의해 구성
		• 표준화
		  – 평가 타당도 제고를 위한 평가 Matrix 구성
		  – 척도에 따라 항목별 채점, 개인 간 비교
		• 신뢰성
		  – 면접진행 매뉴얼에 따라 면접위원 교육 및 실습

2. 능력중심 채용의 면접 유형

① 경험 면접
- 목적 : 선발하고자 하는 직무 능력이 필요한 과거 경험을 질문합니다.
- 평가요소 : 직업기초능력과 인성 및 태도적 요소를 평가합니다.

② 상황 면접
- 목적 : 특정 상황을 제시하고 지원자의 행동을 관찰함으로써 실제 상황의 행동을 예상합니다.
- 평가요소 : 직업기초능력과 인성 및 태도적 요소를 평가합니다.

③ 발표 면접
- 목적 : 특정 주제와 관련된 지원자의 발표와 질의응답을 통해 지원자 역량을 평가합니다.
- 평가요소 : 직무수행능력과 인지적 역량(문제해결능력)을 평가합니다.

④ 토론 면접
- 목적 : 토의과제에 대한 의견수렴 과정에서 지원자의 역량과 상호작용능력을 평가합니다.
- 평가요소 : 직무수행능력과 팀워크를 평가합니다.

1. 경험 면접

① 경험 면접의 특징

- 주로 직업기초능력에 관련된 지원자의 과거 경험을 심층 질문하여 검증하는 면접입니다.
- 직무능력과 관련된 과거 경험을 평가하기 위해 심층 질문을 하며, 이 질문은 지원자의 답변에 대하여 '꼬리에 꼬리를 무는 형식'으로 진행됩니다.

- 능력요소, 정의, 심사 기준
  - 평가하고자 하는 능력요소, 정의, 심사기준을 확인하여 면접위원이 해당 능력요소 관련 질문을 제시합니다.
- Opening Question
  - 능력요소에 관련된 과거 경험을 유도하기 위한 시작 질문을 합니다.
- Follow-up Question
  - 지원자의 경험 수준을 구체적으로 검증하기 위한 질문입니다.
  - 경험 수준 검증을 위한 상황(Situation), 임무(Task), 역할 및 노력(Action), 결과(Result) 등으로 질문을 구분합니다.

경험 면접의 형태

[면접관 1] [면접관 2] [면접관 3]

[면접관 1] [면접관 2] [면접관 3]

[지원자]

〈일대다 면접〉

[지원자 1] [지원자 2] [지원자 3]

〈다대다 면접〉

② 경험 면접의 구조

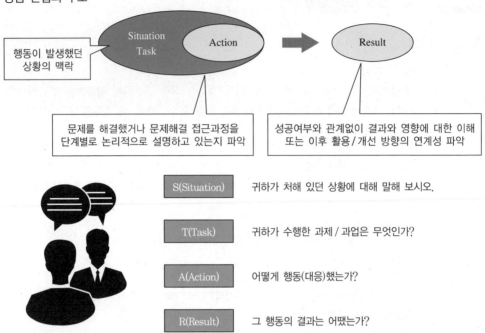

행동이 발생했던 상황의 맥락

문제를 해결했거나 문제해결 접근과정을 단계별로 논리적으로 설명하고 있는지 파악

성공여부와 관계없이 결과와 영향에 대한 이해 또는 이후 활용 / 개선 방향의 연계성 파악

S(Situation)	귀하가 처해 있던 상황에 대해 말해 보시오.
T(Task)	귀하가 수행한 과제 / 과업은 무엇인가?
A(Action)	어떻게 행동(대응)했는가?
R(Result)	그 행동의 결과는 어땠는가?

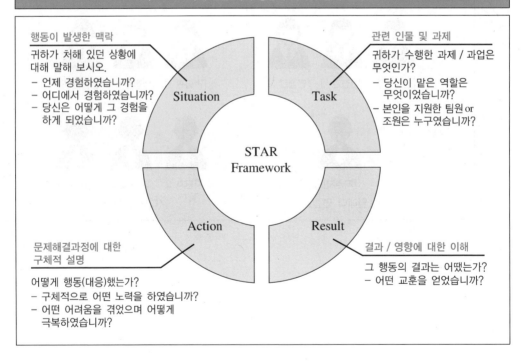

(   )에 관한 과거 경험에 대하여 말해 보시오.

행동이 발생한 맥락
귀하가 처해 있던 상황에 대해 말해 보시오.
– 언제 경험하였습니까?
– 어디에서 경험하였습니까?
– 당신은 어떻게 그 경험을 하게 되었습니까?

Situation

관련 인물 및 과제
귀하가 수행한 과제 / 과업은 무엇인가?
– 당신이 맡은 역할은 무엇이었습니까?
– 본인을 지원한 팀원 or 조원은 누구였습니까?

Task

STAR Framework

문제해결과정에 대한 구체적 설명
어떻게 행동(대응)했는가?
– 구체적으로 어떤 노력을 하였습니까?
– 어떤 어려움을 겪었으며 어떻게 극복하였습니까?

Action

Result

결과 / 영향에 대한 이해
그 행동의 결과는 어땠는가?
– 어떤 교훈을 얻었습니까?

③ 경험 면접 질문 예시(직업윤리)

시작 질문	
1	남들이 신경 쓰지 않는 부분까지 고려하여 절차대로 업무(연구)를 수행하여 성과를 낸 경험을 구체적으로 말해 보시오.
2	조직의 원칙과 절차를 철저히 준수하며 업무(연구)를 수행한 것 중 성과를 향상시킨 경험에 대해 구체적으로 말해 보시오.
3	세부적인 절차와 규칙에 주의를 기울여 실수 없이 업무(연구)를 마무리한 경험을 구체적으로 말해 보시오.
4	조직의 규칙이나 원칙을 고려하여 성실하게 일했던 경험을 구체적으로 말해 보시오.
5	타인의 실수를 바로잡고 원칙과 절차대로 수행하여 성공적으로 업무를 마무리하였던 경험에 대해 말해 보시오.

후속 질문		
상황 (Situation)	상황	구체적으로 언제, 어디에서 경험한 일인가?
		어떤 상황이었는가?
	조직	어떤 조직에 속해 있었는가?
		그 조직의 특성은 무엇이었는가?
		몇 명으로 구성된 조직이었는가?
	기간	해당 조직에서 얼마나 일했는가?
		해당 업무는 몇 개월 동안 지속되었는가?
	조직규칙	조직의 원칙이나 규칙은 무엇이었는가?
임무 (Task)	과제	과제의 목표는 무엇이었는가?
		과제에 적용되는 조직의 원칙은 무엇이었는가?
		그 규칙을 지켜야 하는 이유는 무엇이었는가?
	역할	당신이 조직에서 맡은 역할은 무엇이었는가?
		과제에서 맡은 역할은 무엇이었는가?
	문제의식	규칙을 지키지 않을 경우 생기는 문제점 / 불편함은 무엇인가?
		해당 규칙이 왜 중요하다고 생각하였는가?
역할 및 노력 (Action)	행동	업무 과정의 어떤 장면에서 규칙을 철저히 준수하였는가?
		어떻게 규정을 적용시켜 업무를 수행하였는가?
		규정은 준수하는 데 어려움은 없었는가?
	노력	그 규칙을 지키기 위해 스스로 어떤 노력을 기울였는가?
		본인의 생각이나 태도에 어떤 변화가 있었는가?
		다른 사람들은 어떤 노력을 기울였는가?
	동료관계	동료들은 규칙을 철저히 준수하고 있었는가?
		팀원들은 해당 규칙에 대해 어떻게 반응하였는가?
		규칙에 대한 태도를 개선하기 위해 어떤 노력을 하였는가?
		팀원들의 태도는 당신에게 어떤 자극을 주었는가?
	업무추진	주어진 업무를 추진하는 데 규칙이 방해되진 않았는가?
		업무수행 과정에서 규정을 어떻게 적용하였는가?
		업무 시 규정을 준수해야 한다고 생각한 이유는 무엇인가?

결과 (Result)	평가	규칙을 어느 정도나 준수하였는가?
		그렇게 준수할 수 있었던 이유는 무엇이었는가?
		업무의 성과는 어느 정도였는가?
		성과에 만족하였는가?
		비슷한 상황이 온다면 어떻게 할 것인가?
	피드백	주변 사람들로부터 어떤 평가를 받았는가?
		그러한 평가에 만족하는가?
		다른 사람에게 본인의 행동이 영향을 주었다고 생각하는가?
	교훈	업무수행 과정에서 중요한 점은 무엇이라고 생각하는가?
		이 경험을 통해 느낀 바는 무엇인가?

2. 상황 면접

① 상황 면접의 특징

직무 관련 상황을 가정하여 제시하고 이에 대한 대응능력을 직무관련성 측면에서 평가하는 면접입니다.

> • 상황 면접 과제의 구성은 크게 2가지로 구분
> – 상황 제시(Description) / 문제 제시(Question or Problem)
> • 현장의 실제 업무 상황을 반영하여 과제를 제시하므로 직무분석이나 직무전문가 워크숍 등을 거쳐 현장성을 높임
> • 문제는 상황에 대한 기본적인 이해능력(이론적 지식)과 함께 실질적 대응이나 변수 고려능력(실천적 능력) 등을 고르게 질문해야 함

상황 면접의 형태

[면접관 1] [면접관 2]

[연기자 1] [연기자 2]

[면접관 1] [면접관 2]

[지원자]

〈시뮬레이션〉

[지원자 1] [지원자 2] [지원자 3]

〈문답형〉

② 상황 면접 예시

	인천공항 여객터미널 내에는 다양한 용도의 시설(사무실, 통신실, 식당, 전산실, 창고 면세점 등)이 설치되어 있습니다.	실제 업무 상황에 기반함
상황 제시	금년에 소방배관의 누수가 잦아 메인 배관을 교체하는 공사를 추진하고 있으며, 당신은 이번 공사의 담당자입니다.	배경 정보
	주간에는 공항 운영이 이루어져 주로 야간에만 배관 교체 공사를 수행하던 중, 시공하는 기능공의 실수로 배관 연결 부위를 잘못 건드려 고압배관의 소화수가 누출되는 사고가 발생하였으며, 이로 인해 인근 시설물에 누수에 의한 피해가 발생하였습니다.	구체적인 문제 상황
문제 제시	일반적인 소방배관의 배관연결(이음)방식과 배관의 이탈(누수)이 발생하는 원인에 대해 설명해 보시오.	문제 상황 해결을 위한 기본 지식 문항
	담당자로서 본 사고를 현장에서 긴급히 처리하는 프로세스를 제시하고, 보수완료 후 사후적 조치가 필요한 부분 및 재발방지 방안에 대해 설명해 보시오.	문제 상황 해결을 위한 추가 대응 문항

3. 발표 면접

① 발표 면접의 특징

• 직무관련 주제에 대한 지원자의 생각을 정리하여 의견을 제시하고, 발표 및 질의응답을 통해 지원자의 직무능력을 평가하는 면접입니다.

• 발표 주제는 직무와 관련된 자료로 제공되며, 일정 시간 후 지원자가 보유한 지식 및 방안에 대한 발표 및 후속 질문을 통해 직무적합성을 평가합니다.

• 주요 평가요소
  – 설득적 말하기 / 발표능력 / 문제해결능력 / 직무관련 전문성
• 이미 언론을 통해 공론화된 시사 이슈보다는 해당 직무분야에 관련된 주제가 발표면접의 과제로 선정되는 경우가 최근 들어 늘어나고 있음
• 짧은 시간 동안 주어진 과제를 빠른 속도로 분석하여 발표문을 작성하고 제한된 시간 안에 면접관에게 효과적인 발표를 진행하는 것이 핵심

발표 면접의 형태

[면접관 1]　[면접관 2]

[면접관 1]　[면접관 2]

[지원자]

〈개별 과제 발표〉

[지원자 1]　[지원자 2]　[지원자 3]

〈팀 과제 발표〉

※ 면접관에게 시각적 효과를 사용하여 메시지를 전달하는 쌍방향 커뮤니케이션 방식

※ 심층면접을 보완하기 위한 방안으로 최근 많은 기업에서 적극 도입하는 추세

② 발표 면접 예시

---

1. 지시문

> 당신은 현재 A사에서 직원들의 성과평가를 담당하고 있는 팀원이다. 인사팀은 지난주부터 사내 조직문화관련 인터뷰를 하던 도중 성과평가제도에 관련된 개선 니즈가 제일 많다는 것을 알게 되었다. 이에 팀장님은 인터뷰 결과를 종합하려 성과평가제도 개선 아이디어를 A4용지에 정리하여 신속 보고할 것을 지시하셨다. 당신에게 남은 시간은 1시간이다. 자료를 준비하는 대로 당신은 팀원들이 모인 회의실에서 5분 간 발표할 것이며, 이후 질의응답을 진행할 것이다.

2. 배경자료

> <성과평가제도 개선에 대한 인터뷰>
>
> 최근 A사는 회사 사세의 급성장으로 인해 작년보다 매출이 두 배 성장하였고, 직원 수 또한 두 배로 증가하였다. 회사의 성장은 임금, 복지에 대한 상승 등 긍정적인 영향을 주었으나 업무의 불균형 및 성과보상의 불평등 문제가 발생하였다. 또한 수시로 입사하는 신입직원과 경력직원, 퇴사하는 직원들까지 인원들의 잦은 변동으로 인해 평가해야 할 대상이 변경되어 현재의 성과평가제도로는 공정한 평가가 어려운 상황이다.
>
> [생산부서 김상호]
> 우리 팀은 지난 1년 동안 생산량이 급증했기 때문에 수십 명의 신규인력이 급하게 채용되었습니다. 이 때문에 저희 팀장님은 신규 입사자들의 이름조차 기억 못할 때가 많이 있습니다. 성과평가를 제대로 하고 있는지 의문이 듭니다.
>
> [마케팅 부서 김흥민]
> 개인의 성과평가의 취지는 충분히 이해합니다. 그러나 현재 평가는 실적기반이나 정성적인 평가가 많이 포함되어 있어 객관성과 공정성에는 의문이 드는 것이 사실입니다. 이러한 상황에서 평가제도를 재수립하지 않고, 인센티브에 계속 반영한다면, 평가제도에 대한 반감이 커질 것이 분명합니다.
>
> [교육부서 홍경민]
> 현재 교육부서는 인사팀과 밀접하게 일하고 있습니다. 그럼에도 인사팀에서 실시하는 성과평가제도에 대한 이해가 부족한 것 같습니다.
>
> [기획부서 김경호 차장]
> 저는 저의 평가자 중 하나가 연구부서의 팀장님인데, 일 년에 몇 번 같이 일하지 않는데 어떻게 저를 평가할 수 있을까요? 특히 연구팀은 저희가 예산을 배정하는데, 저에게는 좋지만….

4. 토론 면접

① 토론 면접의 특징

- 다수의 지원자가 조를 편성해 과제에 대한 토론(토의)을 통해 결론을 도출해가는 면접입니다.
- 의사소통능력, 팀워크, 종합인성 등의 평가에 용이합니다.

> - 주요 평가요소
>   - 설득적 말하기, 경청능력, 팀워크, 종합인성
> - 의견 대립이 명확한 주제 또는 채용분야의 직무 관련 주요 현안을 주제로 과제 구성
> - 제한된 시간 내 토론을 진행해야 하므로 적극적으로 자신 있게 토론에 임하고 본인의 의견을 개진할 수 있어야 함

토론 면접의 형태

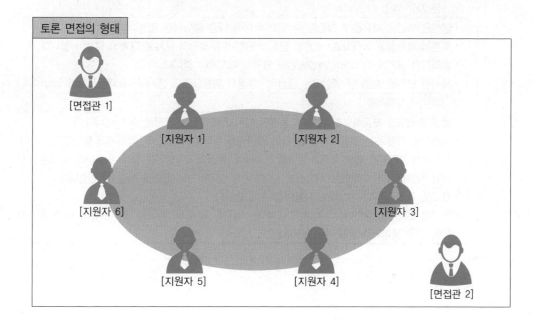

② 토론 면접 예시

고객 불만 고충처리

1. 들어가며

최근 우리 상품에 대한 고객 불만의 증가로 고객고충처리 TF가 만들어졌고 당신은 여기에 지원해 배치받았다. 당신의 업무는 불만을 가진 고객을 만나서 애로사항을 듣고 처리해 주는 일이다. 주된 업무로는 고객의 니즈를 파악해 방향성을 제시해 주고 그 해결책을 마련하는 일이다. 하지만 경우에 따라서 고객의 주관적인 의견으로 인해 제대로 된 방향으로 의사결정을 하지 못할 때가 있다. 이럴 경우 설득이나 논쟁을 해서라도 의견을 관철시키는 것이 좋을지 아니면 고객의 의견대로 진행하는 것이 좋을지 결정해야 할 때가 있다. 만약 당신이라면 이러한 상황에서 어떤 결정을 내릴 것인지 여부를 자유롭게 토론해 보시오.

2. 1분 자유 발언 시 준비사항

- 당신은 의견을 자유롭게 개진할 수 있으며 이에 따른 불이익은 없습니다.
- 토론의 방향성을 이해하고, 내용의 장점과 단점이 무엇인지 문제를 명확히 말해야 합니다.
- 합리적인 근거에 기초하여 개선방안을 명확히 제시해야 합니다.
- 제시한 방안을 실행 시 예상되는 긍정적·부정적 영향요인도 동시에 고려할 필요가 있습니다.

3. 토론 시 유의사항

- 토론 주제문과 제공해드린 메모지, 볼펜만 가지고 토론장에 입장할 수 있습니다.
- 사회자의 지정 또는 발표자가 손을 들어 발언권을 획득할 수 있으며, 사회자의 통제에 따릅니다.
- 토론회가 시작되면, 팀의 의견과 논거를 정리하여 1분간의 자유발언을 할 수 있습니다. 순서는 사회자가 지정합니다. 이후에는 자유롭게 상대방에게 질문하거나 답변을 하실 수 있습니다.
- 핸드폰, 서적 등 외부 매체는 사용하실 수 없습니다.
- 논제에 벗어나는 발언이나 지나치게 공격적인 발언을 할 경우, 위에서 제시한 유의사항을 지키지 않을 경우 불이익을 받을 수 있습니다.

1. 면접 Role Play 편성

- 교육생끼리 조를 편성하여 면접관과 지원자 역할을 교대로 진행합니다.
- 지원자 입장과 면접관 입장을 모두 경험해 보면서 면접에 대한 적응력을 높일 수 있습니다.

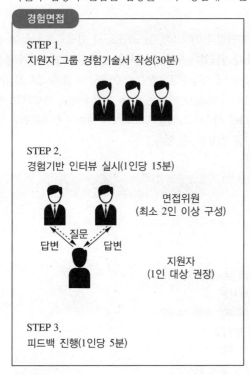

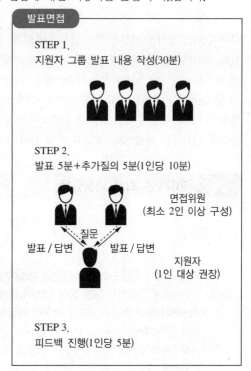

> **Tip**
>
> 면접 준비하기
> 1. 면접 유형 확인 필수
>   - 기업마다 면접 유형이 상이하기 때문에 해당 기업의 면접 유형을 확인하는 것이 좋음
>   - 일반적으로 실무진 면접, 임원면접 2차례에 거쳐 면접을 실시하는 기업이 많고 실무진 면접과 임원 면접에서 평가요소가 다르기 때문에 유형에 맞는 준비방법이 필요
> 2. 후속 질문에 대한 사전 점검
>   - 블라인드 채용 면접에서는 주요 질문과 함께 후속 질문을 통해 지원자의 직무능력을 판단
>   → STAR 기법을 통한 후속 질문에 미리 대비하는 것이 필요

한국지역난방공사의 면접은 집단 행동관찰 면접, 심층면접과 인바스켓(In – Basket) 면접으로 나누어 진행된다. 2023년의 면접전형에는 집단 행동관찰 면접이 추가되었다. 집단 행동관찰 면접은 조별과제 수행절차를 평가하는 것이며, 심층면접은 직무수행에 적합한 인성 및 역량을 검증하는 질문 위주로 출제되고 입사지원서 및 인성검사 결과를 자료로 활용한다. 인바스켓(In – Basket) 면접은 실제 업무 과제를 바탕으로 처리방향이나 내용 등을 주어진 시간 내에 보고서로 작성하여 제출하고 제출한 보고서에 대하여 면접위원과 질의응답을 실시하는 면접으로, 보고서 작성 시에는 PC를 활용할 수 있다.

01 2021년 최신 기출질문

1. 심층면접

- 다른 곳에서 인턴으로 일한 경험에 대하여 말해 보시오.
  - 인턴으로 일하면서 느낀 점에 대하여 말해 보시오.
- 지원한 직무가 전공과 다른데 지원한 이유에 대하여 말해 보시오.
- 최근 한국지역난방공사의 이슈에 대하여 말해 보시오.
- 프로젝트를 진행하면서 힘들었던 경험에 대하여 말해 보시오.
  - 역경을 해결할 수 있었던 방법은 무엇이었는지 말해 보시오.

2. 인바스켓 면접

- 제시된 기사를 요약해 보시오.
- 주어진 상황을 고려하여 재택근무 일정을 계획해 보시오.
- 주어진 건설비용과 옵션을 고려하여 가격을 산정하고, 보고서를 작성해 보시오.
  - 최종 업체를 선정한 이유에 대해 말해 보시오.
- 주어진 업무협조 메일을 보고 업무 순서를 계획해 보시오.
  - 이와 같이 순서를 정한 이유는 무엇인지 말해 보시오.

1. 심층면접

- 본인의 장점을 말해 보시오.
- 타인을 위하여 희생해 본 경험에 대하여 말해 보시오.
- 다른 사람과의 갈등 해결 경험에 대하여 말해 보시오.
- 한국지역난방공사에서 근무하고 싶은 부서는 어느 부서인지 말해 보시오.
- 본인의 단점을 말해 보시오.
- 워라밸에 대하여 어떻게 생각하는지 말해 보시오.
- 상사가 부당한 지시를 한다면 어떻게 대처할 것인지 말해 보시오.
- 딜레마를 겪은 경험이 있는지 말해 보시오.
- 직무 관련 경험이 없는데, 본인의 강점이 무엇인지 말해 보시오.
- 공공기관 계약직 경력이 입사 후 어떤 도움이 될 것이라 생각하는지 말해 보시오.
- 가장 도전적이었다고 생각하는 경험은 무엇인지 말해 보시오.
- 대학교 전공과목 중 무슨 과목을 제일 좋아하는지 말해 보시오.
- 본인의 취미가 무엇인지 말해 보시오.
- 이직하려는 이유가 무엇인지 말해 보시오.
- 한국지역난방공사에 입사하기 위해 무엇을 준비했는지 말해 보시오.
- 다른 조직에 속해 있을 때, 본인이 주로 하던 역할은 무엇인지 말해 보시오.
- 조직에서 본인의 의견이 받아들여지지 않으면 어떻게 할 것인지 말해 보시오.
- 상사와 갈등이 생겼을 때, 어떻게 대처할 것인지 말해 보시오.
- 같이 일을 했던 사람 중 불편했던 사람이 있었는지 말해 보시오.
- 본인이 오랫동안 해온 것이 있으면 말해 보시오.
- 본인이 생각하기에 본인의 성격은 어떤 성격이라고 생각하는지 말해 보시오.
- 운전을 할 줄 아는지 말해 보시오.
- 한국지역난방공사가 지향해야 할 방향에 대하여 말해 보시오.
- 전공과 직무의 연관성은 무엇인지 말해 보시오.
- 전임자가 인수인계를 제대로 하지 않고 퇴사한 경우에 어떻게 대처할 것인지 말해 보시오.
- 공직자 파업에 대하여 어떻게 생각하는지 말해 보시오.

2. 인바스켓 면접

- 제시된 조건을 참고하여 적절한 광고 업체를 선정해 보시오.
- 한국지역난방공사에서 진행할 공모전의 심사위원을 선정해 보시오.
- 한국지역난방공사의 임원과의 인터뷰를 진행해 보시오.
- 한국지역난방공사의 긍정적인 부분을 보도기사로 작성해 보시오.
- 한국지역난방공사에 부정적인 기사를 요약하고, 해당 기사에 반박할 자료의 방향을 설정해 보시오.
- 부장님이 부탁한 자료를 요약하시오.
- 대리님이 부탁한 위기관리 매뉴얼을 편집하시오.
- 주임님이 부탁한 사보를 편집하시오.
- 사회공헌팀이 부탁한 봉사 인원과 봉사 주제를 선정해 보시오.
- 마스코트를 선정하려고 할 때 기획서를 작성해 보시오.
- 한국지역난방공사에 관련된 기사를 요약하여 보고하시오.
- 한국지역난방공사가 새로 시작하려는 사업의 시작 날짜를 선정하고, 그 이유를 설명하시오.
- 업무에 필요한 물품을 선정해 보시오.
- 잘 알지 못하는 다른 부서와 연락을 해야 할 때 어떻게 할 것인지 말해 보시오.

현재 나의 실력을 객관적으로 파악해 보자!

모바일 OMR
답안채점 / 성적분석 서비스

도서에 수록된 모의고사에 대한 객관적인 결과(정답률, 순위)를 종합적으로 분석하여 제공합니다.

OMR 입력

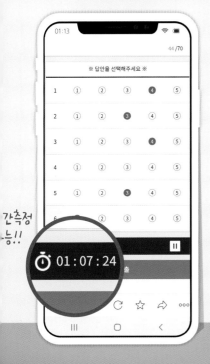

성적분석

채점결과

※OMR 답안채점 / 성적분석 서비스는 등록 후 30일간 사용 가능합니다.

참여
방법

 ➡ LOG IN ➡ ➡ ➡ ➡ ➡

도서 내 모의고사
우측 상단에 위치한
QR코드 찍기

로그인
하기

'시작하기'
클릭

'응시하기'
클릭

나의 답안을
모바일 OMR
카드에 입력

'성적분석 & 채점결과'
클릭

현재 내 실력
확인하기

한국지역
난방공사

NCS + 최종점검 모의고사 5회 + 무료NCS특강

정답 및 해설

SD에듀
(주)시대고시기획

Add+

2023년 상반기 주요 공기업
NCS 기출복원문제

01	02	03	04	05	06	07	08	09	10	11	12	13	14	15	16	17	18	19	20
④	②	⑤	⑤	④	①	②	⑤	④	①	②	②	③	④	⑤	①	③	④	④	①
21	22	23	24	25	26	27	28	29	30	31	32	33	34	35	36	37	38	39	40
③	③	④	②	①	②	③	③	②	④	②	④	②	③	②	②	④	②	④	⑤
41	42	43	44	45	46	47	48	49	50										
③	③	④	③	②	③	②	②	③	④										

01

정답 ④

제시문의 두 번째 문단에 따르면 CCTV는 열차 종류에 따라 운전실에서 실시간으로 상황을 파악할 수 있는 네트워크 방식과 각 객실에서의 영상을 저장하는 개별 독립 방식으로 설치된다고 하였다. 따라서 개별 독립 방식으로 설치된 일부 열차에서는 각 객실의 상황을 실시간으로 파악하지 못할 수 있다.

오답분석

① 첫 번째 문단에 따르면 2023년까지 현재 운행하고 있는 열차의 모든 객실에 CCTV를 설치하겠다는 내용으로 보아, 현재 모든 열차의 모든 객실에 CCTV가 설치되지 않았음을 유추할 수 있다.
② 첫 번째 문단에 따르면 2023년까지 모든 열차 승무원에게 바디 캠을 지급하겠다고 하였다. 이에 따라 승객이 승무원을 폭행하는 등의 범죄 발생 시 해당 상황을 녹화한 바디 캠 영상이 있어 수사의 증거자료로 사용할 수 있게 되었다.
③ 두 번째 문단에 따르면 CCTV는 사각지대 없이 설치되며 일부는 휴대 물품 보관대 주변에도 설치된다고 하였다. 따라서 인적 피해와 물적 피해 모두 예방할 수 있게 되었다.
⑤ 세 번째 문단에 따르면 CCTV 품평회와 시험을 통해 제품의 형태와 색상, 재질, 진동과 충격 등에 대한 적합성을 고려한다고 하였다.

02

정답 ②

• 빈칸 (가)를 기준으로 앞의 문장과 뒤의 문장이 상반되는 내용을 담고 있기 때문에 가장 적절한 접속사는 '하지만'이다.
• 빈칸 (나)를 기준으로 앞의 문장은 기차의 냉난방시설을, 뒤의 문장은 지하철의 냉난방시설을 다루고 있으므로, 가장 적절한 접속사는 '반면'이다.
• 빈칸 (다)의 앞뒤 내용을 살펴보면 앞선 내용의 과정들이 끝나고 난 이후의 내용이 이어지므로, 이를 이어주는 접속사인 '마침내'가 들어가는 것이 가장 적절하다.

03

정답 ⑤

제시문의 세 번째 문단에 따르면 스마트글라스 내부 센서를 통해 충격과 기울기를 감지할 수 있어, 작업자에게 위험한 상황이 발생할 경우 통보 시스템을 통해 바로 파악할 수 있게 되었음을 알 수 있다.

오답분석

① 첫 번째 문단에 따르면 스마트글라스를 통한 작업자의 음성인식만으로 철도시설물 점검이 가능해졌음을 알 수 있지만, 다섯 번째 문단에 따르면 아직 철도시설물 보수 작업은 가능하지 않음을 알 수 있다.
② 첫 번째 문단에 따르면 스마트글라스의 도입 이후에도 사람의 작업이 필요함을 알 수 있다.

③ 세 번째 문단에 따르면 스마트글라스의 도입으로 추락 사고나 그 밖의 위험한 상황을 미리 예측할 수 있어 이를 방지할 수 있게 되었음을 알 수 있지만, 실제로 안전사고 발생 횟수가 감소하였는지는 알 수 없다.
④ 두 번째 문단에 따르면 여러 단계를 거치던 기존 작업 방식에서 스마트글라스의 도입으로 작업을 한 번에 처리할 수 있게 된 것을 통해 작업 시간이 단축되었음을 알 수 있지만, 필요한 작업 인력의 감소 여부는 알 수 없다.

04

정답 ⑤

네 번째 문단에 따르면 인공지능 등의 스마트 기술 도입으로 까치집 검출 정확도는 95%까지 상승하였으므로, 까치집 제거율 또한 상승할 것임을 예측할 수 있으나, 근본적인 문제인 까치집 생성의 감소를 기대할 수는 없다.

오답분석

① 세 번째 문단과 네 번째 문단에 따르면, 정확도가 65%에 불과했던 인공지능의 까치집 식별 능력이 딥러닝 방식의 도입으로 95%까지 상승했음을 알 수 있다.
② 세 번째 문단에서 시속 150km로 빠르게 달리는 열차에서의 까치집 식별 정확도는 65%에 불과하다는 내용으로 보아, 빠른 속도에서 인공지능의 사물 식별 정확도는 낮음을 알 수 있다.
③ 네 번째 문단에 따르면, 작업자의 접근이 어려운 곳에는 드론을 띄워 까치집을 발견 및 제거하는 기술도 시범 운영하고 있다고 하였다.
④ 세 번째 문단에 따르면, 실시간 까치집 자동 검출 시스템 개발로 실시간으로 위험 요인의 위치와 이미지를 작업자에게 전달할 수 있게 되었다.

05

정답 ④

4월 회원 수의 남녀의 비가 2:3이므로 각각 $2a$명, $3a$명이라 하고, 5월에 더 가입한 남녀 회원의 수를 각각 x명, $2x$명으로 놓으면
$$\begin{cases} 2a+3a<260 \\ (2a+x)+(3a+2x)=5a+3x>320 \end{cases}$$
5월에 남녀의 비가 5:8이므로
$(2a+x):(3a+2x)=5:8 \rightarrow a=2x$
이를 연립방정식에 대입하여 정리하면
$$\begin{cases} 4x+6x<260 \\ 10x+3x>320 \end{cases} \rightarrow \begin{cases} 10x<260 \\ 13x>320 \end{cases}$$
공통 부분을 구하면 $24.6\cdots<x<26$이며 x는 자연수이므로 25이다.
따라서 5월 전체 회원 수는 $5a+3x=13x=325$명이다.

06

정답 ①

A씨는 장애의 정도가 심하지 않으므로 KTX 이용 시 평일 이용에 대해서만 30% 할인을 받으며, 동반 보호자에 대한 할인은 적용되지 않는다. 따라서 3월 11일(토) 서울 → 부산 구간의 이용 시에는 할인이 적용되지 않고, 3월 13일(월) 부산 → 서울 구간 이용 시에는 보호자 운임을 할인 적용에서 제외하여 총운임의 15%만 할인받는다. 따라서 두 사람은 왕복 운임을 기준으로 총 7.5% 할인받았음을 알 수 있다.

07

정답 ②

마일리지 적립 규정에 회원 등급에 관련된 내용은 없으며, 마일리지 적립은 지불한 운임의 액수, 더블적립 열차 탑승 여부, 선불형 교통카드 Rail+ 사용 여부에 따라서만 결정된다.

오답분석

① KTX 마일리지는 KTX 열차 이용 시에만 적립된다.
③ 비즈니스 등급은 기업회원 여부와 관계없이 최근 1년간의 활동내역을 기준으로 부여된다.
④ 추석 및 설 명절 특별수송 기간 탑승 건을 제외하고 4만 점을 적립하면 VIP 등급을 부여받는다.
⑤ VVIP 등급과 VIP 등급 고객은 한정된 횟수 내에서 무료 업그레이드 쿠폰으로 KTX 특실을 KTX 일반실 가격에 구매할 수 있다.

08

한국조폐공사를 통한 예약 접수는 온라인 쇼핑몰 홈페이지를 통해 가능하며, 오프라인(방문) 접수는 우리·농협은행의 창구를 통해서만 이루어진다.

[오답분석]
① 구매자를 대한민국 국적자로 제한한다는 내용은 없다.
② 단품으로 구매 시 화종별 최대 3장으로 총 9장, 세트로 구매할 때도 최대 3세트로 총 9장까지 신청이 가능하며, 세트와 단품은 중복신청이 가능하므로, 구매 가능한 최대 개수는 18장이다.
③ 우리·농협은행의 계좌가 없다면, 한국조폐공사 온라인 쇼핑몰을 이용하거나, 우리·농협은행에 직접 방문하여 구입할 수 있다.
④ 총 발행량은 예약 주문 이전부터 화종별 10,000장으로 미리 정해져 있다.

09

우리·농협은행 계좌 미보유자인 외국인 A씨가 예약 신청을 할 수 있는 방법은 두 가지이다. 하나는 신분증인 외국인등록증을 지참하고 우리·농협은행의 지점을 방문하여 신청하는 것이고, 다른 하나는 한국조폐공사 온라인 쇼핑몰에서 가상계좌 방식으로 신청하는 것이다.

[오답분석]
① A씨는 외국인이므로 창구 접수 시 지참해야 하는 신분증은 외국인등록증이다.
② 한국조폐공사 온라인 쇼핑몰에서는 가상계좌 방식을 통해서만 예약 신청이 가능하다.
③ 홈페이지를 통한 신청이 가능한 은행은 우리은행과 농협은행뿐이다.
⑤ 우리·농협은행의 홈페이지를 통해 예약 접수를 하려면 해당 은행에 미리 계좌가 개설되어 있어야 한다.

10

3종 세트는 186,000원, 단품은 각각 63,000원이므로 5명의 구매 금액을 계산하면 다음과 같다.
• A : $(186,000 \times 2) + 63,000 = 435,000$원
• B : $63,000 \times 8 = 504,000$원
• C : $(186,000 \times 2) + (63,000 \times 2) = 498,000$원
• D : $186,000 \times 3 = 558,000$원
• E : $186,000 + (63,000 \times 4) = 438,000$원
따라서 가장 많은 금액을 지불한 사람은 D이며, 구매 금액은 558,000원이다.

11

$1^2 - 2^2$, $3^2 - 4^2$, $\cdots$, $(2n-1)^2 - (2n)^2$의 수열의 합으로 생각한다.
$1^2 - 2^2 + 3^2 - 4^2 + \cdots + 199^2$
$= 1^2 - 2^2 + 3^2 - 4^2 + \cdots + 199^2 - 200^2 + 200^2$
$= \left[\sum_{n=1}^{100} \{(2n-1)^2 - (2n)^2\} \right] + 200^2$
$= \left\{ \sum_{n=1}^{100} (-4n+1) \right\} + 200^2$
$= \left(-4 \times \dfrac{100 \times 101}{2} + 100 \right) + 40,000$
$= -20,200 + 100 + 40,000$
$= 19,900$

12

정답 ②

5명 중에서 3명을 순서와 상관없이 뽑을 수 있는 경우의 수는 $_5C_3 = \dfrac{5 \times 4 \times 3}{3 \times 2 \times 1} = 10$가지이다.

13

정답 ③

A원두의 100g당 원가를 a원, B원두의 100g당 원가를 b원이라고 하면

$\begin{cases} 1.5(a+2b)=3,000 \cdots \text{㉠} \\ 1.5(2a+b)=2,850 \cdots \text{㉡} \end{cases}$

$\begin{cases} a+2b=2,000 \cdots \text{㉠} \\ 2a+b=1,900 \cdots \text{㉡} \end{cases}$

$3a+3b=3,900 \rightarrow a+b=1,300$이므로 이를 ㉠와 연립하면 $b=700$이다.

따라서 B원두의 100g당 원가는 700원이다.

14

정답 ④

제시문은 2019년 발생한 코로나19 대유행과 이에 따른 공공의료의 중요성과 필요성에 대해 강조하는 글이다.

15

정답 ⑤

예방을 위한 검사 및 검체 체취, 밀접 접촉자 추적, 격리 및 치료 등의 과정에 필요한 인력과 시간이 요구된다는 내용이므로 ㉠에 들어갈 가장 적절한 단어는 소요(필요로 하거나 요구되는 바)이다.

오답분석

① 대비 : 앞으로 일어날지도 모르는 어떠한 일에 대응하기 위하여 미리 준비함
② 대체 : 다른 것으로 대신함
③ 제공 : 무엇을 내주거나 갖다 바침
④ 초과 : 일정한 수나 한도 따위를 넘음

16

정답 ①

주어진 양수의 합을 각각 $a+b$, $a+c$, $a+d$, $\cdots$, $d+e$라고 할 때, 주어진 양수 2개의 합을 모두 더하면 $4(a+b+c+d+e)=132$

이므로 $a+b+c+d+e=33$이고, 평균(m)은 $\dfrac{a+b+c+d+e}{5} = 6.6$이다.

분산(s)은 편차의 제곱의 평균이므로

$s = \dfrac{(a-m)^2 + (b-m)^2 + (c-m)^2 + (d-m)^2 + (e-m)^2}{5}$ 이다.

이는 $\dfrac{a^2+b^2+c^2+d^2+e^2-2am-2bm-2cm-2dm-2em+5m^2}{5}$ 이고

$\dfrac{a^2+b^2+c^2+d^2+e^2}{5} - 2 \times m \times \dfrac{a+b+c+d+e}{5} + \dfrac{5m^2}{5} = \dfrac{a^2+b^2+c^2+d^2+e^2}{5} - m^2$ 이다.

따라서 분산은 (변량의 제곱의 평균)$-$(평균의 제곱)으로도 구할 수 있다.

주어진 양수 2개의 합의 제곱을 모두 더하면 $4(a^2+b^2+c^2+d^2+e^2)+(2ab+2ac+\cdots+2de)=1,830$이고

$(a+b+c+d+e)^2 = a^2+b^2+c^2+d^2+e^2+(2ab+2ac+\cdots+2de)=1,089$이므로

$a^2+b^2+c^2+d^2+e^2 = \{4(a^2+b^2+c^2+d^2+e^2)+(2ab+2ac+\cdots+2de)-(a+b+c+d+e)^2\} \div 3 = 247$이다.

$\dfrac{a^2+b^2+c^2+d^2+e^2}{5} = 247 \div 5 = 49.4$이므로 $\dfrac{a^2+b^2+c^2+d^2+e^2}{5} - m^2 = 49.4 - 6.6^2 = 5.84$이다.

따라서 $a \sim e$의 평균은 6.6이고 분산은 5.84이다.

17

처음 사탕의 개수를 x개라 하면 처음으로 사탕을 먹고 남은 사탕의 개수는 $\left(1-\dfrac{1}{3}\right)x=\dfrac{2}{3}x$개이다.

그다음 날 사탕을 먹고 남은 사탕의 개수는 $\dfrac{2}{3}x\times\left(1-\dfrac{1}{2}\right)=\dfrac{1}{3}x$개이고, 또 그다음 날 사탕을 먹고 남은 사탕의 개수는

$\dfrac{1}{3}x\times\left(1-\dfrac{1}{4}\right)=\dfrac{1}{4}x$개이다.

따라서 처음 사탕 바구니에 들어있던 사탕의 개수는 $\dfrac{1}{4}x=18$이므로 $x=72$이다.

18

2013년 대비 2023년 각 학년의 평균 신장 증가율은 다음과 같다.

• 1학년 : $\dfrac{162.5-160.2}{160.2}\times100 ≒ 1.44\%$

• 2학년 : $\dfrac{168.7-163.5}{163.5}\times100 ≒ 3.18\%$

• 3학년 : $\dfrac{171.5-168.7}{168.7}\times100 ≒ 1.66\%$

따라서 평균 신장 증가율이 큰 순서는 2학년 – 3학년 – 1학년 순서이다.

19

제시된 조건을 논리 기호화하면 다음과 같다.
• 첫 번째 조건의 대우 : A → C
• 두 번째 조건 : ~E → B
• 세 번째 조건의 대우 : B → D
• 네 번째 조건의 대우 : C → ~E
위의 조건식을 정리하면 A → C → ~E → B → D이므로 여행에 참가하는 사람은 A, B, C, D 4명이다.

20

학생들의 평균 점수는 G열에 있고 가장 높은 순서대로 구해야 하므로 RANK 함수를 이용하여 오름차순으로 순위를 구하면 [H2]에 들어갈 식은 「=RANK(G2,$G$2:$G$10,0)」이다. 이때, 참조할 범위는 고정해야 하므로 행과 열 앞에 '$'를 붙여야 하는데, G열은 항상 고정이므로 행만 고정시켜도 된다. 그러므로 「=RANK(G2,G$2:G$10,0)」를 사용하여도 같은 결과가 나온다.

21

[오답분석]
① 다섯 번째 수인 '8'과 일곱 번째 수인 '2'의 코드가 잘못되었다.

② 첫 세 자리 '239'는 독일에서 온 제품이다.
④ 두 번째 수인 '3'과 다섯 번째 수인 '4'의 코드가 잘못되었다.

⑤ 아홉 번째 수는 (18+15+14+25+8+5+12+5)÷10=10.2로, 바코드를 수정해야 한다.

22

정답 ③

제시된 보기의 단어들은 유의어 관계이다. 따라서 빈칸 ㉠에 들어갈 '가뭄'의 유의어는 심한 가뭄을 뜻하는 '한발(旱魃)'이 들어가야 한다.

[오답분석]

① 갈근(葛根) : 칡뿌리
② 해수(海水) : 바다에 괴어 있는 짠물
④ 안건(案件) : 토의하거나 조사하여야 할 사실

23

정답 ④

제시문은 메기 효과에 대한 글이므로 가장 먼저 메기 효과의 기원에 대해 설명한 (마) 문단으로 시작해야 하고, 뒤이어 메기 효과의 기원에 대한 과학적인 검증 및 논란에 대한 (라) 문단이 오는 것이 적절하다. 이어서 경영학 측면에서의 메기 효과에 대한 내용이 와야 하는데, (다) 문단의 경우 앞의 내용과 뒤의 내용이 상반될 때 쓰는 접속 부사인 '그러나'로 시작하므로 (가) 문단이 먼저 나오고 그 다음에 (다) 문단이 이어지는 것이 적절하다. 그리고 마지막으로 메기 효과에 대한 결론인 (나) 문단으로 끝내는 것이 가장 적절하다.

24

정답 ②

메기 효과는 과학적으로 검증되지 않았지만 적정 수준의 경쟁이 발전을 이룬다는 시사점을 가지고 있다고 하였으므로 낭설에 불과하다고 하는 것은 적절하지 않다.

[오답분석]

① (라) 문단의 거미와 메뚜기 실험에서 죽은 메뚜기로 인해 토양까지 황폐화되었음을 볼 때, 거대 기업의 출현은 해당 시장의 생태계까지 파괴할 수 있음을 알 수 있다.
③ (나) 문단에서 성장 동력을 발현시키기 위해서는 규제 등의 방법으로 적정 수준의 경쟁을 유지해야 한다고 서술하고 있다.
④ (가) 문단에서 메기 효과는 한국, 중국 등 고도 경쟁사회에서 널리 사용되고 있다고 서술하고 있다.

25

정답 ①

작년의 여자 사원 수를 x명이라 하면 남자 사원 수는 $(820-x)$명이므로

$\dfrac{8}{100}(820-x)-\dfrac{10}{100}x=-10$

$x=420$

따라서 올해 여자 사원 수는 $\dfrac{90}{100}\times420=378$명이다.

26

정답 ②

식탁 1개와 의자 2개의 합은 20만+(10만×2)=40만 원이고 30만 원 이상 구매 시 10%를 할인받을 수 있으므로 40만×0.9=36만 원이다.
가구를 구매하고 남은 돈은 50만-36만=14만 원이고 장미 한 송이당 가격은 6,500원이다.
따라서 구매할 수 있는 장미는 14÷0.65≒21.53이므로 21송이를 살 수 있다.

27

흰색 공을 A, 검은색 공을 B, 파란색 공을 C로 치환한 후 논리 기호화하면 다음과 같다.

- 전제 1 : A → ~B
- 전제 2 : _____
- 결론 : A → C

따라서 필요한 전제 2는 '~B → C' 또는 대우인 '~C → B'이므로 '파란색 공을 가지고 있지 않은 사람은 모두 검은색 공을 가지고 있다.'가 전제 2로 필요하다.

오답분석

① B → C
② ~C → ~B
④ C → B

28

- CBP - <u>WK</u>4A - P31 - B0803 : 배터리 형태 중 WK는 없는 형태이다.
- PBP - DK1E - <u>P21</u> - A8B12 : 고속충전 규격 중 P21은 없는 규격이다.
- NBP - LC3B - P31 - B3<u>230</u> : 생산날짜의 2월에는 30일이 없다.
- <u>CNP</u> - LW4E - P20 - A7A29 : 제품 분류 중 CNP는 없는 분류이다.

따라서 보기에서 시리얼 넘버가 잘못 부여된 제품은 모두 4개이다.

29

고객이 설명한 제품 정보를 정리하면 다음과 같다.

- 설치형 : PBP
- 도킹형 : DK
- 20,000mAH 이상 : 2
- 60W 이상 : B
- USB - PD3.0 : P30
- 2022년 10월 12일 : B2012

따라서 S주임이 데이터베이스에 검색할 시리얼 넘버는 PBP - DK2B - P30 - B2012이다.

30

처음으로 오수 1탱크를 정화하는 데 소요되는 시간은 4+6+5+4+6=25시간이다.

그 후에는 A ~ E공정 중 가장 긴 공정 시간이 6시간이므로 남은 탱크는 6시간마다 1탱크씩 처리할 수 있다.

따라서 30탱크를 처리하는 데 소요되는 시간은 25+6×(30-1)=199시간이다.

31

스마트 팩토리(Smart Factory)는 제품의 기획 및 설계단계부터 판매까지 이루어지는 모든 공정의 일부 또는 전체에 사물인터넷(IoT), 인공지능(AI), 빅데이터 등과 같은 정보통신기술(ICT)을 적용하여 기업의 생산성과 제품의 품질 등을 높이는 지능형 공장을 의미한다.

32

정답 ④

그래핀의 두께는 10^{-10}m보다 얇고 탄소 나노 튜브의 두께는 10^{-9}m 정도로 두 가지 모두 1μm보다 얇다.

오답분석

① 그래핀은 2차원 평면 구조를 띠고 있는 반면, 탄소 나노 튜브는 원기둥 모양의 나노 구조를 띠고 있다.
② 그래핀과 탄소 나노 튜브 모두 인장강도가 강철보다 수백 배 이상 강하다.
③ 그래핀과 탄소 나노 튜브 모두 육각형 격자의 규칙적인 배열로 이루어져 있다.

33

정답 ②

A회사, B회사 우유의 1g당 열량과 단백질을 환산하면 다음과 같다.

식품 \ 성분	열량(kcal)	단백질(g)
A회사 우유	1.5	0.12
B회사 우유	2	0.05

A회사, B회사 우유를 각각 xg, $(300-x)$g 구매했다면

$$\begin{cases} 1.5x+2(300-x) \geq 490 \\ 0.12x+0.05(300-x) \geq 29 \end{cases}$$

$$\begin{cases} 1.5x+600-2x \geq 490 \\ 0.12x+15-0.05x \geq 29 \end{cases}$$

$$\begin{cases} 0.5x \leq 110 \\ 0.07x \geq 14 \end{cases}$$

따라서 $200 \leq x \leq 220$이므로 A회사 우유를 200g, B회사 우유를 $300-200=100$g 구매하는 것이 가장 저렴하며, 그 가격은 $(80 \times 200)+(50 \times 100)=21,000$원이다.

34

정답 ③

30명의 80%는 $30 \times \dfrac{80}{100} = 24$명이므로

$1+3+8+A=24 \rightarrow A=12$
$24+B=30 \rightarrow B=6$
따라서 $A-B=12-6=6$이다.

35

정답 ②

연필을 x자루 구매한다면 A가게에서 주문할 때 필요한 금액은 $500x$원이고, B가게에서 주문할 때 필요한 금액은 $(420x+2,500)$원이다.

$500x \geq 420x+2,500$

$80x \geq 2,500 \rightarrow x \geq \dfrac{125}{4}=31.25$이므로

32자루 이상 구매해야 B가게에서 주문하는 것이 유리하다.

36

정답 ②

지난 달 A, B의 생산량을 각각 x개, y개라 하면 지난 달에 두 제품 A, B를 합하여 6,000개를 생산하였으므로 총 생산량은 $x+y=$ 6,000개이다.

이번 달에 생산한 제품 A의 양은 지난 달에 비하여 6% 증가하였으므로 증가한 생산량은 $0.06x$이고, 생산한 제품 B의 양은 지난 달에 비하여 4% 감소하였으므로 감소한 생산량은 $0.04y$이다.

전체 생산량은 2% 증가하였으므로 $6,000 \times 0.02 = 120$개가 증가했음을 알 수 있다.

이를 식으로 정리하면 다음과 같다.

$$\begin{cases} x+y=6,000 \\ 0.06x-0.04y=120 \end{cases}$$

x, y의 값을 구하면 $x=3,600$, $y=2,400$이다.

따라서 지난 달 A의 생산량은 3,600개이고 B의 생산량은 2,400개이므로, 이번 달 A의 생산량은 6% 증가한 $3,600 \times (1+0.06)=$ 3,816개이고 이번 달 B의 생산량은 4% 감소한 $2,400 \times (1-0.04)=2,304$개이다. 그러므로 두 제품의 생산량의 차를 구하면 $3,816-2,304=1,512$개이다.

37

정답 ④

[오답분석]

㉠·㉢ 유기적 조직에 대한 설명이다.

기계적 조직과 유기적 조직
- 기계적 조직
  - 구성원의 업무가 분명하게 규정되어 있다.
  - 많은 규칙과 규제가 있다.
  - 상하 간 의사소통이 공식적인 경로를 통해 이루어진다.
  - 엄격한 위계질서가 존재한다.
  - 대표적으로 군대, 정부, 공공기관 등이 있다.
- 유기적 조직
  - 의사결정권한이 조직의 하부 구성원들에게 많이 위임되어 있다.
  - 업무가 고정되지 않아 업무 공유가 가능하다.
  - 비공식적인 상호 의사소통이 원활하게 이루어진다.
  - 규제나 통제의 정도가 낮아 변화에 맞춰 쉽게 변할 수 있다.
  - 대표적으로 권한위임을 받아 독자적으로 활동하는 사내벤처팀, 특정한 과제 수행을 위해 조직된 프로젝트팀이 있다.

38

정답 ②

글로벌화가 이루어지면 조직은 해외에 직접 투자할 수 있고, 원자재를 보다 싼 가격에 수입할 수 있으며, 수송비가 절감되고, 무역장벽이 낮아져 시장이 확대되는 경제적 이익을 얻을 수 있다. 반면에 그만큼 세계적인 수준으로 경쟁이 치열해지기 때문에 국제적인 감각을 가지고 세계화 대응 전략을 마련해야 한다.

39

정답 ④

사람들이 집단에 머물고, 계속 남아 있기를 원하게 만드는 힘은 응집력이다. 팀워크는 단순히 사람들이 모여 있는 것이 아니라 목표달성의 의지를 가지고 성과를 내는 것이다.

팀워크와 응집력
- 팀워크 : 팀 구성원이 공동의 목적을 달성하기 위해 상호관계성을 가지고 서로 협력하여 일을 해 나가는 것
- 응집력 : 사람들로 하여금 집단에 머물도록 만들고, 그 집단의 멤버로서 계속 남아 있기를 원하게 만드는 힘

40

협상과정은 '협상시작 → 상호이해 → 실질이해 → 해결대안 → 합의문서' 5단계로 진행되며, 세부 수행 내용은 다음과 같다.

단계	세부 수행 내용
협상시작	• 협상당사자들 사이에 친근감을 쌓는다. • 간접적인 방법으로 협상의사를 전달한다. • 상대방의 협상의지를 확인한다. • 협상진행을 위한 체제를 짠다.
상호이해	• 갈등문제의 진행상황과 현재의 상황을 점검한다. • 적극적으로 경청하고 자기주장을 제시한다. • 협상을 위한 협상대상 안건을 결정한다.
실질이해	• 겉으로 주장하는 것과 실제로 원하는 것을 구분하여 실제로 원하는 것을 찾아낸다. • 분할과 통합 기법을 활용하여 이해관계를 분석한다.
해결대안	• 협상 안건마다 대안들을 평가한다. • 개발한 대안들을 평가한다. • 최선의 대안에 대해서 합의하고 선택한다. • 대안 이행을 위한 실행계획을 수립한다.
합의문서	• 합의문을 작성한다. • 합의문상의 합의내용, 용어 등을 재점검한다. • 합의문에 서명한다.

41

서로가 받아들일 수 있는 결정을 하기 위하여 중간지점에서 타협하여 입장을 주고받는 것은 타협형 갈등 해결방법이다. Win – Win 전략은 통합형(협력형) 갈등 해결방안으로, 모두의 목표를 달성할 수 있는 해법을 찾는 것이다.

Win – Win 전략에 의거한 갈등 해결 단계
1. 충실한 사전 준비
   • 비판적인 패러다임 전환
   • 자신의 위치와 관심사 확인
   • 상대방의 입장과 상대방이 드러내지 않은 관심사 연구
2. 긍정적인 접근 방식
   • 상대방이 필요로 하는 것에 대해 생각해 보았다는 점을 인정
   • 자신의 Win – Win 의도 명시
   • Win – Win 절차, 즉 협동적인 절차에 임할 자세가 되어 있는지 알아보기
3. 서로의 입장 명확히 하기
   • 동의하는 부분 인정하기
   • 기본적으로 다른 부분 인정하기
   • 자신이 이해한 바 점검하기
4. Win – Win에 기초한 기준에 동의하기
   • 상대방에게 중요한 기준을 명확히 하기
   • 자신에게 어떠한 기준이 중요한지 말하기
5. 몇 가지 해결책 생각해 내기
6. 몇 가지 해결책 평가하기
7. 최종 해결책을 선택하고, 실행에 동의하기

42

윤리성은 비윤리적인 영리 행위나 반사회적인 활동을 통한 경제적 이윤추구는 직업 활동으로 인정되지 않음을 의미한다. 노력이 전제되지 않는 자연발생적인 이득의 수취나 우연하게 발생하는 경제적 과실에 전적으로 의존하는 활동을 직업으로 인정하지 않는 것은 경제성에 해당한다.

43

직업윤리는 근로윤리와 공동체윤리로 구분할 수 있으며, 근로윤리의 판단 기준으로는 정직한 행동, 근면한 자세, 성실한 태도 등이 있다.

오답분석

㉠·㉡·㉣ 공동체윤리의 판단 기준이다.

44

오답분석

㉡ 명함을 받았을 때는 곧바로 집어넣지 말고 상세히 확인한 다음 명함에 대해 간단한 대화를 건네는 것이 올바른 직장예절이다.

45

한 팀이 15분 작업 후 도구 교체에 걸리는 시간이 5분이므로 작업을 새로 시작하는 데 걸리는 시간은 20분이다. 다른 한 팀은 30분 작업 후 바로 다른 작업을 시작하므로 작업을 새로 시작하는 데 걸리는 시간은 30분이다. 따라서 두 팀은 60분마다 작업을 동시에 시작하므로, 오후 1시에 작업을 시작해서 세 번째로 동시에 작업을 시작하는 시각은 3시간 후인 오후 4시이다.

46

2018년 하반기 매출액을 100이라 하면 2019년 상반기 매출액은 10% 이상 20% 미만 증가하였고 2019년 하반기 매출액은 20% 이상 30% 미만 증가하였다. 또한 2020년 상반기 매출액은 10% 이상 20% 미만 증가하였고, 2020년 하반기 매출액은 10% 이상 20% 미만 감소하였다. 따라서 2020년 하반기 매출액은 분기별 매출 증가가 가장 적고 매출 감소가 큰 경우인 $100 \times 1.1 \times 1.2 \times 1.1 \times 0.8 = 116.16$ 보다는 클 것이다.

오답분석

① 2021년 하반기 이후 매출액의 증감률이 0보다 크므로 매출액은 꾸준히 증가하였다.
② 2019년 하반기 매출액의 증감률이 가장 크므로 이때의 성장 폭이 가장 크다.
④ 2020년 하반기와 2021년 상반기는 매출액이 연속해서 감소하였고 이후로는 꾸준히 증가하였으므로 2021년 상반기 매출액이 가장 적다.

47

기사에서 매출액이 크게 감소하였다 하였으므로 자료에서 매출액 증감률이 음수인 2020년 하반기에서 2021년 상반기 사이에 작성된 기사임을 유추할 수 있다.

48

2022년 1분기 방문객 수는 2021년 1분기 방문객 수 대비 2.8% 감소하였으므로 $1,810,000 \times (1-0.028) = 1,759,320 ≒ 1,760,000$명이다. 2022년 방문객 수 비율은 2020년의 방문객 수 비율이 100이므로 $\frac{1,760,000}{1,750,000} \times 100 ≒ 100$이다.

49

비밀번호 설정 규칙에 따르면 알파벳 대문자 1개 이상을 반드시 넣어야 하는데 'qdfk#9685@21ck'에는 알파벳 대문자가 없다.

50

오답분석

① Im#S367 : 비밀번호가 7자로 8자 이상 설정하라는 규칙에 어긋난다.
② asDf#3689! : 'asDf'는 쿼티 키보드에서 연속된 배열로 규칙에 어긋난다.
③ C8&hOUse100%ck : 'hOUse'는 특정 단어가 성립되므로 규칙에 어긋난다.

계속 갈망하라. 언제나 우직하게.

– 스티브 잡스 –

PART 1

직업기초능력

출제유형분석 01 실전예제

01

정답 ④

슈퍼문일 때는 지구와 달의 거리가 35만 7,000km 정도로 가까워지며, 이때 지구에서 보름달을 바라보는 시각도는 0.56도로 커지므로 0.49의 시각도보다 크다는 판단은 적절하다.

오답분석

① 케플러의 행성운동 제1법칙에 따라 태양계의 모든 행성은 태양을 중심으로 타원 궤도로 돈다. 따라서 지구도 태양을 타원 궤도로 돌기 때문에 지구에서 태양까지의 거리는 항상 일정하지는 않을 것이다.
② 달이 지구에 가까워지면 달의 중력이 더 강하게 작용하여, 달을 향한 쪽의 해수면이 평상시보다 더 높아진다. 즉, 지구와 달의 거리에 따라 해수면의 높이가 달라지므로 서로 관계가 있다.
③ 달이 지구에 가까워지면 평소 달이 지구를 당기는 힘보다 더 강하게 지구를 당긴다. 따라서 이와 반대로 달이 지구에서 멀어지면 지구를 당기는 달의 힘은 약해질 것이다.
⑤ 달의 중력 때문에 높아진 해수면이 지구의 자전을 방해하게 되고, 이 때문에 지구의 자전 속도가 느려져 100만 년에 17초 정도씩 길어진다고 하였으므로 지구의 자전 속도는 점점 느려지고 있다.

02

정답 ①

다섯 번째 문단에 따르면 2000년대 초 연준의 금리 인하는 국공채에 투자했던 퇴직자들의 소득을 감소시켰고, 노년층에서 정부로, 정부에서 금융업으로 부의 대규모 이동이 이루어져 불평등을 심화시켰다. 따라서 금융업으로부터 정부로 부가 이동하였다는 ①은 글의 내용으로 적절하지 않다.

오답분석

② 다섯 번째 문단에 따르면 2000년대 초 연준이 고용 증대를 기대하고 시행한 저금리 정책은 노동을 자본으로 대체하는 투자를 증대시킴으로써 오히려 실업률이 떨어지지 않는 구조를 만들었다.
③ 세 번째 문단에 따르면 2000년대 초는 대부분의 부문에서 설비 가동률이 낮은 상황이었기 때문에 당시의 저금리 정책은 오히려 주택 시장의 거품을 초래하였다.
④ 세 번째 문단과 네 번째 문단에 따르면 2000년대 초 연준의 저금리 정책으로 주택 가격이 상승하여 주택 시장의 거품을 초래하였고, 주식 가격 역시 상승하였지만 이에 대한 이득은 대체로 부유층에 집중되었다.
⑤ 두 번째 문단에 따르면 부동산 거품 대응 정책에서는 주택 담보 대출에 대한 규제가 금리 인상보다 더 효과적인 정책이다.

03

정답 ④

담수 동물은 육상 동물과 같이 오줌 배출을 통해 몸 밖으로 수분을 내보내지만, 육상 동물의 경우에는 수분 유지를 위한 것이 아니라 체내 수분이 빠져나가는 방법의 일종이므로 오줌 배출을 통한 체내 수분 유지는 공통점이 아니다.

04

정답 ③

첫 번째 문단의 '동일곡이지만 템포의 기준을 어떻게 잡아서 재현해 내느냐에 따라서 그 음악의 악상은 달라진다.'는 문장을 통해 템포의 완급에 따라 악상이 변화하는 것을 알 수 있다.

① 서양 음악과 한국 전통 음악의 차이는 심장의 고동을 중시하는 서양의 민족의식과 호흡을 중시하는 우리 민족의식에 따른 차이에서 발생한다는 글 전체의 내용을 통해 확인할 수 있다.
②・⑤ 다섯 번째 문단에서 확인할 수 있다.
④ 두 번째 문단에서 확인할 수 있다.

05
정답 ②

세 번째 문단에서 '그리고 병원균이나 곤충, 선충에 기생하는 종들을 사용한 생물 농약은 유해 병원균이나 해충을 직접 공격하기도 한다.'고 하였으므로 직접 공격하지 못한다고 한 ②가 적절하지 않다.

출제유형분석 02 | 실전예제

01
정답 ⑤

제시문에서는 우리 민족과 함께해 온 김치의 역사를 비롯하여 김치의 특징과 다양성 등을 함께 이야기하고 있으며, 복합 산업으로 발전하면서 규모가 성장하고 있는 김치 산업에 관해서도 이야기하고 있다. 따라서 글 전체의 내용을 아우를 수 있는 글의 제목으로 가장 적절한 것은 ⑤이다.

①・④ 첫 번째 문단이나 두 번째 문단의 소제목은 될 수 있으나, 글 전체 내용을 나타내는 글의 제목으로는 적절하지 않다.
② 세 번째 문단에서 김치산업에 관한 내용을 언급하고 있지만, 이는 현재 김치산업의 시장 규모에 대한 내용일 뿐이므로 산업의 활성화 방안과는 거리가 멀다.

02
정답 ①

제시문의 첫 번째 문단에서는 '사회적 자본'이 늘어나면 정치 참여도가 높아진다는 주장을 하였고, 두 번째 문단에서는 '사회적 자본'의 개념을 사이버공동체에 도입하였으나 현실과 잘 맞지 않는다고 하면서 '사회적 자본'의 한계를 서술했다. 그리고 마지막 문단에서는 이 같은 사회적 자본만으로는 정치 참여가 늘어나기 어렵고 이른바 '정치적 자본'의 매개를 통해서만이 가능하다는 주장을 하고 있다. 따라서 ①이 제시문의 주제로 가장 적절하다.

03
정답 ⑤

제시문은 미세먼지 특별법 제정과 시행 내용에 대해 설명하고 있다. 따라서 ⑤가 글의 제목으로 가장 적절하다.

04
정답 ③

첫 번째 문단에서는 하천의 과도한 영양분이 플랑크톤을 증식시켜 물고기의 생존을 위협한다고 이야기하며, 두 번째 문단에서는 이러한 녹조 현상이 우리가 먹는 물의 안전까지도 위협한다고 이야기한다. 마지막 세 번째 문단에서는 생활 속 작은 실천을 통해 생태계와 인간의 안전을 위협하는 녹조를 예방해야 한다고 이야기하므로 글의 제목으로는 ③이 가장 적절하다.

05
정답 ②

제시문은 5060세대에 대해 설명하는 글로, 기존에는 5060세대들이 사회로부터 배척당하였다면 최근에는 사회적인 면이나 경제적인 면에서 그 위상이 높아졌고, 이로 인해 마케팅 전략 또한 변화될 것이라고 보고 있다. 따라서 글의 제목으로는 ②가 가장 적절하다.

01

정답 ④

사랑과 관련하여 여러 형태의 빛 신호를 가지고 있는 반딧불이를 소개하고, 이들이 단체로 빛을 내면 장관을 이룬다는 내용의 (라) 문단이 맨 처음에 와야 한다. 다음으로는 (라) 문단의 마지막 내용과 연결되는, 반딧불이 집단의 불빛으로 시작해 반딧불이의 단독행동으로 끝이 나는 (나) 문단이 이어지는 것이 자연스럽다. 그리고 단독으로 행동하기 좋아하는 반딧불이가 짝을 찾는 모습을 소개한 (마) 문단이 이어져야 하며, 그러한 특성을 이용해 먹잇감을 찾는 반딧불이의 종류를 이야기하는 (가) 문단이 오는 것이 적절하다. (다) 문단은 (가) 문단에 이어지는 내용이므로 그 뒤에 나열되어야 한다.

02

정답 ③

먼저 이산화탄소 흡수원의 하나인 연안 생태계를 소개하는 (다) 문단이 오는 것이 적절하며, 다음으로 이러한 연안 생태계의 장점을 소개하는 (나) 문단이 오는 것이 적절하다. 다음으로는 (나) 문단에서 언급한 연안 생태계의 장점 중 갯벌의 역할을 부연 설명하는 (가) 문단이 오는 것이 적절하며, (가) 문단 뒤로는 '또한'으로 시작하며 연안 생태계의 또 다른 장점을 소개하는 (라) 문단이 오는 것이 적절하다. 따라서 (다) – (나) – (가) – (라) 순으로 나열되어야 한다.

03

정답 ③

제시문은 고전주의의 예술관을 설명한 후 이에 반하는 수용미학의 등장을 설명하고, 수용미학을 처음 제시한 야우스의 주장에 대해 설명한다. 이어서 이것을 체계화한 이저의 주장을 소개하고 이저가 생각한 독자의 역할을 제시한 뒤 이것의 의의에 대해 설명하고 있는 글이다. 따라서 (가) '고전주의 예술관과 이에 반하는 수용미학의 등장' – (라) '수용미학을 제기한 야우스의 주장' – (다) '야우스의 주장을 정리한 이저' – (나) '이저의 이론 속 텍스트와 독자의 상호작용의 의의'로 나열되어야 한다.

04

정답 ④

제시문의 서론에서 지방은 건강에 반드시 필요한 것이라고 서술하고 있으며, 결론에서는 현대인들의 지방이 풍부한 음식을 찾는 경향이 부작용으로 이어졌다고 한다. 따라서 본론은 (나) '비만과 다이어트의 문제는 찰스 다윈의 진화론과 관련 있음' – (라) '자연선택에서 생존한 종들이 번식하여 자손을 남기게 됨' – (다) '인류의 역사에서 인간이 끼니 걱정을 하지 않고 살게 된 것은 최근 수십 년간의 일임' – (가) '생존에 필수적인 능력은 에너지를 몸에 축적하는 능력이었음'의 순서가 적절하다.

05

정답 ③

- (가) 실험 결과를 통해 나온 수치를 바탕으로 미국 학생이 중국 학생에 비해 '물체'에 주목하는 정도가 더 높았다는 내용이다. 실험 주체라든지 화제가 언급되지 않았으므로 처음에 올 수 없다.
- (나) '미국 국립과학아카데미(NAS) 회보의 실험 결과'라는 실험 주체와 '동양인과 서양인이 사물을 보는 방식의 차이'라는 화제를 제시하고 있으므로 도입부에 와야 한다. 그리고 실험 결과 '미국 학생은 전면에 두드러진 물체에 빨리 반응하고, 중국 학생은 배경에 오래 머물렀다.'고 보고하고 있다.
- (다) '이런 차이가 문화적 변수에 기인하는 것으로 봤다.'는 언급에서 실험 결과에 대한 분석으로 볼 수 있다. 그리고 미국인은 개인주의적 성향이고, 중국인은 관계주의적 성향이라는 문화적 차이를 제시한다.
- (라) '지각구조의 차이가 다른 문화적 배경에 기인한다는 것은 미국에서 태어나고 자란 아시아계 학생들이 사물을 볼 때 아시아에서 나고 자란 학생과 백인계 미국인의 중간 정도라는 사실로도 입증된다.'고 덧붙였으므로 부연의 성격을 가진 문단이다.
- (마) '고대 중국인은 관개농사를 해서 관계주의적인 성향을 가지게 되었고, 서양인은 포도와 올리브를 키우는 농민들이 많아서 개인주의적 성향을 보인다.'는 구체적인 문화적 차이의 예를 제시하고 있다.

그러므로 실험 결과인 (나) 문단과 (가) 문단을 묶고 그 다음에 실험 결과에 대한 분석인 (다) 문단이 와야 하며, (다) 문단에서 제시한 구체적 문화 차이가 나타난 (마) 문단이 제시되고 부연 문단인 (라) 문단이 와야 한다.

01
정답 ④

미생물을 끓는 물에 노출하면 영양세포나 진핵포자는 죽일 수 있으나, 세균의 내생포자는 사멸시키지 못한다. 멸균은 포자, 박테리아, 바이러스 등을 완전히 파괴하거나 제거하는 것이므로 물을 끓여서 하는 열처리 방식으로는 멸균이 불가능함을 알 수 있다. 따라서 빈칸에 들어갈 내용으로는 '소독은 가능하지만, 멸균은 불가능하다.'는 ④가 가장 적절하다.

02
정답 ④

빈칸의 전 문단에서 '보존 입자는 페르미온과 달리 파울리의 배타원리를 따르지 않는다. 따라서 같은 에너지 상태를 지닌 입자라도 서로 겹쳐서 존재할 수 있다. 만져지지 않는 에너지 덩어리인 셈이다.'라고 하였고, 빈칸 다음 문장에서 '빛은 실험을 해보면 입자의 특성을 보이지만, 질량이 없고 물질을 투과하며 만져지지 않는다.'라고 하였다. 또한 마지막 문장에서 '포논은 광자와 마찬가지로 스핀이 0인 보존 입자다.'라고 하였으므로 광자는 스핀이 0인 보존 입자라는 것을 알 수 있다. 따라서 빈칸에 들어갈 내용으로는 ④가 적절하다.

[오답분석]
① 광자가 파울리의 배타원리를 따른다면, 파울리의 배타원리에 따라 페르미온 입자로 이뤄진 물질은 우리가 손으로 만질 수 있어야 한다. 그러나 광자는 질량이 없고 물질을 투과하며 만져지지 않는다고 하였으므로 적절하지 않은 내용이다.
② '포논은 광자와 마찬가지로 스핀이 0인 보존 입자다.'라는 문장에서 광자는 스핀 상태에 따라 분류할 수 있는 입자임을 알 수 있다.
③ 스핀이 1/2의 홀수배인 입자들은 페르미온이라고 하였고, 광자는 스핀이 0인 보존 입자이므로 적절하지 않은 내용이다.

03
정답 ③

빈칸 뒤의 문장은 최근 선진국에서는 스마트팩토리로 인해 해외로 나간 자국 기업들이 다시 본국으로 돌아오는 현상인 '리쇼어링'이 가속화되고 있다는 내용이다. 즉, 스마트팩토리의 발전이 공장의 위치를 해외에서 본국으로 변화시키고 있으므로 빈칸에는 ③이 가장 적절하다.

04
정답 ①

빈칸 앞 내용은 왼손보다 오른손을 선호하는 이유에 대한 가설을 제시하고, 이러한 가설이 근본적인 설명을 하지 못한다고 말한다. 그러면서 빈칸 뒷부분에서 글쓴이는 왼손이 아닌 '오른손만을 선호'하는 이유에 대한 자신의 생각을 드러내고 있다. 즉, 앞의 가설대로 단순한 기능 분담이라면 먹는 일에 왼손을 사용하는 사회도 존재해야 하는데, 그렇지 않기 때문에 반박하고 있음을 추론해볼 수 있으므로 빈칸에는 사람들이 오른손만 선호하고 왼손을 선호하지 않는다는 주장이 나타나야 한다. 따라서 빈칸에 들어갈 문장으로는 ①이 적절하다.

05
정답 ①

'갑돌'의 성품이 탁월하다고 볼 수 있는 것은 그의 성품이 곧고 자신감이 충만하며, 다수의 옳지 않은 행동에 대하여 비판의 목소리를 낼 것이고 그렇게 하는 데에 별 어려움을 느끼지 않을 것이기 때문이다. 또한, 세 번째 문단에 따르면 탁월한 성품은 올바른 훈련을 통해 올바른 일을 바르고 즐겁게 그리고 어려워하지 않으며 처리할 수 있는 능력을 뜻한다. 따라서 아리스토텔레스의 입장에서는 '엄청난 의지를 발휘'하고 자신과의 '힘든 싸움'을 해야 했던 '병식'보다는 잘못된 일에 '별 어려움' 없이 '비판의 목소리'를 내는 '갑돌'의 성품을 탁월하다고 여길 것이다.

02 직업윤리

출제유형분석 01 실전예제

01
정답 ②

②는 절차 공정성에 대한 설명이다. 절차 공정성은 개인의 의사결정 형성에 적용되는 과정의 타당성에 관한 것으로, 목적이 달성되는 데 사용한 수단에 관한 공정성이며, 의사결정자들이 논쟁 또는 협상의 결과에 도달하기 위해 사용한 정책, 절차, 기준에 관한 공정성이다.

> **분배 공정성**
> 최종적인 결과에 대한 지각이 공정했는가를 나타내며 교환의 주목적인 대상물, 즉 핵심적인 서비스에 대한 지각이 공정했는가를 결정하는 것이다.

02
정답 ③

㉠과 ㉣은 윤리적인 문제에 대하여 제대로 인식하지 못한 채 취해야 할 행동을 취하지 않는 도덕적 타성에 속하고, ㉡과 ㉢은 자신의 행위가 나쁜 결과를 가져올 수 있다는 것을 모르는 도덕적 태만에 속한다.

> **비윤리적 행위의 유형**
> • 도덕적 타성 : 직면하는 윤리적 문제에 대하여 무감각하거나 행동하지 않는 것
> • 도덕적 태만 : 비윤리적인 결과를 피하기 위하여 일반적으로 필요한 주의나 관심을 기울이지 않는 것
> • 거짓말 : 상대를 속이려는 의도로 표현되는 메시지

03
정답 ①

세미나 등에서 경쟁사 직원에게 신분을 속이고 질문하는 것은 비윤리적 / 합법적인 정보획득으로 법적으로는 문제가 되지 않는 정보획득 행위이지만, 윤리적으로는 문제가 될 수 있다.

오답분석

②·③ 윤리적 / 합법적인 정보획득에 해당한다.
④·⑤ 비윤리적 / 비합법적인 정보획득에 해당한다.

04
정답 ④

㉡·㉢ 역선택은 시장에서 거래를 할 때 주체 간 정보 비대칭으로 인해 부족한 정보를 가지고 있는 쪽이 불리한 선택을 하게 되어 경제적 비효율이 발생하는 상황을 말한다.

ⓒ・ⓔ 도덕적 해이와 관련된 사례이다. 도덕적 해이는 감추어진 행동이 문제가 되는 상황에서 정보를 가진 측이 정보를 가지지 못한 측의 이익에 반하는 행동을 취하는 경향을 말한다. 역선택이 거래 이전에 발생하는 문제라면, 도덕적 해이는 거래가 발생한 후 정보를 더 많이 가지고 있는 사람이 바람직하지 않은 행위를 하는 것을 말한다.

출제유형분석 02 실전예제

01
정답 ②

고객접점서비스(MOT)는 고객과 서비스 요원 사이에서 15초 동안의 짧은 순간 이루어지는 서비스로, 이 15초 동안 고객접점에 있는 서비스 요원이 고객에게 우리 회사를 선택한 것이 가장 좋은 선택이었다는 사실을 책임과 권한을 가지고 입증시켜야 한다. 이때, 서비스 요원의 용모와 옷 등은 첫인상을 좌우하는 중요한 요소가 된다.

ㄱ. 고객접점서비스는 모든 서비스에서 100점을 맞았더라도 한 접점에서 불만이 나오면 $100 \times 0 = 0$의 곱셈 법칙이 적용되어 모든 서비스 점수가 0점이 된다.
ㅁ. 고객접점서비스를 강화하기 위해서는 서비스 요원의 권한을 강화하여야 한다.

02
정답 ④

준법을 유도하는 제도적 장치가 마련된다 하더라도 반드시 개개인의 준법의식이 개선되는 것은 아니다. 사회의 준법의식을 제고하기 위해서는 개개인의 의식변화와 제도적 보완을 동시에 추진하여야 한다.

03
정답 ⑤

ㄱ ~ ㅁ 모두 서비스의 7가지 의미에 포함되는 내용이다.
ㄱ과 ㅁ은 Excellence, ㄴ은 Courtesy, ㄷ은 Image, ㄹ은 Emotion에 해당한다.

04
정답 ④

직업인의 기본자세를 설명하는 제시문에서는 경제적인 목적에 대한 내용을 확인할 수 없다. 직업은 경제적 목적 이외에 자신의 존재가치를 실현하고 자기의 능력과 노력을 통하여 적극적으로 사회에 기여하기 위한 장이다.

> **직업인의 기본자세**
> • 소명의식과 천직의식을 가져야 한다.
> • 봉사정신과 협동정신이 있어야 한다.
> • 책임의식과 전문의식이 있어야 한다.
> • 공평무사한 자세가 필요하다.

05
정답 ④

불법적으로 술을 소지하고 있던 교육생을 징계하는 대신 꾸짖음으로써 부정직을 눈감아 주고 타협하는 모습을 보였다. 이는 또 다른 부정을 일으키는 결과를 가져올 수 있다. 조그마한 구멍에 물이 새면 구멍이 점점 커지듯이 부정직과 타협이 결국 관행화되고 전체에게 피해를 주는 결과를 가져온다.

01

집에서부터 회사까지의 거리를 $x$km라 하자.

처음 집을 나온 후 자동차를 타고 시속 60km로 출근하다가 15분이 지났을 때 집으로 돌아갔으므로 집과 다시 돌아갔던 지점 사이의 거리는 $60 \times \dfrac{15}{60} = 15$km이다.

다시 집으로 돌아갔을 때의 속력은 원래 속력의 1.5배이므로 $60 \times 1.5 = 90$km/h이고, 집에서 회사로 다시 갈 때의 속력은 원래 속력의 1.2배이므로 $90 \times 1.2 = 108$km/h이다.

출근할 때 소비한 전체 시간이 50분이므로

$$\frac{15}{60} + \frac{15}{90} + \frac{x}{108} = \frac{50}{60} \rightarrow 135 + 90 + 5x = 450 \rightarrow 5x = 225$$

$\therefore x = 45$

따라서 H사원의 집에서 회사까지의 거리는 45km이다.

02

작년 교통비를 x만 원, 숙박비를 y만 원이라 하자.

- $1.15x + 1.24y = 1.2(x+y)$ … ㉠
- $x + y = 36$ … ㉡

㉠과 ㉡을 연립하면 $x = 16$, $y = 20$이다.

따라서 올해의 숙박비는 20만$\times$1.24=24.8만 원이다.

03

영희는 세 종류의 과일을 주문한다고 하였으며, 그중 감, 귤, 포도, 딸기에 대해서는 최대 두 종류의 과일을 주문한다고 하였다. 감, 귤, 포도, 딸기 중에서 과일이 0개, 1개, 2개 선택된다고 하였을 때, 영희는 나머지 과일에서 3개, 2개, 1개를 선택한다.

따라서 영희의 주문에 대한 경우의 수는 $_4C_3 + {_4}C_2 \times {_4}C_1 + {_4}C_1 \times {_4}C_2 = 52$가지이다.

04

물과 음료수의 개수를 각각 x개, y개라 하자.

$x + y = 330$이 되고, 물의 개수 x는 직원의 수와 같다. 이때, 음료수는 5명당 1개가 지급되므로 $y = \dfrac{1}{5}x$이다.

따라서 $\dfrac{6}{5}x = 330 \rightarrow 6x = 1,650 \rightarrow x = 275$임을 알 수 있다.

05

정답 ③

박물관까지의 거리를 $x$km라 두면, 시속 12km로 자전거로 갈 때와 시속 6km로 걸어갈 때의 시간 차가 30분이므로

$$\frac{x}{12} = \frac{x}{6} - \frac{1}{2} \rightarrow x = 6 \text{이다}$$

박물관에 3시에 도착하기 위한 속력을 시속 $v$km라 하면,

자전거로 시속 12km로 갈 때, 6km 떨어진 박물관에 도착한 시간이 2시 50분이므로

$$\frac{6}{12} = \frac{6}{v} - \frac{1}{6} \rightarrow v = 9 \text{이다.}$$

따라서 민솔이가 시속 9km 속력으로 박물관으로 향하면 3시에 도착하게 된다.

06

정답 ①

갚아야 하는 총금액을 A원, 매월 갚아야 할 금액을 a원, 월이율을 복리로 r%라 하면

1개월 후 a원을 갚고 남은 금액 : $A(1+r) - a$

2개월 후 a원을 갚고 남은 금액 : $A(1+r)^2 - a(1+r) - a$

3개월 후 a원을 갚고 남은 금액 : $A(1+r)^3 - a(1+r)^2 - a(1+r) - a$

$$\vdots$$

n개월 후 a원을 갚고 남은 금액 : $A(1+r)^n - a(1+r)^{n-1} - \dots - a(1+r) - a = 0$이므로

$A(1+r)^n = \dfrac{a[(1+r)^n - 1]}{r}$ 이다.

이를 a에 대해 정리하면 $a = \dfrac{Ar(1+r)^n}{(1+r)^n - 1}$ 이므로

매월 갚아야 할 금액은 $\dfrac{500,000 \times 0.01(1+0.01)^{36}}{(1+0.01)^{36} - 1} = \dfrac{5,000 \times 1.4}{0.4} = 17,500$원이다.

07

정답 ⑤

가위바위보를 해서 이길 때마다 계단을 3칸씩 올라가므로 계단 20칸을 올라가려면 7회 이겨야 한다.

여기서 앞선 7회를 연승하거나 8회 중 7회, 9회 중 7회를 이기면 놀이가 끝나므로 마지막 10회는 반드시 이기고, 앞선 9회 중 6회는 이기고 3회는 비기거나 져야 한다.

가위바위보를 1회 해서 이길 확률은 $\dfrac{1}{3}$ 이므로 가위바위보를 9회 중 6회 이기고 마지막 10회에서 이길 확률은

$\left[{}_9C_6 \left(\dfrac{1}{3} \right)^6 \left(\dfrac{2}{3} \right)^3 \right] \times \dfrac{1}{3}$ 이다.

가위바위보 1회로 비길 확률은 $\dfrac{1}{3}$ 이므로 가위바위보를 10회 해서 앞선 9회 중 6회 이기고 2회 비기며 마지막 10회에서 이길

확률은 $\left[{}_9C_6 \left(\dfrac{1}{3} \right)^6 {}_3C_2 \left(\dfrac{1}{3} \right)^2 \left(\dfrac{1}{3} \right) \right] \times \dfrac{1}{3}$ 이다.

따라서 구하고자 하는 확률은 $\dfrac{{}_9C_6 \left(\dfrac{1}{3} \right)^6 {}_3C_2 \left(\dfrac{1}{3} \right)^2 \left(\dfrac{1}{3} \right) \times \dfrac{1}{3}}{{}_9C_6 \left(\dfrac{1}{3} \right)^6 \left(\dfrac{2}{3} \right)^3 \times \dfrac{1}{3}} = \dfrac{3}{8}$ 이다.

08

정답 ④

4개, 7개, 8개씩 포장하면 1개씩 남으므로 재고량은 4, 7, 8의 공배수보다 1이 클 것이다.
4, 7, 8의 공배수는 56이므로 다음과 같이 나누어 생각해 볼 수 있다.
- 재고량이 56+1=57개일 때 : 57=5×11+2
- 재고량이 56×2+1=113개일 때 : 113=5×22+3
- 재고량이 56×3+1=169개일 때 : 169=5×33+4

따라서 가능한 재고량의 최솟값은 169개이다.

출제유형분석 02 실전예제

01

정답 ③

영업팀별 연간 매출액을 구하면 다음과 같다.
- 영업 A팀 : 50억×0.1+100억×0.1+100억×0.3+200억×0.15=75억 원
- 영업 B팀 : 50억×0.2+100억×0.2+100억×0.2+200억×0.4=130억 원
- 영업 C팀 : 50억×0.3+100억×0.2+100억×0.25+200억×0.15=90억 원
- 영업 D팀 : 50억×0.4+100억×0.5+100억×0.25+200억×0.3=155억 원

따라서 연간 매출액이 큰 순서로 팀을 나열하면 D－B－C－A 순이고, 이때 매출 1위인 영업 D팀의 연 매출액은 155억 원이다.

02

정답 ④

보기의 값과 제시된 데이터를 비교하면 다음과 같다.
A－호주, B－캐나다, C－프랑스, D－헝가리, E－일본

03

정답 ④

부동산 취득세율은 (취득세)+(농어촌특별세)+(지방교육세)이므로
실매입비가 10억 원인 85m^2 규모 주택의 부동산 취득세율은 3+0.3=3.3%(농어촌특별세 비과세),
실매입비가 9억 원인 92m^2 규모 주택의 부동산 취득세율은 2+0.2+0.2=2.4%이다.
따라서 부동산 취득세의 총합은 10억×0.033+9억×0.024=33,000,000+21,600,000=54,600,000원이다.

04

정답 ③

H씨의 식단의 칼로리를 끼니별로 나누어 계산하면 다음과 같다. 이때, 주어진 칼로리 정보를 고려하여 무게와의 비례에 따라 식단의 칼로리를 계산하여야 하는 것에 주의한다.

구분	식단
아침	우유식빵 280kcal, 사과잼 110kcal, 블루베리 30kcal
점심	현미밥 360kcal, 갈비찜 597kcal, 된장찌개 88kcal, 버섯구이 30kcal, 시금치나물 5kcal
저녁	현미밥 180kcal, 미역국 176kcal, 고등어구이 285kcal, 깍두기 50kcal, 연근조림 48kcal

따라서 하루에 섭취하는 열량은 280+110+30+360+597+88+30+5+180+176+285+50+48=2,239kcal이다.

05

정답 ②

가장 구성비가 큰 항목은 국민연금으로 57%이며, 네 번째로 구성비가 큰 항목은 사적연금으로 8.5%이다. 따라서 가장 구성비가 큰 항목의 구성비 대비 네 번째로 구성비가 큰 항목의 구성비의 비율은 $\frac{8.5}{57.0} \times 100 ≒ 14.9\%$이다.

출제유형분석 03 실전예제

01

정답 ④

ㄴ. 2022년 1분기의 영업이익률은 $\frac{-278}{9,332} \times 100 ≒ -2.98\%$이며, 4분기의 영업이익률은 $\frac{-998}{9,192} \times 100 ≒ -10.86\%$이다. 따라서 2022년 4분기의 영업이익률은 1분기보다 감소하였음을 알 수 있다.

ㄹ. 2022년 3분기의 당기순손실은 직전 분기 대비 $\frac{1,079-515}{515} \times 100 ≒ 109.51\%p$ 증가하였으므로 100%p 이상 증가하였음을 알 수 있다.

오답분석

ㄱ. 영업손실이 가장 적은 1분기의 영업이익이 가장 크다.

ㄷ. 2022년 2분기와 4분기의 매출액은 직전 분기보다 증가하였으나, 3분기의 매출액은 2분기보다 감소하였다.

02

정답 ③

'1권 이상'의 성인 독서율은 2020년 대비 2022년의 사례 수 증가율만큼 증가한다. 빈칸 (가)의 50대 성인 독서율의 경우, 2020년 대비 2022년의 사례 수가 $\frac{1,200-1,000}{1,000} \times 100 = 20\%p$ 증가하였다. 따라서 2022년 50대의 '1권 이상' 성인 독서율인 빈칸 (가)에 들어갈 수치는 $60 \times 1.2 = 72$가 된다.

03

정답 ③

(단위 : 만 명)

운수회사	버스	승객 수			
		2023년 1분기	2023년 2분기	감소 인원	1분기 승객 20%
A	K3615	120	103	17	24
	C3707	80	75	5	16
	C3708	120	100	20	24
B	B5605	100	90	10	20
	J7756	90	87	3	18
C	L3757	130	100	30	26
	L3759	85	75	10	17
	L3765	70	60	10	14
D	O1335	60	40	20	12
	O2338	75	70	5	15

감소 인원이 1분기 승객의 20%보다 큰 버스는 L3757, O1335이고, 이는 각각 C운수회사, D운수회사가 운영하는 버스이다. 따라서 보조금을 받을 수 있는 운수회사는 2곳이다.

04

폐수처리량이 가장 적었던 연도는 $204,000\text{m}^3$를 기록한 2021년이다. 그러나 오수처리량이 가장 적은 연도는 $27,000\text{m}^3$를 기록한 2022년이므로 옳지 않다.

오답분석

① $2,900 \div 3,100 \times 100 \fallingdotseq 94\%$

② 온실가스 배출량은 2020년 $1,604,000\text{tCO}_2\text{eq}$에서 2022년 $1,542,000\text{tCO}_2\text{eq}$까지 매년 감소하고 있다.

④ $(1,700백만 + 2,900백만 + 2,400백만) \div 3 \fallingdotseq 2,333백만$ 원이므로 약 23억 3,300만 원이다.

⑤ 에너지사용량의 전년 대비 증감률을 구하면 다음과 같다.

• 2021년 : $\dfrac{29,000 - 30,000}{30,000} \times 100 \fallingdotseq -3.33\%\text{p}$

• 2022년 : $\dfrac{30,000 - 29,000}{29,000} \times 100 \fallingdotseq 3.45\%\text{p}$

따라서 전년 대비 증감률의 절댓값은 2021년보다 2022년에 더 크다.

05

연도별 환경지표점수를 산출하면 다음과 같다.

(단위 : 점)

연도	녹색제품 구매액	에너지 사용량	폐수처리량	합계
2020년	5	5	5	15
2021년	10	10	10	30
2022년	10	5	5	20

따라서 환경지표점수가 가장 높은 연도는 2021년이고, 그 점수는 30점이다.

06

상품별 고객 만족도 1점당 비용을 구하면 다음과 같다.

• 차량용 방향제 : $7,000 \div 5 = 1,400$원

• 식용유 세트 : $10,000 \div 4 = 2,500$원

• 유리용기 세트 : $6,000 \div 6 = 1,000$원

• 32GB USB : $5,000 \div 4 = 1,250$원

• 머그컵 세트 : $10,000 \div 5 = 2,000$원

• 육아 관련 도서 : $8,800 \div 4 = 2,200$원

• 핸드폰 충전기 : $7,500 \div 3 = 2,500$원

할당받은 예산을 고려하여 고객 만족도 1점당 비용이 가장 낮은 상품부터 구매비용을 구하면 다음과 같다.

• 유리용기 세트 : $6,000 \times 200 = 1,200,000$원

  → 남은 예산 : $5,000,000 - 1,200,000 = 3,800,000$원

• 32GB USB : $5,000 \times 180 = 900,000$원

  → 남은 예산 : $3,800,000 - 900,000 = 2,900,000$원

• 차량용 방향제 : $7,000 \times 300 = 2,100,000$원

  → 남은 예산 : $2,900,000 - 2,100,000 = 800,000$원

• 머그컵 세트 : $10,000 \times 80 = 800,000$원

  → 남은 예산 : $800,000 - 800,000 = 0$원

즉, 확보 가능한 상품의 개수는 $200 + 180 + 300 + 80 = 760$개이다. 따라서 사은품을 나누어 줄 수 있는 고객의 수는 $760 \div 2 = 380$명이다.

04 문제해결능력

출제유형분석 01 실전예제

01

정답 ④

조건의 명제들을 논리 기호화하면 다음과 같다.
- 첫 번째 명제 : (~연차 ∨ 출퇴근) → 주택
- 두 번째 명제 : 동호회 → 연차
- 세 번째 명제 : ~출퇴근 → 동호회
- 네 번째 명제 : (출퇴근 ∨ ~연차) → ~동호회

먼저 두 번째 명제의 경우, '동호회행사비 지원을 도입할 때에만'이라는 한정 조건이 있으므로 역(연차 → 동호회) 또한 참이다. 만약 동호회행사비를 지원하지 않는다고 가정하면, 두 번째 명제의 역의 대우(~동호회 → ~연차)와 세 번째 명제의 대우(~동호회 → 출퇴근)에 따라 첫 번째 명제가 참이 되므로, 출퇴근교통비 지원과 주택마련자금 지원을 도입하게 된다. 그러나 다섯 번째 명제에 따라 주택마련자금 지원을 도입했을 때, 다른 복지제도를 도입할 수 없으므로 모순이 된다. 따라서 동호회행사비를 지원하는 것이 참인 것을 알 수 있다.

동호회행사비를 지원한다면, 네 번째 명제의 대우[동호회 → (~출퇴근 ∧ 연차)]에 따라 출퇴근교통비 지원은 도입하지 않고, 연차 추가제공은 도입한다. 그리고 다섯 번째 명제의 대우에 따라 주택마련자금 지원은 도입하지 않는다. 따라서 H공사가 도입할 복지제도는 동호회행사비 지원과 연차 추가제공 2가지이다.

02

정답 ①

제시된 조건을 모두 논리 기호화하면 다음과 같다.
- B → ~E
- ~B ∧ ~E → D
- A → B ∨ D
- C → ~D
- C → A

C가 워크숍에 참석하는 경우 D는 참석하지 않으며, A는 참석한다. A가 워크숍에 참석하면 B 또는 D 중 한 명이 함께 참석하므로 B가 A와 함께 참석한다. 또한 B가 워크숍에 참석하면 E는 참석하지 않으므로 결국 워크숍에 참석하는 직원은 A, B, C이다.

03

정답 ③

첫 번째 조건을 통해 비밀번호를 구성하고 있는 숫자는 0, 1, 4, 6, 8, 9 중 4개임을 알 수 있으며, 두 번째 조건을 통해 이 숫자들을 0, 1, 4, (6 또는 8), 9로 다시 정리할 수 있다. 그런데 세 번째 조건에서 비밀번호는 짝수로 시작한다고 하였고, 네 번째 조건에서 큰 수부터 차례로 나열했다고 하였으므로 9는 포함되지 않는다는 것을 알 수 있다. 따라서 가능한 비밀번호는 8410과 6410이다.

[오답분석]
① 8410과 6410 모두 짝수이므로 옳은 내용이다.
② 두 숫자 모두 두 번째 숫자가 4이므로 옳은 내용이다.
④ 8410과 6410 모두 1은 포함하지만 9는 포함하지 않으므로 옳은 내용이다.
⑤ 8410과 6410 중 가장 작은 수는 6410이므로 옳은 내용이다.

04

정답 ①

조건의 명제들을 순서대로 논리 기호화하여 표현하면 다음과 같다.
- 첫 번째 명제 : $\sim C$
- 두 번째 명제 : $\sim B \rightarrow (C \wedge E)$
- 세 번째 명제 : $(\sim E \vee \sim F) \rightarrow D$
- 네 번째 명제 : $B \rightarrow (\sim A \wedge \sim E)$

첫 번째 명제가 참이므로 두 번째 명제의 대우[$(\sim C \vee \sim E) \rightarrow B$]에 따라 B는 공휴일에 영업한다. 그러므로 네 번째 명제에 따라 A와 E는 영업하지 않고, 다섯 번째 명제에 따라 F도 영업하지 않는다. 마지막으로 세 번째 명제에 따라 D는 영업한다. 따라서 공휴일에 영업하는 가게는 B와 D 2개이다.

05

정답 ⑤

주어진 조건에 따라 거쳐야 할 과정 순서를 배치해 보면 다음과 같은 두 가지의 경우가 가능하다.
경우 1)

첫 번째	두 번째	세 번째	네 번째	다섯 번째	여섯 번째	일곱 번째
C	A	E	G	F	D	B

경우 2)

첫 번째	두 번째	세 번째	네 번째	다섯 번째	여섯 번째	일곱 번째
C	A	E	G	F	B	D

따라서 네 번째로 해야 할 과정은 G이다.

출제유형분석 02 실전예제

01

정답 ⑤

- A는 만 62세이므로 (가) 보험이나 (나) 보험에 간편가입으로 가입이 가능하다. 두 상품 모두 A가 선호하는 월납 방식 선택이 가능하며, 암 보장형 상품에 해당한다. 하지만 (가) 보험은 이미 납입한 보험료에 대해 80%까지만 환급이 가능하므로 납입한 보험료 전액의 환급을 원하는 A의 요구조건을 충족하지 못한다. 따라서 A의 경우, (나) 보험 가입이 적절하다.
- B의 경우, 단발성 납입을 선호하므로 월납 등 정기적인 납부방식이 적용된 (가) 보험보다 (나) 보험이나 (다) 보험이 적합하다. 또한 필요기간만 가입하는 것을 선호하므로, 보험기간이 1, 3년으로 타 상품에 비해 상대적으로 짧은 단기가입상품인 (다) 보험을 추천하는 것이 적절하다.

02

정답 ⑤

같은 조가 될 수 있는 20대는 김기안, 안화사, 방성훈, 김충재이다. 안화사는 김충재와 같은 총무팀이므로 같은 조가 될 수 없고 김기안과 방성훈 중 나이 차가 5세 이하인 김기안과 같은 조가 되므로, 방성훈과 김충재가 같은 조가 된다.
30대는 전현무, 이시언, 박나래, 김사랑, 한혜진, 정려원이다. 20대 조에서 남녀 조가 나왔기 때문에 나머지는 모두 동성 조가 되어야 하므로 전현무와 이시언이 같은 조가 되고, 나머지(정려원, 한혜진, 박나래, 김사랑)끼리 조를 구성해야 한다. 이때, 박나래와 김사랑은 나이 차가 7세이므로 같은 조가 될 수 없다. 즉, 가능한 조 편성은 다음과 같다.
- 경우 1

안화사, 김기안	김충재, 방성훈	전현무, 이시언	박나래, 정려원	김사랑, 한혜진

- 경우 2

안화사, 김기안	김충재, 방성훈	전현무, 이시언	박나래, 한혜진	김사랑, 정려원

03

나이가 많은 순서대로 나열하면 '전현무>김사랑>이시언>한혜진>정려원>박나래>방성훈>김기안>김충재>안화사' 순이다. 따라서 맨 앞과 맨 뒤에서 차례대로 짝을 지어 조를 만들면 전현무(39) – 안화사(23), 김사랑(37) – 김충재(24), 이시언(36) – 김기안(27), 한혜진(35) – 방성훈(29), 정려원(32) – 박나래(30)가 된다.

04

먼저 A와 B를 구성하는 숫자들의 곱과 합을 구해 보면 다음과 같다.

구분	99	★	2703	81	★	3325	32	★	8624
곱	81		42	8		90	6		384
합	18		12	9		13	5		20

- 갑이 두 번째 사건의 목격자, 을 – 병이 첫 번째 사건의 목격자인 경우
  을의 진술에 부합하는 것은 81★3325, 32★8624이고, 병의 진술에 부합하는 것은 99★2703, 81★3325(99×50=4,950>2,703, 81×50=4,050>3,325)이므로 둘 모두에 공통적으로 해당하는 81★3325가 첫 번째 사건의 가해차량 번호임을 알 수 있다. 그런데 81★3325는 갑의 진술과도 부합하여 '첫 번째 사건의 가해차량 번호는 두 번째 사건의 목격자 진술에 부합하지 않는다.'는 조건에 위배된다.
- 을이 두 번째 사건의 목격자, 갑 – 병이 첫 번째 사건의 목격자인 경우
  갑의 진술에 부합하는 것은 81★3325, 32★8624이고, 병의 진술에 부합하는 것은 99★2703, 81★3325이므로 둘 모두에 공통적으로 해당하는 81★3325가 첫 번째 사건의 가해차량 번호임을 알 수 있다. 그런데 81★3325는 을의 진술과도 부합하여 조건에 위배된다.
- 병이 두 번째 사건의 목격자, 갑 – 을이 첫 번째 사건의 목격자인 경우
  갑과 을의 진술에 부합하는 것은 81★3325, 32★8624이므로 첫 번째 사건의 가해차량 번호는 이 둘 중 하나임을 알 수 있다. 그런데 81★3325는 병의 진술과도 부합하므로 조건에 위배되며, 32★8624만이 병의 진술에 부합하지 않는다.

따라서 32★8624가 첫 번째 사건의 가해차량 번호이며, 첫 번째 사건의 목격자는 갑과 을, 두 번째 사건의 목격자는 병임을 알 수 있다.

출제유형분석 03 실전예제

01

WT전략은 약점을 보완하여 위협을 회피하는 전략이므로 강점인 높은 접근성을 강조한 마케팅의 ④는 WT전략으로 적절하지 않다.

오답분석

① SO전략은 강점을 살려 기회를 포착하는 전략이므로 강점인 전국적 물류망을 활용한 택배 배송 지역의 확장은 택배 수요 증가의 기회를 살리는 SO전략으로 적절하다.

② WO전략은 약점을 보완하여 기회를 포착하는 전략이므로 약점인 보수적 조직문화의 쇄신을 통한 공공기관으로서의 경쟁력 확보는 WO전략으로 적절하다.

③ ST전략은 강점을 살려 위협을 회피하는 전략이므로 민간 업체들과의 경쟁 심화라는 위협에 대응하기 위해 강점인 공공기관으로서의 신뢰성을 활용하는 차별화 전략은 ST전략으로 적절하다.

⑤ WT전략은 약점을 보완하여 위협을 회피하는 전략이므로 인적·물적 자원의 보충을 통한 설비 시스템 구축은 WT전략으로 적절하다.

02

정답 ③

SO전략은 강점을 살려 기회를 포착하는 전략이므로 TV프로그램에 출연하여 좋은 품질의 재료만 사용한다는 점을 홍보하는 것이 적절하다.

03

정답 ⑤

'일부 시설물 노후 심화'는 기업의 내부환경으로 볼 수 있다. 따라서 SWOT 분석의 위협(Threat) 요인이 아닌 약점(Weakness) 요인에 적절한 내용이다.

04

정답 ③

제품 특성상 테이크아웃이 불가능했던 위협 요소를 피하기 위해 버거의 사이즈를 줄이는 대신 사이드 메뉴를 무료로 제공하는 것은 독창적인 아이템을 활용하면서도 위협 요소를 보완하는 전략으로 적절하다.

오답분석

① 해당 상점의 강점은 주변 외식업 상권과 차별화된 아이템 선정이다. 그러므로 주변 상권에서 이미 판매하고 있는 상품을 벤치마킹해 판매하는 것은 강점을 활용하는 전략으로 적절하지 않다.

② 높은 재료 단가를 낮추기 위해 유기농 채소와 유기농이 아닌 채소를 함께 사용하는 것은 웰빙을 추구하는 소비 행태가 확산되고 있는 기회를 활용하지 못하는 전략이므로 적절하지 않다.

④ 커스터마이징 형식의 고객 주문 서비스 및 주문 즉시 조리하는 방식은 해당 상점의 강점이다. 약점을 보완하기 위해 강점을 모두 활용하지 못하는 전략이므로 적절하지 않다.

⑤ 커스터마이징 주문 시 치즈의 종류를 다양하게 선택할 수 있게 하는 것은 커스터마이징 주문이라는 강점으로 '치즈 제품을 선호하는 여성 고객들의 니즈'라는 기회를 활용하는 방법이므로 SO전략이다.

출제유형분석 04 실전예제

01

정답 ③

각각의 조건에 해당하지 않는 쇼핑몰을 체크하여 선지에서 하나씩 제거하는 방법으로 푸는 것이 좋다.

- 철수 : C, D, F는 포인트 적립이 안 되므로 해당 사항이 없다. (②, ④ 제외)
- 영희 : A에는 해당 사항이 없다.
- 민수 : A, B, C에는 해당 사항이 없다. (①, ⑤ 제외)
- 철호 : 환불 및 송금수수료, 배송료가 포함되었으므로 A, D, E, F에는 해당 사항이 없다.

02

정답 ②

사원별 평균 점수를 구하면 다음과 같다.

- 윤정아 : $(75+85+100) \div 3 = 86.7$점
- 신민준 : $(80+80+90) \div 3 = 83.3$점
- 이연경 : $(95+70+80) \div 3 = 81.7$점
- 정유미 : $(80+90+70) \div 3 = 80$점
- 김영진 : $(90+75+90) \div 3 = 85$점

따라서 선정되는 사원은 평균점수가 가장 높은 윤정아와 두 번째로 높은 김영진이다.

03

가산점을 적용하여 합산한 결과는 다음과 같다.
- 윤정아 : (75+7.5)+85+100=267.5점
- 신민준 : (80+8)+80+90+5=263점
- 이연경 : (95+9.5)+70+80=254.5점
- 정유미 : (80+8)+90+70+5=253점
- 김영진 : (90+9)+75+90+5=269점

따라서 가장 점수가 높은 김영진이 선정된다.

04

우선 아랍에미리트에는 해외 EPS센터가 없으므로 제외한다. 또한, 한국 기업이 100개 이상 진출해 있어야 한다는 두 번째 조건으로 인도네시아와 중국으로 후보를 좁힐 수 있으나 '우리나라 사람들의 해외취업을 위한 박람회'이므로 성공적인 박람회 개최를 위해선 취업까지 이어지는 것이 중요하다. 중국의 경우 청년 실업률은 높지만 경쟁력 부분에서 현지 기업의 80% 이상이 우리나라 사람을 고용하기를 원하므로 중국 청년 실업률과는 별개로 우리나라 사람들의 취업이 쉽게 이루어질 수 있음을 알 수 있다. 따라서 중국이 적절하다.

CHAPTER

05 정보능력

출제유형분석 01 실전예제

01
정답 ③

유효성 검사에서 제한 대상을 목록으로 설정을 했을 경우, 드롭다운 목록의 너비는 데이터 유효성 설정이 있는 셀의 너비에 의해 결정된다.

02
정답 ①

피벗 테이블 결과 표시 장소는 다른 시트도 가능하다.

03
정답 ②

차트 작성 순서
1. 차트 종류 설정
2. 차트 범위와 계열 설정
3. 차트의 각종 옵션(제목, 범례, 레이블 등) 설정
4. 작성된 차트의 위치 설정

04
정답 ③

피벗 테이블의 셀에 메모를 삽입한 경우 데이터를 정렬해도 메모는 피벗 테이블의 셀에 고정되어 있다.

05
정답 ④

엑셀에서 〈F12〉와 〈Shift〉+〈F12〉는 '다른 이름으로 저장'의 단축키이다.

[오답분석]
① 〈Alt〉+〈F〉: 파일 메뉴 / 〈Alt〉+〈N〉: 삽입 메뉴
② 〈Alt〉+〈Enter〉: 한 셀에 두 줄 입력 / 〈Alt〉+〈=〉: 자동합계
③ 〈Shift〉+〈F5〉: 찾기 / 〈Shift〉+〈F3〉: 함수 마법사
⑤ 〈Ctrl〉+〈9〉: 행 숨기기 / 〈Ctrl〉+〈F9〉: 창 최소화

06

POWER 함수는 밑수를 지정한 만큼 거듭제곱한 결과를 나타내는 함수이다. 따라서 $6^3=216$이 적절하다.

오답분석

① ODD 함수는 주어진 수에서 가장 가까운 홀수로 변환해 주는 함수이며, 양수인 경우 올림하고 음수인 경우 내림한다.
② EVEN 함수는 주어진 수에서 가장 가까운 짝수로 변환해 주는 함수이며, 양수인 경우 올림하고 음수인 경우 내림한다.
③ MOD 함수는 나눗셈의 나머지를 출력하는 함수이다. 40을 -6으로 나눈 나머지는 -2이다.
⑤ QUOTIENT 함수는 나눗셈 몫의 정수 부분을 출력하는 함수이다. 19를 6으로 나눈 몫의 정수는 3이다.

07

정답 ①

LEN 함수는 문자열의 문자 수를 구하는 함수이므로 숫자를 반환한다. 「=LEN(A2)」는 '서귀포시'로 문자 수가 4이며 여기서 -1을 하면 [A2] 열의 3번째 문자까지를 지정하는 것이므로 [C2] 셀과 같이 나온다. 텍스트 문자열의 시작지점부터 지정한 수만큼의 문자를 반환하는 LEFT 함수를 사용하면 「=LEFT(A2,LEN(A2)-1)」이 적절하다.

08

정답 ①

SUMIFS 함수는 주어진 조건에 의해 지정된 셀들의 합을 구하는 함수로, 「=SUMIFS(합계범위, 조건범위, 조건값)」으로 구성된다. 여기서 '조건값'으로 숫자가 아닌 텍스트를 직접 입력할 경우에는 반드시 큰따옴표를 이용해야 한다. 즉, 「=SUMIFS(F2:F9,D2:D9, "남")」으로 입력해야 한다.

출제유형분석 02 실전예제

01

정답 ④

반복문을 통해 배열의 요소를 순회하면서 각 요소들의 값을 더하여 tot 저장하는 프로그램이다. 요소들의 값이 누적되어 있는 tot의 값이 100보다 크거나 같다면 break문으로 인해 반복문을 종료하고 현재 tot 값을 출력한다.
따라서 $10+37+23+4+8+71$일 때 100보다 커져 반복문이 종료되므로 마지막에 더해진 값은 153이 된다.

02

정답 ④

1부터 100까지의 값은 변수 x에 저장한다. 1, 2, 3, …에서 초기값은 1이고, 최종값은 100이며, 증분값은 1씩 증가시키면 된다. 즉, 1부터 100까지를 덧셈하려면 99단계를 반복 수행해야 하므로 결과는 5050이 된다.

03

정답 ⑤

바깥쪽 i-for문이 4번 반복되고 안쪽 j-for문이 6번 반복되므로 j-for문 안에 있는 문장은 총 24번이 반복된다.

04

정답 ②

&a는 변수 a의 시작 주소값이므로 주소 상수이다. p는 포인터, *p는 p가 가리키는 변수 a이다.

05

- main( )에서 f라는 배열 생성

1	2	3	4
f[0]	f[1]	f[2]	f[3]

C언어 첨자는 0부터 시작

- h(f, 4, 2) 함수 호출

  double *f, int d, double x)

      f   4   2를 의미

- I는 d가 4이므로 3부터 0까지 1씩 감소(3, 2, 1, 0 반복문 4번 수행)

      res=res * x+f[i]

i=3 4=0 * 2+f[3]

           4

i=2 11=4 * 2+f[2]

           3

i=1 24=11 * 2+f[1]

           2

i=0 49=24 * 2+f[0]

           1

- 출력형식이 3.1f이므로 49.0 출력

CHAPTER

06 조직이해능력

출제유형분석 01 실전예제

01

정답 ④

조직의 경영자는 조직을 둘러싼 외부 환경에 대해 항상 관심을 가져야 하며, 외부 환경에 변화가 생겼을 경우 이를 조직에 전달하여야 한다.

경영자의 역할
- 대인적 역할 : 조직의 대표자, 조직의 리더, 상징자 · 지도자
- 정보적 역할 : 외부환경 모니터, 변화 전달, 정보전달자
- 의사결정적 역할 : 문제 조정, 대외적 협상 주도, 분쟁조정자 · 자원배분자 · 협상가

02

정답 ⑤

집단에서 일련의 과정을 거쳐 의사가 결정되었다고 해서 최선의 결과라고 단정 지을 수는 없다.

03

정답 ③

경영전략 추진과정
1. 전략목표 설정 : 비전설정, 미션설정
2. 환경분석 : 내부환경분석, 외부환경분석
3. 경영전략 도출 : 조직전략, 사업전략 등
4. 경영전략 실행 : 경영목적 달성
5. 평가 및 피드백 : 경영전략 결과, 전략목표 및 경영전략 재조정

04

정답 ①

①은 스톡옵션제도에 대한 설명으로, 자본참가 유형에 해당한다.

[오답분석]
② 스캔론플랜에 대한 설명으로, 성과참가 유형에 해당한다.
③ 럭커플랜에 대한 설명으로, 성과참가 유형에 해당한다.
④ 노사협의제도에 대한 설명으로, 의사결정참가 유형에 해당한다.
⑤ 노사공동결정제도에 대한 설명으로, 의사결정참가 유형에 해당한다.

05

④는 제품차별화에 대한 설명으로 반도체의 이러한 특성은 반도체산업 내의 경쟁을 심화시키고, 신규기업의 진입 장벽을 낮추기도 한다. 또한 낮은 차별성으로 인한 치열한 가격경쟁은 구매자의 교섭력을 높이는 반면, 공급자의 교섭력은 낮아지게 한다. 따라서 ④는 ㄹ을 제외한 ㄱ·ㄴ·ㄷ·ㅁ에 해당하는 사례이다.

ㄹ은 반도체를 대체할 수 있는 다른 제품의 여부에 관한 것으로 대체재의 상대가격, 대체재에 대한 구매자의 성향이 이에 해당한다.

〈포터의 산업구조분석기법〉

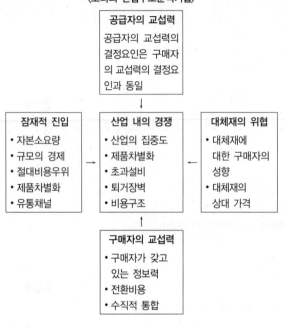

06

구매자의 교섭력은 소수의 구매자만 존재하거나 구매자의 구매량이 판매자의 규모에 비해 클 때, 시장에 다수 기업의 제품이 존재할 때, 구매자가 직접 상품을 생산할 수 있을 때, 공급자의 제품 차별성이 낮을 때, 구매자가 공급자를 바꾸는 데 전환 비용이 거의 발생하지 않을 때 높아진다.

01

정답 ②

영업부의 주요 업무인 영업 업무로는 견적 작성 및 제출, 시장분석, 판매 등을 들 수 있다. 금일 업무 내용 중 전사 공채 진행은 인사 업무이며, 명일 업무 내용 중 전사 소모품 관리는 총무 업무, 사원 급여 정산은 인사 업무로 볼 수 있다.

02

정답 ①

조직변화의 과정
1. 환경변화 인지
2. 조직변화 방향 수립
3. 조직변화 실행
4. 변화결과 평가

03

정답 ④

홈페이지 운영은 정보사업팀에서 한다.

[오답분석]
① 1개의 감사실과 11개의 팀으로 구성되어 있다.
② 예산기획과 경영평가는 전략기획팀에서 관리한다.
③ 경영평가(전략기획팀), 성과평가(인재개발팀), 품질평가(평가관리팀) 등 같은 평가 업무라도 평가 특성에 따라 다른 팀에서 담당한다.
⑤ 감사실을 두어 감사, 부패방지 및 지도점검을 하게 하였다.

04

정답 ⑤

품질평가에 대한 관련민원은 평가관리팀이 담당하고 있다.

05

정답 ⑤

조직문화는 구성원 개개인의 개성을 인정하고 그 다양성을 강화하기보다는 구성원들의 행동을 통제하는 기능을 한다. 즉, 구성원을 획일화·사회화시킨다.

06

정답 ②

H사에는 기존에 수행하지 않던 해외 판매 업무가 추가될 것이므로 그에 따른 해외영업팀 등의 신설 조직이 필요하다. 해외에 공장 등의 조직을 보유하게 됨으로써 이를 관리하는 해외관리 조직이 필요할 것이며, 물품의 수출에 따른 통관 업무를 담당하는 통관물류팀, 외화 대금 수취 및 해외 조직으로부터의 자금 이동 관련 업무를 담당할 외환업무팀, 국제 거래상 발생하게 될 해외 거래 계약 실무를 담당할 국제법무 조직 등이 필요하다. 기업회계팀은 H사의 해외 사업과 상관없이 기존 회계를 담당하는 조직이라고 볼 수 있다.

01

정답 ④

업무환경에 '자유로운 분위기'라고 명시되어 있으므로 '중압적인 분위기를 잘 이겨낼 수 있는'이라는 문구는 적절하지 않다.

02

정답 ③

제시문은 총무부에서 주문서 메일을 보낼 때 꼼꼼히 확인하지 않아서 수정 전의 파일이 첨부되어 발송되었기 때문에 발생한 일이다.

03

정답 ②

영업부장이 실수할 수도 있으므로 바로 생산계획을 변경하는 것보다는 이중 확인 후 생산라인에 통보하는 것이 좋다.

04

정답 ④

30만 원 초과 50만 원 미만의 출장계획서는 전결을 위임받은 본부장에게 결재를 받아야 하며, 30만 원 초과의 청구서는 대표이사의 결재를 받아야 한다. 따라서 출장계획서의 최종 결재는 본부장 전결사항이므로 본부장 란에 '전결'을 표시하고 본부장의 서명이 기입되어야 한다.

오답분석

① 출장계획서는 본부장의 전결사항이므로 본부장에게 최종 결재를 받아야 한다.

01

정답 ④

뜨거운 수프를 식힐 때는 숟가락으로 조용히 저어야 한다. 입김을 불어 식히는 것은 예절에 어긋나는 행동이다.

02

정답 ③

인도의 전통적인 인사법은 턱 아래에 두 손을 모으고 고개를 숙이는 것으로, 이 외에도 보편적인 악수를 통해 인사할 수 있다. 그러나 여성의 경우 먼저 악수를 청할 시에만 악수할 수 있으므로 유의해야 한다. 인도인의 대부분이 힌두교도이며, 힌두교는 남녀의 공공연한 접촉을 금지하고 있기 때문이다.

03

정답 ③

티베트의 문화를 존중하고 대접을 받는 손님의 입장에서 볼 때, 차를 마실 때 다 비우지 말고 입에 살짝 대는 것이 가장 적절한 행동이다.

오답분석

① 주인이 권하는 차를 거절하면 실례가 되므로 적절하지 않다.
② 대접받는 손님의 입장에서 자리를 피하는 것은 적절하지 않다.
④ 힘들다는 자신의 감정이 드러날 수 있으므로 적절하지 않다.
⑤ 차 대접을 받는 상황에서 찻잔을 숨기는 것은 적절하지 않다.

04

정답 ③

아프리카 사람들과 이야기할 때 눈을 바라보는 것은 실례이므로 코 끝 정도를 보면서 대화하는 것이 예의이다.

05

정답 ②

새로운 사회 환경을 접할 때는 개방적 태도를 갖는 동시에 자신의 정체성을 유지하도록 해야 한다.

06

정답 ②

환율이 상승하면 원화가치가 하락하기 때문에 해외여행자 수는 감소한다.

여행경보제도
1. 여행 유의(남색경보) : 신변안전 유의
2. 여행 자제(황색경보) : 신변안전 특별유의, 여행 필요성 신중 검토
3. 철수 권고(적색경보) : 긴급용무가 아닌 한 귀국, 가급적 여행 취소·연기
4. 여행 금지(흑색경보) : 즉시 대피·철수, 방문 금지

미국 정부의 전자여행허가제(ESTA)
대한민국 국민으로서 관광 및 상용 목적으로 90일 이내 기간 동안 미국을 방문하고자 하는 경우, 2008년 11월 17일부터 원칙적으로 비자 없이 미국 입국이 가능하지만 미 정부의 전자여행허가제에 따라 승인을 받아야만 한다.

07

정답 ④

[오답분석]
㉠ 미국 바이어와 악수할 때에는 눈이나 얼굴을 보는 것은 좋은 행동이지만, 손끝만 살짝 잡아서는 안 되며, 오른손으로 상대방의 오른손을 잠시 힘주어서 잡아야 한다.
㉡ 이라크 사람들은 시간약속을 할 때 정각에 나오는 법이 없으며 상대방이 으레 기다려 줄 것으로 생각하므로 좀 더 여유를 가지고 기다리는 인내심이 필요하다.
㉢ 스프를 먹을 때에는 몸 쪽에서 바깥쪽으로 숟가락을 사용한다.
㉣ 빵은 스프를 먹고 난 후부터 디저트를 먹을 때까지 먹는다.

출제유형분석 01 실전예제

01
정답 ③

건물, 기계에 대한 점검·정비·보존의 불량은 산업재해의 기술적 원인으로 볼 수 있다.

오답분석

①·④ 산업재해의 교육적 원인에 해당된다.

②·⑤ 산업재해의 작업 관리상 원인에 해당된다.

02
정답 ①

사고 조사, 현장 분석 등을 통해 산업재해의 예방 대책 중 2단계인 사실의 발견을 추론할 수 있으며, 재해 형태, 재해 정도 등의 분석을 통해 3단계인 원인 분석을 추론할 수 있다.

> **산업재해의 예방 대책 5단계**
> 안전 관리 조직 → 사실의 발견 → 원인 분석 → 시정책의 선정 → 시정책 적용 및 뒤처리

출제유형분석 02 실전예제

01
정답 ②

제시문은 기술의 S곡선에 대한 설명이다. 기술이 등장하고 처음에는 완만히 향상되다가 일정 수준이 되면 급격히 향상되고, 한계가 오면서 다시 완만해지다가 이후 다시 발전할 수 없는 상태가 되는 모양이 S모양과 닮았다.

오답분석

① 바그너 법칙 : 경제가 성장할수록 국민총생산(GNP)에서 공공지출의 비중이 높아진다는 법칙이다.

③ 빅3 법칙 : 분야별 빅3 기업들이 시장의 $70 \sim 90\%$를 장악한다는 경험 법칙이다.

④ 생산비의 법칙 : 완전경쟁하에서 가격·한계비용·평균비용이 일치함으로써 균형상태에 도달한다는 법칙이다.

⑤ 기술경영 : 과학 기술과 경영 원리를 결합하여 실무 능력을 갖춘 전문 인력을 양성하는 프로그램이다.

02
정답 ②

기술은 '노하우(Know – How)'를 포함한다. 즉, 기술을 설계하고, 생산하고, 사용하기 위해 필요한 정보, 기술, 절차를 갖는 데 노하우(Know – How)가 필요한 것이다.

03
정답 ①

기술교양은 기술능력을 넓은 의미로 확대한 개념이다.

PART 2

최종점검 모의고사

01	02	03	04	05	06	07	08	09	10	11	12	13	14	15	16	17	18	19	20
①	②	①	⑤	②	④	③	⑤	③	④	⑤	③	②	④	⑤	②	④	②	①	③
21	22	23	24	25	26	27	28	29	30	31	32	33	34	35	36	37	38	39	40
③	①	⑤	④	①	③	③	③	②	④	④	⑤	②	②	①	①	②	④	②	③
41	42	43	44	45	46	47	48	49	50										
④	④	②	④	①	③	③	③	③	④										

01
정답 ①

'유발하다'는 '어떤 것이 다른 일을 일어나게 하다.'라는 의미를 지닌 단어로, 이미 사동의 의미를 지니고 있다. 따라서 사동 접미사 '-시키다'와 결합하지 않고 ㉠과 같이 사용할 수 있다.

02
정답 ②

'앞', '뒤', '전', '후', '옆', '안', '밖', '속', '위', '밑', '끝', '날', '땅', '때', '떼', '막', '맛', '면', '밤', '변', '빛', '탓' 등의 명사와 결합한 단어는 복합 명사로 보기 어려우므로 앞 명사와 띄어 써야 한다. 한편, '이', '그', '저' 등이 지시대명사로 쓰일 때에는 뒷말과 붙여 쓴다.

03
정답 ①

김대리의 나이는 x살, 조카의 나이를 y살이라 가정하면 4년 전 나이와 3년 후 나이에 대해 다음 두 방정식이 성립한다.
$(x-4)=4\times(y-4) \rightarrow x-4=4y-16 \rightarrow x-4y=-12 \cdots ㉠$
$(x+3)=2\times(y+3)+7 \rightarrow x+3=2y+6+7 \rightarrow x-2y=10 \cdots ㉡$
㉠에서 ㉡을 빼면 $y=11$이 나오고, $x=10+2\times11=32$가 된다. 따라서 조카의 나이는 11살이다.

04
정답 ⑤

두 주사위에서 나올 수 있는 눈의 수의 곱은 다음과 같다.

구분	1	2	3	4	5	6
1	1	2	3	4	5	6
2	2	4	6	8	10	12
3	3	6	9	12	15	18
4	4	8	12	16	20	24
5	5	10	15	20	25	30
6	6	12	18	24	30	36

따라서 4의 배수가 나오는 경우의 수는 모두 15가지이므로 그 확률은 $\frac{15}{36}=\frac{5}{12}$이다.

05

정답 ②

② 열차 1은 대전, 대구, 부산 또는 대전, 광주, 부산을 경유한다.

오답분석

E는 어떤 열차를 타도 고향에 갈 수 있다고 했고 열차 2와 열차 3이 지나는 지역은 대전을 제외하고 중복되지 않는다고 했으므로, E의 고향은 대전이며 열차 1은 대전을 경유한다.

B가 탈 수 있는 열차는 열차 2뿐인데, 대전, 부산은 각각 E, A의 고향이므로, B의 고향은 춘천이다.

열차 1에는 D를 포함한 세 사람이 타는데, B는 열차 2를 이용하고, C는 D와 같이 탈 수 없다. 따라서 A, D, E가 열차 1을 이용하고, C는 열차 3을 이용한다.

구분	경유지	탑승자
열차 1	대전, 대구, 부산 또는 대전, 광주, 부산	A, D, E
열차 2	대전, 춘천, 부산	B
열차 3	대전, 대구 또는 대전, 광주	C

06

정답 ④

주어진 조건에 따라 매대를 추론해 보면 다음과 같다.

4층	사과
3층	배
2층	귤
1층	감

따라서 귤은 2층, 배는 3층, 감은 1층이므로, 귤이 배와 감 사이에 위치하는 것이 옳은 추론이다.

07

정답 ③

인사는 상대의 입이 아니라 눈을 바라보고 하는 것이 원칙이다.

08

정답 ⑤

명함은 선 자세로 교환하는 것이 예의이고, 테이블 위에 놓고서 손으로 밀거나 서류봉투 위에 놓아서 건네는 것은 좋지 않다. 명함을 받을 때는 건넬 때와 마찬가지로 일어선 채로 두 손으로 받아야 한다.

09

정답 ③

보기는 취합한 정보를 통해 예측하는 과정으로, '정보의 수집'에 해당하는 단계이다. 따라서 다음에 이어지는 정보 처리과정은 '정보의 관리'에 해당한다.

오답분석

① 정보의 기획 단계는 정보관리의 첫 단계로, '무엇을·어디에서·언제까지·왜·누가·어떻게·얼마나'에 맞게 정보를 기획하는 단계이다.

② 정보의 수집 단계는 다양한 정보원으로부터 목적에 적합한 정보를 입수하는 단계로, 최종 목적은 과거의 정보를 모아 미래에 대한 예측하는 것이다.

④ 정보의 활용 단계는 정보가 필요하다는 문제 상황을 인지할 수 있는 능력, 문제 해결에 적합한 정보를 찾고 선택할 수 있는 능력, 찾은 정보를 문제해결에 적용할 수 있는 능력, 윤리의식을 가지고 합법적으로 정보를 활용할 수 있는 능력 등 다양한 능력이 수반되는 단계이다.

⑤ 정보의 적용이란 정보의 활용 단계에 포함되는 내용이다.

10

[C2] 셀의 관리번호의 3번째 문자부터 2개를 반환해야 하므로 MID 함수를 사용해야 한다. 구문은 「=MID(추출할 문자열, 시작위치, 추출할 문자 수)」이므로 「=MID(C2,3,2)」가 올바른 함수식이다.

11

전략목표를 먼저 설정하고 환경을 분석해야 한다.

12

제시문의 내용을 살펴보면, H전자는 성장성이 높은 LCD 사업 대신에 익숙한 PDP 사업에 더욱 몰입하였으나, 점차 LCD의 경쟁력이 높아짐으로써 PDP는 무용지물이 되었다는 것을 알 수 있다. 따라서 H전자는 LCD 시장으로 사업전략을 수정할 수 있었지만 보다 익숙한 PDP 사업을 선택하고 집중함으로써 TV 시장에서 경쟁력을 잃는 결과를 얻게 되었다.

13

제시문은 방사능의 위험성에 대한 글이다. (나) 문단의 첫 문장이 '그 이름의 정의가 어떻든 간에'이므로 앞에는 방사능 물질의 정의를 논하는 (다) 문단이 나열되는 것이 적절하다. 또한, (가) 문단 첫 문장에서의 '체르노빌 원자력 발전소 사태처럼'이라는 문구를 통해, (라) 문단이 (가) 문단 앞에 나열되는 것이 적절함을 알 수 있다. (라) 문단의 첫 문장이 '예를 들면'으로 시작하므로, 앞 문장에는 그와 관련된 일반적 진술이 오는 것이 타당하나, 제시문은 실례와 관련된 일반적 진술이 아니다. 따라서 종합해 보면 '(다) – (나) – (라) – (가)'의 순서로 나열하는 것이 적절하다.

14

(라)의 앞 문단에서는 정보와 지식이 커뮤니케이션 속에서 살아 움직이며 진화함을 말하고 있다. 따라서 정보의 순환 속에서 새로운 정보로 거듭나는 역동성에 대한 설명의 사례로 보기의 내용이 이어질 수 있다. 한 나라의 관광 안내 책자 속 정보가 섬세하고 정확한 것은 소비자들에 의해 오류가 수정되고 개정되기 때문이라는 것이 커뮤니케이션 속에서 정보와 지식이 새로운 정보로 거듭나는 것을 잘 나타내고 있기 때문이다.

15

공정경쟁의 원칙이란 법규를 준수하고 경쟁원리에 따라 공정하게 행동하는 원칙으로, H식당의 경우 원산지법을 위반했음은 물론 공정하게 다른 식당과 경쟁하지 못하였기 때문에 해당 원칙을 위반했다고 볼 수 있다.

[오답분석]
① 객관성의 원칙 : 업무의 공공성을 바탕으로 공사구분을 명확히 하고, 모든 것을 숨김없이 투명하게 처리하는 원칙이다.
② 고객중심의 원칙 : 고객에 대한 봉사를 최우선으로 생각하고 현장중심, 실천중심으로 일하는 원칙이다.
③ 전문성의 원칙 : 자기업무에 전문가로서의 능력과 의식을 가지고 책임을 다하며 능력을 연마하는 원칙이다.
④ 정직과 신용의 원칙 : 업무와 관련된 모든 것을 숨김없이 정직하게 수행하고, 본분과 약속을 지켜 신뢰를 유지하는 원칙이다.

16

천직의식이란 자신의 일이 자신의 능력과 적성에 꼭 맞는다 여기고 그 일에 열성을 가지고 성실히 임하는 태도를 말하는 것이다. 김사원의 경우 비록 성실히 배우려 했으나, 본인의 적성과 맞지 않아 하루하루 지쳐 갔기에 김사원에게 천직의식이 나타났다고 볼 수 없다.

오답분석
① 소명의식이란 자신이 맡은 일은 하늘에 의해 맡겨진 일이라고 생각하는 태도를 말하는 것으로, 김사원은 경영부서로의 발령에 대해 하늘이 주신 배움의 기회라 여겼으므로 김사원에게 소명의식이 나타났다고 볼 수 있다.
③ 직분의식이란 자신이 하고 있는 일이 사회나 기업을 위해 중요한 역할을 하고 있다고 믿고 자신의 활동을 수행하는 태도를 의미하는 것으로, 김사원은 경영부서 역시 회사의 중요한 역할 중 하나라 생각했으므로 김사원에게 직분의식이 나타났다고 볼 수 있다.
④ 책임의식이란 직업에 대한 사회적 역할과 책무를 충실히 수행하고 책임을 다하는 태도를 의미하는 것으로, 김사원은 원하던 부서는 아니었지만 성실하게 책임을 갖고 배웠으므로 김사원에게 책임의식이 나타났다고 볼 수 있다.
⑤ 전문가의식이란 자신의 일이 누구나 할 수 있는 것이 아니라 해당 분야의 지식과 교육을 밑바탕으로 성실히 수행해야만 가능한 것이라 믿고 수행하는 태도를 의미하는 것으로, 김사원은 경영부서는 전문성이 있어야만 할 수 있는 일이라 생각하고 성실하게 책임을 갖고 배웠으므로 김사원에게 전문가의식이 나타났다고 볼 수 있다.

17

추가근무 계획표를 요일별로 정리하면 다음과 같다.

월	화	수	목	금	토	일
김혜정(3) 정해리(5) 정지원(6)	이지호(4) 이승기(1) 최명진(5)	김재건(1) 신혜선(4)	박주환(2) 신혜선(3) 정지원(4) 김우석(1) 이상엽(6)	김혜정(3) 김유미(6) 차지수(6)	이설희(9) 임유진(4.5) 김유미(3)	임유진(1.5) 한예리(9) 이상엽(4.5)

즉, 목요일 추가 근무자가 5명임을 알 수 있다. 또한, 목요일 추가근무자 중 단 1명만 추가근무 일정을 바꿔야 한다면 목요일 6시간과 일요일 3시간 일정으로 6+3×1.5=10.5시간을 근무하는 이상엽 직원의 일정을 바꿔야 한다. 따라서 목요일에 추가근무 예정인 이상엽 직원의 요일과 시간을 수정해야 한다.

18

㉠ 뉴욕행 비행기는 한국에서 6월 6일 22시 20분에 출발하고, 13시간 40분 동안 비행하기 때문에 뉴욕에 도착했을 때의 한국 시간은 6월 7일 12시이다. 한국 시간은 뉴욕보다 16시간 빠르기 때문에 비행기가 뉴욕에 도착할 때의 현지 시간은 6월 6일 20시이다.
㉡ 런던행 비행기는 한국에서 6월 13일 18시 15분에 출발하고, 12시간 15분 동안 비행하기 때문에 런던에 도착했을 때의 한국 시간은 6월 14일 6시 30분이다. 한국 시간은 런던보다 8시간이 빠르기 때문에 비행기가 런던에 도착할 때의 현지 시간은 6월 13일 22시 30분이 된다.

19

2021년 3개 기관의 전반적 만족도의 합은 6.9+6.7+7.6=21.2이고, 2022년 3개 기관의 임금과 수입 만족도의 합은 5.1+4.8+4.8 =14.7이다. 따라서 2021년 3개 기관의 전반적 만족도의 합은 2022년 3개 기관의 임금과 수입 만족도의 합의 $\frac{21.2}{14.7}$ ≒ 1.4배이다.

20

전년 대비 2022년에 기업, 공공연구기관의 임금과 수입 만족도는 증가하였으나, 대학의 임금과 수입 만족도는 감소했으므로 옳지 않은 설명이다.

오답분석

① 2021년과 2022년에 현 직장에 대한 전반적 만족도는 대학 유형에서 가장 높은 것을 확인할 수 있다.
② 2022년의 근무시간 만족도에서 공공연구기관과 대학의 만족도는 6.2로 동일한 것을 확인할 수 있다.
④ 2021년과 2022년에 공공연구기관의 사내분위기 만족도는 5.8로 동일한 것을 확인할 수 있다.
⑤ 전년 대비 2022년의 근무시간에 대한 만족도의 직장유형별 감소율은 다음과 같다.

- 기업 : $\frac{6.5-6.1}{6.5} \times 100 = 6.2\%p$

- 공공연구기관 : $\frac{7.1-6.2}{7.1} \times 100 = 12.7\%p$

- 대학 : $\frac{7.3-6.2}{7.3} \times 100 = 15.1\%p$

따라서 옳은 설명이다.

21

㉠ 영어점수가 평균을 초과하는 데이터를 추출해야 하므로 AVERAGE 함수의 범위는 절대참조여야 한다. 따라서 입력해야 할 함수식은 「=D2>AVERAGE($D$2:$D$9)」이다.
㉡ 성명의 두 번째 문자가 '영'인 데이터를 추출해야 하므로 「="=?영*"」을 입력해야 한다.

22

맥킨지(McKinsey)의 7S 모형
- 공유가치 : 조직 구성원들의 행동이나 사고를 특정 방향으로 이끌어 가는 원칙이나 기준을 의미한다.
- 리더십 스타일 : 구성원들을 이끌어 나가는 전반적인 조직관리 스타일을 의미한다.
- 구성원 : 조직의 인력 구성과 구성원들의 능력과 전문성, 가치관과 신념, 욕구와 동기, 지각과 태도 그리고 그들의 행동 패턴 등을 의미한다.
- 제도·절차 : 조직운영의 의사결정과 일상 운영의 틀이 되는 각종 시스템을 의미한다.
- 구조 : 조직의 전략을 수행하는 데 필요한 틀로서 구성원의 역할과 그들 간의 상호관계를 지배하는 공식요소를 의미한다.
- 전략 : 조직의 장기적인 목적과 계획 그리고 이를 달성하기 위한 장기적인 행동지침을 의미한다.
- 기술 : 하드웨어는 물론 이를 사용하는 소프트웨어 기술을 포함하는 요소를 의미한다.

23

㉤의 앞뒤 내용을 살펴보면 유행은 취미와 아주 밀접하게 결부된 현상이지만, 서로 다른 특징을 가진다고 하였다. 따라서 역접 기능의 접속어 '그러나'가 오는 것이 맞다.

24

ㄱ. 정보기기를 이용하여 음란물을 전송하는 행위는 시각적 성희롱에 해당한다.
ㄷ. 개인정보 유출을 방지하는 것은 직장 차원에서의 바람직한 대응에 해당한다.
ㄹ. 직장은 성희롱 가해자에 대하여 납득할 만한 수준의 조치를 취하고, 결과를 피해자에게 통지하여야 한다.

오답분석

ㄴ. 성희롱에 대하여 외부단체 및 상담기관에 도움을 요청하는 것도 바람직한 개인적 대응에 해당한다. 물론 조직 내부에서의 대응 및 도움 요청도 병행되어야 한다.

25

정답 ①

데이터베이스(DB; Data Base)란 어느 한 조직의 여러 응용 프로그램들이 공유하는 관련 데이터들의 모임이다. 대학 내 서로 관련 있는 데이터들을 하나로 통합하여 데이터베이스로 구축하게 되면, 학생 관리 프로그램, 교수 관리 프로그램, 성적 관리 프로그램은 하나의 데이터베이스를 공유하며 사용할 수 있다. 이처럼 데이터베이스는 여러 사람에 의해 공유되어 사용될 목적으로 통합하여 관리되는 데이터의 집합으로, 자료항목의 중복을 없애고 자료를 구조화하여 저장하는 과정을 통해 자료 검색과 갱신의 효율을 높인다.

오답분석

② 유비쿼터스(Ubiquitous) : 사용자가 네트워크나 컴퓨터를 의식하지 않고 장소에 상관없이 자유롭게 네트워크에 접속할 수 있는 정보통신 환경을 말한다.
③ RFID(Radio Frequency IDentification) : 극소형 칩에 상품정보를 저장하고 안테나를 달아 무선으로 데이터를 송신하는 장치를 말한다.
④ NFC(Near Field Communication) : NFC는 전자태그(RFID)의 하나로 13.56Mhz 주파수 대역을 사용하는 비접촉식 근거리 무선통신 모듈이며, 10cm의 가까운 거리에서 단말기 간 데이터를 전송하는 기술을 말한다.
⑤ 와이파이(Wi-Fi; Wireless Fidelity) : 무선접속장치(AP; Access Point)가 설치된 곳에서 전파를 이용하여 일정 거리 안에서 무선인터넷을 할 수 있는 근거리 통신망을 말한다.

26

정답 ③

어떤 표정이나 태도 따위를 얼굴이나 몸에 나타내다.

오답분석

① 재료를 들여 밥, 옷, 집 따위를 만들다.
② 한데 모여 줄이나 대열 따위를 이루다.
④ 이어져 온 일이나 말 따위의 결말이나 결정을 내다.
⑤ 거짓으로 꾸미다.

27

정답 ③

오답분석

①은 두 번째 문장에서, ②·⑤는 마지막 문장에서, ④는 세 번째와 네 번째 문장에서 각각 확인할 수 있다.

28

정답 ③

제시문의 '끼치다'는 '영향, 해, 은혜 따위를 당하거나 입게 하다.'라는 의미로 쓰였으며, 이와 같은 의미로 사용된 것은 ③이다.

오답분석

① 소름이 한꺼번에 돋아나다.
②·④ 기운이나 냄새, 생각, 느낌 따위가 덮치듯이 확 밀려들다.
⑤ 어떠한 일을 후세에 남기다.

29

정답 ②

작년의 남직원 수와 여직원 수를 각각 x명, y명이라고 하자.
$x+y=820 \cdots \bigcirc$
$1.08x+0.9y=810 \rightarrow 6x+5y=4,500 \cdots \bigcirc$
$\bigcirc$, $\bigcirc$을 연립하면, $x=400$, $y=420$
따라서 작년의 남직원 수는 400명이고, 여직원 수는 420명이다.

30

정답 ④

총 경비를 x만 원이라고 하면, $\frac{2}{3}x$만 원은 숙박비와 왕복 항공권 비용이므로 교통비까지 사용하고 남는 경비는 $\left(\frac{1}{3}x \times \frac{5}{6}\right)$만 원이다.

$$\frac{1}{3}x \times \frac{5}{6}=40 \rightarrow x=144$$

따라서 A사원이 지급받은 총 경비는 144만 원이다.

31

정답 ④

제시된 조건을 정리하면 'E회사 → B회사 → F회사 → G회사 → D회사 → C회사 → A회사'의 순서로 계약이 체결됐다. 따라서 김사원이 다섯 번째로 계약을 체결한 회사는 D회사이다.

32

정답 ⑤

제시된 조건에 따라 직원별로 앉을 수 있는 자리를 도식화하면 다음과 같다.

	(가)석	(나)석	통로	(다)석	(라)석	
1열		B대리	통로		✕	앞
2열	✕				D주임	뒤

좌 ↔ 우

두 번째 조건에서 A팀장은 1열 (다)석, 2열 (나)석, (다)석에 앉을 수 있으며, 네 번째 조건에서는 C주임은 B대리와 이웃하여 1열 (가)석, 2열 (나)석에 앉을 수 있다. 또한, 마지막 조건에 E사원은 D주임보다 앞에 앉아야 하므로 1열 (가)석, (다)석에 앉을 수 있다.

ㄷ. C주임이 2열 (나)석에 앉는 경우, E사원은 1열 (가)석에 앉을 수 있다.

ㄹ. E사원은 1열에만 앉아야 하고, C주임은 1열과 2열 모두 앉을 수 있으므로 옳은 설명이다.

[오답분석]

ㄱ. C주임은 1열 (가)석 또는 2열 (나)석에 앉을 수 있다.

ㄴ. A팀장은 1열 (다)석, 2열 (나)석, (다)석에 앉을 수 있다.

33

정답 ②

	(가)석	(나)석	통로	(다)석	(라)석	
1열		B대리	통로	E사원	✕	앞
2열	✕			A팀장	D주임	뒤

좌 ↔ 우

E사원은 A팀장과 이웃하여 앉아야 하므로 A팀장은 2열 (나)석에는 앉을 수 없다. 또한, E사원은 D주임보다 앞에 앉아야 하므로 A팀장은 2열 (다)석, E사원은 1열 (다)석에 이웃하여 앉게 되고, C주임은 1열 (가)석 혹은 2열 (나)석에 앉을 수 있다. 따라서 반드시 2열에 앉는 직원은 A팀장과 D주임이다.

34

정답 ②

업무상으로 소개를 할 때는 직장 내에서의 서열과 나이를 고려한다. 이때 성별은 고려의 대상이 아니다.

35

부하직원을 칭찬할 때 쓰다듬거나 가볍게 치는 행위도 성희롱으로 받아들여질 소지가 있으므로 그런 행동은 신중을 기해야 한다.

36

정답 ①

함수식 「=MOD(17,−5)」는 17을 −5로 나누었을 때의 나머지를 출력하므로 결괏값으로는 −3이 출력된다.

37

정답 ②

합계를 구할 범위는 [D2:D6] 영역이며, [A2:A6] 영역에서 "연필"인 데이터와 [B2:B6] 영역에서 "서울"인 데이터는 [D4] 셀과 [D6] 셀이다. 이들의 판매실적은 300+200=500이므로 [A7] 셀에 입력한 함수식 「=SUMIFS(D2:D6,A2:A6,"연필",B2:B6,"서울")」의 결괏값으로 500이 출력된다.

38

정답 ④

조직목표의 기능
• 조직이 존재하는 정당성과 합법성 제공
• 조직이 나아갈 방향 제시
• 조직 구성원의 의사결정의 기준
• 조직 구성원 행동수행의 동기유발
• 수행평가의 기준
• 조직설계의 기준

39

정답 ②

제시문은 기계화·정보화의 긍정적인 측면보다는 부정적인 측면을 부각시키고 있다. 따라서 제시문을 통해 기계화·정보화가 인간의 삶의 질 개선에 기여하고 있음을 경시한다고 지적할 수 있다.

40

정답 ③

2019년 대비 2022년에 사업자 수가 감소한 업종은 호프전문점, 간이주점, 구내식당으로 감소율은 다음과 같다.

• 호프전문점 : $\frac{41,796-37,543}{41,796} \times 100 ≒ 10.2\%p$

• 간이주점 : $\frac{19,849-16,733}{19,849} \times 100 ≒ 15.7\%p$

• 구내식당 : $\frac{35,011-26,202}{35,011} \times 100 ≒ 25.2\%p$

따라서 2019년 대비 2022년의 사업자 수 감소율이 두 번째로 큰 업종은 간이주점으로 감소율은 15.7%p이다.

41

정답 ④

2019년 대비 2021년 일식전문점 사업자 수의 증가율은 $\frac{14,675-12,997}{12,997} \times 100 ≒ 12.91\%p$이므로 옳지 않은 설명이다.

[오답분석]

① 기타음식점의 2022년 사업자 수는 24,509명, 2021년 사업자 수는 24,818명이므로 24,818−24,509=309명 감소했다.

② • 2020년의 전체 요식업 사업자 수에서 분식점 사업자 수가 차지하는 비중 : $\frac{52,725}{659,123} \times 100 ≒ 8.00\%$

• 2020년의 전체 요식업 사업자 수에서 패스트푸드점 사업자 수가 차지하는 비중 : $\frac{31,174}{659,123} \times 100 ≒ 4.73\%$

따라서 두 비중의 차이는 8.0−4.73=3.27%p이므로 5%p 미만이다.

③ 사업자 수가 해마다 감소하는 업종은 간이주점, 구내식당 두 업종인 것을 확인할 수 있다.

⑤ 전체 요식업 사업자 수는 해마다 증가하지만, 구내식당 사업자 수는 해마다 감소하므로 비중이 줄어들고 있다. 전체 요식업 사업자 수 중 구내식당 사업자의 비중은 다음과 같다.

• 2019년 : $\frac{35,011}{632,026} \times 100 ≒ 5.54\%$

• 2020년 : $\frac{31,929}{659,123} \times 100 ≒ 4.84\%$

• 2021년 : $\frac{29,213}{675,969} \times 100 ≒ 4.32\%$

• 2022년 : $\frac{26,202}{687,704} \times 100 ≒ 3.81\%$

따라서 전체 요식업 사업자 수 중 구내식당 사업자의 비중은 2019년이 가장 높다.

42

정답 ④

C, D, F지점의 사례만 고려하면 F지점에서 마카롱과 쿠키를 함께 먹었을 때 알레르기가 발생하지 않았으므로 마카롱은 알레르기 발생 원인이 될 수 없으며, 빵 또는 케이크가 알레르기 발생 원인이 될 수 있다. 따라서 ④는 반드시 거짓이 된다.

오답분석

① A, B, D지점의 사례만 고려한 경우 : 빵과 마카롱을 함께 먹은 경우에는 알레르기가 발생하지 않았으므로 케이크가 알레르기 발생 원인이 된다.

② A, C, E지점의 사례만 고려한 경우 : 케이크와 쿠키를 함께 먹은 경우에는 알레르기가 발생하지 않았으므로 빵이 알레르기 발생 원인이 된다.

③ B, D, F지점의 사례만 고려한 경우 : 빵과 마카롱 또는 마카롱과 쿠키를 함께 먹은 경우에 알레르기가 발생하지 않았으므로 케이크가 알레르기 발생 원인이 된다.

⑤ D, E, F지점의 사례만 고려한 경우 : 케이크와 마카롱을 함께 먹은 경우에 알레르기가 발생하였으므로 쿠키는 알레르기 발생 원인이 될 수 없다.

43

정답 ②

ⓒ 직(職) : 사회적 지위나 역할을 의미한다.

ⓒ 업(業) : 생계를 유지하는 노동 또는 행위, 더 나아가서는 불교에서 말하는 전생 및 현생의 인연을 의미한다.

44

정답 ④

팔은 안으로 굽는다는 속담은 공과 사를 구분하지 못한 것으로, 개인윤리와 직업윤리의 조화라고 볼 수 없다.

45

정답 ①

근무점수가 70점 이상인 셀의 개수를 출력하기 위해서는 함수식 COUNTIF(C3:C11, "＞=70")을 입력해야 한다. 그중 80대 이상의 셀의 개수를 제외하기 위하여 80점 이상인 셀의 개수를 출력하는 함수식 COUNTIF(C3:C11, "＞=80")을 이용하여 함수식 「=COUNTIF(C3:C11, "＞=70")−COUNTIF(C3:C11, "＞=80")」을 입력하면 [B14] 셀의 결괏값이 출력된다.

46

ㄱ. 최수영 상무이사가 결재한 것은 대결이다. 대결은 결재권자가 출장, 휴가, 기타 사유로 상당기간 부재중일 때 긴급한 문서를 처리하고자 할 경우에는 결재권자의 차하위 직위의 결재를 받아 시행하는 것을 말한다.

ㄴ. 대결 시에는 기안문의 결재란 중 대결한 자의 란에 '대결'을 표시하고 서명 또는 날인한다.

ㄹ. 전결 사항은 전결권자에게 책임과 권한이 위임되었으므로 중요한 사항이라면 원결재자에게 보고하는 데 그친다.

담당	과장	부장	상무이사	전무이사
-	최경옥	김석호	대결 최수영	전결

오답분석

ㄷ. 대결의 경우 원결재자가 문서의 시행 이후 결재하며, 이를 후결이라 한다.

47

직업방송매체팀은 계획된 사업 중 직업방송 제작 사업을 담당하며, 해당 사업의 예산은 5,353백만 원으로 다른 부서에 비해 가장 적은 예산을 사용한다. 컨소시엄지원팀이 담당하는 컨소시엄 훈련 지원 사업의 예산은 108,256백만 원으로 두 번째로 많은 예산을 사용한다.

오답분석

① 보기의 분장업무에 따르면 능력개발총괄팀은 능력개발사업 장단기 발전계획 수립 업무를 담당한다.

② 사업주훈련지원팀은 사업주 직업능력개발훈련 참여 확대, 중소기업 훈련지원센터 관리, 체계적 현장훈련 지원, 학습조직화 지원, 청년취업아카데미 운영 관리, 내일이룸학교 운영 지원의 총 6개 사업을 담당한다.

③ 컨소시엄지원팀은 컨소시엄 훈련 지원을, 직업방송매체팀은 직업방송 제작을 담당하므로 담당 사업의 수는 같다.

⑤ 사업주훈련지원팀이 담당하는 사업의 예산은 434,908백만+3,645백만+3,262백만=441,815백만 원으로 가장 많다.

48

주어진 메일 내용에서 인터넷 검색기록 삭제 시 기존에 체크되어 있는 항목 외에도 모든 항목을 체크하라고 되어 있으나, 괄호 안에 '즐겨찾기 웹 사이트 데이터 보존 부분은 체크 해제할 것'이라고 명시되어 있으므로 모든 항목을 체크하는 행동은 적절하지 못하다.

49

$(시간)=\dfrac{(거리)}{(속력)}=\dfrac{2}{4}=\dfrac{1}{2}$ 이므로, 민석이는 30분 만에 회사에 도착한다.

50

을이 얻은 점수는 16점이므로, (5점, 5점, 6점), (4점, 6점, 6점)을 획득할 수도 있다.

오답분석

①·② 을이 주사위를 두 번 던지면 16점을 얻을 수 없다. 따라서 을은 최소 3번 주사위를 던졌다. 이때, 가장 많은 횟수를 던진 갑이 주사위를 3번 던졌다고 가정하면, 세 사람이 주사위를 던진 횟수는 총 10회이므로 을과 병 중 한 명이 4번을 던졌다는 뜻이 된다. 이는 모순이므로 갑이 4번을 던져야 한다.

③ 세 사람이 획득한 점수는 47점이므로 가장 많은 점수를 얻은 병은 최소 17점을 얻어야 한다. 주사위를 던졌을 때 6이 한 번도 나오지 않는다면 병이 얻을 수 있는 점수는 최대 15점이다. 따라서 적어도 한 번은 6이 나와야 한다.

⑤ 세 사람 중 가장 많은 점수를 얻은 병이 최대로 얻을 수 있는 점수는 6×3=18점이다. 이때, 갑이 얻을 수 있는 점수가 최소가 되며 갑의 점수는 47-18-16=13점이 된다.

46

정답 ③

제품설명서 중 A/S 신청 전 확인 사항을 살펴보면, 비데 기능이 작동하지 않을 경우 수도필터 막힘 혹은 착좌센서 오류가 원인이라고 제시되어 있다. 따라서 C사원으로부터 접수받은 현상(문제점)의 원인을 파악하려면 수도필터의 청결 상태를 확인하거나 비데의 착좌센서의 오류 여부를 확인해야 한다. 따라서 ③이 가장 적절하다.

47

정답 ④

앞의 문제에서 확인한 사항(원인)은 '수도필터의 청결 상태'이다. 수도필터의 청결 상태가 원인이 되는 또 다른 현상(문제점)으로는 수압이 약해지는 것이다. 따라서 ④가 가장 적절한 행동이다.

48

정답 ③

앞의 문제에서 확인한 원인은 수도필터가 막히거나 이물질이 끼는 것으로, 이는 흐르는 물에 수도필터를 닦음으로써 문제를 해결할 수 있다. 따라서 ③과 같이 수도필터가 청결함을 유지할 수 있도록 수시로 닦아 주는 것이 가장 적절한 해결방안이다.

49

정답 ③

오답분석

① 빅데이터 : 디지털 환경에서 발생하는 대량의 데이터에서 가치를 추출하고 결과를 분석하는 기술을 말한다.
② 블록체인 : 네트워크에 참여하는 모든 사용자가 모든 데이터를 분산 및 저장하는 기술을 말한다.
④ 로봇공학 : 로봇을 설계·개발 후 생산 및 응용하는 분야의 집합체를 말한다.
⑤ 알고리즘 : 문제 해결을 위한 일련의 단계적 절차 및 처리과정의 순서를 말한다.

50

정답 ④

문화 및 제도적인 차이에 대한 부분을 통해 글로벌 벤치마킹을 설명하고 있음을 알 수 있다.

오답분석

① 내부 벤치마킹 : 같은 기업 내의 다른 지역, 타 부서, 국가 간의 유사한 활용을 비교 대상으로 한다. 이 방법은 자료 수집이 용이하며 다각화된 우량기업의 경우 벤치마킹의 효과가 큰 반면, 관점이 제한적일 수 있고 편중된 내부 시각에 대한 우려가 있다는 단점이 있다.
② 경쟁적 벤치마킹 : 동일 업종에서 고객을 직접적으로 공유하는 경쟁기업을 대상으로 한다. 이 방법은 경영성과와 관련된 정보 입수가 가능하며 업무 / 기술에 대한 비교가 가능한 반면, 윤리적인 문제가 발생할 소지가 있고 대상의 적대적 태도로 인해 자료 수집이 어렵다는 단점이 있다.
③ 비경쟁적 벤치마킹 : 제품, 서비스 및 프로세스의 단위 분야에 있어 가장 우수한 실무를 보이는 비경쟁적 기업 내의 유사 분야를 대상으로 하는 방법이다. 이 방법은 혁신적인 아이디어의 창출 가능성은 높은 반면, 다른 환경의 사례를 가공하지 않고 적용할 경우 벤치마킹의 효과를 보지 못할 가능성이 높은 단점이 있다.
⑤ 간접적 벤치마킹 : 벤치마킹을 수행 방식에 따라 분류한 것으로, 인터넷 및 문서 형태의 자료를 통해서 간접적으로 수행하는 방법이다.

01	02	03	04	05	06	07	08	09	10	11	12	13	14	15	16	17	18	19	20
④	③	②	④	③	④	②	④	③	①	④	⑤	②	⑤	④	④	③	③	⑤	⑤
21	22	23	24	25	26	27	28	29	30	31	32	33	34	35	36	37	38	39	40
①	②	④	③	②	④	②	④	③	③	③	②	③	④	①	⑤	②	②	③	⑤
41	42	43	44	45	46	47	48	49	50										
③	④	②	①	④	⑤	⑤	②	④	①										

01
정답 ④

미선나무의 눈에서 조직배양을 한 기내식물체에 청색과 적색(1 : 1) 혼합광을 쬐어 준 결과, 일반광(백색광)에서 자란 것보다 줄기 길이가 1.5배 이상 증가하였고, 줄기의 개수는 줄어들지 않고 한 줄기에서 3개 이상의 새로운 줄기가 유도되었다.

02
정답 ③

'예술가가 무엇인가를 선택하는 정신적인 행위와 작업이 예술의 본질'이라는 내용과 마르셀 뒤샹, 잭슨 폴록 작품에 대한 설명을 통해 퐁피두 미술관이 전통적인 예술작품을 선호할 것이라고 추론하기는 어렵다.

[오답분석]
① · ④ · ⑤ 마르셀 뒤샹과 잭슨 폴록의 작품 성격을 통해 추론할 수 있다.
② 마르셀 뒤샹과 잭슨 폴록이 서로 작품을 표현한 방식이 다르듯이, 그 밖의 다른 작가들도 그들만의 다양한 표현 방식으로 만든 작품이 있을 것으로 추론할 수 있다. 따라서 퐁피두 미술관을 찾는 사람들의 목적이 다양할 것이라는 추론을 도출할 수 있다.

03
정답 ②

는개 : 안개비보다는 조금 굵고 이슬비보다는 가는 비

[오답분석]
① 작달비 : 장대처럼 굵고 거세게 좍좍 내리는 비(장대비)
③ 개부심 : 장마로 큰물이 난 뒤, 한동안 쉬었다가 다시 퍼붓는 비가 명개를 부시어 냄. 또는 그 비
④ 그믐치 : 음력 그믐께에 비나 눈이 내림. 또는 그 비나 눈
⑤ 여우비 : 볕이 나 있는 날 잠깐 오다가 그치는 비

04

일정한 공간에 사람, 사물 따위가 들어 있지 아니하게 되다.

오답분석
① 손에 들거나 몸에 지닌 것이 없게 되다.
② 진실이나 알찬 내용이 들어 있지 아니하게 되다.
③ 지식이나 생각, 판단하는 능력이 없어지다.
⑤ 일정한 액수나 수량에서 얼마가 모자라게 되다.

05

• 첫 번째 문장에서 '기간이 끝났을 때 그 기간을 연장하는 일'을 의미하는 단어는 '갱신(更新)'이다. '경신(更新)'은 '고쳐서 새롭게 함'을 뜻하기 때문에 '세계 기록을 경신했다.' 등으로 사용될 수 있다. 즉, '갱(更)'은 '다시', '경(更)'은 '고치다'의 의미를 가지고 있다.
• 두 번째 문장에는 게시판에 '올라온' 자료라는 뜻의 단어가 와야 하기 때문에 '글이나 그림 따위를 신문이나 잡지에 실음'의 의미인 '게재(揭載)'가 적절하다. '계제(階梯)'는 '일을 할 수 있게 된 형편이나 기회'라는 뜻이다.
• 세 번째 문장은 '확신이 생기자 그 사실을 겉으로 드러냈다.'는 의미이므로 '여러 사람에게 널리 알림'의 뜻을 가진 '공표(公表)'를 사용해야 한다. '공포(公布)'는 '법률, 조약, 명령 따위를 일반인에게 널리 알리는 일'을 가리키는 단어이다.

06

첫 번째 날 또는 일곱 번째 날에 총무부 소속 팀이 봉사활동을 하게 될 사건을 A라 하고, 사건 A^c는 첫 번째 날과 일곱 번째 날 모두 마케팅부가 봉사활동을 할 사건이라 하자.
7팀의 봉사활동 순서를 정하는 경우의 수는 7!이다.
이때, 마케팅부의 5팀 중 첫 번째 날과 일곱 번째 날에 봉사활동을 할 팀을 배치하는 순서의 경우의 수는 $_5P_2=5\times4=20$가지이고, 총무부 2팀을 포함한 5팀을 배치하는 경우의 수는 5!가지이다. 첫 번째 날과 일곱 번째 날 모두 마케팅부가 봉사활동을 할 확률을 식으로 표현하면 다음과 같다.

$$P(A^c)=\frac{20\times5!}{7!}=\frac{20\times5\times4\times3\times2\times1}{7\times6\times5\times4\times3\times2\times1}=\frac{10}{21}$$

이를 바탕으로 첫 번째 날 또는 일곱 번째 날에 총무부 소속 팀이 봉사활동을 할 확률을 구하면 다음과 같다.

$$\therefore\ P(A)=1-\frac{10}{21}=\frac{11}{21}$$

따라서 옳은 것은 ④이다.

07

1년에 x회 이용했을 때의 배송료는 비회원일 경우는 $2,000x$원이고, 회원일 경우는 $(5,000+0.7\times2,000x)$원이므로 회원이 되는 것이 유리하기 위해서는 회원일 때의 배송료가 비회원일 때의 배송료보다 더 싸면 된다.
$2,000x>5,000+0.7\times2,000x$
$2,000x>5,000+1,400x$
$600x>5,000 \rightarrow x>\frac{5000}{600}≒8.33333\cdots$

따라서 H인터넷 서점을 1년에 9회 이상 이용할 경우 회원이 되는 것이 유리하다.

08

1인당 학원비를 x원이라 하자. 장학금 지원은 1등 x원, 2~5등(4명) $0.5x$원, 6~10등(5명) $0.25x$원이므로
$x+4\times0.5x+5\times0.25x=1,275,000 \rightarrow 4.25x=1,275,000 \rightarrow x=300,000$
따라서 H학원의 1인당 학원비는 30만 원이다.

09

정답 ③

장미꽃 한 송이의 가격을 x원이라고 하면, $7x+4,500=29,000 \rightarrow 7x=24,500 \rightarrow x=3,500$
따라서 장미꽃 한 송이의 가격은 3,500원이다.

10

정답 ①

조건을 충족하는 경우를 표로 나타내 보면 다음과 같다.

구분	첫 번째	두 번째	세 번째	네 번째	다섯 번째	여섯 번째
경우 1	교육	보건	농림	행정	국방	외교
경우 2	교육	보건	농림	국방	행정	외교
경우 3	보건	교육	농림	행정	국방	외교
경우 4	보건	교육	농림	국방	행정	외교

오답분석
② 경우 3, 4에서 보건복지부는 첫 번째로 감사를 시작한다.
③ 농림축산식품부보다 늦게 감사를 받는 부서는 3개, 일찍 받는 부서는 2개로, 늦게 감사를 받는 부서의 수가 더 많다.
④ 경우 1, 3에서 국방부는 행정안전부보다 감사를 늦게 받는다.

11

정답 ④

발령지역	서울	대구	대전	광주	울산	부산
직원	A, E	D, I	B, G	C	F, J	H

근태 점수가 가장 높은 A, C, E, F, G, J가 희망하는 지역을 먼저 배치한다.
그다음 근태 점수가 높은 B, D, I를 배치한다.
그다음 H를 배치시켜야 하는데 각 지역에 적어도 1명씩 발령해야 하므로 H는 9명에 대한 배치가 끝나고 1명도 배치되지 않은
부산에 배치한다.

12

정답 ⑤

10명의 직원의 환산점수를 구하면 다음과 같다.

직원	근태	근태 환산점수	성과	성과 환산점수	환산점수 합계
A	A	100×0.3=30	B	60×0.7=42	30+42=72
B	B	60×0.3=18	B	60×0.7=42	18+42=60
C	A	100×0.3=30	C	20×0.7=14	30+14=44
D	B	60×0.3=18	A	100×0.7=70	18+70=88
E	A	100×0.3=30	A	100×0.7=70	30+70=100
F	A	100×0.3=30	B	60×0.7=42	30+42=72
G	A	100×0.3=30	A	100×0.7=70	30+70=100
H	C	20×0.3=6	B	60×0.7=42	6+42=48
I	B	60×0.3=18	C	20×0.7=14	18+14=32
J	A	100×0.3=30	A	100×0.7=70	30+70=100

환산점수가 가장 높은 직원을 원하는 지역으로 순서대로 배치하면 다음과 같다.

발령지역	서울	대구	대전	광주	울산	부산
직원	A, E	D	B, G	C, H	F, J	I

따라서 H직원은 부산에서 광주로, I직원은 대구에서 부산으로 발령지역 변동이 생겼다.

13

정답 ②

성적인 내용이 담겨있는 발언이더라도 상대방이 성적 수치심을 느끼지 않는다면 직장 내 성희롱이라고 볼 수 없다.

[오답분석]

㉠ 직장 내 성적인 소문을 의도적으로 퍼뜨려 심적 고통을 느끼게 하는 것도 직장 내 성희롱에 해당한다.
㉡ 직위를 이용한 상대방과의 신체적 접촉은 직장 내 성희롱에 해당된다.
㉢ 퇴근 후라도 문자나 전화 등을 통해 상대방이 성적 수치심을 느낄 수 있는 발언을 했을 때는 직장 내 성희롱이 성립된다.

14

정답 ⑤

준법이란 민주 시민으로서 기본적으로 지켜야 하는 의무이고 생활 자세이며, 민주 사회에서 법과 규칙을 준수하는 것은 시민으로서의 자신의 권리를 보장받고 다른 사람의 권리를 보호해 주며 사회 질서를 유지하는 역할을 한다. 어떻게 보면 별 것 아니라고 생각될 수 있는 교통질서이지만, 한 사람의 질서 거부가 전체 시스템의 마비로 이어질 수 있다. 그리고 그 피해는 결국 다른 사람은 물론 나 자신에게도 돌아오게 되기 때문에 개개인의 준법의식은 매우 중요하다.

15

정답 ④

[오답분석]

㉠·㉢ '외부로부터 강요당한 근면'에 해당한다.

16

정답 ④

어떠한 종류의 직업에 종사하는 경우든 정직하고 성실한 태도로 일하는 사람들이 국가와 사회에 이바지하는 바가 크다.

17

정답 ③

정보의 효과적인 사용 절차는 전략적인 기획에 따라 필요한 정보를 수집하고, 수집된 정보를 필요한 시점에 사용될 수 있도록 관리하고 활용하는 것이다.

18

정답 ③

세탁기 신상품의 컨셉이 중년층을 대상으로 하기 때문에, 성별이 아닌 연령에 따라 자료를 분류하여 중년층의 세탁기 선호 디자인에 대한 정보를 얻을 필요가 있음을 알 수 있다.

19

정답 ⑤

예산집행 조정, 통제 및 결산 총괄 등 예산과 관련된 업무는 ㉤ 자산팀이 아닌 ㉠ 예산팀이 담당하는 업무이다.
자산팀은 물품 구매와 장비·시설물 관리 등의 업무를 담당한다.

20

정답 ⑤

전문자격 시험의 출제정보를 관리하는 시스템의 구축·운영 업무는 정보화사업팀이 담당하는 업무로, 개인정보 보안과 관련된 업무를 담당하는 정보보안전담반의 업무로는 적절하지 않다.

21

정답 ①

일반적으로 기획부의 업무는 제시된 표처럼 사업계획이나 경영점검 등 경영활동 전반에 걸친 기획 업무가 주를 이루며, 사옥 이전 관련 발생 비용 산출은 회계부, 대내외 홍보는 총무부에서 담당한다.

22

정답 ②

각종 위원회 위원 위촉에 관한 위임 전결규정은 없으므로 ②는 옳지 않다. 단, 대표이사의 부재중에 부득이하게 위촉을 해야 하는 경우가 발생했다면 차하위자(전무)가 대결할 수 있다.

23

정답 ④

시스템 오류 확인 및 개선 업무는 고객지원팀이 아닌 시스템개발팀이 담당하는 업무이며, 고객지원팀은 주로 민원과 관련된 업무를 담당한다.

24

정답 ③

㉠의 앞뒤 문장을 살펴보면 뒤에 오는 문장이 앞 문장과 동일한 내용을 좀 더 자세하게 설명하고 있음을 알 수 있다. 따라서 부연의 의미를 가진 '즉'이 ㉠에 들어가야 한다. 또한, ㉡의 앞뒤 문장은 그 내용이 상반되므로 접속 부사 '그러나' 또는 '하지만'으로 연결되어야 한다. 마지막으로 ㉢ 앞의 문장이 뒤에 오는 문장의 근거가 되므로 접속 부사 '따라서'로 연결해 주는 것이 자연스럽다.

25

정답 ②

폐기물을 통한 신재생에너지 공급량은 2016년에 감소하였으므로 옳지 않은 설명이다.

[오답분석]

① 2017년 수력을 통한 신재생에너지 공급량은 792.3천TOE로, 같은 해 바이오와 태양열을 통한 공급량 합인 754.6천＋29.3천＝783.9천TOE보다 크다.
③ 2017년부터 수소·연료전지를 통한 공급량은 지열을 통한 공급량을 추월한 것을 확인할 수 있다.
④ 2017년부터 꾸준히 공급량이 증가한 신재생에너지는 '태양광, 폐기물, 지열, 수소·연료전지, 해양' 5가지이다.
⑤ 2014년도에 비해 2022년도에 공급량이 감소한 신재생에너지는 '태양열, 수력' 2가지이다.

26

정답 ④

전년 대비 2016 ~ 2020년의 신재생에너지 총 공급량의 증가율은 다음과 같다.

- 2016년 : $\dfrac{6,086.2-5,858.4}{5,858.4}\times100 ≒ 3.9\%p$
- 2017년 : $\dfrac{6,856.2-6,086.2}{6,086.2}\times100 ≒ 12.7\%p$
- 2018년 : $\dfrac{7,582.7-6,856.2}{6,856.2}\times100 ≒ 10.6\%p$
- 2019년 : $\dfrac{8,850.7-7,582.7}{7,582.7}\times100 ≒ 16.7\%p$
- 2020년 : $\dfrac{9,879.3-8,850.7}{8,850.7}\times100 ≒ 11.6\%p$

따라서 전년 대비 신재생에너지 총 공급량의 증가율이 가장 큰 해는 2019년이다.

27

정답 ②

7월 26일은 비가 오는 날이므로 첫 번째 조건에 따라 H사원은 커피류를 고른다. 또한, 평균기온은 27℃로 26℃ 이상이므로 두 번째 조건에 따라 음료를 큰 컵으로 고르며, 세 번째 조건에 따라 카페라테를 고른다.

28

정답 ④

7월 24일은 비가 오지 않는 월요일이며, 평균기온은 28℃이므로 H사원은 자두에이드 큰 컵을 고른다. 그 전날인 7월 23일은 맑은 날이고 26℃이므로, H사원은 자몽에이드 큰 컵을 마셨을 것이기 때문에 A사원에게는 자몽에이드 큰 컵을 사 줄 것이다. 따라서 H사원이 지불할 금액은 4,900+4,700=9,600원이다.

29

정답 ③

A대리의 전화 모습을 보면 통화를 마칠 때, 전화를 건 상대방에게 감사의 표시를 하지 않았음을 확인할 수 있다. '네! 전화 주셔서 감사합니다. 이만 전화 끊겠습니다.'와 같이 전화를 건 상대방에게 감사의 표시를 하는 것이 적절하다.

30

정답 ③

군인은 하나의 직업으로, 직업을 가진 사람이라면 누구나 반드시 지켜야 할 직업윤리를 가진다. 직업윤리는 기본적으로 개인윤리를 바탕으로 성립되는 규범이기는 하지만 상황에 따라 개인윤리와 직업윤리는 서로 충돌하는 경우가 발생한다. 즉 사례에서는 H씨의 입장에서 타인에 대한 물리적 행사는 절대 금지되어 있다고 생각하는 개인윤리와 군인의 입장에서 필요한 경우 물리적 행사가 허용된다는 직업윤리가 충돌하고 있다. 이러한 상황에서 직업인이라면 직업윤리를 개인윤리보다 우선하여야 한다는 조언이 가장 적절하다.

31

정답 ③

보수나 진급이 보장되지 않더라도 노동 현장에서는 적극적인 노동 자세가 필요하다.

32

정답 ②

세 번째 조건에서 D는 A의 바로 왼쪽에 앉으며, 마지막 조건에서 B는 E의 바로 오른쪽에 앉는다. 따라서 'D - A', 'E - B'를 각각 한 팀으로 생각하여 나타낼 수 있는 경우는 다음과 같다.

구분	첫 번째	두 번째	세 번째	네 번째	다섯 번째
경우 1	D	A	C	E	B
경우 2	E	B	C	D	A

경우 2는 A는 마지막 자리에 앉지 않는다는 다섯 번째 조건에 맞지 않으므로 경우 1만 가능하다. 따라서 E는 네 번째 자리에 앉을 수 있다.

33

정답 ③

세 번째 조건의 대우에서 최대리가 승진하면 임대리가 승진한다. 두 번째 조건에서 최대리가 승진하면 박대리와 이대리는 승진하지 못한다. 첫 번째 조건의 대우에서 박대리가 승진하지 못하면 김대리도 승진하지 못한다. 네 번째 조건에서 김대리가 승진하지 못하면 한대리가 승진한다. 따라서 최대리, 임대리, 한대리 3명이 승진한다.

34

정답 ④

축사 및 강연자는 A시 부시장 갑, B대학교 교수 을, C대학교 교수 병, A시 공무원 정 4명이고, 참가자는 25명이다. 또한, 수상자는 대상 1명, 금상 1명, 은상 1명, 동상 2명으로, 총 5명이다. 이를 참고하여 품목별로 생산해야 할 수량과 제작비용을 계산하면 다음과 같다.

품목	제공대상	제작비용	총비용
대상 트로피	1명	98,000×1=98,000원	
금상 트로피	1명	82,000×1=82,000원	
은상 트로피	1명	76,000×1=76,000원	
동상 트로피	2명	55,000×2=110,000원	568,300원
머그컵	4+5=9명	5,500×9=49,500원	
손수건	4+25=29명	3,200×29=92,800원	
에코백	25명	2,400×25=60,000원	

따라서 기념품 제작에 필요한 총비용은 568,300원이다.

35

정답 ①

그래픽카드가 아닌 설치된 CPU 정보에 해당된다. 제시된 화면에서 그래픽카드에 관한 정보는 알 수 없다.

36

정답 ⑤

ROUND 함수는 지정한 자릿수를 반올림하는 함수이다. 함수식에서 '−1'의 의미는 일의 자리를 뜻하며 '−2'는 십의 자리를 뜻한다. 여기서 '−'기호를 빼면 지정한 자릿수를 소수점 자리로 인식한다. 따라서 일의 자리를 반올림하기 때문에 결괏값은 120이다.

오답분석

① MAX 함수는 지정된 범위 내에서 최댓값을 찾는 함수이다.
② MODE 함수는 지정된 범위 내에서 최빈값을 찾는 함수이다.
③ LARGE 함수는 지정된 범위 내에서 몇 번째 큰 값을 찾는 함수이다.
④ COUNTIF 함수는 지정된 범위 내에서 특정값이 몇 개가 있는지 세는 함수이다.

37

정답 ②

경영활동을 구성하는 요소는 경영목적, 인적자원, 자금, 경영전략이다. (나)의 경우와 같이 봉사활동을 수행하는 일은 목적과 인력, 자금 등이 필요한 일이지만, 정해진 목표를 달성하기 위한 조직의 관리, 전략, 운영활동이라고 볼 수 없으므로 경영활동이 아니다.

38

정답 ②

2020년과 2021년의 전년 대비 소각 증가율은 다음과 같다.

- 2020년 : $\frac{11,604-10,609}{10,609}\times100≒9.4\%p$

- 2021년 : $\frac{12,331-11,604}{11,604}\times100≒6.3\%p$

따라서 전년 대비 2020년도 소각 증가율은 2021년도 소각 증가율의 2배인 약 12.6%p보다 작으므로 옳지 않다.

오답분석

① 재활용은 매년 전체 생활 폐기물 처리방법 중 50% 이상을 차지한다.
③ 2018년부터 2022년까지 5년간의 소각 대비 매립 비율은 다음과 같다.

- 2018년 : $\frac{9,471}{10,309}\times100≒91.9\%$

- 2019년 : $\frac{8,797}{10,609} \times 100 ≒ 82.9\%$

- 2020년 : $\frac{8,391}{11,604} \times 100 ≒ 72.3\%$

- 2021년 : $\frac{7,613}{12,331} \times 100 ≒ 61.7\%$

- 2022년 : $\frac{7,813}{12,648} \times 100 ≒ 61.8\%$

따라서 매년 소각 대비 매립 비율은 60% 이상이다.

④ 2018년부터 2021년까지 매립은 계속 감소하고 있다.

⑤ 2022년의 재활용 비율은 $\frac{30,454}{50,915} \times 100 ≒ 59.8\%$로, 2018년 소각 비율 $\frac{10,309}{50,906} \times 100 ≒ 20.3\%$의 3배인 60.9%보다 작다.

39 · 정답 ③

첫 번째 문단의 마지막 문장인 '그럼에도 불구하고 … 과학혁명의 출발점이다.'를 통해 기존의 이론이 설명 못하는 현상이 존재하면 과학혁명이 발생할 수 있음을 알 수 있다.

오답분석

①·② 첫 번째 문단에 의하면 문제 해결의 성과는 기존 이론에 훨씬 못 미치지만, 기존 이론이 설명하지 못하는 어떤 현상을 새 이론이 설명할 수 있을 때 소수의 개별 과학자들은 새 이론을 선택하며, 이것이 과학혁명의 시작이다.

④ 두 번째 문단에 의하면 개별 과학자들은 이론의 심미적 특성 같은 주관적 판단에 의해 새로 제안된 이론을 선택하기도 한다고 하였다.

⑤ 세 번째 문단에 의하면 과학자 공동체는 결국 개별 과학자들로 이루어진 것이라고 명시하고 있다.

40 · 정답 ⑤

경기남부의 가구 수가 경기북부의 가구 수의 2배라면, 가구 수 비율은 남부가 $\frac{2}{3}$, 북부가 $\frac{1}{3}$ 이다. 따라서 경기지역에서 개별난방을

사용하는 가구 수의 비율은 $\left\{\left(0.262 \times \frac{2}{3}\right) + \left(0.608 \times \frac{1}{3}\right)\right\} \times 100 ≒ 37.7\%$이므로 옳은 설명이다.

오답분석

① 경기북부에서 도시가스를 사용하는 가구 수는 66.1%, 등유를 사용하는 가구 수는 3.0%이다. 따라서 66.1÷3 ≒ 22배이다.

② 서울과 인천에서는 LPG 사용비율이 가장 낮다. 등유 사용비율이 가장 낮은 두 지역은 인천과 경기남부이다.

③ 주어진 자료에서는 지역별 가구 수의 차이는 확인할 수 없다. 또한, 지역난방 사용비율의 차이가 가구 수의 차이와 같다고 볼 수 없다.

④ 지역난방의 비율은 경기남부지역이 67.5%, 경기북부지역이 27.4%로, 경기남부지역이 더 높다.

41 · 정답 ③

주어진 조건에 의하면 C·D지원자는 재료손질 역할을 원하지 않고, A지원자는 세팅 및 정리 역할을 원한다. A지원자가 세팅 및 정리 역할을 하면 A지원자가 받을 수 있는 가장 높은 점수는 90+9=99점이고, C·D지원자는 요리보조와 요리, 두 역할을 나눠 가진다. 마지막으로 B지원자는 어떤 역할이든지 자신 있으므로 재료손질을 담당하면 된다. C·D지원자가 요리보조와 요리 역할을 나눠 가질 때, D지원자는 기존 성적이 97점이고 요리를 선택할 경우 최종점수가 100점을 초과하는 97+7=104점으로 요리 역할을 선택할 수 없다. 따라서 A지원자는 세팅 및 정리, B지원자는 재료손질, C지원자는 요리, D지원자는 요리보조 역할을 담당하면 모든 지원자들의 의견을 수렴하면서 지원자 모두 최종점수가 100점을 초과하지 않는다.

42 · 정답 ④

UPPER는 알파벳 소문자를 대문자로 변경하며 TRIM은 불필요한 공백을 제거하므로 'MNG − 002KR'이 결괏값으로 출력된다.

43

DSUM 함수는 지정한 조건에 맞는 데이터베이스에서 필드 값들의 합을 출력하는 함수이다. [A1:C7] 영역에서 상여금이 1,000,000 이상인 데이터의 합계를 출력하므로 함수식 「=DSUM(A1:C7,C1,A9:A10)」의 결괏값으로는 2,500,000이 출력된다.

44

사내 봉사 동아리이기 때문에 공식 조직이 아닌 비공식 조직에 해당한다. 비공식 조직의 특징에는 인간관계에 따른 자발적 형성, 내면적·비가시적, 비제도적, 감정적, 사적 목적 추구, 부분적 질서를 위한 활동 등이 있다.

45

주어진 정보를 토대로 자료를 정리하면 다음과 같다.

구분	상반기	하반기	합계
일반상담가	48	72	120
전문상담가	6	54	60
합계	54	126	180

따라서 2022년 하반기의 전문상담가에 의한 가족상담 건수는 54건이다.

개별영역 **사무직**

46

근면은 '스스로 자진해서 행동하는 근면'이 있으며, 이와 다르게 '외부로부터 강요당한 근면'이 있다. ⑤는 외부(상사의 지시)로부터 강요당한 근면이므로 다른 사례들과 성격이 다르다.

47

ㄴ. 정기회의 회기는 100일을, 임시회의 회기는 30일을 초과할 수 없으나 의결정족수는 특별한 규정이 없는 한 재적의원 과반수의 출석과 출석의원 과반수의 찬성이므로 옳은 내용이다.
ㄷ. 의회의원의 임기가 만료된 때에는 그 의회의원이 제출한 의안은 폐기된다고 하였으므로 옳은 내용이다.
ㄹ. 표결에서 가부동수가 된 경우에는 부결된 것으로 보며, 부결된 안건은 같은 회기 중에 다시 발의할 수 없다고 하였으므로 옳은 내용이다.

오답분석
ㄱ. 임시회는 대통령 또는 의회재적의원 4분의 1 이상의 요구에 의해 집회된다고 하였으므로 옳지 않은 내용이다.

48

제시문의 마지막 부분에서 '그런 사건이 일어날 확률'은 '매우 신뢰할 만한 사람이 거짓 증언을 할 확률'보다 작으므로 신뢰할 수 없다고 언급하고 있다. 즉, 이를 뒤집어서 생각하면 사건이 일어날 확률이 거짓 증언을 할 확률보다 크다면 신뢰해야 한다는 것이므로 빈칸에 들어갈 원칙은 ②가 가장 적절하다.

49

ⓔ 뒤에서는 저임금 구조의 고착화로 농장주와 농장 노동자 간의 소득 격차가 갈수록 벌어졌다고 하였으므로 '중간 계급으로의 수렴현상이 나타난 것이다.'라는 내용은 글의 흐름과 맞지 않는다. 따라서 상업적 농업의 도입으로 인해 '계급의 양극화가 나타난 것이다.'로 수정하는 것이 적절하다.

오답분석

① '개인적인 소비를 위해 경작하는 농업'은 ㉠ 앞에서 언급한 '전통적인 자급자족 형태의 농업'과 같은 의미이므로, 이와 반대되는 의미의 ㉠은 글의 흐름상 적절하다.
② 중세 말기 장원의 해체로 지주와 소작인 간의 인간적이었던 관계가 사라진 것처럼, 상업적 농업의 도입으로 ㉡도 사라졌다는 내용이므로 '인간적이었던 관계'와 유사한 ㉡은 글의 흐름상 적절하다.
③ 첫 번째 문단에 따르면 상업적 농업에서는 생산 과정의 일부를 인간보다 효율이 높은 기계로 작업하게 된다고 하였으므로 기계가 인간을 대체한다는 ㉢의 내용은 글의 흐름상 적절하다.
⑤ ㉣ 앞의 상업화로 인해 호혜성의 원리가 적용되어 왔던 재산권의 성격이 변화하였다는 내용과 ㉣ 뒤의 자원의 불평등한 분배가 심화되었다는 내용을 통해 재산권이 개별화되었다는 것을 추론할 수 있다. 따라서 ㉣은 글의 흐름상 적절하다.

50

먼저 햄버거의 가격을 비교하면 다음과 같다.

• 치킨버거를 2개 산다면 그중 하나는 30% 할인되므로, 1개당 가격은 $\dfrac{2,300+2,300\times0.7}{2}=1,955$원이다.

• 불고기버거를 3개 산다면 물 1병이 증정되므로 1개당 가격은 $\dfrac{2,300\times3-800}{3}=2,033.33\cdots$원이다.

• 치즈버거의 경우 개당 2,000원으로 불고기버거보다 저렴하다. 다만, 구매 개수만큼 포도주스의 가격을 할인받을 수 있는데, 할인된 금액이 $1,400\times(1-0.4)=840$원이므로 가격이 가장 저렴한 음료수인 물의 800원보다 크기 때문에 의미가 없다.

즉, 버거는 가장 저렴한 치킨버거를 2개씩 최대한 많이 사야 하며, 나머지는 치즈버거가 적절하다. 따라서 치킨버거 10개, 치즈버거 1개를 사야 한다.

그리고 음료수의 가격을 비교하면 다음과 같다.

• 보리차는 2+1로 구매할 수 있으므로 1병당 가격은 $\dfrac{1,100\times2}{3}=733.333\cdots$원이다.

• 물은 1병당 800원이다.

• 오렌지주스는 4+2로 구매할 수 있으므로 1병당 가격은 $\dfrac{1,300\times4}{6}=866.666\cdots$원이다.

• 포도주스의 경우는 치즈버거를 산다고 가정했을 때 $1,400\times0.6=840$원이다.

즉, 가장 저렴한 보리차를 최대한 많이 구매하고 나머지는 물을 구입해야 한다. 따라서 보리차 9병, 물 2병을 사야 한다.

개별영역 기술직

46

사용 전 알아 두기 네 번째에서 제습기의 물통이 가득 찰 경우 작동이 멈춘다고 하였으므로 서비스센터에 연락해야 한다.

오답분석

① 실내 온도가 18℃ 미만일 때 냉각기에 결빙이 시작되어 제습량이 줄어들 수 있다.
② 컴프레서 작동으로 실내 온도가 올라갈 수 있다.
③ 희망 습도에 도달하면 운전이 멈추고, 습도가 높아지면 다시 자동 운전으로 작동한다.
④ 여섯 번째 사항에서 10분 꺼 두었다가 다시 켜서 작동하면 정상이라고 하였다.

47

제품 보증서가 없으면 영수증에 찍힌 구입일이 아니라, 제조일로부터 3개월이 지난 날이 보증기간 시작일이 된다.

오답분석

① 제습기 부품 보증기간에 2021년 1월 이후 생산된 인버터 컴프레서는 보증기간이 10년이라고 하였다.
② 보증기간 안내 두 번째 항목인 보증기간 산정 기준을 보면 제품보증기간 정의가 나와 있다. '제품 보증기간이라 함은 제조사 또는 제품 판매자가 소비자에게 정상적인 상태에서 자연 발생한 품질 성능 기능 하자에 대하여 무료 수리해 주겠다고 약속한 기간'이므로 옳은 내용이다.
③·④ 2022년 이전 제품은 2년이고, 나머지 일반제품은 1년이 보증기간이다.

48

정답 ②

추운 지역의 LPG는 따뜻한 지역보다 프로판 비율이 높다.

49

정답 ④

H역 에스컬레이터 역주행 사고는 모터 감속기 노후화 등으로 인한 마모 때문에 발생하였음을 추정하였으며 정밀 감식을 진행할 예정이라고 하였다. 이는 사고예방대책 원리의 평가 및 분석 단계에 해당된다.

50

정답 ①

승객들이 에스컬레이터에서 걷거나 뛰는 행위로 부품에 이상이 생겨 사고로 이어졌다. 이는 반복적이고 지속적인 충격하중으로 인한 부품 이상을 사전에 충분히 점검 및 정비하지 않아 발생한 사고이므로 기계에 의한 물적 요인으로 볼 수 있다.

01	02	03	04	05	06	07	08	09	10	11	12	13	14	15	16	17	18	19	20
④	③	④	②	⑤	②	④	②	⑤	⑤	①	②	②	⑤	④	①	④	②	③	③
21	22	23	24	25	26	27	28	29	30	31	32	33	34	35	36	37	38	39	40
⑤	③	①	②	②	④	①	②	④	②	④	①	⑤	②	⑤	①	④	①	④	①
41	42	43	44	45	46	47	48	49	50										
②	⑤	②	②	②	④	④	⑤	④	①										

01

정답 ④

제시된 문단 다음으로는 실재론자 또는 반실재론자의 주장이 이어지는 것이 가장 적절하다. 따라서 (다) '미적 판단의 객관성을 지지하는 실재론자들' → (가) '주장에 대한 실재론자들의 근거' → (나) '실재론자의 주장에 반박하는 반실재론자들' → (라) '주장에 대한 반실재론자들의 근거'의 순서대로 나열하는 것이 자연스럽다.

02

정답 ③

제시문은 두 소설가가 그린 비관적인 미래 모습에 대하여 차례대로 설명하고 있는 글이다. 처음 주어진 지문의 내용은 두 소설가인 조지 오웰과 올더스 헉슬리에 대한 소개이므로 이어지는 글에는 오웰과 헉슬리의 소설에 대한 설명이 나와야 한다. 하지만 헉슬리의 소설을 설명하는 (라) 문단에는 '반면에'라는 접속어가 있으므로, 오웰의 소설을 설명하는 (나) 문단이 먼저 오는 것이 적절하다. 따라서 (나) '조지 오웰의 소설에서 나타난 폐쇄적이고 감시당하는 미래의 모습' → (라) '조지 오웰과 정반대의 미래를 생각해 낸 올더스 헉슬리' → (가) '국가가 양육의 책임을 지는 대신 문화적 다양성을 폐쇄하고 정해진 삶을 살도록 하는 올더스 헉슬리의 미래상' → (다) '오웰과 헉슬리의 소설에서 나타난 두 단점이 중첩되어 나타나고 있는 현대 사회'의 순서대로 나열하는 것이 적절하다.

03

정답 ④

산책로의 길이를 xm라 하면, 40분 동안의 민주와 세희의 이동거리는 다음과 같다.
(민주의 이동거리)$=40\times40=1,600$m
(세희의 이동거리)$=45\times40=1,800$m
두 사람은 40분 후에 두 번째로 마주쳤다고 하므로
$1,600+1,800=2x \rightarrow 2x=3,400 \rightarrow x=1,700$
따라서 산책로의 길이는 1,700m이다.

04
정답 ②

나래가 자전거를 탈 때의 속력을 $x$km/h, 진혁이가 걷는 속력을 $y$km/h라고 하자.

$1.5(x-y)=6 \cdots \bigcirc$

$x+y=6 \cdots \bigcirc\!\!\!\!\bigcirc$

㉠과 ㉡을 연립하면 $x=5$, $y=1$이다.

따라서 나래의 속력은 5km/h이다.

05
정답 ⑤

E는 교양 수업을 신청한 A보다 나중에 수강한다고 하였으므로 목요일 또는 금요일에 강의를 들을 수 있다. 이때, 목요일과 금요일에는 교양 수업이 진행되므로 'E는 반드시 교양 수업을 듣는다.'의 ⑤는 항상 참이 된다.

오답분석

① A가 수요일에 강의를 듣는다면 E는 교양2 강의뿐만 아니라 교양3 강의도 들을 수 있다.

② B가 수강하는 전공 수업의 정확한 요일을 알 수 없으므로 C는 전공1 강의를 들을 수도, 전공2 강의를 들을 수도 있다.

③ C가 화요일에 강의를 듣는다면 D는 교양 강의를 듣는다. 이때, 교양 수업을 듣는 A는 E보다 앞선 요일에 수강하므로 E는 교양2 강의를 들을 수도, 교양3 강의를 들을 수도 있다.

구분	월(전공1)	화(전공2)	수(교양1)	목(교양2)	금(교양3)
경우 1	B	C	D	A	E
경우 2	B	C	A	D	E
경우 3	B	C	A	E	D

④ D는 전공 수업을 신청한 C보다 나중에 수강하므로 전공 수업을 들을 수도, 교양 수업을 들을 수도 있다.

06
정답 ②

제시된 조건을 기호로 정리하면 다음과 같다.

• $\sim$A → B

• A → $\sim$C

• B → $\sim$D

• $\sim$D → E

E가 행사에 참여하지 않는 경우, 네 번째 조건의 대우인 $\sim$E → D에 따라 D가 행사에 참여한다. D가 행사에 참여하면 세 번째 조건의 대우인 D → $\sim$B에 따라 B는 행사에 참여하지 않는다. 또한 B가 행사에 참여하지 않으면 첫 번째 조건의 대우인 $\sim$B → A에 따라 A가 행사에 참여하고, A가 행사에 참여하면 두 번째 조건에 따라 C는 행사에 참여하지 않는다. 따라서 E가 행사에 참여하지 않을 경우 행사에 참여 가능한 사람은 A와 D 2명이다.

07
정답 ④

판단의 준거가 되는 명제와 그에 대한 대우를 만들어 보면 다음과 같다.

• 첫 번째 명제
  – 명제 : A가 채택되면 B도 채택된다.
  – 대우 : B가 채택되지 않으면 A도 채택되지 않는다.

• 두 번째 명제
  – 명제 : A가 채택되지 않으면 D와 E 역시 채택되지 않는다.
  – 대우 : D나 E가 채택되면 A가 채택된다.

• 세 번째 명제
  – 명제 : B가 채택된다면 C가 채택되거나 A는 채택되지 않는다.
  – 대우 : C가 채택되지 않고 A가 채택되면 B는 채택되지 않는다.

PART 2

- 네 번째 명제
  - 명제 : D가 채택되지 않는다면 A는 채택되지만 C는 채택되지 않는다.
  - 대우 : A가 채택되지 않거나 C가 채택되면 D가 채택된다.
위와 같은 판단 명제를 종합하면 'A업체'가 모든 사안과 연결되는 것을 알 수 있다.
A가 채택되는 경우와 되지 않는 경우를 보면
- A가 채택되는 경우 : A·B·C·D는 확실히 채택되고, E는 불분명하다.
- A가 채택되지 않는 경우 : 모순이 생기므로 제외한다(∵ 네 번째 명제에서 A가 채택되지 않으면 D가 채택된다고 했는데 이것은 두 번째 명제에서 A가 채택되지 않으면 D 역시 채택되지 않는다고 한 것과 모순된다).
따라서 A가 채택되어야 하고 이 경우 A·B·C·D는 확실히 채택된다.

08
정답 ②

표준 언어 예절에 따르면 직장에서는 압존법을 사용하지 않으므로 '과장님, 김대리님이 이 자료를 전달하라고 하셨습니다.'가 적절하다.

09
정답 ⑤

B의 행동은 정직하고 성실한 노력을 꾸준히 하는 것만으로도 성공할 수 있다는 교훈을 주고 있다. B가 항상 해 오던 정직과 성실함이 성업을 이루는 밑거름이 되었다.

10
정답 ⑤

오른쪽의 데이터는 나이가 적은 사람부터 많은 사람 순으로 정렬되어 있다. 따라서 열에는 '나이', 정렬에는 '오름차순'을 선택해야 오른쪽과 같이 정렬된다.

11
정답 ①

고정하기를 원하는 행의 아래, 열의 오른쪽에 셀 포인터를 위치시킨 후 [보기] – [틀 고정]을 선택해야 한다.

12
정답 ②

싱가포르는 중국계(74.1%), 말레이계(13.4%), 인도계(9.2%), 기타(3.3%)의 다민족 국가로 그에 맞는 비즈니스 에티켓을 지켜야 한다. 말레이계, 인도계 등은 이성끼리 악수를 하지 않는 편이며, 싱가포르 현지인은 시간관념이 매우 철저하므로 약속 시간을 엄수하고 일을 진행하기 전 먼저 약속을 잡는 것이 바람직하다.

13
정답 ②

소금이나 후추 등이 다른 사람 손에 거치면 좋지 않다는 풍습을 볼 때, 소금과 후추가 필요할 때는 웨이터를 부르는 것보다 자신이 직접 가져오는 것이 적절한 행동이다.

14

정답 ⑤

수신자가 발신자가 될 수 있다면 사회변동이 가능하다. SNS는 수신뿐만 아니라 발신도 자유롭기 때문에 책, 신문, 영화, 라디오, TV와 같은 수신자가 발신자가 될 가능성이 매우 낮은 매체들보다는 사회변동에 큰 영향력을 미치게 된다.

15

정답 ④

질량 요소들의 회전 관성은 질량 요소가 회전축에서 떨어져 있는 거리와 멀수록 커진다. 따라서 지름의 크기가 큰 공의 질량 요소가 상대적으로 회전축에서 더 멀리 떨어져 있기 때문에 회전 관성 역시 더 크다.

16

정답 ①

악수는 오른손으로 하는 것이 원칙이다.

17

정답 ④

이메일에서는 올바른 철자와 문법을 사용한다.

18

정답 ②

- 메탈쿨링＝AX
- 프리 스탠딩＝F
- 313L＝31
- 1도어＝DE

[오답분석]

① EDC60DE : 다용도, 키친 핏, 605L, 1도어
③ AXEFC48TE : 메탈쿨링, 독립냉각, 키친 핏, 486L, 4도어
④ AXF31DA : 메탈쿨링, 프리 스탠딩, 313L, 2도어
⑤ RCEDB84TE : 김치 보관, 다용도, 빌트인, 840리터, 4도어

19

정답 ③

가변형 기능을 가진 상품은 'RQ', 키친 핏 형태의 상품은 'C'이다. 따라서 주문된 상품 중 가변형 기능과 키친 핏 형태가 포함되어 있는 것은 'EDC60DE, RQB31DA, AXEFC48TE, RQEDF84TE, EDC58DA, EFRQB60TE, EFC48DA' 총 7개이다.

20

정답 ③

A, B, C설탕물의 설탕 질량을 구하면 다음과 같다.
- A설탕물의 설탕 질량 : $200 \times 0.12 = 24g$
- B설탕물의 설탕 질량 : $300 \times 0.15 = 45g$
- C설탕물의 설탕 질량 : $100 \times 0.17 = 17g$

A, B설탕물을 합치면 설탕물 500g에 들어 있는 설탕은 $24+45=69g$, 농도는 $\frac{69}{500} \times 100 = 13.8\%$이다. 합친 설탕물을 300g만 남기고 C설탕물과 합치면 설탕물 400g이 되고 여기에 들어 있는 설탕의 질량은 $300 \times 0.138 + 17 = 58.4g$이다. 또한 이 합친 설탕물도 300g만 남기면 농도는 일정하므로 설탕물이 $\frac{3}{4}$으로 줄어든 만큼 설탕의 질량도 같이 줄어든다. 따라서 설탕의 질량은 $58.4 \times \frac{3}{4} = 43.8g$이다.

21

H씨는 휴일 오후 3시에 택시를 타고 서울에서 경기도 맛집으로 이동 중이다. 택시요금 계산표에 따라 경기도 진입 전까지 기본요금으로 2km까지는 3,800원이며, $4.64-2=2.64$km는 주간 거리요금으로 계산하면 $\frac{2,640}{132}\times100=2,000$원이 나온다. 경기도에 진입 후 맛집에 도착까지 거리는 $12.56-4.64=7.92$km로 시계외 할증이 적용되어 심야 거리요금으로 계산하면 $\frac{7,920}{132}\times120=7,200$원이고, 경기도 진입 후 8분의 시간요금은 $\frac{8\times60}{30}\times120=1,920$원이다. 따라서 H씨가 가족과 맛집에 도착하여 지불하는 택시요금은 $3,800+2,000+7,200+1,920=14,920$원이다.

22

인덱스는 색인으로 레코드를 추가하거나 변경했을 때 자동으로 업데이트가 된다.

23

베트남 사람들은 매장에 직접 방문해서 구입하는 것을 더 선호하므로 인터넷, TV광고와 같은 간접적인 방법의 홍보를 활성화하는 것은 신사업 전략으로 적절하지 않다.

24

㉠ '딴생각'은 '주의를 기울이지 않고 다른 데로 쓰는 생각'을 의미하는 하나의 단어이므로 붙여 쓴다.
㉡ '사사(師事)'는 '스승으로 섬김. 또는 스승으로 삼고 가르침을 받음'의 의미를 지닌 단어로, 이미 '받다'라는 의미를 자체적으로 지니고 있기 때문에 '사사받다'가 아닌 '사사하다'가 올바른 표기이다.
㉢ '파토'는 '일이 잘못되어 흐지부지됨을 비유적으로 이르는 말'인 '파투'의 잘못된 표현이므로 '파투'가 올바른 표기이다.

25

성희롱은 피해자가 사업주에게 가해자에 대한 부서전환과 징계 등의 조치를 요구할 수 있으나, 형사처벌의 대상은 아니다.

26

세 번째 조건에 따라 H씨는 익산을 반드시 방문하므로 이에 근거하여 논리식을 전개하면 다음과 같다.
• 네 번째 조건의 대우 : 익산 → 대구
• 첫 번째 조건 : 대구 → ~경주
• 다섯 번째 조건 : ~경주 → 대전∧전주
• 두 번째 조건 : 전주 → ~광주
따라서 H씨는 익산, 대구, 대전, 전주를 방문하고 광주, 경주를 방문하지 않는다.

27

제시문은 유전자 치료를 위해 프로브와 겔 전기영동법을 통해 비정상적인 유전자를 찾아내는 방법을 설명하고 있다.

28

구비문학에서는 단일한 작품, 원본이라는 개념이 성립하기 어렵다. 따라서 선창자의 재간과 그때그때의 분위기에 따라 새롭게 변형되거나 창작되는 일이 흔하다. 다시 말해 정해진 틀이 있다기보다는 상황이나 분위기에 따라 바뀌는 것이 가능하다. 유동성이란 형편이나 때에 따라 변화될 수 있음을 뜻하는 말이다. 따라서 글의 제목은 '구비문학의 유동성'이라고 볼 수 있다.

29
정답 ④

제시문은 통계 수치의 의미를 정확하게 이해하고 도구와 방법을 올바르게 사용해야 하며, 특히 아웃라이어의 경우를 생각해야 한다고 주장하고 있다.

오답분석
①·② 집단을 대표하는 수치로서의 '평균' 자체가 숫자 놀음과 같이 부적당하다고는 언급하지 않았다.
③ 아웃라이어가 있는 경우에는 평균보다는 최빈값이나 중앙값이 대푯값으로 더 적당하다.
⑤ 내용이 올바르지 않은 것은 아니지만, 통계의 유용성은 글의 도입부에 잠깐 인용되었을 뿐, 글의 중심내용으로 볼 수 없다.

30
정답 ②

• 공연음악 시장 규모 : 2023년의 예상 후원 시장 규모는 6,305백만+118백만=6,423백만 달러이고, 티켓 판매 시장 규모는 22,324백만+740백만=23,064백만 달러이다. 따라서 2023년 공연음악 시장 규모는 6,423백만+23,064백만=29,487백만 달러이다.

• 스트리밍 시장 규모 : 2018년 스트리밍 시장의 규모가 1,530백만 달러이므로, 2023년의 스트리밍 시장 규모는 1,530백만×2.5=3,825백만 달러이다.

• 오프라인 음반 시장 규모 : 2023년 오프라인 음반 시장 규모를 x백만 달러라고 하면, $\dfrac{x-8,551}{8,551}\times 100 = -6\%$

$x = -\dfrac{6}{100}\times 8,551 + 8,551 ≒ 8,037.9$

31
정답 ④

흡연자 H씨가 금연프로그램에 참여하면서 진료 및 상담 비용과 금연보조제(니코틴패치) 구매에 지불해야 하는 부담금은 지원금을 제외한 나머지이다. 따라서 H씨가 부담하는 금액은 총 30,000×0.1×6+12,000×0.25×3=18,000+9,000=27,000원이다.

32
정답 ①

맛과 음식 구성 그리고 가격의 점수를 환산하면 다음과 같다.

구분	맛	음식 구성	합계
A호텔	3×5=15점	3×5+1×3=18점	33점
B호텔	2×5+1×3=13점	3×5=15점	28점
C호텔	2×5=10점	3×5+1×3=18점	28점
D호텔	2×5+1×3=13점	3×5=15점	28점
E호텔	3×5+1×3=18점	2×5+1×3=13점	31점

맛과 음식 구성의 별의 개수를 보면 A호텔과 E호텔이 7개로 가장 많음을 알 수 있다. 그러므로 A호텔과 E호텔의 점수만 계산하면 된다. A호텔은 33점, E호텔은 31점으로 그 차가 3점 이하이다. 따라서 A호텔과 E호텔의 가격 점수를 비교하면 A호텔 18점, E호텔 15점으로 A호텔이 선택된다.

33
정답 ⑤

200만 원 내에서 25명의 식사비용을 내려면 한 사람당 식대가 200만÷25=8만 원 이하여야 한다. 이 조건을 만족하는 곳은 A, D, E호텔이고 총 식사비용은 각각 다음과 같다.
• A호텔 : 73,000×25=1,825,000원
• D호텔 : 77,000×25=1,925,000원
• E호텔 : 75,000×25=1,875,000원
가장 저렴한 A호텔과 E호텔의 가격 차이는 모두 10만 원 이하이므로 맛 점수가 높은 곳으로 선정한다. 따라서 18점으로 맛 점수가 가장 높은 E호텔이 선정된다.

34
정답 ②

(가) 작업을 수행하면 A−B−C−D 순으로 접시 탑이 쌓인다.
(나) 작업을 수행하면 철수는 D접시를 사용한다.
(다) 작업을 수행하면 A−B−C−E−F 순으로 접시 탑이 쌓인다.
(라) 작업을 수행하면 철수는 C, E, F접시를 사용한다.
따라서 B접시가 접시 탑의 맨 위에 있게 된다.

35
정답 ⑤

성희롱 문제는 개인의 문제일 뿐만 아니라 사회적 문제이기도 하기 때문에 제도적인 차원에서의 제재가 필요하다. 따라서 사전에 방지하고 사후에 효과적으로 처리하는 방안이 필요하다.

36
정답 ①

인사를 교환한 후에는 바로 통화 목적인 용건으로 들어가야 한다.

37
정답 ④

분산처리 시스템은 네트워크를 통해 분산되어 있는 것들을 동시에 처리하는 것으로, 분산 시스템에 구성 요소를 추가하거나 삭제할 수 있다.

38
정답 ①

직접 접근 파일은 주소 검색을 통해 직접적으로 데이터를 찾을 수 있는 파일을 말한다.

39
정답 ④

내부 벤치마킹은 같은 기업 내의 다른 지역이나 타 부서, 국가 간 유사한 활용을 비교 대상으로 한다.

오답분석
①·③ 경쟁적 벤치마킹에 대한 설명이다.
② 다각화된 우량기업을 대상으로 할 경우 효과가 크다.
⑤ 글로벌 벤치마킹에 대한 설명이다.

40
정답 ①

오답분석
②·③·④는 ①의 주장을 드러내기 위해 현재의 상황을 서술한 내용이며, ⑤는 글의 중심내용으로 적절하지 않은 내용이다.

41
정답 ②

정상가로 A, B, C과자를 2봉지씩 구매할 수 있는 금액은 $(1,500+1,200+2,000)\times2=4,700\times2=9,400$원이다. 이 금액으로 A, B, C과자를 할인된 가격으로 2봉지씩 구매하고 남은 금액은 $9,400-\{(1,500+1,200)\times0.8+2,000\times0.6\}\times2=9,400-3,360\times2=9,400-6,720=2,680$원이다. 따라서 남은 금액으로 A과자를 $\frac{2,680}{1,500\times0.8}=2.23$, 2봉지 더 구매할 수 있다.

42

정답 ⑤

1일차에 약물 50mg을 섭취 후 잔류 약품의 양은 20mg이므로 약물 섭취 후 $\frac{2}{5}$ 만큼 체내에 잔류한다.

2일차에 약물 50mg을 섭취 후 잔류 약품의 양은 $\frac{2}{5}$ 만큼 체내에 잔류하므로 $(20+50) \times \frac{2}{5} = 28$ mg만큼 잔류한다.

3일차에 약물 50mg을 섭취 후 잔류 약품의 양은 $(28+50) \times \frac{2}{5} = \frac{156}{5}$ mg만큼 잔류한다.

4일차에의 잔류 약품의 양은 $\left(\frac{156}{5} + 50 \right) \times \frac{2}{5} = \frac{812}{25}$ mg만큼 잔류한다.

따라서 5일차에는 $\left(\frac{812}{25} + 50 \right) \times \frac{2}{5} = \frac{4,124}{125}$ mg만큼 잔류한다.

43

정답 ②

오답분석

①·④ B는 D의 오른쪽에 있으므로 옳지 않다.
③·⑤ A와 C는 이웃해 있으므로 옳지 않다.

44

정답 ②

바리스타로 일하는 것은 경제적 보상이 있으며, 자발적인 의사에 의한 것으로 볼 수 있고, 장기적으로 계속해서 일하는 점을 볼 때 직업의 사례로 적절하다.

오답분석

①·③·④ 취미활동과 봉사활동으로 경제적인 보상이 없다.
⑤ 강제노동으로 본인의 자발적인 의사에 위배되었다.

45

정답 ②

동료 직원과 손님의 경우 동료 직원을 손님에게 먼저 소개해야 한다.

직장에서의 소개 예절
- 연령이 다른 경우 연령이 낮은 사람을 연령이 높은 사람에게 먼저 소개한다.
- 내가 속해 있는 회사의 관계자를 타 회사의 관계자에게 먼저 소개한다.
- 사회적 지위가 다른 경우 지위가 낮은 사람을 지위가 높은 사람에게 먼저 소개한다.
- 동료 직원과 손님의 경우 동료 직원을 손님에게 먼저 소개한다.
- 소개받는 사람의 별칭은 그 이름이 비즈니스에서 사용되는 것이 아니라면 사용하지 않는다.
- 반드시 성과 이름을 함께 말한다.
- 상대방이 항상 사용하는 경우라면, Dr. 또는 Ph.D. 등의 칭호를 함께 언급한다.
- 정부 고관의 직급명은 퇴직한 경우라도 항상 사용한다.
- 천천히 그리고 명확하게 말한다.
- 각각의 관심사와 최근의 성과에 대하여 간단한 언급을 한다.

46

정답 ④

오답분석

① 셀들의 합계를 구할 때 사용하는 함수이다.
② 숫자가 들어 있는 셀의 개수를 구할 때 사용하는 함수이다.
③ 수치가 아닌 셀을 포함하는 인수의 평균값을 구할 때 사용하는 함수이다.
⑤ 지정된 범위에서 조건에 맞는 셀의 개수를 구할 때 사용하는 함수이다.

47

정답 ④

인·적성검사 합격자의 조 구성은 H씨가 하지만, 합격자에게 몇 조인지를 미리 공지하는지는 알 수 없다.

48

정답 ⑤

중요도와 긴급성에 따라 우선순위를 둔다면 1순위는 회의 자료 준비이다. 업무 보고서는 내일 오전까지 시간이 있으므로 회의 자료를 먼저 준비하는 것이 적절하다. 따라서 ㄹ이 가장 좋은 행동이라 할 수 있다. 반면, ㄱ은 첫 번째 우선순위로 놓아야 할 회의 자료 작성을 전혀 고려하지 않고 있으므로 가장 좋지 않은 행동이라 할 수 있다.

49

정답 ④

HRN 스케줄링 공식은 {(대기시간)+[서비스(실행)시간]}÷[서비스(실행)시간]이며, 결과값이 가장 높은 것이 우선순위가 가장 높다.

- A : $(5+20) \div 20 = 1.25$
- B : $(40+20) \div 20 = 3$
- C : $(15+45) \div 45 \fallingdotseq 1.34$
- D : $(20+2) \div 2 = 11$
- E : $(30+5) \div 5 = 7$

따라서 우선순위가 가장 높은 것은 D이다.

50

정답 ①

B팀이 2쿼터까지 얻은 점수를 x점이라 하면, A팀이 얻은 점수는 $(x+7)$점이다.

B팀이 3쿼터와 4쿼터에 얻은 점수를 y점이라 하면, A팀이 얻은 점수는 $\dfrac{3}{5}y$점이다.

$x+7+\dfrac{3}{5}y=75 \rightarrow x+\dfrac{3}{5}y=68 \cdots \bigcirc$

$x+y=78 \cdots \bigcirc$

ⓒ-ㄱ을 하면

$\dfrac{2}{5}y=10 \rightarrow y=25$

따라서 A팀이 3쿼터와 4쿼터에 얻은 점수는 $\dfrac{3}{5}\times25=15$점이다.

開始

46

정답 ④

1~2월 이앙기 관리방법에 모두 방청유를 발라 녹 발생을 방지하는 내용이 있다.

오답분석

① 트랙터의 브레이크 페달 작동 상태는 2월의 점검 목록이다.
② 이앙기에 커버를 씌워 먼지 및 이물질에 의한 부식을 방지하는 것은 1월의 점검 목록이다.
③ 트랙터의 유압실린더와 엔진 누유 상태의 점검은 트랙터 사용 전 점검이 아니라 보관 중 점검 목록이다.
⑤ 매뉴얼에 없는 내용이다.

47

정답 ④

전자레인지를 사용하면서 불꽃이 튀는 경우와 조리 상태에 만족하지 않을 때 확인해야 할 사항에 사무실, 전자레인지의 전압을 확인해야 한다는 내용은 명시되어 있지 않다.

48

정답 ⑤

영상이 희미한 경우 리모컨 메뉴창의 초점 조절 기능을 이용하여 초점을 조절하거나 투사거리가 초점에서 너무 가깝거나 멀리 떨어져 있지 않은지 확인해야 한다.

49

정답 ④

무어의 법칙은 반도체의 성능은 24개월마다 2배씩 증가한다는 법칙으로, 고든 무어가 주장하였다.

오답분석

① 카오(Kao)의 법칙 : 창조성이 네트워크에 접속되어 있는 다양성에 지수함수로 비례한다는 법칙이다.
② 메트칼프(Metcalfe)의 법칙 : 네트워크의 가치는 사용자 수의 제곱에 비례한다는 법칙이다.
③ 황(Hwang)의 법칙 : 반도체 메모리 용량은 1년마다 두 배로 증가한다는 법칙이다.
⑤ 던바(Dunbar)의 법칙 : SNS 계정이 아무리 확대되어도 인맥은 150명에 불과하다는 법칙이다.

50

정답 ①

보기는 '의장'에 대한 설명으로, 최근에 의장은 소비자의 관심을 끌기 위해 의류나 문구류 등 패션제품은 물론이고 자동차에까지 등장하고 있다.

오답분석

② 실용신안 : 기술적 창작 수준이 소발명 정도인 물품의 형상·구조 및 조합에 대한 실용적인 창작을 보호하기 위한 제도로, 특허제도와 보호대상은 다르나 전체적으로 특허제도와 유사한 제도를 말한다.
③ 특허 : 발명한 사람이 자기가 발명한 기술을 독점적으로 사용할 수 있는 권리를 말한다.
④ 상표 : 제조회사가 자사제품의 신용을 유지하기 위해 제품이나 포장 등에 표시하는 표장으로서의 상호나 마크를 말한다.
⑤ 영업비밀 : 기업의 지식 재산권 중 하나로, 공유된 공공의 정보를 기반으로 하지 않은 제조법, 도안, 데이터 수집방법 등 비즈니스에 사용되는 지적 생산품을 말한다.

삶이 있는 한 희망은 있다.

- 키케로 -

한국지역난방공사 직업기초능력 답안카드

번호	답란	번호	답란	번호	답란
1	① ② ③ ④ ⑤	21	① ② ③ ④ ⑤	41	① ② ③ ④ ⑤
2	① ② ③ ④ ⑤	22	① ② ③ ④ ⑤	42	① ② ③ ④ ⑤
3	① ② ③ ④ ⑤	23	① ② ③ ④ ⑤	43	① ② ③ ④ ⑤
4	① ② ③ ④ ⑤	24	① ② ③ ④ ⑤	44	① ② ③ ④ ⑤
5	① ② ③ ④ ⑤	25	① ② ③ ④ ⑤	45	① ② ③ ④ ⑤
6	① ② ③ ④ ⑤	26	① ② ③ ④ ⑤	46	① ② ③ ④ ⑤
7	① ② ③ ④ ⑤	27	① ② ③ ④ ⑤	47	① ② ③ ④ ⑤
8	① ② ③ ④ ⑤	28	① ② ③ ④ ⑤	48	① ② ③ ④ ⑤
9	① ② ③ ④ ⑤	29	① ② ③ ④ ⑤	49	① ② ③ ④ ⑤
10	① ② ③ ④ ⑤	30	① ② ③ ④ ⑤	50	① ② ③ ④ ⑤
11	① ② ③ ④ ⑤	31	① ② ③ ④ ⑤		
12	① ② ③ ④ ⑤	32	① ② ③ ④ ⑤		
13	① ② ③ ④ ⑤	33	① ② ③ ④ ⑤		
14	① ② ③ ④ ⑤	34	① ② ③ ④ ⑤		
15	① ② ③ ④ ⑤	35	① ② ③ ④ ⑤		
16	① ② ③ ④ ⑤	36	① ② ③ ④ ⑤		
17	① ② ③ ④ ⑤	37	① ② ③ ④ ⑤		
18	① ② ③ ④ ⑤	38	① ② ③ ④ ⑤		
19	① ② ③ ④ ⑤	39	① ② ③ ④ ⑤		
20	① ② ③ ④ ⑤	40	① ② ③ ④ ⑤		

※ 본 답안지는 마킹연습용 모의 답안지입니다.

한국지역난방공사 직업기초능력 답안카드

성 명	
지원 분야	

문제지 형별기재란	
형	Ⓐ Ⓑ ( )

수험번호	

	0	1	2	3	4	5	6	7	8	9
	⓪	①	②	③	④	⑤	⑥	⑦	⑧	⑨
	⓪	①	②	③	④	⑤	⑥	⑦	⑧	⑨
	⓪	①	②	③	④	⑤	⑥	⑦	⑧	⑨
	⓪	①	②	③	④	⑤	⑥	⑦	⑧	⑨
	⓪	①	②	③	④	⑤	⑥	⑦	⑧	⑨
	⓪	①	②	③	④	⑤	⑥	⑦	⑧	⑨
	⓪	①	②	③	④	⑤	⑥	⑦	⑧	⑨

감독위원 확인	
(인)	

문번	1	2	3	4	5
1	①	②	③	④	⑤
2	①	②	③	④	⑤
3	①	②	③	④	⑤
4	①	②	③	④	⑤
5	①	②	③	④	⑤
6	①	②	③	④	⑤
7	①	②	③	④	⑤
8	①	②	③	④	⑤
9	①	②	③	④	⑤
10	①	②	③	④	⑤
11	①	②	③	④	⑤
12	①	②	③	④	⑤
13	①	②	③	④	⑤
14	①	②	③	④	⑤
15	①	②	③	④	⑤
16	①	②	③	④	⑤
17	①	②	③	④	⑤
18	①	②	③	④	⑤
19	①	②	③	④	⑤
20	①	②	③	④	⑤

문번	1	2	3	4	5
21	①	②	③	④	⑤
22	①	②	③	④	⑤
23	①	②	③	④	⑤
24	①	②	③	④	⑤
25	①	②	③	④	⑤
26	①	②	③	④	⑤
27	①	②	③	④	⑤
28	①	②	③	④	⑤
29	①	②	③	④	⑤
30	①	②	③	④	⑤
31	①	②	③	④	⑤
32	①	②	③	④	⑤
33	①	②	③	④	⑤
34	①	②	③	④	⑤
35	①	②	③	④	⑤
36	①	②	③	④	⑤
37	①	②	③	④	⑤
38	①	②	③	④	⑤
39	①	②	③	④	⑤
40	①	②	③	④	⑤

문번	1	2	3	4	5
41	①	②	③	④	⑤
42	①	②	③	④	⑤
43	①	②	③	④	⑤
44	①	②	③	④	⑤
45	①	②	③	④	⑤
46	①	②	③	④	⑤
47	①	②	③	④	⑤
48	①	②	③	④	⑤
49	①	②	③	④	⑤
50	①	②	③	④	⑤

한국지역난방공사 직업기초능력 답안카드

성 명		

지원 분야		

문제지 형별기재란	( )형	Ⓐ Ⓑ

수 험 번 호

⓪	⓪	⓪	⓪	⓪	⓪	⓪	
①	①	①	①	①	①	①	①
②	②	②	②	②	②	②	②
③	③	③	③	③	③	③	③
④	④	④	④	④	④	④	④
⑤	⑤	⑤	⑤	⑤	⑤	⑤	⑤
⑥	⑥	⑥	⑥	⑥	⑥	⑥	⑥
⑦	⑦	⑦	⑦	⑦	⑦	⑦	⑦
⑧	⑧	⑧	⑧	⑧	⑧	⑧	⑧
⑨	⑨	⑨	⑨	⑨	⑨	⑨	⑨

감독위원 확인
(인)

문번	답란	문번	답란	문번	답란
1	① ② ③ ④ ⑤	21	① ② ③ ④ ⑤	41	① ② ③ ④ ⑤
2	① ② ③ ④ ⑤	22	① ② ③ ④ ⑤	42	① ② ③ ④ ⑤
3	① ② ③ ④ ⑤	23	① ② ③ ④ ⑤	43	① ② ③ ④ ⑤
4	① ② ③ ④ ⑤	24	① ② ③ ④ ⑤	44	① ② ③ ④ ⑤
5	① ② ③ ④ ⑤	25	① ② ③ ④ ⑤	45	① ② ③ ④ ⑤
6	① ② ③ ④ ⑤	26	① ② ③ ④ ⑤	46	① ② ③ ④ ⑤
7	① ② ③ ④ ⑤	27	① ② ③ ④ ⑤	47	① ② ③ ④ ⑤
8	① ② ③ ④ ⑤	28	① ② ③ ④ ⑤	48	① ② ③ ④ ⑤
9	① ② ③ ④ ⑤	29	① ② ③ ④ ⑤	49	① ② ③ ④ ⑤
10	① ② ③ ④ ⑤	30	① ② ③ ④ ⑤	50	① ② ③ ④ ⑤
11	① ② ③ ④ ⑤	31	① ② ③ ④ ⑤		
12	① ② ③ ④ ⑤	32	① ② ③ ④ ⑤		
13	① ② ③ ④ ⑤	33	① ② ③ ④ ⑤		
14	① ② ③ ④ ⑤	34	① ② ③ ④ ⑤		
15	① ② ③ ④ ⑤	35	① ② ③ ④ ⑤		
16	① ② ③ ④ ⑤	36	① ② ③ ④ ⑤		
17	① ② ③ ④ ⑤	37	① ② ③ ④ ⑤		
18	① ② ③ ④ ⑤	38	① ② ③ ④ ⑤		
19	① ② ③ ④ ⑤	39	① ② ③ ④ ⑤		
20	① ② ③ ④ ⑤	40	① ② ③ ④ ⑤		

한국지역난방공사 직업기초능력 답안카드

번호	답란	번호	답란	번호	답란
1	① ② ③ ④ ⑤	21	① ② ③ ④ ⑤	41	① ② ③ ④ ⑤
2	① ② ③ ④ ⑤	22	① ② ③ ④ ⑤	42	① ② ③ ④ ⑤
3	① ② ③ ④ ⑤	23	① ② ③ ④ ⑤	43	① ② ③ ④ ⑤
4	① ② ③ ④ ⑤	24	① ② ③ ④ ⑤	44	① ② ③ ④ ⑤
5	① ② ③ ④ ⑤	25	① ② ③ ④ ⑤	45	① ② ③ ④ ⑤
6	① ② ③ ④ ⑤	26	① ② ③ ④ ⑤	46	① ② ③ ④ ⑤
7	① ② ③ ④ ⑤	27	① ② ③ ④ ⑤	47	① ② ③ ④ ⑤
8	① ② ③ ④ ⑤	28	① ② ③ ④ ⑤	48	① ② ③ ④ ⑤
9	① ② ③ ④ ⑤	29	① ② ③ ④ ⑤	49	① ② ③ ④ ⑤
10	① ② ③ ④ ⑤	30	① ② ③ ④ ⑤	50	① ② ③ ④ ⑤
11	① ② ③ ④ ⑤	31	① ② ③ ④ ⑤		
12	① ② ③ ④ ⑤	32	① ② ③ ④ ⑤		
13	① ② ③ ④ ⑤	33	① ② ③ ④ ⑤		
14	① ② ③ ④ ⑤	34	① ② ③ ④ ⑤		
15	① ② ③ ④ ⑤	35	① ② ③ ④ ⑤		
16	① ② ③ ④ ⑤	36	① ② ③ ④ ⑤		
17	① ② ③ ④ ⑤	37	① ② ③ ④ ⑤		
18	① ② ③ ④ ⑤	38	① ② ③ ④ ⑤		
19	① ② ③ ④ ⑤	39	① ② ③ ④ ⑤		
20	① ② ③ ④ ⑤	40	① ② ③ ④ ⑤		

성 명

지원 분야

문제지 형별기재란

(형)   Ⓐ Ⓑ

수 험 번 호

⓪ ① ② ③ ④ ⑤ ⑥ ⑦ ⑧ ⑨
⓪ ① ② ③ ④ ⑤ ⑥ ⑦ ⑧ ⑨
⓪ ① ② ③ ④ ⑤ ⑥ ⑦ ⑧ ⑨
⓪ ① ② ③ ④ ⑤ ⑥ ⑦ ⑧ ⑨
⓪ ① ② ③ ④ ⑤ ⑥ ⑦ ⑧ ⑨
⓪ ① ② ③ ④ ⑤ ⑥ ⑦ ⑧ ⑨
⓪ ① ② ③ ④ ⑤ ⑥ ⑦ ⑧ ⑨

감독위원 확인

(인)

2023 하반기 SD에듀 All-New 한국지역난방공사 NCS + 최종점검 모의고사 5회 + 무료NCS특강

개정18판1쇄 발행	2023년 09월 25일 (인쇄 2023년 08월 17일)
초 판 발 행	2010년 08월 20일 (인쇄 2010년 07월 14일)
발 행 인	박영일
책 임 편 집	이해욱
편 저	SDC(Sidae Data Center)
편 집 진 행	김재희 · 이원우
표지디자인	조혜령
편집디자인	최미란 · 곽은슬
발 행 처	(주)시대고시기획
출 판 등 록	제10-1521호
주 소	서울시 마포구 큰우물로 75 [도화동 538 성지 B/D] 9F
전 화	1600-3600
팩 스	02-701-8823
홈 페 이 지	www.sdedu.co.kr
I S B N	979-11-383-5754-8 (13320)
정 가	24,000원

한국지역
난방공사

NCS + 최종점검 모의고사 5회

+ 무료NCS특강

All Pass

SD에듀가 합격을 준비하는 당신에게 제안합니다.

성공의 기회! **SD에듀**를 잡으십시오.
성공의 Next Step!

결심하셨다면 지금 당장 실행하십시오.
SD에듀와 함께라면 문제없습니다.

기회란 포착되어 활용되기 전에는
기회인지조차 알 수 없는 것이다.

– 마크 트웨인 –